苏州科技大学城市发展智库研究专项

DAXUE KECHENG
SIZHENG YANJIU WENJI

润物细无声

大学课程思政研究文集

张庆奎 主编

图书在版编目(CIP)数据

润物细无声：大学课程思政研究文集/张庆奎主编
.—苏州：苏州大学出版社,2021.10
　ISBN 978-7-5672-3738-4

Ⅰ.①润… Ⅱ.①张… Ⅲ.①高等学校-思想政治教育-中国-文集　Ⅳ.①G641-53

中国版本图书馆CIP数据核字(2021)第198519号

润物细无声
——大学课程思政研究文集
张庆奎　主编
责任编辑　刘　冉

苏州大学出版社出版发行
(地址：苏州市十梓街1号　邮编：215006)
苏州市深广印刷有限公司印装
(地址：苏州市高新区浒关工业园青花路6号2号楼　邮编：215151)

开本 700 mm×1 000 mm　1/16　印张 22.75　字数 385千
2021年10月第1版　2021年10月第1次印刷
ISBN 978-7-5672-3738-4　定价：68.00元

苏州大学版图书若有印装错误，本社负责调换
苏州大学出版社营销部　电话：0512-67481020
苏州大学出版社网址　http://www.sudapress.com
苏州大学出版社邮箱　sdcbs@suda.edu.cn

准确把握"课程思政"内涵
充分发挥课程育人功能

（代 序）

教育乃国之大计、党之大计。高校肩负着为党育人、为国育才的神圣使命。面对世界百年未有之大变局，为实现中华民族伟大复兴的中国梦，如何深入贯彻和落实党的教育方针，落实立德树人根本任务，在加快推进教育现代化进程中更好地培养担当民族复兴大任的时代新人，是每一所高校、每一位高等教育工作者必须时刻面对、深刻思考的重大时代课题。党的十八大以来，习近平总书记着眼中华民族伟大复兴，围绕培养什么人、怎样培养人、为谁培养人这些根本问题，做出了一系列重要论述，明确了"立德树人"根本任务，为新时代中国高等教育改革指明了方向，也为新时代高校推进课程思政建设、构建"三全育人"工作格局提供了根本遵循。中共中央、国务院、教育部及地方教育管理部门先后出台了相关政策，在高校深化课程思政改革创新、发挥全课程育人作用、提高人才培养质量等方面进一步明确了目标任务、工作重点和建设路径，确立了高校课程思政建设的路线图。

大学课程思政建设的重要性和必要性是不言而喻的。然而，具体到课程思政建设的实施过程，无论是在课程教学一线的教师，还是具体负责实施的校院两级领导干部，对课程思政建设的时代背景、本质内涵、路径选择及绩效评价等内容都缺少精准的理解和恰当的把握，他们甚至将路径、方法、手段等异化为目的本身，这就极易导致大学课程思政建设效用的弱化、消解。因此，在实施大学课程思政建设过程中，必须正确理解和把握何为大学课程思政、如何实施大学课程思政建设及怎样评价大学课程思政建设的绩效等一系列问题的本质内涵。显然，这是一个体系庞大、内涵丰富、逻辑严整的宏大课题，无法以一篇论文论述明白。本文仅仅是笔者在推动和实施学校课程

思政建设过程中的几点思考和认识。

一、课程思政应该规避的几个认识误区

(一) 课程思政不等于思政课程①

开设思政课程,是中国高校的一大特色。而今,在高校推进课程思政的过程中,有人将课程思政理解成专业课程思政化,甚至将课程思政等同于思政课程,这显然是对概念的误解。

所谓思政课程,包括思想政治理论四门主干课(思想道德修养与法律基础、中国近现代史纲要、马克思主义基本原理概论、毛泽东思想和中国特色社会主义理论体系概论)和形势与政策等课程。作为中国高校课程体系的特色,思政课程对于人才培养的重要意义是有目共睹的。习近平总书记在学校思想政治理论课教师座谈会上明确指出,思想政治理论课是落实立德树人根本任务的关键课程,要理直气壮开好思政课程。② 思政课程是高校人才培养方案中的必修课程,以马克思主义理论为主要支撑,涵盖哲学、历史、经济等学科内容,具有鲜明的学科特色和课程特点。思想政治理论课承担着对大学生进行系统的马克思主义理论教育的任务,是巩固马克思主义在高校意识形态领域指导地位、坚持社会主义办学方向的重要阵地,是全面贯彻党的教育方针、落实立德树人根本任务的主干渠道和核心课程,是加强和改进高校思想政治工作、实现高等教育内涵式发展的灵魂课程。③ 习近平总书记在全国高校思想政治工作会议上发表重要讲话,指出做好新时代高校思想政治工作,要切实发挥思想政治理论课的主渠道主阵地作用。在新时代,思政课程是全面加强大学生思想政治教育的主渠道,发挥着显性教育的功能。

所谓课程思政,是指在专业课程的组织、教学等过程中融入思想政治教育理论,实现从知识教育到情感教育,最后到价值观的引导的层层深入④,着重体现出高等教育的育人功能,是以全面、立体、发展为理念的课程模式。

---

① 思政课程是思想政治理论课程的简称。
② 张烁. 习近平:用新时代中国特色社会主义思想铸魂育人 贯彻党的教育方针落实立德树人根本任务 [N]. 人民日报, 2019 - 03 - 19 (1).
③ 中华人民共和国教育部. 教育部关于印发《新时代高校思想政治理论课教学工作基本要求》的通知 [EB/OL]. (2018 - 04 - 13) [2021 - 01 - 30]. http://www.moe.gov.cn/srcsite/A13/moe_772/201804/t20180424_334099.html.
④ 杨柳. 课程思政改革中的真理尺度与价值尺度 [N]. 中国教育报, 2020 - 03 - 23 (5).

课程思政不是一门具体的课程,而是一种新的教育理念和课程观,是一种新的教学路径、手段和方法,也是新时代高校思想政治教育工作的一项改革创新。与思政课程相比,课程思政着重通过课堂教学过程挖掘各专业课程的思想政治教育元素,达到课程育人效果,虽然其思政教育功能是隐性的,但功能发挥是持久的,表达效用是巨大的。

在巩固思政课程主渠道主阵地作用的基础上,教师通过挖掘各专业课程的思想政治教育元素,充分发挥课程思政隐性却巨大、持久的教育功能,使各类课程与思想政治理论课同频共振、同向同行,这将有效破解当前思想政治教育形式过于集中和单一的问题,通过课程思政彰显隐性教育的优势,使显性教育与隐性教育相互补充、相得益彰,不断增强思政课的思想性、理论性、针对性和亲和力。

思政课程与课程思政正是显性教育与隐性教育的关系,两者不是非此即彼的关系。在教学实践中,我们不能将课程思政狭隘、片面地理解成思政课程,正确理解和处理两者之间的关系,就要在协同育人上做文章,只有坚持使思政课程与课程思政相协同,才能实现"立德树人"的教育目标,引领教育回归"初心"和"使命",从而在根本上把握"培养什么样的人"和"怎样培养人"这一现实问题。

(二)实施课程思政不能"满堂灌"

作为一种全新的教育手段,课程思政建设必须要按照"因事而化、因时而进、因势而新"的总要求,在遵循思想政治工作规律,遵循教书育人规律,遵循学生成长规律的基础上扎实推进。为深入贯彻习近平总书记在全国高校思想政治工作会议上的重要讲话精神,教育部印发《高等学校课程思政建设指导纲要》,对全面推进高校课程思政建设,发挥好每门课程的育人作用,提出了明确的要求和具体指导。在构建全员全程全方位育人大格局的过程中,部分教师对课程思政全覆盖、全过程存在片面理解,误认为实施课程思政全覆盖就是"满堂灌",认为思想政治教育的内容就是每一节课的内容,教学的各个环节都要贴上思想政治教育的标签,甚至以课程思政的名义来消解甚至颠覆专业课程的本义,他们没有真正理解,课程思政是要将课程中所蕴含的思政元素像盐一样溶解于课程教学的"水"中,形成有机交融的"营养液"。

专业课程作为具体的教学科目,担负着专业知识传授的重要职能,是构成具体专业的基本元素,是高校培养专业人才的基础。专业人才的培养是通过具体的课程来组织完成的。专业课程有着科学性和客观性的显著特点。更好地开展专业知识的传授、提升学生的专业能力水平是教师的基本职责。课程思政是在专业课程的组织、教学等过程中融入思想政治教育理论，实现从知识教育到情感教育，最后到价值观的引导的层层深入，着重体现出高等教育的育人功能，是以全面、立体、发展为理念的课程模式。课程思政基于专业课程而存在，是对专业课程的完善和发展，两者相互作用，共同完成育人使命，两者统一于立德树人的目标之中。

脱离学科和专业建设，仅仅就思政来推进课程思政，课程思政就成了"无源之水，无本之木"，很难真正发挥育人效果。深化课程思政内涵建设必须要有学科概念、专业意识。针对不同学科、不同专业，要坚持分类指导，要"因课而异"，突出学科特色和专业需求，根据不同的学科体系和专业特点，从不同的视角出发，深入挖掘各门课程在不同层面上的思想政治教育元素及其彼此间的内在逻辑；明确各门课程、各个专业、各个学科在课程思政建设上的目标、内容和任务，不能各自为政、单打独斗，要打好组合拳、下好一盘棋，形成合力，注重课程体系上的整体性和系统性，按照学科为"纲"，专业为"目"，编制纲举目张的课程网，实现课程思政、课程建设、专业建设和学科建设的良性互动，打造学科育人共同体。

(三) 课程思政是方法而不是目的

课程思政是深化立德树人，全面加强大学生思想政治教育，提升人才培养质量的育人理念，是新时代加强大学生思想政治教育的创新方法。课程思政不是在现有专业课程体系中增加一门课程，更不是"专业课+思政"简单的加法，而是一种理念、一种过程，也是一种方法和手段。

2020年，教育部印发《高等学校课程思政建设指导纲要》，进一步明确课程思政建设的目标、任务和重点内容等，为深入贯彻落实纲要精神，课程思政已经由"点"到"面"在全国所有高校、所有专业全面展开。但在实践过程中出现了课程思政建设泛化的问题，甚至出现将路径、方法、手段等异化为目的本身的现象。有些观点认为，在专业课的教学中剥离几堂课学习思政、机械地增加一些思想政治教育内容等就是课程思政。这导致思想政治教育内容在学科教学上犹如"米中掺沙""两张皮"，既达不到预期的育人效果，又容易被学生排斥；既不能落实立德树人的根本任务，又在一定程度上消解了思想政治教育的吸引力和实效性。

推进课程思政建设,必须要实现思政元素与课程内容的有机结合。这种结合不是形式上的嵌入,而是充分利用课堂教学的主渠道,突出价值塑造、能力培养、知识传授三位一体的教学目标,坚持有的放矢,突出育人效果。推进课程思政建设,就是要实现教学改革立足课程本身,坚持"内容为王",积极推进课堂教学改革,以学生喜闻乐见的形式,满足学生个体需求,让学生产生共鸣,使课程思政产生协同育人效应,实现1+1>2的育人效果。

此外,高校在推进课程思政建设中除了存在上述主要问题外,在课程思政的组织领导、顶层设计、课程评价、绩效评估等方面还有着不同程度的理解误区,例如,存在课程之间机械组合、脱离学科和专业搞"一刀切""齐步走"等现象。深化课程思政建设,充分发挥课程思政育人功能,必须牢牢把握教师这一关键,充分发挥评估导向作用。

二、课程思政的关键是教师

(一) 强化教师育人意识,树牢育人情怀

全面推进课程思政建设,教师是关键。2020年5月,教育部印发《高等学校课程思政建设指导纲要》,强调建好课程思政教师队伍"主力军"。教师是教学实践的组织者,是课程育人的主体,深化课程思政建设,解决课程思政教什么和怎么教的问题,关键是教师。推进课程思政全面建设,实现课程思政与思政课程协同育人,必须充分发挥教师的主体性作用。

习近平总书记指出,大师既是学问之师,又是品行之师。教师要时刻铭记教书育人的使命,甘当人梯,甘当铺路石,以人格魅力引导学生心灵,以学术造诣开启学生的智慧之门。[①] 实现思政课内容"内化于心"和"外化于行"这一目标对教师提出更高的要求。教师作为课堂教学的主导者,必须要有自觉的育人意识,不断提升个人修养,坚守育人情怀,这也是推进课程思政建设的内生动力。然而,长期以来,在强化大学生思想政治教育上,一些教师片面地认为这是思政课的事情,与自身无关,或者认为专业课上开展思政教育是"跑题"。推进课程思政建设,首先就要解决教师思想认识问题,要提升教师育人意识,通过制度建设、评价导向,引导教师将教书育人的要求明确贯彻到课堂教学之中,让教师认识到自己肩负的育人职责,使教师树牢

---

① 习近平. 在北京大学师生座谈会上的讲话 [N]. 人民日报,2018-05-03 (2).

育人意识。

(二) 坚持"学马用马",提升教师开展思政教育的能力

打铁首先要自身硬,推进课程思政建设关键要提升教师开展课程思政的专业化能力。不同学科、不同专业对课程的教学组织有着不同的标准和要求。专业课程之间的差异决定了各自的课程思政组织开展并没有统一的形式,"因课而异"地开展课程思政,对课程教学的组织和开展提出了更高的要求。

坚持教育者先受教育,要将学"马"、信"马"、用"马",做坚定的马克思主义者作为教师的基本素养,提升教师运用马克思主义解决问题的能力,做到真学真懂、真信真用,提升教师开展思政教育的基本能力。加强对专业教师德育能力的培养,搭建专业课教师与思想政治理论课教师跨学科交流互动平台,打破专业课程和思想政治理论课程间的壁垒,深入开展教师培训,组织开展跨学科的教学改革研究和教学质量评估等活动,切实加强跨学科的课程思政团队建设,鼓励多学科间团队协同,畅通"协同育人"的渠道,不断提升专业教师立足学科优势挖掘本专业课程思政资源的能力和课程思政工作专业化水平。

(三) 锤炼师德修养,做好言传身教

为人师者,必先正其身,方能教书育人,此乃师德之本也。优良的师德师风是学校的重要软实力,是开展课程思政最大的资源。师德师风融于学校的各个角落,融于教学实践的各个环节,优良的师德修养本身就是一笔宝贵的教学资源。"亲其师"进而"信其道",教师的言行举止会潜移默化地起到示范作用,在课程思政实施过程中,言传身教更为重要。

不同学科专业的教师,不同人生阅历的教师,在讲授内容、教学方法上各有不同。课程教学的教师要将个人成长经历、求学经历等个性化资源转化为鲜活的思政教育元素并将其融入课程思政中去,以自身深厚的理论功底、知识、阅历、智慧和人格魅力滋养学生,寓价值观引导于知识传授和能力培养中,帮助学生塑造正确的世界观、人生观和价值观。[①] 同时,通过课程思政反哺专业教学,引导学生树立正确的专业观,使学生更加热爱本专业的学习,真正实现育人与育才相统一。

---

① 李树涛. 课程思政建设要充分发挥教师作用 [N]. 光明日报,2020 - 06 - 16 (15).

三、强化组织保障,深化课程评价

(一)加强组织领导,做好顶层设计

党的统一领导是高校社会主义办学方向的根本保障。推进课程思政建设就是要从战略高度牢牢把握高校思想政治教育主动权。高校党委要充分发挥主体作用,从立德树人,培养社会主义现代化事业的合格建设者和可靠接班人的高度,充分认识课程思政建设的重要意义,加强组织领导,做好顶层设计。通过完善制度设计和组织建设,构建科学系统的全校课程思政建设方案,形成"大思政"格局,优化课程思政教学及其实施环境。

遵循思想政治教育规律和课程思政建设的特点,建立健全课程思政规划、实施、运作和保障机制。构建与课程思政建设相适应的课程建设制度、课程管理制度、课程考核制度。明确学校、院系、机关职能部处各级在课程思政教育教学管理层面的地位和职责,强化各个委员会的宏观指导、决策论证和咨询作用,强化教学管理对教学质量的监控和保障,强化教学评价在教学管理中的激励和导向作用。[①] 统筹学校党政部门,深挖各类育人资源,形成党委统一领导、党政齐抓共管、部门分工协作、全员深度参与的课程思政育人工作局面,让课程思政与思政课程形成协同育人效应。

(二)开展教学改革,提升课程建设质量

大学课程不仅仅是追问其专业范围的解释之学,还是规范人的价值之学。习近平总书记在全国高校思想政治工作会议上发表讲话强调,要用好课堂教学这个主渠道。推进课程思政的教学改革,就是要立足课程本身,坚持"内容为王",积极推进课堂教学改革,明确课堂教学改革的新方位、新任务和新目标。

充分发挥马克思主义学科的引领作用,坚持用马克思主义的立场、观点和方法统领整个哲学社会科学的学科建设,确保旗帜鲜明、立场坚定。推进专业课与思想政治课协同发展,形成育人合力,发挥出课程育人的功能。更新教学理念,创新课堂教学方法。要引导学生将马克思主义的科学理论嵌入专业的学习中,引导学生运用马克思主义立场观点方法观察世界、分析世界,

---

① 孙燕华. 创新教学管理推动高校课程思政改革与探索[J]. 中国大学教学,2019(5):57.

为学生成长成才打下科学的思想基础;要深入挖掘各门课程蕴含的思想政治教育资源,修订学科专业人才培养方案,完善教学大纲,逐步形成课程思政建设的体系架构;同时也要在生动阐释上下功夫,构建以学生为中心的教学模式,要将学科资源、专业资源、学术资源转化为育人资源,通过优化课程设置、修订专业教材、完善教学设计、加强教学管理等手段,突出育人效果,根据不同专业的学生在不同学习阶段、不同课程上的学习特点,优化课程设计,创新教学手段,使学生形成多维度、多面向、多层次的认识,做到真学深学、通俗通达、学以致用。

(三) 开展多维评估,完善评价体系

课程思政作为一种隐性教育,其教育效果的呈现与其他课程教学相比也具有一定程度的隐形性,其效果往往要经过时间积淀才能显现出来。由于课程思政效用的特殊性,组织开展科学的课程思政评估,发挥评价导向的"指挥棒"作用是一个崭新的课题,对推进课程思政内涵建设有着重要的意义。在人文社会科学研究领域,在组织开展人文社科研究评价时,一般应该遵循差异性原则、历史性原则、开放性原则、多元性原则、人本化原则、特殊性原则。[①] 在组织课程思政的评价时,也可借鉴人文社科研究相关评价原则,着重从内容、形式、主体和效果等方面构建多元化课程思政综合评价体系。

从教育评价总体来看,2020年10月,中共中央、国务院印发了《深化新时代教育评价改革总体方案》,明确了新时代教育评价改革的方向和根本遵循。针对党委和政府、学校、教师、学生、社会不同主体,不同教育领域提出了适合自己的教育评价改革思路、措施和实施路径。按照这一要求,构建课程思政综合评价体系,也要着重从学校党委的组织领导、学校的顶层设计、教师的组织教学、社会的支持协同等方面进行科学、合理的制度设计,开展综合评价。特别是完善当前学科评估、"双一流"建设评估、本科教学评估、一流专业和一流课程建设评估等评价体系,将课程思政建设评价纳入相关评价体系中去,充分发挥评价导向的"指挥棒"作用。同时,要完善教师的激励机制,在教师的职称评定、各类人才工程评选和教学成果奖等奖项评比中引入课程思政的评价内容,激发任课教师立德树人的积极性和创造力,"促使

---

① 孙建群,田晓明. 人文社会科学研究评价的基本遵循[J]. 苏州大学学报(哲学社会科学版),2019,40(6):23.

教师将教书育人要求变为实践智慧和行为自觉"①。

课程思政是新时代全面加强大学生思想政治教育的创新工程,是高质量开展人才培养的固本工程。只有全面深化课程思政内涵建设,坚持发展观点,强化问题意识,不断创新发展,才能充分发挥课程思政在立德树人中的重要作用。

参考文献

[1] 张烁. 习近平在全国高校思想政治工作会议上强调:把思想政治工作贯穿教育教学全过程 开创我国高等教育事业发展新局面[N]. 人民日报,2016-12-09(1).

[2] 丁义浩."课程思政"建设须打破三个误区[N]. 光明日报,2020-01-13(2).

[3] 马克思,恩格斯. 马克思恩格斯选集(第3卷)[M]. 北京:人民出版社,1972:419.

[4] 贾金玲. 马克思主义整体观视野中的法治思想与和谐社会构建[J]. 求索,2011(1):113-115.

[5] 杨柳. 课程思政改革中的真理尺度与价值尺度[N]. 中国教育报,2020-03-23(5).

[6] 马克思,恩格斯. 马克思恩格斯选集(第2卷)[M]. 北京:人民出版社,1995:212.

[7] 张烁. 习近平:用新时代中国特色社会主义思想铸魂育人 贯彻党的教育方针落实立德树人根本任务[N]. 人民日报,2019-03-19(1).

[8] 刘川生. 高校实践育人工作有效机制研究[J]. 思想理论教育导刊,2016(12):119-124.

[9] 中华人民共和国教育部. 教育部关于印发《高等学校课程思政建设指导纲要》的通知[EB/OL].(2020-05-28)[2020-12-20]. http://www.gov.cn/zhengce/zhengceku/2020-06/06/content-5517606.htm.

[10] 罗云. 关于学科、专业与课程三大基本建设关系的思考[J]. 现代教育科学,2004(5):32-34.

[11] 谢冉. 大学课程:回顾、反思与视角转换[J]. 现代大学教育,2014(1):13-18.

---

① 赵继伟."课程思政":涵义、理念、问题与对策[J]. 湖北经济学院学报,2019,17(2):119.

[12] 刘承功. 高校深入推进"课程思政"的若干思考 [J]. 思想理论教育, 2018 (6): 62-67.

[13] 习近平. 在北京大学师生座谈会上的讲话 [N]. 人民日报, 2018-05-03 (2).

(苏州科技大学党委书记、教授)

目录 CONTENTS

科研思政三步走，立德树人全面抓
　　——以科研为主导的二级学院育人模式探索
　　　　…………………… 吴小帅　史转转　郭春显　李永丹　肖科学（1）
高校党支部在课程思政建设中大有可为
　　——以苏州科技大学"特色工作室"育人新模式为例 …… 陈　勇（6）
试论"第一议题"制度在高校课程思政建设中的作用
　　——以苏州科技大学为例 ………………………………… 江　苗（11）
"三全育人"视阈下课程思政内涵探析 ………………………… 刘　文（15）
媒体融合背景下"课程思政"主题宣传报道的路径探索
　　——以苏州科技大学为例 ………………………………… 徐燕华（21）
基于"城市地理学"的课程思政意愿调查和路径探索
　　……………………………………… 许　艳　王祖静　侯爱敏（28）
高校"测量学"课程思政的探索与实践 …… 王　颖　严　勇　赵　伟（33）
习近平生态文明思想融入生态环境类课程思政建设初探
　　…………………………… 陈德超　张　菡　余　成　张晓芳（40）
遥感影像书写我的最美家乡
　　——"遥感数字图像处理"实验课程思政设计 ………… 张丽娜（47）
当"电路分析"遇见课程思政 ……………………………… 阙妙玲（52）
电气工程专业课程中的思政教育
　　——以"计算机控制技术"为例 ………………………… 陈　鑫（57）

多方协同的课程思政教育

  ——以"建筑物信息设施系统"为例 …………………… 许馨尹（63）

工科专业基础课开展课程思政的探索与实践

  —以"模拟电子技术"为例

    ………………………… 孙晓红 孙云龙 班建民 张兄武（71）

课程思政在"工业软件工程"教学中的实践研究 ……… 张 新（77）

润物无声：高等院校课程思政的探索与思考

  ——以人工智能教育为例 ……………………………… 徐峰磊（83）

"材料科学基础"课程思政设计和实践

  ………………… 袁福根 曹 丰 冯 芳 周 兴 张钱丽（89）

课程思政融入"水污染控制工程"教学方案中的探讨

  ——以活性污泥法的教学为例

    ………………… 顾晓丹 潘 杨 陈重军 李 祥（94）

"环境问题与生态文明"课程思政设计与实效分析

    ………… 程媛媛 沈耀良 梁 媛 牟子平 陈亢利（99）

"环境学基础"课程中思政元素挖掘与教学实践探索

    ………………… 姜 晶 丁 静 程媛媛 梁 媛（105）

建筑环境与能源应用工程的专业外语课程教改与思政建设探讨

  ……………… 王俊淇 李翠敏 周 波 孟二林 孙志高（111）

生态文明建设思想指导下的环境专业思政教育体系研究

  ——从"思政课程"到"课程思政"与"专业思政"

    ………………… 沈晓芳 钱飞跃 李 勇 高仕谦（119）

专业教师协同制的专业课程思政教学改革与研究

  ——以给排水科学与工程为例

    ………… 吴 鹏 郭永福 李大鹏 黄天寅 刘海成 徐乐中（125）

试论高校推进课程思政建设的四个着力点 ……………… 伯 洁（135）

"单片机原理与接口技术"课程思政元素融合初探…… 蒋全胜 沈晔湖（139）

规划体系变革背景下城市经济学课程思政教学探索 ……… 姚之浩（144）

课程思政理念在"心理统计学"教学中的实践与探索 ……… 董 波（151）

"中学生品德发展与道德教育"课程思政构想及实践探索 …… 孙 圆（156）

财务管理课程思政教学的初步探索 ……………………… 蔡 蕾（160）

宏观经济学课程思政核心特色及其打造	陈三毛（167）
杜威价值论对高校课程思政建设的启示与实践	郝良峰（171）
守好一段渠，种好责任田	
——新时代"市场营销学"课程思政实践与思考	郑作龙（176）
课程思政之实践探析	
——以"运筹学"为例	沈建男（183）
多层面的"组织行为学"课程思政教学设计	孙建群（189）
旅游管理专业课程思政的实践探索	
——以"旅游学概论"为例	杨 昀（194）
"因子嵌入式"课程思政教育改革实践与思考	
——以"数理金融"课程为例	周 璇（201）
高校海外中国史教学中课程思政的探索和实践	顾少华（208）
社会科学类专业课程思政设计与实践	
——以"社会工作行政"课程为例	王 春（213）
"管理思想史"课程思政教学改革探究	糜 晶（218）
社会工作专业课程思政建设的关键问题	陶艳兰（223）
"高等数学"课程思政教学探索	李 涛 陈 洋（230）
体育课程思政育人路径的探索与思考	钱 锋（236）
高校公共体育课程思政的挖掘	
——以苏州科技大学跆拳道选修课为例	江小牛（242）
课程思政视域下学生体育核心素养培育研究	王 华（247）
新时期体育课融入思政教育的有效途径研究	孙锡杰（251）
高校体育课程中课程思政教育融入研究	章 鸣 张兄武（258）
日语专业课程思政用好主流媒体素材培养"新国标"人才	
	王 贝 徐 平（269）
课程思政理念融入新闻学原理课程的路径探究	艾志杰（275）
"互联网+"时代"形神兼备"的新闻专业课程思政建设策略	
	李 斌（282）
加速社会背景下新闻史课程思政的现实意义与路径探索	陈小燕（287）
"三全育人"理念下的语言学科课程思政建设	陈祝琴（292）
中国古代文学课程思政建设的意义、现状与实践	袁 鳞（299）

"大学物理 B(二)"思政教学的思考和探索
………………………………………沈娇艳　程新利　赵　润（305）
今日物理课程与思政元素有机结合的策略研究………………吴淑毅（310）
实践类课程思政教育探索与实践
　　——以"普通物理实验"课程为例
………………樊丽娜　王　军　朱爱敏　王　帆　沙金巧　范君柳（315）
课程思政"聚合"与"化合"的思考实践
　　——以视觉传达专业广告设计为例……………………钱　江（320）
课程思政元素融入"信息可视化设计"教学的探索与研究……谢丹丹（326）
"多声部视唱与练耳"课程中运用民族音乐实现课程思政的探索
……………………………………………………………张梦娇（333）
"舞蹈排练"课的课程思政的基本实践与思路……………向本涛（338）

科研思政三步走，立德树人全面抓
——以科研为主导的二级学院育人模式探索

吴小帅① 史转转 郭春显 李永丹 肖科学

教书育人，立德树人，是中国特色社会主义教育事业长期的主旋律。课程思政正是为培养社会主义建设所需的新型人才而提出的方针，将高校的思想政治教育融入专业课程教学的各个环节，同时发挥品德教育的作用，从而达到立德树人的最终目的。② 由于课程思政的落脚点在课程，其核心在于专业教育与思想政治教育相结合，因此课程思政仍由学院的教学活动体现。按教学和科研侧重点不同，高校的二级学院主要分为两大类：以教学为主的学院，其课程思政的实施较易实现；以科研为主的研究型学院，如何打破专业教育教学和品德教育教学之间的壁垒，如何促进科研和教学的有机统一，成为摆在学院学科建设方面的两大挑战。

作为以科研为主的工科学院，苏州科技大学材料科学与工程学院继承了学校的优秀教学传统，聚集了朝气蓬勃的年轻科研骨干。学院以思政元素教学促进科研发展，努力探索推动科研思政育人的新途径。为系统落实思政元素的细节教育，学院依据"科研思政三步走，立德树人全面抓"的方针，在一流学科建设过程中培养德才兼备、全面发展的社会主义高素质人才。

一、研究型学院中科研、教学与思政教育的现状

课程思政是为全面提升高校思想政治工作质量和育人实效而进行的一项重要的教育教学改革，主要在育人模式方面进行革新教育理念和改进教学方法的创新性探索。当前，大多数高校都在积极开展课程思政改革工作，研究专业课中融入思政理念的有效模式，通过选择一批专业课进行试点，以探索

---

① 吴小帅（1989— ），男，河南周口人，博士，苏州科技大学材料科学与工程学院讲师，主要从事生物转化和可再生能源研究。
② 习近平. 习近平谈治国理政（第二卷）[M]. 北京：外文出版社，2018：419.

实现科研、教学、思政教育三方面相互融合的方法。①② 作为意识形态的系统工程，思政教育工作涉及众多方面。虽然目前的思政教改工作已取得一定的成果，但在如何更好、更有效地培养社会主义专业人才方面，仍然缺乏系统的、行之有效的以思政教育促进科研教学的模式和成功案例，所以在这方面仍需加强相关研究。

（一）专业课程教育与思政教育的对立统一

课程思政并非设立一门独立的思想政治理论课程，而是将思想政治教育融入课程教学的各个环节。在实际操作中，如何开展课程思政面临较多问题，缺乏更好的措施或策略。③ 例如，专业教育引入思政内容的过程主要面临以下问题：一是教师对课程思政的内涵认知有待深化。理工科专业的教师对于课程思政的领会深度略逊于人文社科专业的教师；理工科专业教师更加注重的是自然科学与工程专业知识的系统讲授，缺乏在专业课中融入思想政治教育元素的经验和方法，更有少数专业课教师存有一定的畏难情绪。二是高校对"专业课践行课程思政"的方式和方法不够明确。作为一种隐性教育，在专业课授课过程中教师需要做的是坚持教育教学的专业性，注意挖掘所授内容的思想教育价值，从侧面积极引导和影响学生端正学习态度、树立正确的价值观。一些高校在专业课中践行课程思政初期，过于追求轰轰烈烈的效果，习惯性地采用传统的"命令式""动员式""快捷式"的做法，要求相关课程在最短的时间内完成大量课程思政元素的植入，而忽略了人格塑造和人才培养的效果体现需要长期全面的努力，这可能背离了以课程思政促进立德树人的初衷。三是课程思政尚未与科学研究和教学活动形成协同效应。中华民族长期保持谦虚好学的精神，本质上促进了我国近一百年来的科技发展。但是部分科研人员有时过于迷信国外的先进技术和科研教育体系，以静态的眼光看待问题，未能认清从事科学研究与教授专业知识时进行课程思政建设，实际上正是发扬了中华民族的优良传统。有些教师以为在专业教育中推行课程思政就要用思政课的教育替代专业知识的讲授。总体上，将思政教育与专业知

---

① 高德毅，宗爱东. 课程思政：有效发挥课堂育人主渠道作用的必然选择［J］. 思想理论教育导刊，2017（1）：31-34.

② 高德毅，宗爱东. 从思政课程到课程思政：从战略高度构建高校思想政治教育课程体系［J］. 中国高等教育，2017（1）：43-46.

③ 赖金茂. 高校"课程思政"建设的现实困境及其应对策略［J］. 湖北经济学院学报（人文社会科学版），2020，17（5）：136-139.

识教育割裂开、分离实施的情况较为突出。

（二）科研、教学、课程思政的竞争与协同关系

教学和科研是建设一流学科和一流大学的两个重要支撑点，进行思政教育是强化立德树人根本任务的重要环节。在高校发展和学院建设的过程中，教师需要正确处理科研、教学、课程思政三者之间的关系①，避免成为救火队员，顾此失彼。一是正确处理科研与教学的关系。高校教师要厘清科研与教学活动的关系，片面认为教学与科研是资源竞争关系将影响积极性的充分调动。二是正确处理教学与课程思政的关系。如何以课程思政为"催化剂"全面带动教学质量的提升，是学校"双一流"建设过程中的另一个重要课题。针对上述问题，高校教师须加强自身学习，深入思考专业知识与认知心理学之间的关系，深化教学研究并推进教学改革，将中华民族的优秀传统融于专业课的教学过程中，提高专业课程的素质育人和品格育人的效率。构建完整的课程育人体系，必将要求将"三全育人"工作落到实处。三是实现科研、教学、课程思政三者的融合统一，实现科研成果的突破。面对多项任务，高校教师容易陷入求全的发展途径，忽略了教师作为个体可以采取有所为有所不为的策略。采取科研教学两手抓、各有侧重的方式，整体施行课程思政，充分发挥校院两级行政部门和全体教师的积极性、创造性和主动性，解决思政教育促进科研和教学活动的根本问题。

二、工科学院在三者融合中的初步探索

材料科学与工程学院是以科研为主的研究教学型学院，主要以推动本校材料和工程类学科发展为目的，旨在为国家培养高水平应用人才。在人员构成上，学院形成了从中科院院士、资深教授到青年讲师的专业研究型人才梯队。学院瞄准材料科学与工程前沿，紧密结合国家重大战略需求，积极响应"长三角一体化"国家战略，注重学科交叉，以强势科研带动教学活动，探索以思政元素促进科研活动的方法。学院形成了优良的学习风气和育人特色，努力探索科研育人的三大步。

（一）加强科研管理和指导，提高师生科研素养

学院坚持显性教育和隐性教育相统一，挖掘其他课程和教学方式中蕴含

---

① 高燕. 课程思政：课程思政建设的关键问题与解决路径［J］. 中国高等教育，2017（15）：11 – 14.

的思想政治教育资源，实现"全员、全程、全方位"育人。学院紧紧围绕立德树人根本任务，通过思想价值引领，将艰苦奋斗的作风贯穿于科学研究和教育教学的全过程和各环节，积极探索构建科研育人的长效机制，把科研、专业和学科优势转化为育人优势。学院坚持把培养优秀研究生放到第一位，并且推动开展本硕一体化教育探索。学院鼓励本科生在二年级提前进入实验室和研究生一起参与一线科学研究，在资深教授和青年教师的指导下参与科研课题的研究工作，他们在思考解决实验难题的过程中提升了科研能力和素养。学院组织定期的科研组会，国家级人才、青年教师与学生对近期科研成果进行分析和总结，形成了良好的科研氛围。学院李长明院士治学严谨、工作认真，具有深厚扎实的专业功底和高尚的师德，一直坚持工作在教学科研第一线。李长明院士经常进入实验室，与青年教师和学生讨论实验进展和实验中存在的问题，毫无保留地将自己的科研思路与青年教师和学生分享。学院坚持把优秀教师作为育人先进典型，大力支持其发挥传帮带作用，以典型带动团队，以团队带动全院，学院加强科研管理和指导，引领师生形成优良的教风和学风，学院初步形成以科研育人优势为主导的思政工作新局面，人才培养质量逐步提升。

(二) 教学中生成科研课题，研究中实现成果高效转化

学院在科研方面坚持追在最前沿，同时注重学科建设，加强青年教师队伍的建设和培养，充分发挥科研育人的持续作用，构建科研育人的长效机制。学院坚持让教授讲授基础课，安排资深教授给本科生及研究生授课，教授积极尝试将新的科研成果融入教学过程，引导学生追踪学术前沿热点、熟悉学术发展动态，激发其探求新知识和新技术的兴趣。另外，学院安排青年科研骨干教师作为助教随堂学习资深教师的授课过程，并构建专业育人、目的清晰的课程培养体系。此外，学院还积极探索以思政元素促进教学的新模式，拓宽科研工作的思路和领域，促进教学内容服务于科研活动。学院还通过踏实地开展科研工作提升教师的思想境界，夯实理论素养并提升教学能力，促进科研反馈于教学，真正实现教学与科研的相互促进、相辅相成。

(三) 以科研思政为手段促进三者融合统一

学院始终坚持把立德树人作为中心环节，将思想政治工作贯穿于教育教学全过程，以思政教育为"黏合剂"实现全程育人、全方位育人。在以科研为导向发挥科研育人作用的同时，不断打造优秀科研团队，尤其注重青年教师队伍的思想建设和专业培养。目前学院97%的专任教师具有博士学历，多

人在国际学术机构担任主编或委员，并任省级学会理事长、副理事长、常务理事等。学院努力将专业人才梯队转化为人才培养的核心优势。学院通过"科技创新训练营""导师制"对学生进行个性化培养，注重学生创新能力、实践能力的提升，致力于培养具有广阔视野、坚实理论基础，且创新能力强的高素质人才。学生在"挑战杯"全国大学生课外学术科技作品竞赛、"创青春"全国大学生创业大赛、"互联网＋"大学生创新创业大赛等比赛中屡获佳绩。另外，学院还注重对外交流与合作，定期邀请国内外知名学者来院进行学术交流活动；与国内企业联合开展产学研合作，并建立多个实践基地；与美国、英国、法国、澳大利亚、加拿大、日本、新加坡等国家的知名高校和科研机构有着广泛的合作，建立了学生联合培养模式。学院以课程思政教育为"黏合剂"，有序促进科研与教学融合统一。通过培养思想和专业素质过硬的教师队伍，以言传身教推动环境育人、文化育人。在打造学校的科研高地的同时，推进教学改革，加强思政教育，帮助学生树立崇高理想、培养良好品质、掌握知识技能，使他们成为德才兼备、全面发展的优秀人才，进而带动一流学科建设。

三、结论

全国各高校针对课程思政的建设，在理论和实践上都进行了多角度的研究和积极探索，并取得了一定的成效。然而随着高等教育事业的快速发展和培养担当民族复兴大任的时代新人的需求日益强烈，关于课程思政内在规律的教学研究仍需要进一步加强。材料科学与工程学院正努力走出独特的科研育人道路，其中也面临诸多困难，存在诸多不足。学院在坚持培养德才兼备、全面发展的社会主义高素质人才的重要目标的基础上进行适当调整，努力在科研和教学方面取得突破性成果。

高校党支部在课程思政建设中大有可为

——以苏州科技大学"特色工作室"育人新模式为例①

陈 勇②

党支部是党在社会基层组织中的战斗堡垒，高校党支部是高校贯彻党的教育方针、落实立德树人根本任务的先锋队。工作室是单个或多个成员开展专业化工作的小型组织，工作方式灵活。苏州科技大学将党支部的政治优势与工作室的机制优势相结合，通过树立教师党支部、机关党支部、学生党支部"三大标杆"，探索形成了"特色工作室"育人新模式，该模式在课程思政建设中发挥了积极作用。总结这一新模式的建设经验，进一步强化党支部使命担当，有利于发挥党建引领作用，扎实推进全员全程全方位育人，有效提升高校人才培养质量。

一、魅力导师工作室：课程思政建设的排头兵

近年来，苏州科技大学以"双带头人"建设为抓手，选优配强教师党支部书记，引导教师党支部在落实立德树人、潜心教书育人、争做"四有"好老师和学生引路人上当标杆，涌现出了"同创工坊"党员携建工作室、"宋妈妈工作室"等教书育人和管理育人先进典型，它们当之无愧地成为课程思政建设的排头兵。

"同创工坊"党员携建工作室是建筑与城市规划学院城乡规划教工党支部聚力教书育人的组织平台。党支部书记魏晓芳老师带领16名党员教师，牢记立德树人使命，将课程思政建设积极融入课堂教学和专业实践。在讲授"城市社会学"的过程中，魏老师和工作室团队通过比较国内外各类社会制度、

---

① 基金项目：本文为2020年度江苏高校哲学社会科学研究思想政治工作专题项目"立德树人宗旨下'课程思政'建设评价机制研究"的阶段性成果，项目批准号为2020SJB0663。

② 陈勇（1983— ）男，安徽巢湖人，社会学硕士，讲师，苏州科技大学党委宣传部理论教育科科长，研究方向为高校思想政治教育。

组织的特征和发展趋势,引导学生深刻认识中国特色社会主义制度的优越性;在"城乡规划原理"的讲授中,通过展现我国基础设施、公共服务中体现的"以人为本"理念激发大学生的爱国之情。课外,他们带领学生参与规划实践、乡村调研、地方扶贫,与地方党组织开展结对共建。工作室成员在取得多项重大教学科研成果的同时,也以自身高尚的品格和人格魅力潜移默化地引领学生健康成长,多位学生在"挑战杯"全国大学生课外学术科技作品竞赛等国内外专业赛事中获得大奖,不少毕业生已成长为规划行业骨干。

"宋妈妈工作室"是以商学院原党委副书记宋红英同志的名字命名的品牌工作室,由该院5个教师党支部共同打造,致力于为学生的大学生涯开好头、把好关、"扣好人生第一粒扣子"。① 工作室秉持"不放弃任何一个学生"的理念,先后共开设了21个"特色导师班",通过项目化定制、精准化指导,在思想引领、学术研究、生涯规划、创新创业、就业指导等方面积极回应学生成长成才需求,扎实推进大学生思想政治教育。导师们在有计划、有体系、有目标地对学生进行思想引领和能力训练的同时,还通过自身的人格魅力、学识修养和教育温情给予学生无声的浸润和熏陶。"有困难找宋妈妈"在学生中广为流传,江苏省委原常委、苏州市委原书记周乃翔曾调研工作室并给予充分肯定。②

二、民族学生工作室:课程思政建设的协动队

在办学治校、立德树人的征程上,学校高度重视机关部门党的建设,明确要求机关党支部在提高政治站位和大局意识、提升执行力和管理服务效能上当标杆。"祖丽皮亚工作室"正是在围绕中心、服务大局、热忱投身服务育人事业中涌现的典范,在课程思政建设中发挥了积极的协同作用。

党委学生工作部新疆少数民族学生发展中心负责老师、中共党员祖丽皮亚·吾吉阿卜杜拉有着丰富的新疆基层工作经验,做少数民族学生工作得心应手。随着校园新疆少数民族学生日益增多,2019年9月学校以少数民族辅导员团队为核心队伍,设立以中心负责人姓名命名的"祖丽皮亚工作室"。工作室针对少数民族学生生活适应问题、人际关系困扰、学业压力、求职迷

---

① 顾秋萍,徐燕华,浦净净.打造特色"工作室",创新育人新模式:苏州科技大学打造思政教育新领地[N].扬子晚报,2019-11-01(C3).
② 徐坚.周乃翔调研在苏高校意识形态工作[EB/OL].(2018-08-31)[2020-07-05].http://news.2500sz.com/doc/2018/08/31/330731.shtml.

茫等情况，通过组织优秀学生党员结对辅导等方式开展帮扶和指导；在每周一次的形势政策教育课上，通过短视频、案例分析、讲故事等多种形式增进少数民族学生对祖国建设取得的成就和面临的挑战的认识，激发他们爱党爱国、奋发向上的热情。目前，工作室已逐渐成为民族学生理论学习、文化提升和心灵交流的精神家园，成为宣传党的方针政策、维护民族团结和谐、开展少数民族学生思想政治工作的坚强堡垒。①

三、非遗传承工作室：拓展课程思政路径的先行者

在爱国、励志、求真、力行的道路上，青年学生毫无疑问是自我教育、成长成才的主体。学校一以贯之地坚持发挥学生的主体作用，明确号召全体学生党支部在坚定理想信念、刻苦学习、勇于实践、不断深化学风建设上当标杆。"翟天麟工作室"就是学生党支部建设中结出的硕果，它大大拓展了课程思政建设的方法和途径。

翟天麟是艺术学院原研究生第二党支部党员、校团委原兼职副书记，也是徐州"翟家大院撕纸"家族第六代传承人、徐州非物质文化遗产代表性传承人。近年来，她先后到延安、井冈山、遵义等58个红色基地采风，重温革命创业史，进行主题创作，共创作百余幅红色主题的撕纸艺术作品，生动诠释了党领导人民投身革命、建设和改革的伟大奋斗精神。2019年1月，学校设立了"翟天麟工作室"，举办翟天麟"青年红色筑梦之旅"撕纸艺术作品展。她和支部党员携工作室作品先后走进清华大学等30余所高校进行巡展，以艺术交流和志愿服务的形式引领新时代大学生坚定"四个自信"，厚植爱国主义情怀，所在党支部入选全国高校党建工作样板支部。② 她也先后受到国务院副总理孙春兰、时任国务院副总理刘延东和时任江苏省委书记娄勤俭的接见，撕纸作品受到时任江苏省委组织部部长郭文奇、时任苏州市市长李亚平的好评。

四、深化"特色工作室"建设成效的着力点

事实证明，"特色工作室"是苏州科技大学党员师生践行初心使命、推动

---

① 顾秋萍，徐燕华，浦净净. 打造特色"工作室"，创新育人新模式：苏州科技大学打造思政教育新领地［N］. 扬子晚报，2019-11-01（C3）.
② 教育部办公厅关于公布第二批全国党建工作示范高校、标杆院系、样板支部培育创建单位名单的通知［EB/OL］.（2020-01-08）［2020-07-06］. http://www.moe.gov.cn/srcsite/A12/moe_1416/moe_1417/202001/t20200108_414720.html.

构建"三全育人"格局的有效载体。在学校全面推进课程思政建设、聚力培养时代新人的征程上,需要进一步发挥党支部的积极性、主动性、创造性,深化"特色工作室"建设成效,引领、促进全校人才培养质量的提升。

（一）强化党支部育人意识

《中国共产党支部工作条例（试行）》明确规定,高校党支部承担着"加强思想政治引领""筑牢学生理想信念根基""落实立德树人根本任务"等重点任务。[1] 在课程思政建设中,教职工党支部和学生党支部需要深入贯彻党的教育方针,进一步强化为党育人、为国育才的意识。一是深入学习领会习近平新时代中国特色社会主义思想,特别是习近平总书记关于教育的重要论述精神,学深悟透、融会贯通,准确把握学校人才培养面临的新形势新任务新要求。二是深刻理解课程思政建设的宗旨、目标、任务,把履行党员义务、完成党支部重点任务与"特色工作室"建设结合起来,与担当师生所在部门的职责结合起来,围绕铸魂育人想问题、做计划、办事情。

（二）找准党支部育人角度

适切的教育教学角度是取得育人成效的关键,也是党支部有效推进课程思政建设的关键。教师党支部要紧扣课程建设"主战场"、课堂教学"主渠道",结合教学管理团队实际,把教书育人、管理育人、科研育人等工作落实落细落巧。例如,在专业课程的讲授中,把专业知识点中所蕴含的思想价值、科学精神、人文情怀以画龙点睛、案例穿插、讨论辨析等方式融入课堂教学,引导学生德业并进；在第二课堂中,通过组织开展"导师面对面""辅导员讲堂""志愿体会大家谈"等多种形式的交流活动帮助学生正确认识世情国情党情民情、坚定理想信念。机关党支部要以"祖丽皮亚工作室"为榜样,围绕学校人才培养这一中心工作,着力发挥好服务育人、组织育人等作用。例如,通过与学生党支部、团支部、班集体结对共建,组织开展新思想学习研讨、优秀传统文化鉴赏等主题交流,引导学生学思践悟新思想、领略中华文化深厚底蕴。学生党支部要学习和发扬"翟天麟工作室"精神,善于理论联系实际,在社会实践、志愿服务等活动中提升学生思想觉悟,厚植爱国主义情怀和务实担当精神。

（三）提升党支部育人能力

教育部印发的《高等学校课程思政建设指导纲要》和江苏省教育厅印发

---

[1] 中国共产党支部工作条例（试行）[M]. 北京：法律出版社,2018：12.

的《关于深入推进全省高等学校课程思政建设的实施意见》都强调要强化教师育人能力，教师育人能力的重要性不言而喻。党支部要在立德树人第一线发挥好先锋队和战斗堡垒作用，必须坚持不懈提升育人能力。教师党支部要积极组织成员参加课程思政集体备课、专题培训、竞赛交流、教研教改等活动，及时总结提炼本支部在工作中的特色做法、先进经验，强化应用推广，引导党员教师不断提升课程思政教育教学能力。机关党支部要善于将管理、服务及结对共建中的好做法、好项目课程化和品牌化，使其在引领学生思想进步上持续发挥作用。学生党支部要发挥自身紧密联系学生的优势，善于在解答学生成长疑问、开展校内校外实践等具体工作中弘扬真善美，引导学生健康成长。①

五、结语

《高等学校课程思政建设指导纲要》明确指出，课程思政建设在内容上"要紧紧围绕坚定学生理想信念，以爱党、爱国、爱社会主义、爱人民、爱集体为主线，围绕政治认同、家国情怀、文化素养、宪法法治意识、道德修养等重点"优化课程思政内容供给；在组织实施上要"党委统一领导、党政齐抓共管"。② 高校党支部承担着保证监督党的教育方针贯彻落实、巩固马克思主义在高校意识形态领域的指导地位等重要职责③，因而是高校坚持社会主义办学方向、贯彻党委决策部署、推进课程思政建设的基石。广大师生党员长期接受党的教育，具有坚定的理想信念，在政治认同、家国情怀、文化素养等方面具有良好的基础，因而在落实课程思政建设的内容重点上能够发挥很好的表率作用，实现"让有信仰的人讲信仰"④，示范带动教育对象学用结合、知行合一。总之，高校党支部在高校落实立德树人根本任务、推进课程思政建设中大有可为，也必定能大有作为。

---

① 陈春声. 立德树人是高校党支部的根本任务［J］. 党建研究，2020（4）：50-52.
② 教育部关于印发《高等学校课程思政建设指导纲要》的通知［EB/OL］.（2020-06-05）［2020-07-07］. http://www.moe.gov.cn/srcsite/A08/s7056/202006/t20200603_462437.html.
③ 中国共产党支部工作条例（试行）［M］. 北京：法律出版社，2018：12.
④ 习近平主持召开学校思想政治理论课教师座谈会强调 用新时代中国特色社会主义思想铸魂育人 贯彻党的教育方针落实立德树人根本任务［N］. 人民日报，2019-03-19（1）.

试论"第一议题"制度在高校课程思政建设中的作用
——以苏州科技大学为例

江 苗①

一、"第一议题"和课程思政建设的相关性

（一）概念厘清

"第一议题"学习制度是指把习近平总书记重要讲话、重要指示批示和党中央决策部署作为党委会议"第一议题"，这是新时期党的理论武装工作的一个重要创新。实施"第一议题"制度旨在推动学懂弄通习近平新时代中国特色社会主义思想，推动"不忘初心、牢记使命"主题教育常态化、制度化，切实发挥学校党委领导作用，真正做到把方向、管大局、保落实，提高学校治理效能，引领学校高质量发展。

课程思政是从高等教育"育人"本质要求出发，强调学校教育应具备德育"大熔炉"的教育合力作用，把思想政治工作贯穿学校教育教学全过程，将高校思想政治教育融入课程教学和改革的各环节、各方面，将课程思政建设融入师资队伍、教学条件、教改研究等全部资源中，贯穿于课程建设、课堂授课、教学评价、课外实践等所有环节，充分发挥课堂育人主渠道作用，切实促进各类课程与思想政治理论课同向同行。课程思政的实质不是增开一门课，也不是增加一项活动，而是强化显性思政，细化隐性思政，构建全课程育人格局，在润物无声中实现立德树人。

（二）"第一议题"制度和课程思政建设的相关性

课程思政具有内容和主体上的综合性。课程思政的开展不仅需要全体教师的投入，还需要高校党委充分重视，打破思想政治教育孤立的困境，真正

---

① 江苗（1991— ），女，安徽安庆人，教育学硕士，讲师，苏州科技大学党委宣传部科员，主要从事思想政治教育研究。

实现全员、全过程、全方位育人。"第一议题"制度的优势,就在于将理论学习和党委会其他中心议题有机结合,把党的理论思想与学校立德树人工作紧密融合。在"第一议题"学习中,学校党委将习近平总书记重要讲话、重要指示批示,特别是关于教育的重要论述精神与落实学校的育人工作结合起来,有利于领导干部学习领会、提高政治站位,有利于提升学校领导班子在落实课程思政各项工作任务时的理论水平和政治高度。

二、"第一议题"制度推动苏州科技大学课程思政建设的进展

苏州科技大学党委坚持把学习贯彻习近平新时代中国特色社会主义思想作为首要政治任务,高度重视政治理论学习,注重用新思想、新理论指导实践、推动工作。2020年以来,苏州科技大学党委扎实推进落实党委会"第一议题"学习制度,切实发挥党委会在学习、分析、研判和具体工作部署上的核心作用,结合立德树人根本任务牢牢把握思想政治工作的目标方向,把"第一议题"制度作为党委理论学习的重要形式,形成制度化、常态化、规范化的理论学习良好格局,有效夯实了全体领导干部的思想基础,使他们对全校课程思政建设形成了良好的理念共识。

第一,"第一议题"学习制度具备雏形。2020年10月,学校发布《加强高校领导班子政治建设实施方案》。该方案中提出,坚持把学习贯彻习近平新时代中国特色社会主义思想作为首要政治任务,高度重视政治理论学习,注重用新思想、新理论指导实践、推动工作。学校领导班子坚持"第一议题"学习制度,凡是研究重要问题和重点工作,首先传达学习习近平总书记有关重要论述特别是最新讲话和指示批示精神,再讨论决定其他事项。党委宣传部理论教育科在每周党委会召开前对会议议题提前了解,做好相关准备工作,至少提前一天将习近平总书记相关重要讲话、重要指示批示材料整理成文档,上传至OA议题上报系统,供党委班子成员学习研讨时参考。

第二,"第一议题"学习内容重点突出。"第一议题"学习内容来自习近平总书记有关重要论述特别是关于教育的重要论述。"第一议题"学习,提升了学校在落实课程思政具体工作任务时的思想高度和政治站位,使教师深刻领悟习近平总书记"把立德树人的成效作为检验学校一切工作的根本标准"等重要论述,使教师深刻领会"人才培养体系贯通其中的是思想政治工作体系"等重要内容的精神实质和丰富内涵,切实增强了教师立德树人和教书育人的使命感,使学校更好地贯彻习近平总书记"把思想政治工作贯穿教育教

学全过程"的重要论述,促进学校把课程思政建设作为落实全员育人、全过程育人、全方位育人的重要抓手。苏州科技大学"第一议题"制度强调以习近平总书记关于教育的重要论述为学习领悟重点,同时广泛涉及习近平总书记最新重要讲话精神和党中央重要文件精神,2020 年秋季学期苏州科技大学"第一议题"学习内容有习近平总书记关于加强高校党建的重要论述、关于加强"四史"学习等相关论述,也有关于弘扬抗美援朝精神、关于"十四五"规划编制工作等重要讲话和重要指示。

第三,"第一议题"学习制度成效初显。自 2020 年学校在党委常委会进行"第一议题"学习以来,在学习过程中领导班子主动把理论知识转化为实际工作的能力,真正把学习的过程转化为推动育人工作的过程。首先,着力推进课程思政系统建设。高校课程思政建设需要每个部门、每个教职工都守好自己的责任田,从党委的宏观领导到教师的一线教学,以及职能部门和思政工作队伍的执行落实,都要同向同行,共同保证课程思政的建设效果。2019 年 11 月,学校出台《中共苏州科技大学委员会关于推进"课程思政"建设的实施方案》,学校课程思政工作领导小组由书记、校长任组长,分管校领导任副组长,相关职能部门及马克思主义学院负责人为成员。学校课程思政工作领导小组组长统揽全局,各副组长协同负责分管领域的组织和推动工作,学校所有部门和教职工都朝着共同的目标同向同行。其次,着力发挥校院领导表率作用,校院领导带头为学生上思政课。所有教师都负有育人职责,这是对高校课程思政建设必须覆盖全体教师的明确要求。在具体课程教学中,苏州科技大学党委书记、校长走上讲台,为学生上大课、讲大势、传大道,为全校落实立德树人根本任务、扎实推进课程思政建设营造了良好的教育教学氛围。2020 年上半年,学校领导班子成员围绕从疫情防控取得重大战略成果谈坚定"四个自信",从疫情应对看中西文化差异等专题为本科生、研究生上"形势与政策"课,结合我国疫情应对理念、举措和成效,生动阐释中国特色社会主义制度的显著优势,引导学生坚定"四个自信"。校领导以上率下,各教学单位党政领导也积极走进教室或线上课堂,为学生讲授"中国之治""一国两制""中美关系"等专题内容。

三、以"第一议题"学习制度推动课程思政建设的展望

第一,完善"第一议题"规章制度。学校在《加强高校领导班子政治建设实施方案》中明确要坚持"第一议题"学习制度,下一步还要出台和完善

相关学习制度和实施办法的文件,把学习习近平新时代中国特色社会主义思想和习近平总书记重要论述、重要指示批示精神等内容作为党委中心组学习、各基层党组织学习的"第一议题",推进各级党委"第一议题"学习的制度化、规范化和常态化,用制度保障效果。

第二,延伸"第一议题"学习主体范围。校党委常委会"第一议题"学习形式和内容已趋于完善,下一步要切实抓好二级党组织建立实施"第一议题"制度工作。各学院(部)党政主要负责人同时也是学校课程思政建设的第一责任人,学院应建立相应的工作制度和联动机制,要把学习习近平新时代中国特色社会主义思想作为党政联席会、支部委员会、支部党员大会、教职工大会等会议的"第一议题"坚持下去,及时紧跟学习习近平总书记的最新讲话、最新文章、最近指示、最新要求,把党的理论学习和学校立德树人工作深度融合,不断发挥理论指导作用,提升育人工作成效。

第三,拓展"第一议题"学习方式方法。围绕学校课程思政开展的情况,精心制订"第一议题"学习计划,采取原文学习、交流研讨、专题辅导、案例分析、观看专题片、知名专家讲座等多种形式,结合"学习强国"App等学习平台,把握实际,确保学习高效、学有实效。紧密结合学校实际,不断探索和改进"第一议题"学习的方式方法,将所学所感落实到育人工作上,努力提升理论学习的质量和效果。

"第一议题"学习制度不仅要学习理论,还要指导高校实际工作,促进立德树人根本任务的实现。学校通过"第一议题"学习常态化、制度化、系统化,全面提高校、院领导干部政治理论水平和课程思政意识,把理论成果转化为推动学校发展和进步的动力源泉。

参考文献

[1] 习近平. 习近平谈治国理政(第二卷)[M]. 北京:外文出版社,2017:376.

[2] 高德毅,宗爱东. 从思政课程到课程思政:从战略高度构建高校思想政治教育课程体系[J]. 中国高等教育,2017(1):43-46.

[3] 伍醒,顾建民. "课程思政"理念的历史逻辑、制度诉求与行动路向[J]. 大学教育科学,2019(3):54-60.

[4] 戚静. 高校课程思政协同创新研究[D]. 上海:上海师范大学,2020.

[5] 何玉海. 关于"课程思政"的本质内涵与实现路径的探索[J]. 思想理论教育导刊,2019(10):130-134.

"三全育人"视阈下课程思政内涵探析①

刘 文②

高校思想政治工作关系高校培养什么人、如何培养人和为谁培养人这个根本问题。近年来，学校积极构建全员全程全方位育人格局，紧抓课程建设这个主阵地，大力推进课程思政建设。在工作实践中，全校上下对课程思政建设重要性的认识不断提高。对高校而言，课程思政是贯彻"三全育人"理念、落实立德树人根本任务的战略举措，是破除思想政治理论课与其他课程脱节的"两张皮"现象、提升育人能力的有力抓手。

一、课程思政是新时代提升人才培养能力的必然要求

（一）推进课程思政建设是对高校育人本源的回归

2016 年 12 月的全国高校思想政治工作会议上，习近平总书记强调，要把思想政治工作贯穿教育教学全过程，"要用好课堂教学这个主渠道，思想政治理论课要坚持在改进中加强，提升思想政治教育亲和力和针对性，满足学生成长发展需求和期待，其他各门课都要守好一段渠、种好责任田，使各类课程与思想政治理论课同向同行，形成协同效应"③。人是教育的起点，也是教育最高和最终的目标。④ 教育必须以立德树人为根本任务，育人是教育的本质和天然使命。教学工作是学校教育中一项最经常、量最大、内容最丰富的基

---

① 基金项目：本文为江苏省社科应用研究精品工程高校思想政治教育专项课题 2020 年度项目"课程思政建设协同育人机制研究：以苏州科技大学为例"的阶段性成果，项目批准号为 20SZC-022。
② 刘文（1978— ），男，河南新野人，硕士，苏州科技大学党委宣传部副部长，主要从事高等教育管理研究。
③ 习近平. 论党的宣传思想工作 [M]. 北京：中央文献出版社，2020：277.
④ 中国教育科学研究院. 教育强国之道：改革开放以来重大教育决策研究 [M]. 北京：教育科学出版社，2018：531.

本工作。① 课程是学校教学的科目和进程,是在教师指导下师生共同参与教与学的活动。它以育人为本质属性,是由学校的特殊职能决定的,为教育实践所验证。课程思政就是要求所有课程必须围绕育人目标进行设计、组织、推进、评价和完善,进而实现育人目标。

(二) 推进课程思政建设是坚守正确办学方向的必然要求

思政工作事关教育生命线,对育人方向具有引领作用。学校通过教学活动,将理想信念、价值理念、道德观念化为受教育者从内心接受的思想观念,使其树立正确的世界观、价值观、人生观。这不能被视为某一类课程肩负的职责使命,而是所有课程都应自觉践行的职责使命。新时代,党和国家强调立德树人是高校的根本任务,把德育提升到人才培养体系的优先和关键位置,这正是对教育本质有深刻认识的体现,也是马克思主义执政党的本色体现。习近平总书记在全国高校思想政治工作会议上强调,我国高等教育要为人民服务,为中国共产党治国理政服务,为巩固和发展中国特色社会主义服务,为改革开放和社会主义现代化建设服务。这既是高校思想政治工作的根本遵循,也是人才培养的目标所指,更是坚持社会主义办学方向的保障。推进课程思政建设就是要守好育人主阵地,筑牢育人主渠道,让所有课程都发挥育人功能、进行价值引领,唯有如此,才能在时代变迁中坚守正确方向,践行为党育人、为国育才的使命。

(三) 推进课程思政建设是新时代做好意识形态教育的必然要求

教育是上层建筑的重要组成部分,承担着意识形态工作的重要使命。意识形态建设是高校思想政治工作的灵魂。做好高校思想政治工作,要以巩固马克思主义指导地位、发展社会主义意识形态为核心任务。② 高校是意识形态建设重要的前沿阵地,要引导师生增强"四个意识",坚定"四个自信",做到"两个维护",必须让所有与意识形态教育有关的因素共同发挥作用,必须推进课程思政建设。当今世界正经历百年未有之大变局,新一轮科技革命和产业变革正在重构人类的生活。以互联网、云计算、量子科技、人工智能为代表的现代科学技术正深刻改变着人类的思维、生产、生活和学习方式,教育领域也正发生着深刻的变化。国与国之间的竞争日趋激烈,人才培养和竞

---

① 中国教育科学研究院. 教育强国之道:改革开放以来重大教育决策研究 [M]. 北京:教育科学出版社, 2018: 382.

② 王炳林, 郝清杰. 意识形态建设是高校思想政治工作的灵魂 [J]. 国家教育行政学院学报, 2017 (1): 3.

争成为焦点，而人才的竞争归根到底要靠教育。如何构建现代教育体系，如何培养符合时代发展需求的创新型人才，已成为人类共同面临的重大课题。随着我国开启实现"两个一百年"奋斗目标的新征程，社会主要矛盾发生变化，社会思想空前活跃，各种观念交织碰撞。时代的变化在意识形态领域得到充分反映，也对意识形态教育提出了新机遇、新挑战和新要求。旗帜鲜明讲政治是我们党作为马克思主义政党的根本要求。推进课程思政建设就是要增强学生对中国特色社会主义的"四个自信"，扣好青年学生人生第一粒扣子，培养担当民族复兴大任的时代新人。

二、推进课程思政建设必须创新教育理念、系统建构各类课程

时代课题是理论创新的驱动力。推进课程思政建设需要我们及时更新教育理念，对各门课程进行系统建构。我国教育已步入提高质量、优化结构、促进公平的新阶段，但发展仍不平衡、不充分，科学的教育理念尚未牢固确立，思想品德教育有待进一步加强，人才培养结构与社会需求契合度不够，教育支撑引领创新发展和服务国家对外开放大局的能力亟待提升。① 立德树人是课程思政的核心要义，价值引领是课程思政的内涵实质。课程思政是对课程育人能力的挖掘与整合，不是简单的"课程加思政"，而是在共同的人才培养目标指引下，强化育人导向、壮大育人合力。它应新时代新使命新要求而生，是对现实存在的育人短板的克服，不是简单地缝缝补补，也不能依赖教师个体的自发行为，需要顶层设计、统一规划、分类指导、强化协同效应。

高校要坚持扎根中国大地办教育，紧紧围绕国家和地方发展需求，结合学校发展定位和人才培养目标，对课程思政建设进行系统设计，建立党委统一领导、党政齐抓共管、教务部门牵头抓总、相关部门联动、院系落实推进、自身特色鲜明的课程思政建设工作格局，建立健全领导体制和工作机制，强化思政意识，突出育人导向，选树典型示范，狠抓队伍建设，在课程建设中把全员、全过程、全方位育人落到实处。高校内部各教学单位在学校整体方案下，细化本专业人才培养方案、人才培养目标、课程设计，构建科学的课程思政教学体系，引领教师改革创新，坚持久久为功，提高思政育人能力与水平。

---

① 本书编写组. 习近平总书记教育重要论述讲义［M］. 北京：高等教育出版社，2020：6.

三、推进课程思政建设要准确把握关键要素及其相互关系

（一）思政课程与课程思政的逻辑关系

课程思政与思政课程同属于高校思政工作的重要组成部分，既有联系又有区别。课程思政要求所有课程发挥思政育人功能，落实思政工作贯穿教育教学各环节要求，是一种课程观和教育理念，教育部印发的《高等学校课程思政建设指导纲要》以分类指导的形式对各类课程挖掘的思政育人元素进行了概括，显示了课程思政的思政与思政课程的思政在内容上是不同的。课程思政与思政课程在思政工作体系中处于不同的层级，不存在互补包含关系，更不存在替换合一的关系，不能将课程思政视为"专业课程思政"而排除思政课程，也不能将之视为思政课程。①

课程思政与思政课程在价值指向和功能上是一致的。课程思政是落实立德树人根本任务的战略举措，思政课程是落实立德树人根本任务的关键课程。在各类课程中，思政课程是加强马克思主义教育、坚持社会主义办学方向、开展思想政治教育的主渠道，而课程思政要求各类课程与思政课程同向同行。二者共同坚守马克思主义这一中国大学最鲜亮的底色。功能上，二者都服务于落实立德树人根本任务，出发点和落脚点都是培养能够担当民族复兴大任的时代新人。课程思政是对德育和智育脱节现象的克服，课程思政改变思政课程一度的"孤岛"处境，思政课程在课程思政实践中，对形成协同效应、壮大育人合力发挥着主导作用。

（二）课程思政对教师的新要求

践行课程思政理念是教师的天然使命。中国传统文化将教师的使命界定为"传道授业解惑"，强调的是对人的培养。教书育人是教师的天职，而育人必须做好思想政治工作。课程思政要求其他各类课程都要守好一段渠、种好责任田，与思政课程同向同行，形成协同效应。实现课程协同育人的目标，关键在教师。课程思政既针对现实问题做出回答，更着眼人才培养的远景，对各专业教师提出了新的、更高的要求。

教师要强化思政育人意识。知为行之始，行为知之成。观念和认识的解

---

① 石书臣. 正确把握"课程思政"与思政课程的关系 [J]. 思想理论教育，2018（11）：60.

放是最了不起的解放。① 课程思政是"三全育人"格局在课程这一环节的建构,需要每一位教师的自觉参与和创新创造,将知识传授、能力培养和价值引领有机融合。只有真正将课程思政的要求内化为自觉的意识和行动,教师才能在课程思政建设中发挥关键作用,否则就会产生严重的负面效应。另外,教师要以"四有"好老师标准严格要求自己,上好专业课。课程是思政教育的主阵地,各专业知识是思政教育的重要载体,对教师而言,上好专业课是做好思政育人工作的前提,因为课程思政并不是要把专业课讲成思政课,也不是要把思政课讲成通识课。

教师要不断提升自身思政育人的能力。思政课教师要帮助学生树立正确的世界观、人生观、价值观,守好思政教育主阵地。思政课要在改进中加强,要求教师着力提升教育教学针对性、亲和力和实效性,教师特别要坚持思政课程的意识形态属性,将马克思主义理论和马克思主义中国化最新理论成果讲清解透做实,扎实推动习近平新时代中国特色社会主义思想在学生心中生根发芽,必须坚持学术研究无禁区、课堂讲授有纪律,防止出现"意识形态淡化""自由化""娱乐化"等问题。相较于其他专业课教师,课程思政对思政课教师提出的要求更高,但这些要求在一定程度上也适用于其他专业课教师。其他专业课教师在育人方向上不能偏,要准确挖掘本专业课程中的思政育人元素,将思想价值引领有机融入专业知识讲授中,与思政课同频共振,引导学生自觉增强对中国特色社会主义的政治认同、价值认同和文化认同。

(三) 教育者与受教育者的辩证关系

推进课程思政,关键在教师。对拔节孕穗期的学生,教师言行的影响举足轻重。"学高为师,身正为范。"教师不仅要知识广博,还要品德高尚,争做学生的榜样。"教师承载着传播知识、传播思想、传播真理,塑造灵魂、塑造生命、塑造新人的时代重任。"② 高校教师要坚持教育者先受教育。做好教师思想政治教育意义重大。③ 无论是思政课教师还是其他专业课教师,在开展思政育人之前,首先自己要受教育,坚定中国特色社会主义道路自信、理论自信、制度自信、文化自信,努力成为先进思想文化的传播者、党执政的坚定支持者,以其昭昭使人昭昭,才能有效引导学生真学、真懂、真信、真用,

---

① 中国教育科学研究院. 教育强国之道:改革开放以来重大教育决策研究 [M]. 北京:教育科学出版社,2018:352.
② 习近平. 论党的宣传思想工作 [M]. 北京:中央文献出版社,2020:379.
③ 严蔚刚. 教育者要先受教育:教师思政的情、理、法 [N]. 光明日报,2019-09-11 (13).

更好地担起学生健康成长指导者和引路人的责任;教师要自觉按照"四有"好老师标准,努力做到政治强、情怀深、思维新、视野广、自律严、人格正。

思政育人是做人的工作,互动是取得育人实效的关键。《说文解字》中,"教"是上所施下所效的意思,"学"是觉悟的意思。揭示了教学是教师所传授的理念、知识被学生内心接受和外化于行的过程。我国自古讲求因材施教。育人必先知人。要有效推进课程思政,教师必须了解学生,知晓学生所思所想,回应学生所困所惑。这是提高育人针对性、亲和力与实效性的前提,是避免填鸭式灌输的有效途径。因为青少年是最活跃的群体,所以思政育人就必须积极改革,大胆创新,运用现代信息技术,丰富教学方式(灵活采用案例式教学、体验式教学、互动式教学等方式),增加课程广度、深度和温度,呼应时代话题、常讲常新,提高思政亲和力、感染力和实效性,让学生愿听、乐学、会心、力行,发挥教师"引路人"的职能。

教育是一项需要多方参与的系统工程。思想政治工作没有休止符,只有进行时,课程思政建设同样一直在路上。高校必须坚持围绕立德树人根本任务,立足中国特色社会主义的丰富实践,在系统设计、全员参与、全程贯穿、全方位覆盖等方面持续推进课程思政,只有积极培养和践行社会主义核心价值观,才能真正守好育人主阵地,做到"四为服务"(为人民服务、为中国共产党治国理政服务、为巩固和发展中国特色社会主义制度服务、为改革开放和社会主义现代化建设服务)。

媒体融合背景下"课程思政"主题宣传报道的路径探索
——以苏州科技大学为例

徐燕华①

习近平总书记在全国宣传思想工作会议上提出:"牢牢把握正确舆论导向,精心组织主题宣传、形势宣传、政策宣传、成就宣传、典型宣传",为新时期高校开展新闻宣传工作指明了方向。作为"五大宣传"之一的主题宣传,是有"主题"的宣传,是对"主题"的宣传,是以特定"主题"为报道对象、报道内容和报道重点的新闻宣传活动。具体来说,就是以党和政府的重大战略思想和重要决策部署为主题,集中、连续开展的重大宣传报道活动。②

新闻宣传工作是高校宣传思想工作的重要组成部分,是加强高校意识形态阵地建设的重要途径,担负着让党的创新理论"飞入寻常百姓家"的重要使命。开展课程思政主题宣传,是高校深入传达党和国家的重要思想、决策部署,宣扬社会主义核心价值观的主要职责和使命,也是有效开展理论教育、凝聚师生共识、壮大主流思想舆论和推动学校立德树人的重要途径。

教育部《高等学校课程思政建设指导纲要》指出:"面向不同层次高校、不同学科专业、不同类型课程,持续深入抓典型、树标杆、推经验,形成规模、形成范式、形成体系……大力推广课程思政建设先进经验和做法,全面形成广泛开展课程思政建设的良好氛围,全面提高人才培养质量。"新闻宣传工作具有弘扬主旋律、传播正能量、营造氛围、内聚人心、外塑形象的重要作用。通过开展课程思政主题宣传,可以及时宣传学校、各学院开展课程思政建设的特色和亮点举措,持续深入抓典型、树标杆、推经验,在全校形成规模效应、范式效应、推广效应,为更好地促进课程思政建设的开展提供坚强的舆论支持。

---

① 徐燕华(1987—),女,江苏常州人,硕士,助理研究员,苏州科技大学党委宣传部新闻宣传科科长,主要从事新闻宣传、思想政治教育研究。
② 胡孝汉. 做好主题宣传壮大主流舆论[J]. 新闻战线,2008(5):4.

苏州科技大学积极贯彻落实教育部课程思政建设要求，统筹落实校党委书记"建设高质量课程思政体系，提升立德树人成效"履职亮点项目，稳步推进课程思政建设。学校党委宣传部围绕学校党政中心工作，服务学校事业发展大局，紧密围绕课程思政建设做好主题宣传，主动顺应融媒体时代发展趋势，发挥好"大宣传"机制的积极作用，丰富宣传内容，创新传播载体和形式，注重聚合媒体资源和新闻源流，提升新闻宣传层次，营造良好的舆论氛围，探索出富有成效的主题宣传报道路径。

一、创建新闻宣传机制，加强新闻宣传队伍建设

（一）形成新闻宣传合力

高校新闻宣传是一项全面系统的工作，仅仅依靠宣传部门的力量是有限的。因此，做好新闻宣传工作，需要校属各单位共同参与。学校通过修订《新闻宣传管理暂行办法》，加大新闻宣传工作管理力度，推进新闻宣传管理的制度化、科学化、规范化建设，促使各教学单位牢固树立积极主动开展新闻宣传报道工作的意识，自觉将新闻宣传工作与本单位中心工作进行统筹规划、周密部署，与各级新闻媒体建立良好的合作关系，及时、准确、全面宣传各单位各项重点工作的新举措和新成效，不断扩大学校的影响力和知名度，形成新闻宣传工作的合力。

（二）建立工作考评机制

建立工作考评机制是做好新闻宣传工作的根本保障，有利于进一步激发教学单位开展新闻宣传工作的积极性、主动性和创造性，提升新闻宣传工作的整体水平。学校在年度工作考核中，明确将及时组织主题宣传，配合做好各类主题采访活动，积极向党委宣传部或向媒体推送宣传素材作为宣传思想文化工作一项重要的考核标准。党委宣传部在年度工作要点中将课程思政建设列为重要的主题宣传内容之一；学校出台了《新闻宣传积分实施细则》，对全校各教学单位对内对外新闻报道的情况进行量化积分考核，实施校内校外不同媒体报道对应不同积分的考核制度，并将考核结果作为各教学单位宣传报道工作年度考核的评分依据，以及评选优秀通讯员的主要参考依据。

（三）加强宣传队伍建设

通讯员队伍是开展好主题宣传的重要力量，有利于拓宽宣传渠道，及时、准确、全面地反映学校各教学单位的工作动态。苏州科技大学精心组建了教工通讯员队伍,各教学单位选派了一名领导班子成员分管新闻宣传工作,组建了一支由政治立场坚定、组织策划能力强、热爱新闻宣传工作并具有一定新闻宣传工作经验的优秀骨干组成的新闻宣传工作队伍。学校党委宣传部从全校各学院选拔了一批政治敏锐性强、新闻敏感性高、文字功底好、沟通能力强、熟悉新媒体运营、摄影摄像技术好的学生担任学生通讯员。学校邀请媒体业内人士、专家学者对通讯员进行新闻摄影、对外宣传、新闻写作等主题的针对性授课,不断丰富新闻宣传工作业务培训形式,提高通讯员开展新闻宣传工作的实战水平。

二、坚持内容为王,提升主题宣传报道品质

习近平总书记指出,"读者在哪里,受众在哪里,宣传报道的触角就要伸向哪里,宣传思想工作的着力点和落脚点就要放在哪里","对新闻媒体来说,内容创新、形式创新、手段创新都重要,但内容创新是最根本的"。①

党委宣传部始终坚持正确的政治方向,严守新闻宣传纪律,各科室分工合作、协同作战,共享新闻资源,形成工作合力。理论宣传科抓住时机、把握节奏,提前告知新闻宣传科有关课程思政建设工作的部署进展。新闻宣传科工作人员在宣传报道中提高"四力"建设,对上级相关政策和文件精神及领导的讲话精神等内容先学一步、深学一层,确保在完成课程思政主题宣传报道的过程中把握正确的政治方向。新闻宣传工作人员与相关部门通讯员建立顺畅良好的联络沟通机制,深入课程思政工作推进会、党委书记为新生上的"开学第一课"、课程思政辅导报告会、课程思政集体备课活动、课程思政教学设计方案优秀案例推荐评审会、课程思政元素汇编遴选评审会等会议和活动现场,进行快速、准确的观察、记录、聆听、采访,确保为全校师生提供时效性强、现场感强的新闻资讯,用生动的笔触描述现场、捕捉细节,以生动的故事吸引人,以真挚的情感打动人,把课程思政的这道"硬菜"做得出新、出彩。

围绕主题精心策划系列报道。新闻报道策划意在以事实为依据,在坚持正确舆论导向的前提下,对新闻报道环境进行分析和预测,对新闻资源进行开发,它是新闻工作者对新闻报道活动主动性地参与和对新闻报道活动能动

---

① 刘洋."内容为王"再造党报新优势:《河南日报》大型系列述评"牢记嘱托出彩中原"价值探讨[J]. 新闻爱好者,2017(12):47.

性地组织。① 党委宣传部新闻宣传科和文化建设科紧密对接，把握重要的时间节点，创新课程思政形式，不断拓展课程思政建设方法和途径，有效开辟大学生思想政治教育"第二课堂"，提升思想政治教育的亲和力、针对性、生动性、实践性，使学校课程思政宣传工作呈现新的亮点。在2020年国庆节和中秋节双节同庆之际，党委宣传部策划了"祖国在我心中"主题升旗仪式和"我和共和国同庆生，我与祖国共成长"两项活动，不仅营造出了浓厚的迎国庆氛围，还传承了中华民族优秀的传统文化，弘扬了爱国主义精神，展现了家国情怀。在升国旗仪式中，3 000余名2020级新生挥舞着手中的国旗，举起了"我爱你，中国""祖国万岁"等爱国标语牌，祝福伟大祖国，共同唱响《歌唱祖国》等爱国歌曲，以歌言志，抒发爱国情、报国志，场面震撼。在"同庆生"活动中，党委宣传部邀请了"40后"到"00后"出生于10月1日的师生代表和少数民族师生代表共庆传统佳节，共贺中华人民共和国成立71周年，共同祝愿祖国更加繁荣昌盛，气氛温馨。党委宣传部提前将活动安排告知主流媒体，邀请记者进校采访；组织新闻采写、摄影、摄像精干团队，全力以赴投入报道和制作，收到光明网、《中国青年报》客户端、"学习强国"学习平台、"交汇点"等国家级、省级主流媒体报道10余篇，既润物细无声地弘扬了社会主义核心价值观，营造了良好的爱国主义教育氛围，又在无形中营造了浓重热烈、欢乐喜庆的舆论氛围，探索出了课程思政的新形式，深化了课程思政的建设成效。

三、深入媒体融合发展，努力提升传播效果

相较于传统媒体，新媒体的优势在于惊人的发布速度、海量的信息和形式丰富的信息呈现方式。学校主动应对互联网时代传播环境的变化，推动传统媒体和新兴媒体融合发展。充分运用校园新闻网、微信、微博、抖音号、《人民日报》App 苏州科技大学官方人民号、校报、专题网等媒体融合的形式，扩大学校课程思政建设的影响力。

充分激发校内媒体活力。党委宣传部在校园新闻网"苏科要闻"栏目报道校级层面具有重大影响力的课程思政建设动态和成效，在"校园快讯"栏目发布各学院具有特色和亮点的课程思政建设工作；在《苏州科技大学学报》开设了课程思政建设专版，进行各学院课程思政优秀案例大展示；建设课程

---

① 胡翠玲. 浅析新闻策划的意义和原则[J]. 今传媒, 2018 (5): 134.

思政专题网站，开设"通知公告""上级精神""工作动态""媒体关注""精选案例""督导评价"等栏目，栏目内容实时更新，对信息进行有效整合，更好地解决了网络新闻"瞬时化"和"碎片化"问题，网站通过专题的形式深入、全面、详细地报道学校课程思政建设情况，对师生关心的话题、问题提供各种翔实的资料，提高了信息的实用性；微博、微信、抖音号、《人民日报》App苏州科技大学官方人民号等新兴媒体充分发挥传播优势，全图景展现学校课程思政建设情况，其中"#苏州科技大学#国庆超级震撼！"苏州科技大学升国旗仪式现场，数千新生齐唱《歌唱祖国》的短视频在抖音号播出后，短短24小时就获得了5万多的关注度。

有效整合校外媒体资源。找准对外宣传报道的发力点和突破口，主动联系对接社会主流媒体，形成了一批口碑与流量兼具的精品报道。2020年上半年，党委宣传部深入挖掘全校课程思政的典型教学案例、课程思政建设中的典型人物和事迹，采访了建筑与城市规划学院、环境科学与工程学院、社会发展与公共管理学院、艺术学院等学院的专业教师，充分挖掘他们课程中所蕴含的思想政治教育元素。探究他们如何将思政教育与专业知识讲授有机融合；如何创新教学方式，增强课程思政的吸引力、说服力和感染力；如何激发课堂活力，真正使课程思政起到潜移默化、润物无声的育人效果。《光明日报》以"思政小课堂'牵手'社会大课堂"为题进行了深度报道，报道被"学习强国"学习平台、中共江苏省委组织部官网、江苏省教育厅官网转发。用好"战疫"活教材，党委宣传部积极宣传学校在疫情防控期间做好"停课不停学，停课不停教"线上教学工作，开展"线上春风行动"助力企业复产复工，开展校园云招聘活动，积极宣传广大师生党员、离退休教师、校友踊跃捐款等疫情防控工作中涌现出来的先进事迹。《奋力吹响同心战"疫"集结号，苏州科技大学多措并举抓实抓细校园疫情防控工作》《为战"疫"鼓劲加油，苏科大学子举办原创艺术作品线上展》《苏科大非遗"撕纸"女生撕开"疫霾"，为抗"疫"硬核加油》等200余篇报道受到光明网、"学习强国"学习平台、"交汇点""引力播""看苏州"等国家级、省市级主流媒体关注，汇聚了全校师生奋战"疫"情的正能量，进一步提升了学校课程思政建设的影响力。同时，校报、校级官方新媒体和各二级单位主办的微博、微信等新媒体进行转发，同频共振，在全校范围内形成了课程思政建设的示范和引领效应。

四、媒体融合时代开展课程思政主题宣传报道的思考

在媒体融合时代，我们要认真研究如何利用好融媒体提供的契机和动力，发挥积极性、主动性和创造性，改进创新课程思政主题宣传的方式方法，使报道有温度、有品质。

（一）提高对课程思政主题宣传报道重要性的认识

新闻报道具有"议程设置"的功能。通过开展课程思政主题宣传报道，把碎片化、分散的报道在校内校外媒体进行集中呈现，有利于营造浓厚的舆论氛围，形成较大的规模和声势，提升师生对课程思政建设重要性的认识。通过报道各学院开展课程思政建设的思路、举措、进展、成效，宣传先进人物和典型事迹，学校搭建了信息交流的平台，形成了课程思政好做法、好经验的资源"共享库"，进一步推动了各学院在关注中及时学习，在对标标杆中找差距并明确努力的方向，促使广大教师强化育人意识，找准育人角度，提升育人能力，全面提升开展课程思政建设的意识和能力。

（二）推进课程思政主题宣传内容、形式、手段创新

做好课程思政主题宣传是开展思想政治教育的重要手段，要善于把政治性、理论性、政策性、宣教性强的信息转化为具体新鲜的新闻事实，善于从党和国家的大政方针和决策部署及当下社会关注的热点焦点中寻找与高校课程思政建设的结合点，把严肃的说教性强的内容转化为生动具体活泼的案例故事；创新话语表达方式，用新闻的语言代替文件式、总结式的语言，以讲故事的方式使课程思政主题宣传更具吸引力、感染力和影响力。要进一步丰富宣传载体，充分运用校内校外媒体资源，协同联动，多方位、多角度地聚焦课程思政主题，同步、立体、交互"发声"，形成宣传报道矩阵。

（三）加强"四力"建设增强课程思政主题宣传推动力

新闻宣传工作者要不断增强脚力、眼力、脑力、笔力，提高新闻写作、摄影、摄像、视频剪辑、新媒体运营等业务能力，力争成为融媒体时代新闻宣传报道的行家里手。要深入学院开展调研，深入课堂旁听，记录教师的课程思政建设目标要求和内容重点，梳理专业课教学内容，结合不同课程的特点、思维方法和价值理念，报道教师如何将课程思政元素有机融入课程教学，达到润物无声的育人效果，从而获得"沾着泥土""带着露珠""冒着热气"的第一手新闻宣传素材，为师生提供原汁原味、现场感十足的报道作品。要

加强融合思维，善于把握重要时间节点，结合重要社会热点，创新精品校园文化活动，契合社会主流媒体对于主题策划的需求进而寻求合作，在策划、报道和传播上打好"组合拳"，达到一次采集、多样呈现、多元传播的宣传效果。

基于"城市地理学"的课程思政意愿调查和路径探索

许 艳[①] 王祖静 侯爱敏

  地理学是研究人类生存和发展与自然环境之间的相互作用关系的学科。[②][③] 我国自然环境复杂多样,一直以来自然地理学都因对国家和区域发展做出了重大贡献而受到国家重视[④],而人文地理学经历了一个曲折的发展过程。中华人民共和国成立后我国人文地理学科发展践行"苏联模式",注重服务社会主义生产布局,重视经济地理学发展;改革开放后,现代中国人文地理学全面复兴,1982 年《中华人民共和国国民经济和社会发展第六个五年计划摘要》明确指出,我国人文地理等学科需要加强研究,要逐步重视经济地理与人文地理的融合。随着我国城镇化、工业化进程的加快,城市地理和旅游地理等专业方向逐步显现其发展势头,受到政府和众多学者的广泛关注。[⑤] 高等教育肩负着为党和国家培养人才的重任,地理类专业人才培养与国家和地方经济社会发展紧密关联,对地理类专业的学生开展课程思政教育具有重

[①] 许艳(1986—),女,江苏盐城人,博士,苏州科技大学地理科学与测绘工程学院讲师,主要从事人文地理、土地利用与规划等方面的研究。
[②] 陈发虎,吴绍洪,崔鹏,等. 1949—2019 年中国自然地理学与生存环境应用研究进展 [J]. 地理学报,2020,75(9):1799-1830.
[③] 章屹祯,汪涛,曹卫东. 全球视野下区域协调发展的经济地理学研究:进展与展望 [J]. 南京师范大学学报(自然科学版),2020,43(3):78-83,90.
[④] 陈发虎,吴绍洪,崔鹏,等. 1949—2019 年中国自然地理学与生存环境应用研究进展 [J]. 地理学报,2020,75(9):1799-1830.
[⑤] 樊杰. 中国人文地理学 70 年创新发展与学术特色 [J]. 中国科学:地球科学,2019,49(11):1697-1719.

要的时代意义。①②③④

一、"城市地理学"实施课程思政的必要性

(一) 高等教育实现全面育人的需要

走自己的高等教育道路,是办好中国特色世界一流大学的根本出路所在。中国特色高等教育制度体现了国家经济制度、政治制度、文化制度、社会制度的体制机制。高等教育实施过程中,高等教育制度有时不能最大程度地助力人才培养,课程思政的引入在一定程度上能够将中国特色高等教育制度优势转化为人才培养的强大动力,最大程度地促进中国高等教育质量和水平的提高。

(二) 自然资源管理部门需要高素质专业人才

大学生是国家培养的高级人才,大学生的思想政治素养的提升对我国国民素质的提高具有重要的影响,直接决定着国家和民族的未来。中国自然资源管理部门需要有较高政治素养的专业人才,因为他们了解我国自然资源管理的历史进程,也知晓自然资源管理对于中国特色社会主义经济建设的重要性。

(三) 大学生健康成长发展的必要条件

近年来,我国大学生大多是 2000 年之后出生的,该人群具备创造性强、心理承受能力弱等特点,大学生心理问题为社会各界所关注。课程思政探索构建"通识能力、专业基础能力、专业发展能力"为一体的人才培养规格;构建"课程教学、实验实训、校园文化活动"为一体的人才培养路径。真正围绕学生开展教育工作,关照学生,服务学生,助力大学生健康成长和发展。

(四) 新时代教师教书育人职责的深化和拓展

新时代背景下,教师教书育人要结合学生的特点进行不断创新以达到令

---

① 白一茹,包维斌,王幼奇,等. 思政教育在自然地理学课程教学中的融入 [J]. 西部素质教育,2020,6 (10):36 – 37.

② 陈丽. 基于课程思政的城市规划原理课程改革探讨 [J]. 盐城师范学院学报(人文社会科学版),2019,39 (6):113 – 116.

③ 李权国,张弢,文力,等. 高校地理科学专业"课程思政"与德育价值研究 [J]. 中国地质教育,2020,29 (1):54 – 56.

④ 李甜,课程思政背景下专业课程建设探索与实践:以《中国旅游地理》为例 [J]. 国际公关,2020 (10):150 – 151.

学生满意的教学效果。加强课程思政建设能够避免教师一味传授书本知识这种情况。学生在思政水平不高的情况下，对于专业知识的学习也是被动而有限的，此时教师应该成为塑造学生人格的引路人，不断深化自身育人的职责。但课程思政不是让教师一味地讲思想政治，而是让其在教学设计过程中，融入一些思政元素，优化课程设计，实现思想政治教育与知识体系教育的统一。

二、"城市地理学"实施课程思政意愿调查

2020年，通过问卷调查人文地理与城乡规划专业本科生对"城市地理学"实施课程思政的了解等相关情况（表1）。结果显示92.5%的大学生认为实施课程思政是必要的，这表明大学生对于课程思政建设持肯定态度；同时有73.6%的大学生对于专业课程教学中加入思政元素是接受的，这表明专业课课程思政建设是可行的。但大学生对于课程思政的了解程度并不高，其中有20.4%的大学生对课程思政不了解。对于做人做事道理、社会主义核心价值观及中华民族伟大复兴的理想与责任等不同思政元素的接受程度显示，大多数大学生接受做人做事的道理这一课程思政元素，这表明大学生非常关注自己为人处事的能力。调查结果显示通过课程思政，教师能够对大学生的生活态度和生活方式产生影响；同时，教师需要继续帮助大学生提高对社会主义核心价值观和中华民族伟大复兴的理想与责任等思政元素的接受程度。从大学生对课程思政的可接受时间长度来看，在90分钟的专业课程教学中，教师花10—20分钟讲解思政元素被一半以上的大学生接受。

表1 课程思政相关情况问卷调查结果

课程思政是否有必要	必要		没有必要	
	92.5%		7.5%	
课程思政了解程度	很了解	一般了解	不了解	
	3.7%	75.9%	20.4%	
课程思政接受程度	接受	比较接受	不接受	无所谓
	73.6%	15.1%	0	11.3%
课程思政内容接受程度	做人做事道理	社会主义核心价值观	中华民族伟大复兴的理想与责任	
	81%	54.7%	43.4%	
课程思政时间接受情况	>20分钟	10—20分钟	5—10分钟	<5分钟
	17%	50.9%	28.3%	3.8%

三、"城市地理学"实施课程思政的优势

（一）"城市地理学"学科曲折的发展过程

与自然地理学相比，以城市地理学为代表的人文地理学学科的发展过程是非常曲折的。20世纪初，大量中国学生赶赴欧洲留学，学习欧洲先进的科学技术，为后来国内自然学科的发展奠定了基础。就地理学学科而言，随着苏联对我国社会经济发展的指导，我国逐步开始重视自然地理学和与生产密切相关的经济地理学的发展。20世纪50年代，国外有关城市地理学方面的研究开展得如火如荼，城市化（urbanization）一词风靡全球，然而我国城市地理学的发展起步较晚。改革开放后，以华东师范大学为代表的高校和科研机构逐步开展了城市地理学方面的研究，城市地理学学科逐步进入快速发展时期。城市地理学学科曲折的发展过程，能够启发学生在人生的发展道路上，以求真务实的精神不断前行。

（二）"城市地理学"学科内容鲜明的时代特征

城市地理学学科主要研究城市产生与发展、城市区域空间组织、城市内部空间组织、城市可持续发展及城市地理学的新技术、新方法和新领域。城市的产生与发展经历了城市的雏形、城市规模扩大、城市化浪潮、跨国网络化城市体系的构建等过程。随着我国城市化进程加快，城市区域空间组织和内部空间组织不断发生变化，同时一系列城市交通、环境等问题逐步显现。作为人文地理与城乡规划专业的人才，本专业学生应深刻认识我国城市化过程及机理，承担起国家民族复兴的重任。

（三）"城市地理学"理论发展符合我国国情

城市地理学方面的理论很多来源于西方国家，主要原因是西方国家城市发展历史早于我国，并且国外城市地理专业学者善于总结城市发展实践经验，创造了如克里斯泰勒中心地理论等城市空间发展理论，但我们要了解任何理论都不能跨越时空的限制，任何理论都有它产生的时代背景，受到理论提出者立场观点的制约。中国城市地理学必须在总结我国城市发展实践经验基础上，借鉴西方城市地理学理论，形成具有中国特色的城市地理学理论和方法。

四、"城市地理学"实施课程思政的路径

教师是课程思政的直接实践者。教师必须先了解课程思政的必要性、课

程思政的重点和难点及实现路径。本文提出"城市地理学"实施课程的基本路径如下：

（一）修订专业人才培养目标

以往专业课程的培养目标是以提升学生知识和技能的掌握程度为主，忽略了德育方面的培育目标。随着信息时代的到来，价值观念呈现多元化的趋势，高等教育人才培养必须适应我国当今社会的发展，要培养出懂得做人做事的基本道理，践行社会主义核心价值观，能够肩负民族复兴重任的时代新人。

（二）思政元素与教学内容相融合

以往专业课程的培养大纲中，仅仅给出了课程的教学内容，在课程思政的背景下，专业课程需要不断挖掘以往城市地理学教学内容中所蕴含的思政元素，认识到城市地理学在开展课程思政方面的优势。本课程可以从城市地理学科任务、国内外城市地理学科发展历史、城市化过程、城市空间结构、城市问题等教学内容中，提取中国特色城市地理实践、城市化发展过程、城市化现象中积极的元素，培养学生爱国热情、职业热情、团结合作精神、环境保护意识等，引导学生在学习知识的同时，树立正确的社会主义核心价值观。

（三）创新教学方法与手段

教与学之间的关系，一直为高等教育教师所关注。传统的教学方法侧重于引导学生对知识的掌握和理解，而学生的思政素质和情感会影响到他们对知识的接受程度和效果。因此，教师应该不断创新教学方法，运用多元化教学手段，如多媒体、课程翻转、实际的地方和国家项目等，吸引学生参与到课堂中来，加深学生对所学知识的认知和体验，使学生在接受知识的同时，能够了解到知识的发展历史和知识的应用领域。

地理类专业人才培养直接关系到国家和地方经济社会发展，关注地理类专业课程思政教育对于引导该类人才的德智体美劳综合发展具有重要意义。通过问卷调查，我们了解到学生对课程思政是接受和了解的，同时接受教师在教学内容中融入思政元素，对于课程思政时间保持在10—20分钟是可以接受的。因此，教师需要不断改进教学目标、方法和手段，使学生在学习知识的同时，在人生观、世界观和价值观的塑造上也获得一定程度的启发，实现自身的全面成长和发展，使其为肩负民族复兴的重任做好思想准备。

高校"测量学"课程思政的探索与实践[①]

王 颖[②] 严 勇 赵 伟

习近平总书记在全国高校思想政治工作会议上强调,高校思想政治工作要坚持把立德树人作为中心环节,把思想政治工作贯穿教育教学全过程,努力开创我国高等教育事业发展新局面。办好思想政治理论课,最根本的是要解决好培养什么人、怎样培养人、为谁培养人这个根本问题。[③] 高校的思想政治工作应充分融入整个教育培养过程中,不能只局限于思政课的教育,要推动思政课程向课程思政转变。课程思政要依托专业课、通识课进行,使思政教育贯穿高等教育全过程。这样既丰富了思政教育的形式,又把思政教育落到了实处。

近年来,各高校都积极推进课程思政的建设工作。随着时代的发展,获取信息的手段日趋多样化,高校学生普遍思维更活跃,观念更多元。这种情况对于高校课程思政建设提出了更高的要求。在整个高等教育教学过程中,所有任课教师都应根据课程特点,分析提取课程所包含的思政元素,承担起课程思政的责任,充分发挥课堂教学主阵地的育人功能。

"测量学"是苏州科技大学工科类专业的一门专业基础课,近十个相关专业开设了此课程。此课程具有理论与实践结合紧密的特点,为相关工程类专业提供了重要的基础理论、专业知识,以及实践操作技能支撑。在测量学课程中融入课程思政内容,涉及的专业广泛,受益人数较多,因此可以说,"测量学"是苏州科技大学思政教育的主要阵地之一。这对于培养高素质专业人

---

① 基金项目:本文为校级课程教学改革综合项目,项目批准号为2018KJZG-08;中央财政支持地方高校改革发展资金教学实验平台建设项目:"'测量学'课程教学方法研究"的阶段性成果。

② 王颖(1979—),女,硕士研究生,苏州科技大学地理科学与测绘工程学院讲师,主要从事摄影测量和遥感数据处理与分析研究。

③ 刘畅.《摄影测量学》课程思政实施途径探讨[J].吉林广播电视大学学报,2019(12):158-160.

才,实现高校立德树人的教育目标具有十分重要的意义。①

一、明确课程目标

以目标为导向是新形势下工科教育的核心理念,因此在课程建设中不断融入思政因素,要首先明确两大教学目标,即课程专业目标和思政育人目标。

"测量学"的课程专业目标是培养学生掌握小地区控制测量和大比例尺地形图的测绘理论和技能。其中包括对常用测量仪器的正确使用、对测量操作流程的掌握,以及测量成果的计算和绘图。教师要引导学生掌握在工程建设和管理中需要的测量基本理论、基本方法和基本技能,培养学生实践和创新能力。

教师在课堂教学中一方面要注重具体知识的传授,另一方面也要主动挖掘提炼具有说服力、亲和力和感染力的思政元素和案例,两者相辅相成,相得益彰。根据"测量学"课程性质和特点,专业教师提取课程中的思政元素,确定其思政育人目标为培养"维护版图、保守秘密、遵纪守法、爱岗敬业、严谨求实、诚信为本、质量第一、团结协作"的应用型工程类人才。

本课程将理论知识传授与思想政治教育有机融合,关注重大事件和社会热点,把握契机,有效自然地将有关问题适时引入课堂,引导学生关注社会、崇尚和热爱科学。通过课堂和实践的教学,教师引导学生热爱所学专业,培养良好的职业素养和职业道德,树立对"工匠精神"的追求。"测量学"课程思政教育体系如图1所示。

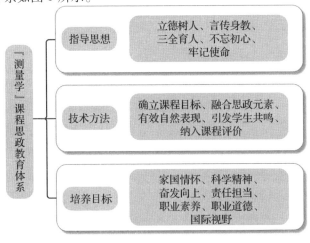

图1 "测量学"课程思政教育体系

---

① 徐丽华,盛庆红,李兵,等. 高校测绘类课程"课程思政"教学探索[J]. 西南师范大学学报(自然科学版),2020,45(9):168-172.

二、完善教学大纲和教学评价体系

课程思政的实施应体现课程特点与需求,在形式和内容上要统一。本课程充分挖掘和提炼"测量学"课程德育元素,依据学科专业特点,找准课程思政切入点,挖掘思政内涵,发挥专业课程育人功能。

通过教学组织设计,形成具有思想政治教育色彩的专业课程教学大纲、教学计划、教学方案等;采取多样、有效的教学方法,结合大学生认知规律和习惯,引发学生共鸣,利于学生知行合一;教学资源中要融入课程思政元素,与思政课程形成协同效应,并将其纳入课程评价体系。

课程思政贯穿于专业课程的整个教学过程,并不止步于专业课程的结束。课程思政的教学效果最终要通过社会的检验,用人单位对学生的专业水平、思想政治水平和职业道德水平的满意程度是检验课程思政教学效果的重要指标。① 因此,要不断完善现有的教学大纲、教学内容和教学评价体系,提高思政教育实效。

三、挖掘思政元素

在课程建设过程中,深入挖掘社会主义核心价值观的思政元素和"工匠精神"的思政内涵,以各种授课形式和表现方法使其渗透于各个教学环节,使大国工匠精神得以传承。同时,要注重时事的及时融入,使"思政育人"这个永恒的话题得到保鲜。②

与思政课的教学方式不同,课程思政重在引导,其思政要素是以专业知识为基础的,专业课教师以隐性的方式向学生渗透思想政治教育的内容。专业课教师要提高教学的亲和力,在课堂上不着痕迹地自然渗入思政内容,避免将课程思政当成思政课程。

(一) 知识讲授与核心价值观树立、思维训练相融合

"测量学"是一门能很好地树立价值观和进行思维训练的课程。测绘工作是社会经济发展的一项基础性工作,大到国家战略实施,小到城市工程建设,测绘工作都起到了重要的作用。该课程涵盖的各种概念、原理、流程都是密

---

① 徐丽华,盛庆红,李兵,等. 高校测绘类课程"课程思政"教学探索 [J]. 西南师范大学学报(自然科学版),2020,45(9):168-172.

② 邵亚琴,周显平,张会战,等. 以工程教育认证为契机,践行"测量学"课程思政建设 [J]. 科技风,2020 (16):57-58.

切关联的、系统的。在讲授专业知识的同时,教师可以自然有效地融入社会主义核心价值观:富强、民主、文明、和谐、自由、平等、公正、法治、爱国、敬业、诚信、友善,并且可以对学生的人文思维、工程思维、辩证思维等进行训练,这将与专业知识的传授起到相辅相成的作用。

(二)实验操作与能力训练、职业素养提升相融合

"测量学"课程注重实践能力的培养,在培养学生专业实验操作技能的同时,教师应综合考虑工程应用过程中所涉及的环境、安全、社会及法律文化等因素,并将其融入对学生职业道德、职业素养、职业规范、职业技能等的培养。

(三)集中实习与工匠精神、个人素养相融合

本课程具有很突出的工程实践性,教学内容中包括很多应用案例,课程注重综合实习环节中对学生的培养。在集中实验实习教学中,教师注重培养学生敬业、精益求精、专注、创新的工匠精神,并将其渗透进对学生个人素养的提升中。实践中涉及的独立思考、坚韧不拔、团结合作、学习能力等元素都是思政教育的切入点。

四、设计教学内容

"测量学"课程实践性强,注重理论联系实际。教学过程包括课堂理论教学、野外实验和实习、内业数据处理及绘图等。课程设置的实验和实习项目都是相对独立的工作,且具有较强的工程应用性。测量工作需要分组作业、团队协作,具备更多专业教育与思政教育相结合的教学环节。在教学过程中,教师可以通过各种不同的授课形式与教学方法,达到专业课程思政教育的效果。[①]

本课程立足于爱国情怀、奉献精神、团队精神、工匠精神、服务社会和人民的理念,根据"测量学"教学大纲提取典型的授课要点,充分挖掘思政映射与融入点,设计思政教育内容。课程在传授专业技术的同时,以小故事的形式在知识点中和学生分享创新与科技进步、科技报国、新时代工匠精神等课程思政元素。"测量学"课程思政建设教学内容设计如表1所示。

---

① 邵亚琴,周显平,张会战,等.以工程教育认证为契机,践行"测量学"课程思政建设[J].科技风,2020(16):57-58.

表1 "测量学"课程思政建设教学内容设计表

授课要点	思政形式与方法	思政元素融入教学
测量学研究对象和基本任务	● 多媒体 ● 测量先进事迹短视频 ● 工匠小故事	● 对比国内外技术发展情况,培养学生具有维护国家地理信息安全、保护国家测绘数据秘密、维护边界主权的意识 ● 在课程授课中合理地引入相关内容,培养学生的家国情怀和奋发向上、勇于担当的精神
水准测量原理及实施方法、水准仪的使用方法	● 多媒体 ● 时政小故事 ● 时政小要闻 ● 野外测量与现场指导 ● 团队分工协作	● 讲解水准测量的应用时,引导学生树立科学发展观、可持续发展观;倡导和弘扬科学精神 ● 以热点事件珠峰测高为例,引入行业特征。从事测绘活动涉及获取、持有、提供、利用属于国家秘密的地理信息,测绘工作者应当遵守保密法、行政法规和国家有关规定
水平角和竖直角测量原理及方法	● 多媒体 ● 励志小故事 ● 野外测量与现场指导 ● 团队分工协作	● 讲解角度测量注意事项时,树立学生的法制观念,测量数据关系着项目规划、设计、施工的质量安全 ● 提醒学生懂法、守法,只有通过法制的约束,才能在岗位上培养从业人员的高度责任感
钢尺量距的方法、视距测量的原理	● 多媒体 ● 测绘前辈先进事迹视频 ● 传统文化小故事	● 介绍先进人物事迹,引领学生树立社会主义核心价值观和为国家建设服务的信念 ● 通过野外数据采集和内业成果整理,培养学生吃苦耐劳、认真细致、实事求是的精神 ● 通过传统文化的渗透,提高学生的人文情怀
测量误差理论、评定精度的标准	● 多媒体 ● 哲理小故事 ● 工程应用案例	● 通过工程案例,教育学生严格遵守工程规范,认真负责地完成任务,提高数据的准确性和可靠性 ● 培养学生严谨、求实的精神
平面控制测量方法、高程控制测量方法	● 多媒体 ● 测量先进事迹短视频 ● 时政小要闻 ● 团队分工协作	● 引入本行业英雄测绘大队的事迹,激发和增强学生的爱国情怀和社会责任感 ● 培养学生维护国界的主权意识

续表

授课要点	思政形式与方法	思政元素融入教学
地形图知识及测量方法	• 多媒体 • 工程应用案例 • 野外测量与现场指导	• 通过地形图制作的案例，激发学生勇于创新的精神 • 通过工程实例，培养学生团结协作、勇于奉献的精神
地形图基本应用	• 多媒体 • 励志小故事 • 行业发展介绍	• 向学生讲述李德仁院士的奋斗事迹，鼓励学生向前辈学习，引领学生学习前辈踏实肯干、艰苦朴素、吃苦耐劳的精神，树立正确的人生观、价值观 • 通过地形图的应用，引导学生了解该领域国内外发展现状，培养国际视野
施工测量，道路、桥梁、管道工程测量	• 多媒体 • 工匠小故事 • 工程应用案例 • 野外测量与现场指导	• 通过施工测量案例，培养学生的工程伦理、工程师的基本素养 • 通过分组测量实践，培养学生团队协作意识和一丝不苟、实事求是、精益求精的敬业精神

本课程结合专业特点，以专业技能知识为载体加强学生思想政治教育，进一步提高课堂教学质量。通过教学组织设计，本课程形成了具有思想政治教育色彩的专业课程教学大纲、教学计划、教学方案等，采取多样、有效的教学方法，引发学生共鸣，与思政课程形成协同效应。

本文充分挖掘和提炼"测量学"课程德育元素，坚持立德树人，力求将思想政治教育内化为课程内容。依据学科专业特点，找准课程思政切入点，挖掘思政内涵，发挥专业课程育人功能。帮助学生树立正确的世界观、人生观、价值观，提升育人成效，促进实现"三全育人"的目标。

参考文献

[1] 彭文. 在工程测量课程中实践"课程思政"的探讨 [J]. 绿色科技，2018 (19)：247－248.

[2] 潘磊. "建筑工程测量"课程融入思政实践探究 [J]. 建材与装饰，2020 (5)：129－130.

[3] 纪凯. 课程思政在教学能力大赛中的探索与实践：以《工程测量技术》课程高程放样为例 [J]. 宿州教育学院学报，2019，22 (6)：113－115，136.

［4］唐克静，胡立群. 对工程测量课程改革实施的探索［J］. 四川水泥，2019（11）：318.

［5］张元军. 新时代高职院校课程建设改革初探：以《工程测量》为例［J］. 四川水利，2019，40（5）：158-159.

［6］张李平. 高职"建筑工程测量"课程思政的探索与实践［J］. 福建茶叶，2019，41（8）：177.

［7］孟凡超，苏宇. 工程测量技术专业课程思政改革的途径［J］. 科技风，2019（19）：65-66.

习近平生态文明思想融入生态环境类课程思政建设初探[①]

陈德超[②]　张　菡　余　成　张晓芳

一、课程思政及研究综述

在全国高校思想政治工作会议上，习近平总书记强调："要用好课堂教学这个主渠道，思想政治理论课要坚持在改进中加强，提升思想政治教育的亲和力和针对性，满足学生成长发展需求和期待，其他各门课都要守好一段渠、种好责任田，使各类课程与思想政治理论课同向同行，形成协同效应。"[③] 全国教育大会指出，"要把立德树人融入思想道德教育、文化知识教育、社会实践教育各环节，贯穿基础教育、职业教育、高等教育各领域"[④]，要求围绕此设计教学体系和展开教学活动。《教育部高等教育司2020年工作要点》明确提出全面推进高校课程思政建设，应深入挖掘各门课程蕴含的思政教育内容，积极促进各类专业课程与思想政治理论课同行，实现价值引领、知识传授和能力培养的有机统一。全面推进高校课程思政建设是深入贯彻习近平总书记全国高校思想政治工作会议和全国教育大会讲话精神、落实立德树人根本任务的战略举措，也是新时代深化高校教育教学改革，全面提高人才培养质量的必然要求。

课程思政指以构建全员、全程、全课程育人格局的形式将各类课程与思

[①]　基金项目：本文为苏州科技大学教学改革与研究项目"习近平生态文明思想视域下生态环境类课程思政教学改革与实践"，项目批准号为2019JGMK-02。

[②]　陈德超（1972—），男，山东滕州人，博士，苏州科技大学地理科学与测绘工程学院副教授，硕士生导师，主要从事生态规划研究。

[③]　张烁. 把思想政治工作贯穿教学全过程　开创我国高等教育事业发展新局面 [N]. 人民日报，2016-12-09 (1).

[④]　新华社. 习近平：坚持中国特色社会主义教育发展道路，培养德智体美劳全面发展的社会主义建设者和接班人 [EB/OL]. (2018-09-10) [2020-03-08]. http://www.moe.gov.cn/jyb_xwfb/s6052/moe_838/201809/t20180910_348145.html.

想政治理论课同向同行,形成协同效应,把立德树人作为教育的根本任务的一种综合教育理念。① 课程思政是 2014 年之后出现的热门词,源于上海市相关高校的探索,其目的是解决大学生思想政治教育的"孤岛"困境,尤其是解决思想政治理论课与其他课程之间实际存在的"两张皮"现象问题,其方式是开发利用相关课程的思想政治教育资源,以充分发挥所有课程蕴含的思想政治教育功能。赵继伟认为课程思政是依托、借助于专业课、通识课而进行的思想政治教育实践活动,它不是一种新的理念,而是"大思政"理念、"隐性思想政治教育"理念在课程教学中的具体体现。② 上海市课程思政整体试点学校 12 所、重点培育学校 12 所、一般培育学校 34 所,基本实现全市高校全覆盖。③ 继上海之后,各地高校已建设"中国系列"课程近 30 门,综合素养课程 175 门,近 400 门专业课程申报开展试点改革。

然而,在课程思政的研究与实践中,仍存在将思政课程与课程思政混为一谈,在专业课程讲授过程中生硬植入思想政治教育元素,部分现有课程思政建设流于形式、缺少实际内容等现象。包括苏州科技大学在内的教学研究型地方高校,如何承担起新时代赋予我们的育人使命,使课程思政真正紧扣教育的主旨,回归学生生活态度的养成,回归"四个自信"的养成,教会学生责任与担当、教会学生做人、做事,是现阶段高校亟待解决的问题。

为此,本文拟以习近平生态文明思想为指引,以苏州科技大学人文地理与城乡规划专业的生态环境类课程思政改革与实践为例,立足立德树人总要求,用好课堂教学这个主渠道,紧扣国家和区域发展需求,结合学校发展定位和人才培养目标,构建全覆盖、多层次、相互支撑的课程思政体系,探究全面提升专业技术人才培养质量的有效途径,从而培养更多德智体美劳全面发展的社会主义建设者和接班人。

二、苏州科技大学人文地理与城乡规划专业的生态环境类课程简介

苏州科技大学人文地理与城乡规划专业培养目标:培养适应地方城乡发展需要,具有良好的人文素养、社会责任感、职业道德、创新意识、团队精

---

① 百度百科:课程思政 [EB/OL]. (2014 – 04 – 04) [2020 – 04 – 21]. https://baike.baidu.com/item/%E8%AF%BE%E7%A8%8B%E6%80%9D%E6%94%BF.
② 赵继伟. "课程思政":涵义、理念、问题与对策 [J]. 湖北经济学院学报,2019,17 (2):114 – 119.
③ 高锡文. 基于协同育人的高校课程思政工作模式研究:以上海高校改革实践为例 [J]. 学校党建与思想教育,2017 (24):16 – 18.

神和国际视野；掌握扎实的人文地理学和城乡规划学的基础理论与基本技能；具备较强的地理信息技术应用、规划方案编制与信息化管理等专业能力；能够通过继续深造或自主学习更新知识，实现能力和技术水平的提升；可在企事业单位与政府部门从事城乡规划、建设与管理领域相关工作的高级复合型应用型人才。

人文地理与城乡规划专业下设生态规划和旅游规划两个主要课程方向。生态环境类课程模块有"生态规划原理""生态规划设计""城市生态规划""景观生态规划""环境规划与管理""水资源规划与管理""环境学基础""自然地理学"8门课程，在此类课程的课程思政实施过程中，我们一直充分发挥教学内容在自然观塑造、可持续发展教育方面的优势，既传授专业知识，又兼顾育人功能，培养大学生朴实的自然情怀。针对课程思政建设需求，该类课程还存在以下问题亟待解决：一是授课内容中专业知识与思政元素没有很好地融合，与新时代本科人才培养特点不完全匹配；二是课程授课教师变动较大，主讲教师的思政意识和能力不足，不利于教学经验的积累和教学团队的建设，也没有充分发挥党建引领和学科教育的综合优势；三是缺乏统一的生态环境类课程教学组织，课程体系设置不够合理。

专业课程的课程思政究竟该如何发挥"大思政"和"隐性教育"的功能，需要从课程目标、教师团队、教育资源、教学设计、评价体系等方面进行系统考虑，只有这样，才能从根本上打通思想政治教育的"最后一公里"，实现思政课程与课程思政的无缝对接，最终完成立德树人根本任务。

三、生态环境类课程思政方案设计

生态环境研究是苏州科技大学的特色专业方向之一，因此生态环境类课程在人才培养中承担着重要的任务。本项目依据2018年专业培养方案，针对课程思政的需求，对生态环境课程体系进行重新规划，以党建引领组建稳定的教学团队，重新定位专业课程思政目标，以习近平生态文明思想"六项原则"（坚持人与自然和谐共生的科学自然观、绿水青山就是金山银山的绿色发展观、良好生态环境是最普惠的民生福祉的基本民生观、山水林田湖草是生命共同体的整体系统观、用最严格制度最严密法治保护生态环境的严密法治观、共谋全球生态文明建设的共赢全球观）[①]为纲，提炼生态环境类课程思政

---

① 文兰娇，胡伟艳，张安录. 习近平生态文明思想与课程思政的融合和教学设计［J］. 黑龙江教师发展学院学报，2020，39（2）：38-40.

元素，从教案设计、课堂教学等方面，科学组织生态环境类课程的教学，实现润物无声。主要包括四个方面：一是生态环境类课程思政资源凝练；二是生态环境类课程思政教学团队建设；三是生态环境类课程思政教学组织；四是生态环境类课程思政评价体系。生态环境类课程思政建设方案如图 1 所示。

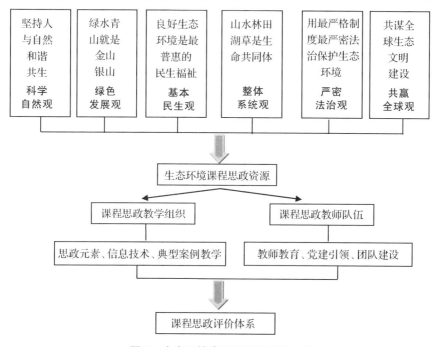

图 1　生态环境类课程思政建设方案

（一）课程思政资源提炼

习近平于 2019 年 3 月 18 日在学校思想政治理论课教师座谈会上指出，思政课是落实立德树人根本任务的关键课程。新时代课程思政的难点之一是专业知识与思政教育融合存在难度[①]，专业课程的教学侧重于知识的"求真"，而思政教育则要求"真善美"统一。

在通识课程领域，需要各校根据自身特色统一规划思政课程。"为学须先立志。志既立，则学问可次第着力。立志不定，终不济事。"要实现中华民族伟大复兴的中国梦，就要有正确的导向：世界观、人生观、价值观，要把个人价值同党和国家前途命运紧紧联系在一起。随着社会经济科技等的发展，

---

① 杨涵. 从"思政课程"到"课程思政"：论上海高校思想政治理论课改革的切入点［J］. 扬州大学学报（高教研究版），2018（2）：98 – 104.

中国同世界的联系也更加紧密,在意识形态领域的碰撞也更加激烈。当前的通识课主要由各大高校统筹安排:开展马克思主义理论教育,用新时代中国特色社会主义思想铸魂育人,引导学生实现道路自信、理论自信、制度自信、文化自信,把爱国情、强国志、报国行自觉融入坚持和发展中国特色社会主义、建设社会主义现代化强国、实现中华民族伟大复兴的奋斗之中。结合人文地理与城乡规划专业横跨理工、文理兼收的特点,按照培养中的课程模块及地方高校的特色,规划全课程思政模块主要方向:原理课程(自然地理学、环境学基础、生态规划原理)主要思政方向为社会公德、全球观念、永续发展理念、人类命运共同体意识的培养;设计课程(生态规划设计、景观生态规划、城市生态规划、环境规划与管理、水资源规划与管理)主要思政方向是家庭道德、个人美德、工匠精神、团队合作意识、服务意识的培养。表1为生态环境类课程思政领域概括,但该表并不能概括所有思政内容同课程类型之间的对应关系,而是注重方向上的契合,具体的课程思政元素仍然要同课程具体内容相契合。

表1 生态环境类课程思政领域概括

课程性质	课程方向	思政领域			
设计课程	生态规划设计	尊重自然	工匠精神	职业道德	团队合作
	景观生态规划	美学意识	生态服务	格局意识	系统思维
	城市生态规划	生态文明	家国情怀	大局意识	反馈机制
	环境规划与管理	服务意识	职业道德	团队合作	规范意识
	水资源规划与管理	节约意识	服务意识	循环理念	系统思维
原理课程	生态规划原理	人地和谐	生命共同体	两山理论	大局观念
	自然地理学	全球观念	永续发展	系统观念	社会责任
	环境学基础	社会责任	民生福祉	自然伦理	命运共同体

(二)教师队伍建设

本专业方向课程思政内容非常广泛,包括地理科学、生态环境和城乡规划等多个领域,涉及生态文明、两山理论、新发展理念、人类命运共同体等习近平生态文明思想的方方面面,要求教师政治要强、情怀要深、思维要新、视野要广、自律要严、人格要正。[①] 为此,本专业方向课程思政教师队伍建设

---

① 马丽萍. 高校推进"课程思政"全员全过程全方位育人的有效路径研究[J]. 吉林省教育学院学报,2020,36(2):74-77.

可以从党建引领、教师培养、团队组建三个方面展开,增强教师的育德意识和育德能力。

首先,政治保障要建立,以党员和青年博士为主。要充分尊重本专业方向思政课程的建设规律,加大政策激励、经费保障、条件支持、氛围营造的力度,把条件和资源集中到充分调动党员和青年骨干的积极性、主动性和创造性上来,让广大思政课教师乐为、敢为、能为、有为,充满正能量,焕发出强大的生机和满满的活力。

其次,教师培养要充分,全面提升教师课程思政建设的综合能力。要尊重教师队伍的成长规律,课程思政对教师的要求比较特殊,需要把德育融入生态环境专业知识领域。这就要求教师不仅要具有坚实的专业基础,还要具备广阔的人文素养。本专业方向教师基本都是高学历,且大部分都是党员,因此在政治上是有宽广的基础的,但是在哲学、社会、文化等领域还存在一定的薄弱环节。教师需要通过多种手段来增加对这些领域的了解,比如弘扬优秀传统文化、学习马克思主义哲学等。多方位打造教师的思想政治强项,最终将其融入生态环境专业课程教学中。

最后,加强建设思政教师、专任教师、学生辅导员和班主任队伍,组建多学科背景互相支撑、良性互动的课程教学团队,通过教师之间的"同向同行、协同育人"来保障课程之间的"协同效应"。专业课教师通过学工部、团委等思想政治工作行政部门来了解大学生的思想动态和关注焦点,从而更有针对性地筛选、组织教学内容,切实提高专业课程育人的功效,真正落实课程思政建设。同时,高校应善于借力,聘请高水平的专家学者、地方党政领导、知名企业家、社会各条战线的先进人物担任高校思想政治教育特聘教师。高校之间应加强合作,优化整合教育资源,根据实际情况制定相应政策,以结对帮扶等形式共同提升课程思政的水平和功效。形成特聘教师巡讲机制,为课程思政建设与实施提供优质教师资源,真正做到全员、全过程、全方位育人。

(三)思政教学的组织

互联网时代,仅靠传统的教学手段已经不能满足作为网络新生代学生的个性化、多样性学习需求。在反思传统单一教学模式的背景下,世界一流大学开创了"习明纳"教学法、导师制培养、启发式、研讨式等多样化的授课方式,对于培养学生创意生成、思维发展起到积极作用。① 借助大数据、人工智能等新兴技术,教师可以收集慕课(Massive Open Online Courses,MOOC)等网络平台的学习资料。教师可以利用统计手段收集学生的行为数据,如学生参与率、参与时间及体态表征等,借助大数据观测学生的学习表现,对其学习过程中的不足进行有针对性的改进,为精细化指导与个性化培养提供基础数据,引导学生树立正确的世界观、人生观和价值观,加强学生的主体性地位,这体现了以学生为中心的教育理念。② 同时,结合生态环境类课程素材特点,在充分利用媒体资源和网络平台的基础上,更要注重实践环节,发挥科技创新活动对于学生创新能力提升的积极效用。

课程承载思政教育,思政教育寓于课程。落实立德树人根本任务是一项系统工程,需要将思政内容同专业知识相融合并实施到教育中。随着习近平生态文明思想深入人心,生态环境类课程将进一步寓思政教育于专业知识传授和学生能力培养中,于润物无声中达到立德树人的效果。总之,高校要全面落实立德树人根本任务,深入推进课程思政建设,面对新时代高校育人新要求,通过融入思政内容、强化队伍建设、优化教学组织等方式,将专业课程教学与思想政治教育有机结合,为国家培养德智体美劳全面发展的社会主义建设者和接班人。

---

① 侯浩翔. 密歇根大学创新型教师队伍建设的启示[J]. 高教探索,2020,205(5):72 - 78,97.

② 陈茂霖. 专业认证背景下测绘工程专业课程改革[J]. 教育教学论坛,2020,473(27):162 - 163.

遥感影像书写我的最美家乡
——"遥感数字图像处理"实验课程思政设计

张丽娜[①]

"遥感数字图像处理"课程是测绘工程专业必修课,课程主要包括遥感数字图像的基础理论、遥感图像基本处理方法和遥感图像的主要应用等内容,注重理论联系实际,重视学生遥感软件操作能力的培养。实验课程,尤其是遥感图像处理方法和遥感分类应用等内容的学习和软件操作,结合变化检测、生态环境评价等应用实例,促进学生更加深入地理解遥感数字图像的处理流程和产品应用,培养学生独立处理和分析解决问题的能力。

高校课程思政是将思想政治教育元素,包括思想政治教育的理论知识、价值理念及精神追求等融入各门课程中去,潜移默化地对学生的思想意识、行为举止产生影响。[②③④] 高校课程思政是以各种专业课程为载体,充分挖掘各类课程自身的德育因素和教育资源,将思政元素与学科知识相融合,根据教学体系逐步推进,实现高校教育立德树人根本任务的教育教学实践活动。[⑤⑥⑦]

[①] 张丽娜(1981—),女,山东烟台人,博士,地理科学与测绘工程学院讲师,主要从事合成孔径雷达时序分析、多源光学影像遥感监测应用等遥感图像处理研究。
[②] 王学俭,石岩. 新时代课程思政的内涵、特点、难点及应对策略[J]. 新疆师范大学学报(哲学社会科学版),2020,41(2):50-58.
[③] 高锡文. 基于协同育人的高校课程思政工作模式研究:以上海高校改革实践为例[J]. 学校党建与思想教育,2017(24):18-20.
[④] 王海威,王伯承. 论高校课程思政的核心要义与实践路径[J]. 学校党建与思想教育,2018,581(14):33-35.
[⑤] 陆道坤. 课程思政推行中若干核心问题及解决思路:基于专业课程思政的探讨[J]. 思想理论教育,2018(3):64-69.
[⑥] 张晏,张铁志,孙立霞. 案例教学在道路勘测设计课程思政教育中的应用[J]. 教育现代化,2020,7(17):185-186.
[⑦] 靳卫萍. 经济学原理课程思政的初步实践[J]. 中国大学教学,2020(3):54-59.

如何深层挖掘课程中蕴含的思想政治教育资源，如何将思政元素和学科知识精准嵌入课程思政的教学内容中是高校专业课程思政的关键问题。

家乡，是每个人内心最柔软的地方。本文以"遥感影像书写我的最美家乡——'遥感数字图像处理'实验课程思政设计"为题，采用具体的遥感影像展现"我的家乡"风采，利用遥感信息分析家乡日新月异的变化。以家乡为载体，将思政教育贯穿到整个实验课程教学过程中，在传授基础理论与实践技术的过程中阐述科学精神和辩证思维，培养学生职业道德观和社会责任感，引导学生树立家国情怀，培养学生科学精神和创新意识。

一、实验课程思政现状

"遥感数字图像处理"实验课程思政处于探索阶段，主要存在三个方面的问题①②③④⑤⑥：

第一，实验课程主要关注软件操作和功能的实现，缺乏地理国情知识的传授和人文素质的培养。遥感数字图像校正和遥感分类等实验项目要求学生熟悉软件的界面功能和操作流程，侧重对学生软件操作技能的要求，实验报告以各项实验结果来评价学生的实验成绩，并没有让学生深入学习实验中遥感信息所蕴含的自然地理知识，缺乏对学生多学科综合应用能力的培养。

第二，各实验项目课程思政过于分散，缺乏系统性的设计。由于高校课程思政面对的是人生观和道德观已经比较成熟的大学生，单纯的分项实验课程思政，已经不能满足高校学生对课程思政的要求，且缺乏总体目标的顶层设计，课程思政的逻辑性和层次性较差。

第三，实验课程思政元素的设计过于简单生硬，缺乏闪光点，很难激发学生的兴趣和爱国情感。自21世纪初开始，中国遥感数据处理分析技术实现

---

① 夏嵩，王艺霖，肖平，等. 土木工程专业教育中工程伦理因素的融入："课程思政"的新形式［J］. 高等工程教育研究，2020（1）：172-176.

② 贾永红，付仲良，孙和利."数字图像处理"国家精品资源共享课的建设与应用［J］. 测绘与空间地理信息，2019，42（3）：1-2.

③ 姚连璧，张邵华，杨鹏羽，等. 车载测量系统教学试验设计［J］. 测绘通报，2019（4）：134-137.

④ 刘国仕，黄雄伟，陈佳艺，等. 新测绘资质分级标准下工程测量学教学改革与实践［J］. 地理空间信息，2019，17（4）：118-122.

⑤ 阎波杰，吴文英，林岭，等. 测绘地理信息专业群人才培养模式和课程体系的研究探讨［J］. 测绘与空间地理信息，2018（8）：21-22，27.

⑥ 蔡剑红，霍亮，朱凌. 新工科理念下的实验课程教学改革与实践探索［J］. 测绘通报，2019，503（2）：156-161.

了飞速发展，数据的种类、生产精度、应用范围等都有长足的进步。但是简单直接的展示并不能让学生设身处地地感受到遥感技术的巨大进步，很难引起学生的共情，难以实现实验课程思政的目标。

二、课程思政设计与实施

在遥感数字图像处理的基本原理知识教学过程中，从发展观和辩证观的哲学角度，教师讲授本专业学科的发展历程。在实验课程中融入科技文明、国家建设、工匠精神等要素，强调本行业的基本素养和技能要求，激发学生对先进科学技术的追求，倡导和弘扬科学精神；鼓舞学生热爱祖国，热爱本专业和以后所从事的行业，培养学生的职业道德和爱国情怀。

（一）实验课程思政设计

遥感数字图像处理在遥感原理的基础上，设计 7 次实验。前 3 次实验主要是遥感数字图像预处理，后 4 次实验为遥感数字图像处理的应用和分析。具体实验流程如图 1 所示。

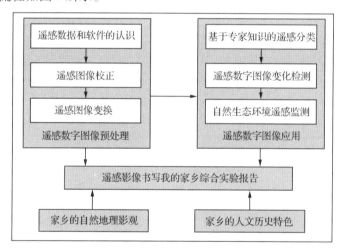

图 1　实验流程设计

前 6 项实验以实验案例为基础锻炼学生的基本技能，最后 1 项实验为"我的家乡"综合实验。俗话说，"一方水土养一方人"。每位学生结合自己家乡的自然地理景观和人文历史，利用遥感影像设计实验，分析遥感信息提取成果，写出自己心中最美的家乡。

（二）实验课程思政实施方案

实验课程思政主要采用案例，将科学发展观、工匠精神和家国情怀等思政元素融入实验课程中，如表1所示。

表1 实验课程思政实施方案

实验项目	思政目标	思政元素	实现方案
实验1：遥感数据和软件的认识和使用	树立科学发展观	1. 科技文明和计算机技术的发展 2. 科技爱国情怀	从遥感数据技术和软件技术的发展历程出发，向学生倡导和弘扬科学精神。介绍遥感的重要应用（军事测绘、军事侦察、土地覆盖分类制图等），激发学生专业认同感，提升学生课程学习兴趣
实验2：图像校正	1. 树立科学发展观 2. 制定测绘工作者的基本工作规范	1. 建立科学思维，培养科学精神 2. 坚持实事求是、不断进取的工作态度	通过遥感图像几何校正的实验，学生能够树立严谨求实的工作态度与实事求是的科学精神
实验3：图像变换	制定测绘工作者的基本工作规范	1. 严谨求实的工作态度 2. 工匠精神和创新能力	从遥感数字图像的增强处理出发，强调图像处理所需要的基本素养和技能，培养学生的工匠精神
实验4：基于专家知识的遥感影像分类	1. 制定测绘工作者的基本工作规范 2. 培养学生的爱国情怀和社会责任感	1. 科技视野和科学精神 2. 家国情怀	通过对自动分类技术的介绍，引申出人工智能与我们专业的关系，鼓励学生拓宽视野，勇攀科学高峰
实验5：变化检测	1. 制定测绘工作者的基本工作规范 2. 培养学生爱国情怀和社会责任感	1. 工匠精神和创新能力 2. 爱国情怀和社会责任	利用遥感影像在时间尺度上的变化，分析土地覆盖的变化，感受城市化进程，激发学生的爱国热情。科普测绘从业者的工作要求和道德使命，加强学生社会责任感
实验6：自然生态环境遥感监测	1. 树立科学发展观 2. 制定测绘工作者的基本工作规范 3. 培养学生爱国情怀和社会责任感	1. 工匠精神和创新能力 2. 家国意识和环境保护意识 3. 爱国情怀和社会责任	以自然生态环境保护为主题，利用遥感影像对自然生态环境进行评价，走完完整的遥感工作流程，体现专业知识在该领域应有的作为，培养学生的家国情怀和社会使命感

续表

实验项目	思政目标	思政元素	实现方案
实验7：遥感影像书写"我的家乡"	1. 树立科学发展观 2. 制定测绘工作者的基本工作规范 3. 培养学生爱国情怀和社会责任感 4. 增强学生综合创新和应用能力	1. 工匠精神和创新能力 2. 家国意识和环境保护意识 3. 爱国情怀和社会责任	以"我的家乡"为主题，利用遥感影像进行综合处理分析，让学生了解家乡日新月异的变化，培养学生的爱国情怀和社会责任感；让学生根据搜集的自然景观和人文历史知识，分析遥感影像提取的信息，提高学生的工程设计、应用能力，增强学生的多学科知识融合创新能力

"遥感数字图像处理"实验课程中，影像分类、生态环境监测等分项实验主要采用案例应用的方式，将科学发展观、工匠精神和家国情怀等思政元素潜移默化地融入实验课程中，培养学生的爱国情怀。"我的家乡"综合实验利用遥感影像进行综合处理分析，能够促进学生了解家乡日新月异的变化，激发学生的爱国热情和社会责任感；让学生根据搜集的自然景观和人文历史知识，分析遥感影像提取的信息，提高学生的工程设计和应用能力，增强学生的多学科知识融合创新能力。根据大学生的知识水平和认知规律，教师以家乡作为课程思政的载体，将每项实验的课程思政的逻辑进行合理编辑，层层递进，实现遥感数字图像处理的总体课程思政目标。

三、总结

"遥感数字图像处理"实验以"我的家乡"综合实验作为总体目标，以综合实验报告作为总体设计框架，按照实验的处理顺序和难易程度，将分散的各实验项目分层、有机地融合在总体框架内，以综合实验报告的形式实现系统性的设计目标。分项实验课程学习中，教师将科学发展观、工匠精神和家国情怀等思政元素融入实验课程，加强了学生的爱国热情和道德使命感。这样的课程设置能够培养学生独立思考和自主学习等能力，是对工科实验课程学生综合应用能力培养的新模式的探索。

当"电路分析"遇见课程思政

阙妙玲[①]

教育的根本任务就是要完成好、履行好立德树人的职责,培养好中国特色社会主义事业的建设者和接班人。办好中国特色社会主义大学,给教育工作者提出了新的要求。大学是国家培养人才的重要基地,学校的课程教学除了教给学生专业知识以外,还要注重专业课程的育人功能,加强对学生的思想教育工作。

课程思政是结合新时代中国特色社会主义思想提出的一种新型的教学理念,课程思政的主要目标就是以学生为本,培养德才兼备、全面发展的高素质人才。在专业课程教学过程中我们不仅要注重专业知识的传授,也要重视学生的思想文化与身心健康教育,培养青年人专业技术牢固、实战能力突出的硬实力,同时夯实青年人的人文道德、心理品质等软实力。课程思政对于培养新时代自主创新、道德高尚的青年中流砥柱具有重大的意义,因此课程思政的建设与发展将刻不容缓。

本文结合"电路分析"课程的教学内容,探索如何将电路课程与大学生的思想政治教育相融合,充分发挥专业教师的思想政治教育作用,把教书与育人有机结合,实现专业课程的课程思政。

一、"电路分析"课程特点

"电路分析"课程是所有电学专业的核心课程,是后续更多专业课程的基础和支柱,主要培养学生分析电路、设计电路及工程实践方面的能力。教学过程中不仅需要学生掌握电路的基本概念、基本理论和基本分析方法,还需

[①] 阙妙玲(1988—),女,河北沧州人,博士,电子与信息工程学院讲师、硕导,主要研究方向为"半导体微纳米材料与微纳器件"。主持江苏省科技厅自然科学青年基金1项,已发表学术论文15篇,申请国家专利6项;设计的教学案例获苏州科技大学2020年度课程思政优秀教学案例。

要培养学生的政治素质、法治意识、科技创新精神等素养。

"电路分析"课程涉及多个电路基本概念、电路原理及电路分析方法，所以教师在教学过程中，对于基本概念的相关知识需要以生动形象的教学方式帮助学生加以区分和理解；对于电路原理的讲解要简单明了，以便学生抓住原理核心内容；对于电路分析方法的教学重在思路的培养，帮助学生培养科学的思维方式。针对以上电路课程的内容特点，相应地引入合理的思政元素，通过"电路分析"课程教学，将高校思想政治工作教育融入本专业学生专业课程教学过程中，培养具有较强专业技能和较高政治素养的高素质工程技术人才。

二、"电路分析"课程思政融入设计

在"电路分析"课程教学过程中，结合电路知识的特点，探索如何将思政内容与电路知识点相融合，实现课程思政的目标。以其中三个具体的思政融合教学为例，具体内容如下。

（一）技术创新，实力爱国

目前，中国的电子信息技术位于世界领先地位，特别是5G通信技术，已经远超其他国家的研究水平，这表明中国正在逐渐发展为科技强国。中国科技的迅猛发展带动了世界范围的科技进步，但同时也使某些国家产生了紧迫感。因此，美国开始对中国先进企业实施技术及设备方面的封锁政策，导致中国先进技术的研发受到一定程度的影响。结合目前中美国际地位及美国对中国高新技术领域的限制，教师要让学生意识到"科学技术是第一生产力""落后就要挨打"的道理。作为祖国未来的中流砥柱，青年人应该踏实学习、掌握牢固的专业知识，发奋图强、不断创新，争取在实现个人价值的同时为国家科技进步做出更大贡献。

而"电路分析"课程的开设，就是为了帮助学生奠定电子通信专业技能的基础，无论是5G芯片通信技术的发展，还是人工智能领域的发展，都需要"电路分析"中的基础概念与基本定理作为指导。例如，基尔霍夫定律为集成电路设计提供基础的电流、电压定律；正弦稳态电路的知识帮助学生掌握实际应用电路的分析与计算方法；三相电路的学习，促进学生理解工程电路的结构与特点。正是以这些基础的电路知识作为基石，学生才能对后续更深奥的电子专业知识进行系统的学习与掌握。教师要引导学生学好基础知识，储备科技实力，把新时代的爱国主义精神贯彻到具体的个人行动中，为实现科技兴

国贡献自己的一份力量。

(二) 辩证思维，变通生活

哲学辩证思维的培养与灵活运用极为重要，以"电路分析"中的"电阻电路等效变换"知识点为例，教师要引导学生学会以辩证的眼光看待实际问题及人生境遇。"电阻电路等效变换"是指同一个电阻电路，通过进行等效变换，可以呈现出不同的电路结构，而并不改变电路功能。因此，我们可以通过等效变换简化电路结构，简化分析电路的过程。就如同我们生活中遇到的很多问题，站在不同的角度去思考，就会得到不同的解决方法。因此，我们遇事要学会以辩证的眼光看待它，灵活地选择解决问题的方法，不必纠结于某处困境，也不要被一时的挫折打倒。坚强的精神支柱与变通的思维方式可以带我们领略"柳暗花明又一村"的风景。

(三) 认真严谨，合理合法

认真严谨的工作态度是学生日后在职场奋斗的关键要素，需要在学生时代逐渐培养并形成。通过"电路分析"中"耦合电感电路"的学习，教师促使学生认识到认真严谨的工作态度的重要性。含有耦合电感的电路中，在进行去耦等效处理前，首先要非常严谨、正确地判断两个耦合电感的同名端，同名端的判断将直接影响去耦等效的电路结构。因此，在分析复杂电路问题时，需要有更加认真严谨的学习态度，避免因为小的错误而导致严重的后果。

另外，在集成电路分析与设计工作中，一个小小的电子元件可能会影响整个电路的性能，因此，合理地设计形式简洁、功能齐全的电路，需要的不仅仅是电路专业知识，还需要细心、耐心及认真的学习态度。同时，在本科学习过程中要培养学生的法治观念与法律规范意识，未来从事电子信息相关工作，尤其涉及大型工程电路设计与研发时，学生要时刻牢记法治思想的约束，保证电路设计与研发工作不仅合理，还要合乎法律法规。

"电路分析"课程中还有许多电路知识点可以与思想政治教育有机融合，现将目前探索到的思政融合教学点进行简单描述，如表1所示。

表1 "电路分析"课程思政教学融合示例

专业知识	思政元素	预期成效
电阻电路的Y形连接和Δ形连接的等效变换	事物之间的内在联系	透过事物的表象，发现内在联系，进而明白做事不要拘泥于表面形式，要注重抓住实质内容
电阻电路的串并联	高效与行动力	社会的发展进程中高效、节能、可操作性强的事物将更具竞争力，在电路设计领域同样优先选择结构简单、性能稳定的电路设计方案
实际电源模型的等效互换	矛盾的两面性	矛盾共性：采用电压源和电流源都可以实现相同功能 矛盾特殊性：采用电压源和电流源所引入的信号源内阻不同，将直接影响电路性能
集成电路技术的发展历程与技术挑战	电子工程师的价值与社会责任感	引导学生深入了解集成电路的发展历史和现状，思考当前发展中面临的问题。强化文化自信，增强电子工程师的使命感和社会责任感

课程思政的教学过程对任课教师提出了更高的要求，需要教师从更多方面提升自己。首先要以学生为中心，为学生提供良好的学习环境。教师不仅要有过硬的专业知识和技能，还要有紧跟政策形势导向的行业发展的敏锐嗅觉，把行业最新动态传达给学生，尤其是一些最新政策导向下的交叉学科领域的应用发展情况。所以，教师要通过自身不断地学习，从各种渠道获取新知识，了解新变化。同时，教师要多了解学生的思想动态，关注学生的身心发展。平时增加与学生沟通交流的机会，在传道解惑的同时，感受学生的情绪，帮助学生解决思想困境，使其走出负面情绪，为学生提供更加全面的服务。

三、结语

"教书"与"育人"是有机的整体，作为一名大学教师，要在讲授专业知识的同时，帮助学生培养良好的思想品德与政治素养，为社会输送充满正能量的青年力量。课程思政作为"教书"与"育人"的桥梁，为实现该目标提供了良好的平台。通过探索将"电路分析"中某些知识点与思政元素相结合，引导学生树立正确的人生观与价值观。该课程还有更多的知识点值得挖掘，这需要教师不断探索与学习，不断优化课程建设。唯有如此，才能真正让电路课程与思政课同向同行,形成协同效应;才能真正完成一名教师"传道、授业、解惑"的本职。

参考文献

[1] 韩宪洲. 以"课程思政"推进中国特色社会主义一流大学建设[J]. 中国高等教育,2018(23):4-6.

[2] 梅中磊,刘敏,牛调明,等. 理工科教学中的思想政治教育[J]. 电气电子教学学报,2018,40(2):5-7.

[3] 何晶. 以《电工基础》课程思政教学改革为例探究专业课与思政元素的有机融合[J]. 智库时代,2019(51):277-278.

[4] 史玉凤,郭彦,张保生.《工程热力学》课程思政教育的设计与实践[J]. 教育现代化,2018,5(40):290-291.

[5] 丁冲,杨文荣. 基于课程思政理念下的"电路"课程教学改革[J]. 电气电子教学学报,2019,41(6):70-72,96.

[6] 文良起. 基于人文素养培育的《材料力学》课程思政实践探究[J]. 教育现代化,2018,5(45):362-363.

[7] 陈炳煌,陈佳斯. 电路课程教学与大学生思想政治教育的融合[J]. 赤峰学院学报(自然科学版),2009(25):199-200.

电气工程专业课程中的思政教育
——以"计算机控制技术"为例

陈 鑫①

进入21世纪的第三个十年,世界正在发生前所未有的巨大变化。新一轮科技革命和产业革命的大规模快速演进,正在推动世界形成新的政治、经济、社会、文化生态。经过七十载栉风沐雨,我国已跃居世界第二大经济体,正在从世界工业产业链的中低端向高端艰难攀登。在这百年未有之大变局来临之际,国家、社会、个人都面临机遇和挑战。如何培养新时期国家、社会所需的人才?如何在高等教育的人才培养中坚持马克思主义的理论方针,坚持社会主义的道路方向,坚持以人为本的教育理念?这是当前高等教育所面临的重要课题。

高等院校是教书育人的神圣殿堂,也是青年一代成长的沃土,更是塑造国家未来和民族精神的陶范。大学带给青年的不仅仅有人类知识的精华,还有思想启迪和精神引领。在传授知识的同时,高等院校还要注重学生的品德培养、素质教育和思想升华,促使青年全面发展,做好知识、技能与思想的储备,未来成为优秀的劳动者和社会中坚。

青年的发展事关国家的未来。青年肩负着祖国和民族的希望,是社会主义事业的接班人,是社会发展与变革的强劲动力,也是科学研究与技术进步的未来源泉。青年,正处于人生的关键阶段。大学时期,是人生的重要时期:在专业成长方面,大学时期是培养青年赖以生存的专业技能的关键时期;在心理建设方面,大学是青年人生观、世界观和价值观塑造与成形的黄金时期;在社会性成长方面,大学时期是青年人走向社会的重要时期。

处在人生的十字路口,大学生在思想上存在着一定程度的盲目性。尤其

---

① 陈鑫(1987—),男,山东泰安人,博士,电子与信息工程学院助理研究员,主要研究方向为控制理论与控制工程。

是目前正处于社会迅猛发展、多元文化猛烈碰撞的时期，纷繁复杂的社会现象影响着大学生的价值判断和世界观的塑造。高校学生更有诸多的疑问与困惑。① 因此，对学生进行正确的教育引导，使他们学会运用思想的武器，锻造意识形态的盔甲，增强国家与民族观念，增强社会责任感与历史使命感，增强辨别是非的能力，培育高尚的品德和职业道德，是高校义不容辞的责任。

长期以来，高校的思想政治教育通常以思想道德修养与法律基础、马克思主义基本原理概论、毛泽东思想和中国特色社会主义理论体系概论、中国近代史纲要等理论课程的形式在高校的中低年级中开展。以此为基础，为青年构建一个符合中国社会历史与当代现实的世界观大厦。而当大学生进入专业课程传授、专业技能培养的高年级学习阶段后，思想政治教育却突然缺位。高校思想政治理论课与专业课程之间出现了鸿沟。② "思想的阵地，我们不去占领，敌人就会占领。"在思想教育的真空地带，青年学生的思想和心灵，有沾染尘埃的危险。

思想政治教育需要长期深刻地进行下去，如同习近平总书记的论断：要坚持把立德树人作为中心环节，把思想政治工作贯穿教育教学全过程，实现全程育人、全方位育人，努力开创我国高等教育事业发展新局面。③ 坚持社会主义办学方向，落实立德树人根本任务。无论从国家、社会的角度，还是从高校、学生的角度，高校专业课的思政教育都势在必行。思政教育，将思想政治陶冶及世界观与方法论的引领融入每一个课堂，通过潜移默化的方式，充分挖掘课程立德树人的功能④，优化课程的建设，培养学生辩证唯物主义的思维方法，做到专业教育和核心价值观教育相融共举，引导学生成为社会主义核心价值观的坚定信仰者、积极传播者和模范践行者。

一、"计算机控制技术"课程介绍

电气工程专业，以第二次工业革命的核心——电学作为学习和研究的对

---

① 刘海邦. 浅谈高等学校的教书育人［J］. 沈阳师范学院学报（社会科学版），2001，25（3）：79-80.

② 刘欣. "课程思政"的内在价值与实践路径研究［J］. 郑州轻工业学院学报（社会科学版）：2018，19（6）：76-81.

③ 赵臣，袁忠海，侯毅鞠，等. 思想政治教育视域下医学生职业道德的培养［J］. 吉林医药学院学报，2020，41（2）：152-153.

④ 高亚辉，李娟，赵丹，等. 课程思政与《绿色化学》教学融合的探索与实践［J］. 科技风，2020，420（16）：52-55.

象。而当前第三次工业革命的核心——信息技术如何在电气控制领域发挥功能,则需要借助计算机控制技术的桥梁作用。

计算机控制技术,是一门严谨的理工课程,是在自动控制理论与计算机技术飞速发展的基础上产生的一门理论、实践兼备的重要学科。[①] 一方面,计算机控制技术将电子计算机应用于控制领域,将网络技术应用于工业系统,助力实现工业网络化、信息化、自动化、智能化,是国家实现工业4.0和中国制造产业升级所依赖的重要技术。另一方面,计算机控制技术将传统控制理论进行了发扬,并应用于工程实践,是电气工程专业学生改造自然的有力武器。

计算机控制技术是指导实践的方法论工具,是前人智慧和心血的结晶,闪耀着前辈学者的理性光辉,具有非常珍贵的思想价值。计算机控制技术的授课内容围绕离散信号的分析与处理、被控系统的模型、系统的稳定性分析、离散控制器的设计和复杂控制规律的实施方法等问题进行展开。[②] 每个部分都有深刻的现实意义,是一整套认识世界、改造世界的理论体系。如何在以方法论为主的课程系统中植入思想教育的基因,融入社会主义核心价值观,引领学生人生观、世界观和价值观的塑造,是一个有一定难度的课题,尚需专业教师思考和实践。

本文以"计算机控制技术"这一专业基础课为例,从世界观与方法论两个角度探讨在电气工程专业领域中进行思想政治教育的方法。

二、世界观与方法论——"计算机控制技术"课程中的思政元素

关于课程思政的建设,必须确立明确的目标。

一方面,实现对青年学生世界观的引导。一是从国家与民族的角度对大学生进行爱国主义教育。将实现中华民族伟大复兴的中国梦和教学实践相结合,引领学生树立"为中华之崛起而读书"的理想信念。通过介绍国家近年来在电气控制领域的进步和发展,培养学生的民族自豪感和民族自信心,建立理论自信与道路自信。同时介绍一些先进成果的研究历程,突出科技进步和科技创新在提升综合国力方面的作用,激发学生的创新意识和创造精神,鼓励学生在科学的道路上勇攀高峰。此外,也要引导学生正视我国在基础研

[①] 刘莎.《计算机控制技术》课程教学的探索与实践[J]. 中国电力教育,2008(18):118 - 119.

[②] 于海生. 计算机控制技术[M]. 2版. 北京:机械工业出版社,2016:1 - 13.

究领域与国外的差距，激发学生承担社会责任，投身电气工程专业的热情。二是从学生个人的角度，强调个人奋斗与祖国命运的联系，强调青年责任与历史担当的重要性，引导青年对自身发展的思考和对个人进步的追求。同时，借助榜样的力量向学生传递正能量。介绍控制领域相关专家事迹，用他们高尚的人格力量和无私的奉献精神去影响和感染学生。例如，介绍著名科学家钱学森的个人经历及其伟大成就，鼓励学生树立远大的目标，以著名学者为榜样，以国家富强、民族复兴为己任。三是结合"计算机控制技术"课程本身逻辑性、理论性强的特点，培养学生严谨治学和追求真理的意识，引导学生养成一丝不苟的优秀品质，恪守学术道德和学术规范。并以此为基础，引导学生在未来的工作中树立良好的职业道德，遵守职业规范。

另一方面，实现对方法论的传授。书本的既有知识是有限的，而未来的科学发展是无限的。在传道授业解惑之外，对探索新知的方式和解决问题的手段的传授，更是大学的重要任务。世界观帮助青年找到人生方向，方法论指导青年掌握奋斗方法。方法论"授人以渔"，指导青年学会采用唯物主义的理论手段认识问题、思考问题、解决问题，掌握改造世界的理论武器，让青年在未来的发展中术道相成、知行合一。

因此，对于"计算机控制技术"的课程思政，应从世界观和方法论两个角度，依据每一项教学重点进行展开。①②

（1）"计算机控制技术"涉及信号的采样与恢复、Z变换的相关理论、系统的离散数学模型和离散传递函数

离散传递函数的推导计算能力和从实际系统中抽象出传递函数的能力是"计算机控制技术"这门课程需要的专业能力。思想政治教育以方法论的探讨为主。以Z变换为例，讲解系统从时间域和复频域角度展现出的不同特性，阐明从不同的角度看待问题会有不同的结论，有时换一个角度看待问题或许可以将复杂问题简单化。引导学生养成多角度思考问题的习惯。以系统的离散传递函数为例，通过物理系统的数学抽象，阐述实际系统数学模型的概念，教学生透过现象认清本质的道理，引导学生尝试用科学的方法认识世界，了解复杂的自然与社会现象。

---

① 姜学军. 计算机控制技术［M］. 3版. 北京：清华大学出版社，2020：1－9.
② 吴小娟，郝家琪.《自动控制原理》课程思政建设的思考［J］. 产业与科技论坛，2020，19（3）：243－244.

（2）计算机控制系统的分析

要求学生理解离散系统稳定性的概念，掌握稳定性分析方法，并能够分析系统的稳态特性，计算稳态误差，掌握离散系统过渡过程的特性。一是可以从世界观的角度出发进行思政教育。介绍系统稳定性在工业过程中的重要意义，列举控制系统不稳定导致的事故，培养学生内在的工程意识和严谨的工作作风，提升学生职业素养水平。二是可以从方法论的角度，了解计算机控制中反馈的思想。从负反馈思想入手，讲述人生目标的实现过程。对于青年，应建立人生目标，寻找现实与理想的差距，努力学习，以负反馈的方式不断靠近目标，减小差距，实现人生理想。在追求人生理想过程中，可以不断树立小目标，以正反馈的方式对自己加以激励，提高主观能动性。

（3）计算机控制系统的离散化设计

主要介绍最少拍控制系统及无纹波最少拍控制系统的设计，扰动作用下控制系统的设计方法和数字控制器的程序实现。相关的思想政治教育将从以下方法论角度入手：从控制器处理扰动的方式来阐述扰动抑制的理念，增强学生抵挡外部干扰、克服人生挫折的能力。引导学生认识到人自身也是一个特殊的系统。外界干扰有时对人生具有负面的影响。当人遇到挫折或者面对外界不良风气时，也即"系统"遭遇"外来干扰"时，应以一种积极的心态改变自己的"决策"，提高自身的"鲁棒性"和自制力，让自身这个"系统"在干扰存在的情况下保持稳定，不偏离人生目标，不偏离职业操守。

（4）模拟控制器的离散化设计

学生需要掌握将模拟控制器转化为离散控制器的方法，掌握数字 PID 控制器的设计、改进及参数整定。模拟控制器的离散化思想政治教育将从方法论角度进行：阐述 PID 控制数学原理的哲学内涵，表明比例、积分、微分三种控制规律与现在、过去、未来的对应关系。引导学生了解牢记过去经验、珍惜当前机会、预测未来趋势是实现人生价值的指导思想，并引导学生将数学思维和工程思维应用到现实生活中，科学地指导自己的行为。

（5）复杂控制规律系统设计

要求学生理解纯滞后补偿控制器的设计方法，掌握串级、前馈、解耦控制的原理与控制器设计方法。思想政治教育可以从世界观角度进行，基于纯滞后补偿的思想进行设计。时代是不断发展变化的，人处于时代中，如果没有前瞻意识和持续学习的意识，就会落后于时代。想要弥补差距，就需要付出更大的努力。青年需要随着时代的发展不断调整自己的目标，只有提高自己的创新意识和创造能力，才能不断进步，与时代同行。

（6）计算机控制系统设计与实现

学生需要了解计算机控制系统的设计原则、设计步骤。掌握计算机控制系统输入输出通道的设计方法。思政教育将从世界观和方法论结合的角度出发，阐述电气工程师的职业素养：具备全面的工程知识和严谨的工作态度。引导学生了解认识世界改造世界是电气工程师的使命。教育学生积极践行社会主义核心价值观，在中华民族伟大复兴中发挥自己的聪明才智，在中国由工业大国向工业强国的转变中贡献自己的力量。

三、总结与思考

本文结合电气工程专业"计算机控制技术"课程的教学特点和当代社会所需人才的培养目标，深入探究课程思政建设的方法，探讨了课程思政建设的内容和典型教学案例。

课程思政的建设必须坚持社会主义核心价值观的要求，必须以立德树人为目标。作为高校思想政治教育的关键一环，课程思政教育，需要言之有物，避免空洞的理论灌输。课程思政教育，需要潜移默化，使学生在耳濡目染中日有所长。课程思政教育，需要自然融入，使学生在专业知识的获取中思考哲学原理。

课程思政的建设更需要任课教师更新教学理念，改进教学方法，以正确的思想导向、合理的思政元素和典型的思政案例，促进学生爱国精神和科学精神的培养，促进学生工程意识和道德水平的提高。只有这样才能为国家和社会培养爱国敬业、求真务实、德才兼备的新型人才。

多方协同的课程思政教育
——以"建筑物信息设施系统"为例

许馨尹①

习近平总书记在全国高校思想政治工作会议上强调:"把思想政治工作贯穿教育教学全过程,使各类课程与思想政治理论课同向同行,形成协同效应。"② 大学生正处于人生观、世界观和价值观形成的关键时期,面对多元化信息和社会重大事件,缺乏理性独立思考和正确判断。③ 在新工科背景下需要培养知识多元化、具备跨界整合能力的工程科技人才,要求学生不仅要掌握常规知识,还要将新理论(物联网、云计算、移动互联网、BIM 等)、新方法、新技术、新观点不断融入建筑电气与智能化(以下简称"建筑智能化")专业相关课程中。相关的课程思政教育知识往往相对滞后,或者在专业教学过程中容易被忽视和遗忘。因此,在专业课程中对大学生进行有针对性、亲和力的思政教育尤为重要。

智能建筑作为智慧城市的基本单元、管理枢纽和基础载体,其技术的发展和工程建设都应适应社会需求,而技术的发展和实际应用都离不开人才的培养。"建筑物信息设施系统"是建筑智能化专业弱电部分的核心课程。作为一门理论性和实践性都很强的课程,它不仅包含相关的科学原理和科学方法,还蕴含丰富的思政教育元素。除了理论知识的教学,该课程还注重培养学生的动手能力、实践能力和解决复杂工程问题的综合能力。该课程理论教学的主体是专业任课教师,该课程缺少与其他协同相关方(实验课、毕业设计、课程设计、毕业实习等)的深入互动和全面交换。该课程只有与其所依赖的

---

① 许馨尹(1990—),女,主要研究方向是建筑智能化及其相关课程教学与改革研究。
② 习近平在全国高校思想政治工作会议上发表重要讲话 [EB/OL]. (2018-09-10)[2020-01-30]. http://www.gov.cn/xinwen/2018-09/10/content_5320835.htm.
③ 刘天府. 普通化学课程思政建设 [J]. 大学化学,2020,35(8),44-47.

周围环境进行互动，才能协同发力。基于此，课程组牢牢抓住课堂这个主渠道，协同其他各相关方，认真研讨、集思广益，精心设计教学过程，精选与专业密切相关的德育教学案例，通过精选案例教学探索，推进思政教育融入课程教学的实践，发挥自然科学课程教学的双重育人功能，协同科学素养和人文素养训练，引导青年学生建立科学的思维方法，理性思考、正确判断社会重大问题，树立正确的人生观、价值观，刻苦锤炼本领、坚定理想信念、勇于担当时代重任、自觉肩负起实现中华民族伟大复兴的时代使命。思政教育是一个复杂的综合性系统，必然涉及多个要素，且该系统必须要与外界环境进行知识信息、物质资源、人才等的交换，是一种典型的半开放教育，可根据"优势互补"原则发挥各方协同育人的优势。

一、协同理论应用与课程思政

（一）定义主体与协同相关方

"建筑物信息设施系统"课程思政教育专任教师承担着主体责任，被称为"主体"，该课程其他教学环节是协作者，因此可被称为"协同相关方"，参与协同培养的相关方包括课内实验、课程设计、毕业设计、毕业实习等多个实践环节。

该课程在教学过程中呈现出复杂开放、非平衡态的特征。复杂性：主体在以第一责任者培养学生时，不仅要求该门课学生掌握建筑物内各种信息设施系统的基本结构、基本功能、设计原则和设计方法，还要求学生在此基础上结合实践环节，学会运用所学知识和方法分析问题和解决问题，在分析用户需求的情况下，提出建筑物内各种信息设施系统的设计思路，初步掌握运用专业知识解决实际工程问题的方法。与此同时，教师要培养学生的创新意识和工程意识，拓展学生的知识领域，提高学生的系统设计能力和创新能力。显然该课程是一个交互作用明显的复杂结构系统。开放性：培养主体必须与相关教学环节等进行知识信息、物质资源等交换。非平衡性：智慧城市建设的加速，企业产业变化（智能化弱电工程公司如雨后春笋般崛起），学生个体特点的不断变化，都会对该课程教学不断提出新要求，因此该课程必将不断打破现有平衡，补充新的内容。依据课程特征融入课程思政元素对该门课的良性互动教学至关重要。

（二）课程思政主体与协同相关方的关系

主体与各协同相关方之间存在着辩证关系。如果主体与各协同相关方的关系是良性的、合理的、有序的,将有助于提升该专业学生培养的质量和效率;反之,如果各主体之间处于一种混乱、无序的关系状态,则无法起到协同效果,因此主体与各协同相关方之间必须实现良性循环互动。① 协同理论于20世纪70年代提出,是在系统论、信息论、控制论、突变论等众多理论基础上逐渐形成和发展起来的,将协同理论应用在复杂开放、非平衡态的人才培养中可解决重要问题。因此,基于协同理论构建一套系统的课程思政内容,从而实现良性循环互动是非常必要的。

二、主体与各相关方协同的内涵

该课程思政教学需要多方力量参与其中,其本质是通过协同学习,将各协同相关方的知识流进行转移和融合,形成共享的知识库(也可称为"蓄水池"),通过闭合的环形成多方资源依赖和互动的关系。该知识库中不仅包含传统教育中的显性知识,而且包含更多的隐性知识,隐性知识有两大内涵:实践性能力、自主探索能力、知识融合能力、职业规范及沟通能力等;正确的世界观、人生观、价值观,遵循行业规范的工程理念,电气设计师的使命感和社会责任感,电气设计师的职业道德和职业规范,建筑智能化信息化意识等。这两大内涵与课程思政息息相关,但存在以下特点:一是隐教性,即教育信息是隐藏着的。它分散地渗透在其他知识技能的传授和社会现象的传播之中,使受教育者在不知不觉中受到教育。如果课程思政能够有效地运用自身的特点来因势利导地开展思想政治教育,它就会成为一种优越的教育途径。② 二是柔性缓进性。它能够有效避免受教育者的逆反心理,从而使他们在潜移默化中受到教育,取得更好的教育效果。有的情况下,虽然隐性教育的效果在受教育者的显意识中并不明确,但它很可能进入受教育者的潜意识甚至无意识中,具有更为深远的影响力。三是多样性。一门课涉及多个教学环节,要在课程建设和课堂理论教学、实践教学的各个环节,深入挖掘所包含的思想政治元素,并找到有机融入教学过程的操作支点。

三、专业知识与思政教育交叉融合,精准施策

要切实落实专业课程思政教育,不驰于空想、不骛于虚声,行之有效的方法是多角度、全方位建设课程思政教育素材资源库。习近平总书记提出:

---

① 沈炯,冯建明,等. 研究生培养协同机制研究[M]. 南京:南京大学出版社,2018:7.
② 刘建军. 课程思政:内涵、特点与路径[J]. 教育研究,2020,41(9):28-33.

"做好高校思想政治工作,要因事而化、因时而进、因势而新。"① 在课程学习过程中,不断地深挖专业知识与育人的结合点,凝练思想性、人文性和实践性更强的教学内容,精准施策,确保良好的教学效果。以下列举了"建筑物信息设施系统"课程教学实践中各章节内容与思政教育融合点(表1)。

表1 "建筑物信息设施系统"课程教学典型案例汇编

思政融入点	思政元素	思政内容	思政案例
绪论: 1. 了解建筑物信息设施系统的历史、内涵与发展趋势 2. 了解工程设计标准、规范	1. 电气设计师职业理想、职业道德 2. 电气设计师依法依规从业 3. 智慧城市思想价值、精神内涵	强化"建筑物信息设施系统"课程中的社会主义核心价值观	1. 讨论我国智慧建筑、智慧城市建设的现实意义、发展目标和应对策略 2. 我国现阶段智慧城市发展:以腾讯云微瓴为例研究信息设施系统与智慧城市的关系 3. 城市建设转型时期的信息设施系统的发展方向
用户电话交换系统: 1. 熟悉电话交换系统的基本原理 2. 掌握用户电话程控交换系统设计方法	1. 电气设计师职业伦理、工匠精神、使命担当 2. 坚定电气设计师服务人民的职业信念	树立远大理想,明确人生追求	电话之父贝尔的故事,人类社会的发展和科技的进步与每个人息息相关
计算机网络系统: 1. 了解建筑物内计算机网络的内容和发展趋势 2. 熟悉计算机网络分类的方法 3. 掌握计算机网络安全在智慧城市建设中的地位和作用	1. 创新技术,为国争光 2. 树立共享发展理念 3. 做文明守法的网民 4. 增强无线网络安全防范意识	爱国强国教育;树立共享发展理念;大安全时代下的安全教育	1. 通过"计算机网络的发展"进行爱国强国意识教育 2. 大安全时代。网络安全已经不仅仅是网络本身的安全,更是国家安全、社会安全、基础设施安全、城市安全等更广泛意义上的安全 3. 数据的共享,数据的网络传输,网民保密意识的淡薄,不法分子的唯利是图,导致下到个人隐私、上到国家机密信息的泄露。应从我做起,提高网络安全意识

---

① 习近平在全国高校思想政治工作会议上发表重要讲话[EB/OL]. (2018 – 09 – 10)[2020 – 01 – 30]. http://www.gov.cn/xinwen/2018 – 09/10/content_5320835.htm.

续表

思政融入点	思政元素	思政内容	思政案例
综合布线： 1. 熟悉综合布线有关概念及理论知识 2. 综合布线系统的设计过程分为六个子系统	从不同的角度思考问题，使得复杂问题得到简化，工程设计需要考虑意外情况，处理事情需要留出弹性的空间	方法论	1. 综合布线系统采用结构化的星型拓扑布线方式和标准接口，大大提高了整个网络的可靠性及可管理性，留出布线系统的弹性空间 2. 将复杂的综合布线系统划分为若干个子系统，注重方式方法
通信接入网及接入网技术： 1. 通信技术同轴电缆、双绞线及光纤接入技术的发展历程 2. 通信技术发展的重大意义	1. 爱国强国教育 2. 历史责任感教育	强化社会主义核心价值观	1. 通过中国通信产业发展历程，学生深入了解了中国通信产业是如何一步步成为全球通信市场有力竞争者之一的。在感受科技魅力的同时，强化爱国教育 2. 光纤技术从无到有四十载，强化爱国情怀和历史责任感 3. 新冠肺炎疫情改变了很多人的工作和生活方式，比如线上教学、线上监工，这些都得益于我国强大的通信基础设施和新一代5G技术的应用
公共广播系统： 1. 掌握公共广播和紧急广播系统的基本结构和系统构成 2. 掌握紧急广播系统的必备功能	1. 电气设计师职业理想、职业道德 2. 电气设计师依法依规从业 3. 电气设计师职业伦理、工匠精神、使命担当	世界观：阐述"差之毫厘，谬以千里"的现象，培养学生严谨的工作习惯	1. 以设计消防应急广播系统为例，说明设计不合理、选型不合理就会导致系统功能发生变化，引入严谨工作态度的重要意义 2. 以紧急广播未能正常联动导致工程事故的案例教育学生要具备工程意识
有线电视及卫星电视接收系统： 有线电视的发展历程、组成、分类、设计	新旧事物动态发展，螺旋上升	世界观：万事万物都在不断地变化发展	以互联网发展对有线电视的冲击为例，说明时代向前发展，新事物展现出强大生命力和广阔的发展前景

续表

思政融入点	思政元素	思政内容	思政案例
电子会议系统： 1. 熟悉电子会议系统的基本结构 2. 掌握会议系统的设计方法	1. 电气设计师职业伦理、工匠精神、使命担当 2. 坚定电气设计师服务人民的职业信念	强化社会主义核心价值观	以火神山、雷神山医院建设与5G远程会诊等重要事件为切入点，结合国家政策、5G技术、云服务等热点问题，提高职业认知，带动学生积极性；通过疫情中涌现的专业技术人员事迹，鼓励学生热爱祖国、热爱科学，不追捧流量明星
信息引导与发布系统、时钟系统： 1. 掌握信息触摸查询、引导系统的组成及设计 2. 掌握显示及发布系统的组成及设计 3. 掌握显示系统的工程设计要求	1. 电气设计师依法依规从业 2. 电气设计师的社会责任、专业伦理	强化社会主义核心价值观	医疗建筑物中时钟系统设计不合理就会导致无法准确计时，影响手术等操作时间的控制，引入谨慎工作态度的重要意义
信息机房系统： 1. 了解信息系统机房的等级划分和性能要求等 2. 熟悉机房系统的组成和设备布置的基本原则 3. 掌握机房对环境、结构、供配电、照明等的要求	1. 电气设计师依法依规从业 2. 电气设计师的社会责任、专业伦理	世界观：阐述"差之毫厘，谬以千里"的现象，培养学生严谨的工作习惯	1. 以信息机房系统设计为例，说明选型不合理就会导致系统功能发生变化，引入严谨工作态度的重要意义 2. 以信息机房发生事故可能会造成海量数据丢失为例，使学生树立工程意识
1. 熟练掌握实验原理，正确使用仪器仪表 2. 掌握利用实验结果的方法 3. 整理实验数据，正确撰写实验报告	1. 认识实验环节的价值、尊重事物客观规律 2. 团队协作可以取得更大的成果 3. 经过严谨的实验操作过程才可以得到正确的结论	强化"建筑物信息设施系统"中的辩证法与方法论，培养学生成为一名合格的电气工程师	思考以太网至今仍在大规模使用的原因。引导学生思考未来的工作目标，以及自身所能发挥的作用

根据以上设计思路，论文以"建筑物信息设施系统"课程为例，从理论课环节、实验环节、课程设计环节、毕业设计环节四个方面来阐述课程思政的具体教学策略与实施途径。

（1）理论课环节

在表1挖掘该课程思政元素的基础上，教师充分利用日渐丰富的教学资源，采用混合式教学，改变传统的"满堂灌"教学方式，引导学生课后通过精品课程建设和在线课程开放及"金课"建设等获取优质资源，而课堂用来解释重点和难点。授课的形式可采用案例法、问题导入法、工程项目法，把零散的知识点进行融会贯通。延伸课堂教学至课外，同步进行价值观的引领。

（2）实验环节

实验环节是将理性知识转化为感性知识的关键环节，该环节提供了教师与学生面对面、点对点交流的契机。实验环节一般按以下步骤进行：教师设计实验项目，学生写预习报告，给出解决方案，绘制原理图，实验室调试，教师验收。该环节中教师对待实验的态度及各个步骤的组织对学生产生直接影响。教师是否认真发掘学生的创新点，是否启发学生解决遇到的问题，是否公平、公正地评价实验的结果，直接影响学生的职业素养的培养及价值观的建立。实验结束后，教师要总结问题和分析实验结果，引导学生用多种思维解决问题，强化建筑物信息设施系统中的辩证法与方法论，提高学生解决问题的能力。

（3）课程设计环节

课程设计可以培养学生对所学知识的综合应用能力、团队协作能力及沟通能力。课程设计通常按小组完成建筑物信息设施系统的相关子系统设计，内容包括项目需求分析、设备选型、弱电图纸设计及说明书的撰写。系统的设计需要组内成员间的充分沟通、配合，以及群策群力。因此，在课程设计环节嵌入课程思政要素对于培养学生的沟通协调能力、依法依规从业素养、职业伦理精神、工匠精神等具有重要作用。

（4）毕业设计环节

教师通过把握选题论点方向，培养学生振兴国家的责任感；充分发挥课程的实践性，培养学生形成实践观；训练学生运用唯物辩证法，增强思辨能力，促进全面发展；了解学生毕业论文撰写过程中的困难，帮助和教育学生树立学术诚信意识。

"建筑物信息设施系统"课程的思政教育实践对于加强课程教学中的创新思维和辩证思维训练,推进"建筑智能化"相关课程与思政教育同向同行、协同育人具有举足轻重的作用。论文从协同主体与各协同相关方的辩证关系、思政教育与课程元素交融点等方面,探索了将协同理论思政教育融于"建筑物信息设施系统"课程教学体系的方法,阐述了该课程思政融入点、思政元素、具体的思政内容及典型思政案例,说明了该课程的理论环节、实验环节、课程设计环节及毕业设计环节等融入思政元素的教学策略与实施探索。精准施策,培养既具备丰富专业知识,又具有拼搏奋进、探索创新精神的当代大学生是一项系统化、长期化的工作。在具体的教学过程中,仍需及时补充新颖、感染力强的思政案例,优化完善教学体系设计,推进全程、全方位育人实践。

参考文献

[1] 哈肯. 高等协同学 [M]. 郭治安,译. 北京:科学出版社,1989.

[2] 俞竹超,樊治平. 知识协同理论与方法研究 [M]. 北京:科学出版社,1989.

[3] 奚雪峰,付保川,张兄武. 基于协同理论的高校创新创业人才"竞标式团队协作"培养机制的构建 [J]. 黑龙江教育(高教研究与评估),2019(9):73-76.

工科专业基础课开展课程思政的探索与实践
——以"模拟电子技术"为例①

孙晓红② 孙云飞 班建民 张兄武

一、工科专业基础课开展思政教育的意义与特殊性

当今社会的发展使我们进入一个多元化的时代,对学生进行正确的价值引导要求学校充分发挥思政教育的积极作用。对于高校教育而言,以思政课程的显性教育为引领,结合其他课程的隐性教育,逐步完成习近平总书记指出的工作要求"使各类课程与思想政治理论课同向同行,形成协同效应"③迫在眉睫。

近年来,高校教师正努力尝试推动课程思政建设,但相对于人文课程的课程思政教育来讲,工科课程由于其专业特殊性,开展起来存在一定的困难。④ 工科专业课程源于自然认知的理论属性,凸显了理性对待知识技能、普遍缺乏人文社科意识⑤的特点,在践行课程思政的过程中往往显得盲目又生硬。但工科课程强调实践获取的知识技能,并重视对其进行分析、比较、综合、抽象等理性活动的过程,于客观事实面前开展思政教育,具有强大的说

---

① 基金项目:本文为江苏省高等教育教改研究课题2019年项目"基于产教深度融合的地方高校电子信息类专业工程实践能力培养研究"(2019JSJG593),苏州科技大学2019年项目"课程思政创新路径研究"(2019JGMK-04),苏州科技大学课程教学综合改革2018年项目"模拟电子技术"(2018KJ2G-19),苏州科技大学天平学院教育改革2017年项目"独立学院电子信息类'一体四翼'的实践教学研究与探索"(2017TJGB-04)。
② 孙晓红(1986—),女,江苏南通人,博士,苏州科技大学电子与信息工程学院讲师。
③ 高德义,宗爱东. 从思政课程到课程思政:从战略高度构建高校思想政治教育课程体系[J]. 中国高等教育,2017(1):43-46.
④ 蔡小春,刘英翠,顾希垚,等. 工科研究生培养中"课程思政"教学路径的探索与实践[J]. 学位与研究生教育,2019(10):7-13.
⑤ 余江涛,王文起,徐晏清. 专业教师实践"课程思政"的逻辑及其要领:以工科课程为例[J]. 学校党建与思想教育,2018(1):64-66.

服力，从而有利于提升思政教育效果。

"模拟电子技术"（以下简称"模电"）是电学专业的一门基础核心课程，起着联系电路分析与集成电路设计、通信电子线路等课程的纽带作用，在培养学生分析能力、综合设计能力及工程实践能力方面起着重要作用。本文将结合模电课程的思政探索，以人才培养为目标，从师资队伍建设出发，通过在教学中深挖课程中蕴含的育人元素，并将其灵活融入课堂，实现思想与价值引领，使学生学会用正确的立场、观点和方法分析问题，在掌握专业知识的同时进一步提高理性认知水平，促进知识的提升和转化，并以全面的考核方式实现课程思政效果的进一步提升。归纳其规律与共性，将其推广于工科其他专业课程，力求充分发挥工科课程自身优势，寻求突破点，有效落实课程思政，提升和改善课程的育人成效。（图1）

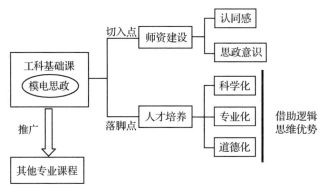

图1　工科专业课程思政实践与推广路径

二、模电课程思政探索与实践

模电作为电学类学科基础核心课程，蕴藏着非常丰富的思政元素。以三极管这一知识点为例，表1展示了实际教学中课程思政实践探索的指导文件。

表 1　模电课程思政指导文件示例

专业知识	思政元素	逻辑思维寻求结合点	抽象成价值观与方法论
三极管放大电路组态的选择	辩证唯物主义：任何事物均存在两面性	两面性：共射共集电路具有各自的优缺点，共射放大电路能同时将电压、电流放大，但输入电阻大小居中且输出电阻较大；共集组态优势在于输入电阻较大且输出电阻较小，但对电压无放大能力	设计电路应综合考察优缺点，并采用适当的组合电路进行优缺点互补
三极管放大电路的频域特性分析	矛盾的普遍性和特殊性	矛盾共性：采用完全相同的三极管与电路结构，电路中的电容对放大特性造成了影响。矛盾特殊性：在中频分析中，放大电路被视为纯电阻电路，忽略所有电容效应；在低频分析中，忽略耦合电容但需考虑旁路电容效应；在高频分析中，耦合电容与旁路电容被视为短路，但需考虑器件本身的寄生电容效应	具体问题应具体分析，在实际工程中应根据具体的工作条件选择恰当的处理矛盾的方式从而简化工程问题
三极管器件级的分析	现象与本质的对立统一关系	现象：三极管表现为一个较复杂的半导体器件，内部为多个半导体 PN 结及寄生的材料特性。本质：可视为受电流控制的电流源	善于抓住问题的本质，能更有效地设计电路以解决复杂工程问题
三极管工艺的选择	历史唯物主义	历史发展：社会的发展进程中优先选择高效、节能、可操作性强的事物，在模电中则体现为需要集成度更高、放大能力更强、可靠性更优的半导体器件，所以当下我们选择硅管，未来则会趋向于选择能效更高的半导体工艺制品	科学技术是先进生产力的主要标志，对推动社会发展有着非常重要的作用，引发对新的研究方向与热点的思考

在模电课程教学中，教师充分发挥工科师生理性思维优势，通过"摆事实、讲道理、断是非"①的教学手段，及时把握课堂，在知识、技能传授过程中巧妙融入人文认知、哲学思辨，实现知识授予与价值引领的协同并进。

---

① 刘燕莉，李浩野，陆涛．"思政融通"：思政教育新模式研究与实践［J］．研究生教育研究，2019（4）：57 - 63．

三、工科专业基础课课程思政讨论与思考

（一）以教师队伍建设为切入点，加强工科专业教师的思政理论与意识教育

教师是教学的组织者与践行者，教学过程不仅是知识的分享，还是思想的碰撞。教师的言传身教对育人效果产生重要影响。① 只有开展对教师思政理论的教育，转变工科教师观念，增强政治认同、理论认同、感情认同，才能切实履行自身的岗位职责。

（1）建立健全理论知识体系：教师只有对社会主义核心价值观②有正确的理解，才能引导学生树立正确的世界观、人生观与价值观

为提高思政认知，在模电课程思政实践过程中学院建立了一支由辅导员、马克思主义哲学教师与专业教师组成的综合性教师团队，既能做到横向思政内容的交流、学习与融汇，又能实现纵向专业化、细致化的教学，通过优势互补，全方位提高专业教师的综合素质。

（2）建立自主思政意识：课程思政并不是施加给专业教师的额外任务，而是社会发展的必然要求③

将理论铭记于心，才能自觉引发思政意识。专业知识虽源于自然认知的客观规律，其自身却是科学的世界观和方法论的综合体现。明确这一点，教师培养对跨领域知识的辨识、认同的思维习惯，发挥主观能动性，养成从人文视角下观察物理世界的惯性，将有助于引导学生拓展科学思维，提升专业认知。

（二）以人才培养为落脚点，在知识传授过程中注重科学思维的建立、职业素养的培育

（1）思政元素与专业知识的有机融合，是实现课程思政育人目标的根本制约因素

从辩证法角度看待物理规律，建立科学思维方式，提升专业理论认知水

---

① 吴月齐. 试论高校推进"课程思政"的三个着力点［J］. 学校党建与思想教育，2018（568）：67-69.

② 白岩. 大学生思想政治教育运作模式与时效性探究：评《大学生思想政治教育运作模式探究》［J］. 教育发展研究，2018（4）：87.

③ 周珊. 高校思想政治课程实践教学模式创新：评《大学生思政课实践教学探索》［J］. 教育发展研究，2017（1）：87.

平。通过观察、比较、分析、综合、抽象等逻辑思维处理问题的手段，从知识点中挖掘恰当的思政元素，将其落实到具体知识的传授过程中，从而提出价值观与方法论，逐步形成完整的课程思政知识体系，做到思政有所依，思政有所靠。

以社会实际应用为导向，提升学生实践操作能力，提高学生职业素养。以工程教育改革和工程认证①为契机，加强学生利用专业知识从事本领域专业活动的构建问题、分析问题、设计方案和解决问题的能力培养。② 一方面，以模拟集成电路发展现状与热点问题为引导，在课堂中引入商用仿真设计实例和演示实验，使课程内容的展现更直观、生动。另一方面，加强校企创新创业合作③，实现科学研究与生产实践的资源共享，让学生切实地参与到项目实施中，感受科研的魅力与职业荣誉感，使之提升实践能力，建立团队意识，提高职业素养。

以社会责任为己任，培养爱国情操，提升道德素养。电子信息的高速发展对当代青年提出了更为严苛的要求，制造出更多的自主研发芯片是中国集成电路发展的新期待。培养德才兼备的电子人才是刻不容缓的任务。④ 关注国家、民族的前途和命运，成为社会主义事业合格的建设者和接班人，要求我们珍惜历史机遇，扎扎实实掌握科学知识和技能。这不仅有利于个人的职业发展，也有利于促进社会的发展，更有利于国家信息化建设。

（2）改善课程教学方法，把握课堂教学，使学生有效代入

只有获得学生真正的认同与理解，才能让学生在掌握客观知识的同时进一步提高理性认知水平。因此，教师应时刻关注学生的认同感、参与感。授课过程应注意凝练具体化、生动化的有效教学内容，防止理论空洞，授课中应重点突出、贴近实际，有效融入精神信念层面的指引内容，增强亲和力，在传授经典知识的同时增强时代感，并通过分组讨论、辨析、翻转课堂等形式，结合具体设计案例以改善教学效果。

---

① 常青，韩喜平. 立德树人系统化落实的协同机制构建：基于12所高校调查数据的分析［J］. 教育研究，2019（1）：94－101.

② 高锡文. 基于协同育人的高校课程思政工作模式研究：以上海高校改革实践为例［J］. 学校党建与思想教育，2017（24）：16－18.

③ 高爱义，宗爱东. 课程思政：有效发挥课堂育人主渠道作用的必然选择［J］. 思想理论教育导刊，2017（1）：31－34.

④ 李国娟. 课程思政建设必须牢牢把握五个关键环节［J］. 中国高等教育，2017（15）：28－29.

（3）考核方式进一步完善，实现效果保障

改进课程考核体系以巩固教学效果，将电路创新设计能力、综合应用能力、职业素养等纳入教学评价系统。如引入开放性试题的考查，鼓励学生创新设计，对学习态度、团队协作能力等同时进行综合考核。① 考核标准更加全面，以培养具有较高道德水平和工匠精神的电子设计工程师。

四、汲取实践经验，扎实推进工科其他专业课程思政

发挥基础核心课程的引领作用，并在后续课程中深化、拓展，形成良性的纵向衔接。构建跨学科教师、跨专业教师、辅导员三方教学团队，三方相辅相成，全员思政水平获得极大提升。深挖课程思政内涵，理论的熟谙与认同使得教学中的思政渗透水到渠成。将其推广用于工科其他专业课程，可使得学生自觉从人文视角看待自然问题成为常态。

借助工科严密的逻辑思维优势，模电课程思政的实践过程揭示了客观规律存在的必然性、具体问题具体分析的特殊性、表象中蕴含本质的隐蔽性。指引学生在学习过程中保持严谨的治学态度，形成完善的知识体系，善于抓住重点解决问题。通过结合具体的专业课程特点，以社会需求为导向，在实践中落实思政。通过思考价值，使学生学会以专业知识为引导，发现与专业相关的社会历史问题，并分析其缘由，探索其发展趋势。在教学过程中注意采用多种生动的教学形式，增强针对性与亲和力，激发学生学习热情，提升学生专业技能。坚持课程主体地位的重要性不变，并在考核中进一步检验思政，让思政发挥最大实效，实现画龙点睛的效果。

通过结合模拟电路课程思政的教学实践，本文提出：应加强高校教师的思政教育，转变教师的思政意识，发挥工科思维优势，以推进思政元素的巧妙融入，进一步改善教学方法、健全考核机制，使得思政与专业知识相得益彰，协同并进，培养高素质人才。

---

① 曾令艳，王海明，宋燕萍，等. 核动力装置及设备课程思政育人模式教学改革探索与实践[J]. 高等工程教育研究，2019（A1）：87-89.

课程思政在"工业软件工程"教学中的实践研究

张 新①

2012年党的十八大报告首次提出"推动高等教育内涵式发展",2017年党的十九大则明确要求"实现高等教育内涵式的发展"。从偏重于数量和规模的增长的外延式发展,到更加注重质量和效益提升的内涵式发展,对新时期高等教育工作改革创新有着积极的指导意义。课程思政作为高等教育改革创新的一环承接着立德树人、统一德育与智育的重要任务,是新时期高校思想政治工作的新模式。

"工业软件工程"是电气工程及其自动化专业工业互联网方向的一门专业限选课。课程任务是使学生领会软件工程思想,掌握软件开发工程化的基本步骤,培养学生一定的软件项目管理能力,使学生树立软件开发人员的责任感和职业道德。这门课在使学生树立正确的人生观、世界观、价值观方面具有重要的作用,可以有效推动知识学习与精神建设协同发展育人目标的实现。然而目前对此方面的研究并不丰富,因此,挖掘"工业软件工程"课程中的思政元素,提高教师的价值引导作用,培养学生树立正确的"三观"是思政研究中亟待解决的重要课题。

一、"工业软件工程"的课程特点

"工业软件工程"是电气工程及其自动化专业工业互联网方向的新开课程。随着蜂窝移动通信技术的更新迭代,工业互联网的建设与推动步伐亦愈发加快。作为新一代的电气人,不仅需要学习传统的电气工程类课程,而且需要了解各种工业软件及其开发过程、软件项目管理等内容,有重点地掌握部分工业软件,为将来的学习及就业打下良好的专业基础。

---

① 张新(1991—),女,山东聊城人,博士,电子信息工程学院讲师,主要研究方向为复杂系统分析、复杂网络的稳定性及同步控制。

这门课程基于计算机专业的"软件工程"课程,有重点地向学生介绍软件工程中的基本概念、步骤、思想等,辅以介绍工业软件及分类等内容。按照软件开发流程,主要讲述软件需求分析、软件架构设计、软件详细设计、软件编码、软件测试、软件维护等内容。要求学生了解软件危机,以软件工程理论为指导,通过组成开发小组,模拟软件企业项目管理流程,完成一个软件项目,从而掌握基本的软件工程化开发的步骤,领会软件工程思想,培养学生一定的软件项目管理能力,使其理解软件工程的必要性和必然性,并培养学生的综合能力。基于以上讨论,此课程主要有以下两个特点:

第一,综合性。这门课具有概论性质,其中的每一部分,包括软件过程、软件项目管理、软件需求、软件实现、软件测试、结构化分析方法、面向对象的方法等都有对应的详细的课程支撑。此课程是学习软件开发的入门级课程,对于提升学生的学习兴趣,增强学生对软件开发的认识具有重要的作用。

第二,基础性。由于课程的综合概论性质,此课程讲解的主要内容均以概念及步骤介绍的形式呈现。使学生掌握工业软件工程的知识体系及框架,学习其中的基本概念及步骤,为后续学习及研究打下坚实的基础。

二、"工业软件工程"课程中蕴含的思政元素

(一)软件开发人员的使命感,感受"失之毫厘,谬以千里"的思想

《易》曰:"君子慎始,差若毫厘,谬以千里。"历史上几次重大的软件危机,如阿丽亚娜5型运载火箭升空失败导致星箭俱毁事件,爱国者拦截飞毛腿失败导致28名士兵丧生、98名士兵受伤事件,至今仍困扰人们的千年虫问题,等等。这些都是由于细微的误差或考虑不周而导致重大事故及损失的事件。在讲解过程中,教师结合实际案例使学生了解软件危机及软件工程的发展历史,让学生直观感受严谨态度的重要性,使学生培养依法依规的从业习惯,使学生树立软件开发人员正确的职业理想、职业道德,培养他们科学规划的思想价值和精神内涵。

在此基础上,培养学生的辩证思维。辩证思维是反映客观事物辩证发展过程及其规律性的思维。辩证思维的特点是从对象的内在矛盾的运动变化中,从其各个方面的相互联系中进行考察,以便从整体上、本质上完整地认识对象。软件生存周期模型发展演变的过程中,事物具有动态变化性,且正反馈对事物发展具有重要的推动作用。学生在理解软件过程的基本概念,掌握软件过程的分类及其基本活动,学习各种软件过程模型的过程中,逐渐学会用

发展的眼光看待问题，培养长远的目光。除此之外，了解学习经典软件开发过程模型案例，并强化风险意识，提前做风险规避，锻炼软件开发人员思维的缜密性。

（二）组织规划及其重要性，树立正确的人生观、事业观

规划，是指个人或组织制订的比较全面长远的发展计划，是基于对未来整体性、长期性、基本性问题的思考和考量，而设计的未来整套行动的方案。组织规划的本质是预测未来的组织任务和环境对组织的要求，以及为完成这些任务和满足这些要求而提供给人员的管理过程。在学习软件项目管理的过程中，使学生掌握软件项目管理概念、项目沟通管理与规划过程、软件风险及配置管理等内容。在此过程中，引导学生通过学习软件项目管理规划，培养对项目及人生的自我组织规划能力。学生通过了解软件工程知识体系、职业道德规范及未来的发展与挑战，培养自身在该领域的职业理想、职业道德，并体会科学的职业规划的思想价值、精神内涵。

另外，软件工程不仅包括软件开发和软件测试，还包括软件维护和软件再工程部分。因而使学生了解软件的演化特性，掌握软件维护的概念、特点及软件再工程的过程，也是软件工程课程的重要组成部分。让学生在软件维护及软件再工程的过程中体会事物可持续性发展的重要性。

（三）软件开发人员的团队责任感，感受团队合作的重要性，体会1+1>2的力量

软件项目管理的重要对象就是人。人与人的交流合作是软件项目管理的主要活动之一，其中又以团队成员之间的合作为主要内容。因而，软件开发人员的团队责任感及团队合作度的提升成为软件项目管理工作中的重要组成部分。团队是由基层人员和管理层人员组成的一个共同体，它合理利用每一个成员的知识和技能协同工作、解决问题、达到共同的目标。团队的构成要素为目标、人、定位、权限、计划。一支好的团队可以充分发挥成员的优势，扬长避短，达到1+1>2的效果；一支好的团队可以使成员充分意识到"三人行则必有我师焉"，真心认可队友的长处，主动学习，达到共赢的目标。而团队的建设不是一个人或几个人的任务，需要所有的团队成员积极主动地参与。在软件项目管理的学习过程中，潜移默化地培养学生的集体意识，为将来学生更好更快地融入工作团队打下基础。

（四）规矩意识，感受"无规矩不成方圆"思想

《孟子·离娄上》有言："离娄之明，公输子之巧，不以规矩，不能成方

圆。"做任何事都要有一定的规矩、规则，否则无法成功。教师在讲授表达功能模型的工具——数据流图的过程中，使学生了解数据源的加工、变化，感受流图中每个元素的变化会对整体产生的影响，掌握可行性研究、需求分析、结构化分析方法，并了解软件设计的目标和任务、软件设计基础、模块独立性、结构化设计方法、过程设计。在此过程中，使学生养成软件开发人员依法依规从业的习惯，并了解软件开发人员的职业伦理、工匠精神、使命担当。

在了解软件需求的过程中，如何精确地理解客户的需求，了解设计约束条件是软件开发人员的必备功课。这需要软件开发人员掌握需求发现技术，通过自悟及交谈提高透过现象看本质的能力，强化职业道德及道德法治观，了解法规政策，做到安全保密，等等。在软件需求的学习过程中，使学生了解软件需求的重要性，理解软件需求的定义及不同层次的软件需求，掌握需求获取技术及软件需求工程的流程和软件需求的规格说明。在此过程中，逐渐强化学生道德法治观念和软件开发人员的服务意识。

（五）抓住问题的关键，分解复杂问题，体会"庖丁解牛"思想

《庄子·养生主》："庖丁为文惠君解牛，手之所触，肩之所倚，足之所履，膝之所踦，砉然响然，奏刀騞然，莫不中音。"经过反复实践，掌握了事物的客观规律，抓住问题的关键，把复杂问题分解为若干简单问题逐一解决，做事就会得心应手。在结构化设计的教学过程中，教师要使学生掌握总体设计的目标，了解数据流图的类型与模块化及启发式规则，掌握变换设计与事务设计及结构化程序设计的详细设计工具。在此过程中学生要了解"自顶而下，功能分解"的结构化设计方法基本原则，学会以辩证的眼光看待问题，控制项目的复杂度，感受科学规划的思想价值、精神内涵。

三、课程思政案例——"软件过程"课程思政的教学设计

结合"工业软件工程"课程的特点、知识体系结构及其中蕴含的思政元素，设计课程思政案例，以"软件过程"为例。

（一）课程思政目标

第一，用发展的辩证的思维看待问题。

第二，培养长远的目光及可持续发展观。

第三，强化学生风险意识，锻炼软件开发人员思维的缜密性。

（二）思政教学的方法和实施

1. 教学方法

遵循"以教师为主导，学生为主体"等教学思想，采用提出问题、自主思考、合作探究、分组讨论、个别展示、评价总结的方法，使学生在此过程中理解知识，并培养辩证的思维。

2. 实施过程

课前布置本次课程的教学内容，要求学生查阅资料，并开展课堂交流（围绕教学目标与思政元素）。

（三）教学策略

1. 教学环节一：回忆旧知，引起困惑

回顾上一章关于软件过程的初步介绍，引出软件生存周期及软件过程的概念。结合实际案例了解软件危机，使学生直观感受软件及态度严谨的重要性，让学生了解软件工程知识体系、职业道德规范及该领域未来的发展与挑战。在此过程中，培养学生的使命感和团队责任感，体会"差之毫厘，谬以千里"思想，培养学生在该领域的职业理想、职业道德及依法依规从业的精神，让学生带着悬念学习后面的知识，激发学生的学习欲望，从而引出本节课的主题。

2. 教学环节二：详略结合，步骤展开

给出软件周期过程的分类，并按不同视图再次分类，由于内容较多，对其中重要的过程详细说明讲解，对浅显易懂的过程简单带过，让学生自学。让学生了解软件周期过程的基本概念及其不同视图下的分类，并结合不同的视图对软件生存周期过程和活动进行分类。在此过程中，培养学生辩证看问题的能力，让学生学会从不同角度看待问题，感受软件工程界的"横看成岭侧成峰"。

3. 教学环节三：由浅至深，循序渐进

从最简单的瀑布模型开始，逐渐过渡到较复杂的增量模型、螺旋式模型等，由易到难，让学生慢慢接受过程模型，并了解软件过程的演化，鼓励学生积极探索思考更好的过程模型。让学生独立思考，了解软件生存周期模型发展演变的过程，感受正反馈对事物发展的推动作用及事物的动态变化性。培养学生的思维拓展能力，引导学生用发展的辩证的思维看待问题，并强化学生的风险意识。

4. 教学环节四：知识小结，巩固升华

在第一章学过的知识的基础上，学生通过独立思考等探究形式，学习软件过程的定义、软件过程模型的分类等。教师尊重学生的个体差异，鼓励学生合作交流，激发学生学习的兴趣，使不同的学生得到不同程度的发展。提高学生的归纳总结及分类能力，通过详略结合，分清主次重点，培养学生的自学能力。

课堂教学是实施素质教育的主战场，需遵循"以教师为主导，学生为主体"等教学思想，倡导学生自主思索、合作探究、阅读自学、动手实践，采用问题引导等教学方法，使学生在此过程中理解知识，并渗透辩证的思想，塑造正确的人生观、世界观和价值观。在国产工业软件具有巨大缺口的情况下，工业软件工程的学习具有重要的作用及意义。在教授专业知识的基础上，教师潜移默化地对学生进行课程思政教育，培养学生的爱国主义精神，实现专业技能培养与思政建设的同步发展。

参考文献

[1] 习近平. 把思想政治工作贯穿教育教学全过程 开创我国高等教育事业发展新局面 [N]. 人民日报，2016-12-09（1）.

[2] 刘承功. 高校深入推进"课程思政"的若干思考 [J]. 思想理论教育（上半月综合版），2018（6）：62-67.

[3] 焦连志. "课程思政"理念指导下的高校"课程思政"建设实践探索 [J]. 成都中医药大学学报（教育科学版），2018，20（4）：71-74.

[4] 邵硕，苏宝莉. 软件工程类课程思政教学改革实践 [J]. 福建电脑，2019（7）：137-138.

润物无声：高等院校课程思政的探索与思考
——以人工智能教育为例

徐峰磊[①]

  2012年11月召开的党的十八大，标志着中国特色社会主义进入新时代。会上明确提出：把立德树人作为教育的根本任务。第一次明确提出"立德树人"，并将其作为教育工作的根本。2016年12月，在全国高校思想政治工作会议上，习近平总书记强调：高校思想政治工作关系高校培养什么样的人、如何培养人，以及为谁培养人这个根本问题；把立德树人作为中心环节，把思想政治工作贯穿教育教学全过程；高校立身之本在于立德树人。习近平总书记关切教育，多次强调立德树人，首次提出思政工作要贯穿教育教学全过程。由习近平总书记的引导，教育的方向坚定了，目标明确了，而课程思政就是具体落实的手段。

  青年的价值取向决定了未来整个社会的价值取向。而高等院校作为青年学生步入社会的前站，在教育培养中扮演了至关重要的角色。高校的任课教师作为一线教育者，传授知识、培育品德是其首要任务。而传授知识和培育品德在以往的高校教育中是相对独立、彼此割裂的，体现在思政课程与专业教育之间有着明显的界限和差异。两者的割裂使得专业知识得不到正确价值观、方法论的指导，而思政内容也显得脱离实际、高深莫测，甚至不接地气。此外，这种割裂式的人才培养模式也不利于学生正确世界观、价值观的形成。课程思政正是针对此问题的一次有意义的探索和尝试。它将思政内容和专业教育真正结合到一起，首次给出了高校教育如何达到一以贯之、内容彼此交融的统一方法论。但如何上好课程思政课，将思政内容与专业教育和谐紧密地结合起来，正是高校教师需要去思考、探索和尝试的。

[①] 徐峰磊（1992—），男，江苏苏州人，博士，电子与信息工程学院助理研究员，主要研究方向是模式识别与智能系统。

一、课程思政总结

课程思政的概念提出的时间不长,教育工作者根据习近平总书记提出的精神,基于自身教育实践经验尝试了许多课程思政探索。[1] 在探索过程中,出现了许多亮点值得分享借鉴,但也存在用力过猛、矫枉过正的情况,这值得反省深思。[2]

(一) 长处借鉴

1. 以时事热点作为专业知识切入点,开展国情教育

学生的注意力是有限的,教师可以以国家、时代背景下的热点问题作为切入点,抓住学生感兴趣的话题,将专业知识融入恰当的实际情景中。在吸引学生注意力的同时让学生习得专业知识,树立国家认同感和民族自豪感,并且树立正确的辩证批判思维。

2. 结合实际案例,引导学生树立正确的政治立场

高等教育阶段是学生从学校到社会的中间环节,是过渡也是纽带。这个阶段的学生有了一定的价值观、世界观的雏形,但尚未成熟。兼容并包的大学环境给学生带来现实世界各方面的文化碰撞,让学生快速成熟的同时,也常常容易使其步入误区甚至是危险区。教师可以通过实际案例分析,潜移默化、润物无声地让学生在不同的情境中形成正确的"三观"、完备的思维和健全的人格,帮助学生培养理性思考、明辨是非的能力,引导学生认识理解多元化的世界,并多角度、多维度地思考、分析遇到的实际问题。

(二) 问题反省

虽然教育工作者们有许多成功的课程思政探索,但是在对课程思政理解上仍然存在一定的偏差。这些问题既是新任教师容易走入的误区、盲区,也是宝贵的经验教训。总结之后,我们发现有以下几点比较突出:

1. 课程思政并非思政课程

明确课程思政与思政课程的区别,分清主次,防止教师在进行课程思政教育时用力过猛,反而影响主干课程教授效果。思政课程承担了政治教育、灌输政治思想、传递意识形态的主要任务。而课程思政是其他课程的思政化,

---

[1] 周家乐,吴腾. 思政教育融入专业课课堂的探索与实践:以《人工智能》课程为例 [J]. 教育现代化,2019 (69):175–176,187.

[2] 罗晓琴,李娜. 高校"课程思政"建设的现状及对策研究 [J]. 法制与社会,2019 (13):200–201.

即其他课程仍然以专业教育为主体,在完成传授专业知识技术的基本职能之外,额外承载思想政治道德教育任务,并在教学中渗透本学科本专业的职业道德和价值引领,完成立德树人的目标。因此,教师必须明确课程思政的内涵,才能避免主次不分、盲目教育的问题。

2. 课程思政并非盲目歌功颂德

使学生树立国家认同感和民族荣誉感是必需的,但是教师要避免过犹不及。实事求是是教书育人、立德树人的基本要求。在认可自身发展的同时,也得认识到自身的不足、与国内外优秀教师之间产生的差距,明确当前处境也是刺激学生产生紧迫感、激发学生奋发图强意愿的途径之一。

除了国家民族教育之外,学生个人发展和职业道德教育也是课程思政涵盖的内容。与思政课程不同,由于课程思政与专业技术结合得更紧密,因此更适合承担学生个人发展、职业道德相关的思想教育。作为人生观、价值观、世界观的重要组成部分,职业道德教育和个人发展规划指导也应该成为教师实践课程思政的关注重点之一。

3. 切忌生搬硬套,为思政而思政

课程思政内容切忌生搬硬套,以任务心态完成课程思政教育。课程思政应是专业课程的一部分,教师要做好课程整体设计,根据不同专业人才培养特点和专业能力素质要求,科学合理地设计思想政治教育内容。强化自身立德树人意识,在课程中有机融入思想政治教育元素,形成专业课教学与思政内容教育紧密结合、同向同行的育人格局。

二、人工智能课程思政探索与思考

人工智能,已经成为一个人人皆知的概念,也成为未来国家之间竞争的关键因素。毫不夸张地说,人工智能将会引发人类历史上第四次工业革命。对于中国而言,人工智能的发展是一个历史性的战略机遇,是实现中华民族伟大复兴的一大契机。而抓住这一机遇的基础是人才的培养。目前,中国人工智能人才总量居世界第二,但是杰出人才占比偏低。截至 2017 年,中国人工智能人才拥有量达到 18 232 人,占世界总量的 8.9%,仅次于美国(13.9%)。高校和科研机构是人工智能人才的主要载体,清华大学和中国科学院系统成为全球人工智能人才投入量最大的机构。截至 2020 年年底,中国人工智能产业规模超过 1 500 亿元,带动相关产业规模超过 1 万亿元。在 2017 年全球新兴人工智能项目中,中国占据 51%,数量上已经超越美国。大规模的人工智能建设，导致在人工智能的人才上缺口超过500万。① 人工智能教育是当前乃至往后10年高校最重要的任务之一。不仅是专业技术的培养，思想政治的引导在人工智能教育上更加突出。

如今，高等教育将培养社会主义建设者和接班人作为第一位；高等院校把立德树人贯彻始终，落实到体制机制；高校教师则讲究课程门门有思政，教师人人讲育人。在此大背景下，以组织精神为引领，结合人工智能高等教育特点，学习吸收优秀课程思政方法，反省反思课程思政中出现的问题，深度思考后，本文尝试了若干人工智能高等教育的探索。

（一）以实际问题为切入点，增强人工智能课程思政吸引力

在如今人工智能浪潮下，"人工智能"课堂上有许多能与课程思政相结合的点，以这些点为切入口，结合实际能够加强专业课思政内容的吸引力，将思政内容真正应用到实际问题中，引导学生形成正确的价值观，规范学生的言行举止，会起到良好的育人作用。与之相反，脱离实际、空谈理论的思政是非常枯燥的，而且很容易引起学生的消极甚至是逆反情绪。

当然，实际的思政案例并不是随机而盲目地选取的，教师首先要明确教学目的，根据教学目的选择相关的、有意义的案例，突出解析其中的意义，以达到专业内容和思政教育同向并行的育人目标。例如，思政目标是理想信念，"人工智能"课程可以选择"人工智能之父"马文·明斯基为了解决困难而放弃物理改修数学的成长案例，以此鼓励学生坚持理想和信念；在设计爱国主义课程思政主题时，可以用华为集团作为典型案例，让学生理解用技术造福祖国、提升国家国际影响力是爱国的途径之一；围绕职业道德教育，使用非法制造木马病毒等牟利、爬虫非法获取信息、图像语音编辑软件恶意修改视频语音等反面例子，让学生树立正确的职业观，让学生明白虽然技术无罪，但是用技术的人有道德和法律约束；而谈到个人规划与发展时，则可以选择"旷视科技""饿了么"等科技公司的创业故事，鼓励学生拼搏与创新，激发学生创新创业、争优争先的勇气。

（二）结合人工智能特点，丰富思政教学方式

一门好的课程思政课，不仅需要好的课程设计和优秀的授课教师，还需要好的教学手段。课程思政要想得到学生的认可，让学生能听得进、记得住、想得起，就必须改革教学方法、创新教学手段，让课程思政成为专业课程中

---

① 陈杰. 人工智能教育应重视教师素质建设 [J]. 中国科技财富，2018 (5)：63-64.

的亮点，让整个课堂活起来。

传统的讲授法能够快速地灌输思想、明晰概念，很适合人工智能教学的特点，但是难免会出现学生参与程度不够的问题，难以全程抓住学生的注意力。因此，专业课教师需要突破传统授课方式，采用能够调动学生积极性的多种教学方法，如问题法、讨论法、课堂实践法等。尤其在人工智能课堂上，思政内容的融入可以更多通过讨论法和课堂实践法实现。如今的学生出生于信息爆炸的时代，他们对人工智能有自己的见解和认识，可以通过讨论实现思想的碰撞，这也增加了他们的参与度。而智能设备的普及也使得基于课堂实践的课程思政成为可能，可以实现更近距离、更直观的沉浸式教学。

除此之外，现代教学可以使用科技手段突破传统教学时间固定、时长固定、位置固定的局限，将课堂教学推广到课后。由于课程思政的加入，课堂内容的增加，原本的课程时长可能不够，并且课堂有着时空限制，学生与学生、教师和学生之间不能够深入地讨论和交流。因此，人工智能课程更应该利用最新的信息技术、丰富教学手段，采用线上线下相结合的方式，来突破课堂时空限制。例如，在备课阶段，教师可以使用"问卷星"等软件发布与专业课相关的课程思政案例，提前让学生投票选择最感兴趣的话题，并让学生提前准备、提早参与，在课堂上达到事半功倍的教学效果。

（三）润物无声，透明化课程思政

《中国居民膳食指南2016》[①] 指出成人每日食盐推荐摄入量为6克，因此理论上6克食盐于一日内某一餐摄入是符合健康要求的。但可想而知，这一餐将变得难以下咽，且当日接下来几餐又因为缺少食盐而食之无味。因此，把食盐分到各餐各菜中，才能让饭菜有滋有味，也让大家逐渐习惯食盐的剂量。课程思政与此同理，是将思政要求分散到每一门课程中，让思政内容成为专业内容的调味剂，让两者相互融合，共向而进。这种融合是自然而然的，是让学生认为本应如此的，甚至让学生尚未察觉专业课程内新加入了思政内容就完成了课程思政的教育。从学生的角度来看，课程思政像春天的细雨，默默无声滋润万物。这对教师的专业知识素养、思想政治水平及教学能力提出了更高的标准和更严格的要求。

---

① 中国营养学会. 中国居民膳食指南2016 [M]. 北京：人民卫生出版社，2016.

三、总结

高等教育的每门课程都有特定的教育目的和功能，共同服务于立德树人根本任务，培养德智体美劳全面发展的社会主义建设者和接班人。课程思政要用好课堂教学这个主渠道，把做人做事的基本道理、社会主义核心价值观、民族复兴的理想和责任有机融入专业教育中。如今在人工智能的风口浪尖，人工智能教育中的课程思政愈发重要。本文以人工智能课程教育为例，总结反思目前课程思政的优秀经验和存在的问题，进一步针对课程思政在人工智能教育领域的应用进行了深入的思考与探索，提出了相应的想法与建议。

"材料科学基础"课程思政设计和实践

袁福根[①] 曹丰 冯芳 周兴 张钱丽

一、提高政治站位，增强教书育人的责任感、使命感

"材料科学基础"是材料化学专业的一门必修课程。在2014培养方案中，这门课程的定位是材料类的公共基础课程，是材料类专业（包括材料化学专业）学生对专业认识的入门课（以便接下来对以大院形式统招学生进行选专业分流），内容比较广博而深度有限。而2018培养方案对这门课程的定位做了战略调整，专业认识由"材料概论""材料化学"两门课程担纲，"材料科学基础"课程则定位于系统讲授材料基本理论及基本应用，内容广度上收缩了，但深度和难度提高了。[②] 教学内容、选用教材都发生了根本改变。

高校是培养人才的地方。培养什么人、怎样培养人、为谁培养人是教育的根本问题。长期以来，学校施行的是成果导向教育[③]，也就是以学生的学习成绩为考核衡量标准。只要课程成绩好，有一点科研成绩就是优秀学生。学生的世界观、人生观和价值观则不在考虑范围内。这样的考评标准真的合适吗？在香港"非法'占中'"、乱港黑暴等事件中，有一批人就是香港著名大学的学生，不可谓不优秀，但他们用所学化学知识制造燃烧瓶、爆炸弹，将其投向维护治安、维持正义的警察，他们的拳头砸向无辜的内地游客。这样的学生，谁愿意看到呢？近年来，网络上出现了一个名词叫"恨国党"，如2012年四川泸州高考文科状元唐立培、厦门大学研究生田佳良、留学美国的

[①] 袁福根（1965—），男，江苏苏州人，博士，苏州科技大学化学与生命科学学院教授，主要从事材料化学研究。

[②] 解念锁. 材料科学基础课程教学改革与实践［J］. 安徽工业大学学报（社会科学版），2006（5）：119 – 120.

[③] 王志伟，孙路. 应用型本科院校教师教学能力提高途径探析［J］. 黑龙江高教研究，2013（5）：106 – 108.

学生杨舒平、中国药科大学毕业生许可馨、中国科学院大学研究生季子越……这些人的不断出现，说明我们在教育导向上存在着问题，单纯以成绩衡量学生是否优秀的标准是完全错误的。

在2020年全国疫情防控的人民战争、总体战、阻击战中，一群平凡的人做着不平凡的事。一张张布满勒痕的脸、一双双被消毒液浸蚀开裂的手、一个个义无反顾的身影，无声地诠释着医者仁心、救死扶伤、大爱无疆的伟大精神。这种精神正是我们这个时代需要弘扬、需要守护的宝贵精神。抗疫英雄们的思想境界、职业素养和责任担当均不受业务水平的限制，甚至可以说是跟业务水平无关。

教育以"立德树人"作为根本任务。人才培养关键在教师。[1] 教师是教书育人的实施主体，也是课堂教育第一责任人。过去，人们对精品课程的理解是一流教师队伍、一流教学内容、一流教学方法、一流教材、一流教学管理等，而一流教师队伍往往讲的是教师的学历、职称、科研成果等。这显然是不够全面的。教师的职业道德、专业态度、思想观点等都会在教学过程中潜移默化地影响学生，使教师成为学生的思想向导。[2][3] 教书育人责任重大，教育部《高等学校课程思政建设指导纲要》明确指出，全面推进课程思政建设是落实立德树人根本任务的战略举措。"这一战略举措，影响甚至决定着接班人问题，影响甚至决定着国家长治久安，影响甚至决定着民族复兴和国家崛起。"教师对课程思政一定要提高政治站位，在新时代要与时俱进，不断学习。

二、专业教育和思政教育两者并不对立，两者可以有机结合、相互促进

在专业课程教学过程中坚持知识传授、能力培养与思想政治教育相结合，是高等教育人才培养的要求。随着互联网的快速发展，海量的网络信息对大学生的影响越来越大。网络时代，思政教育已不可能通过一门或者几门专设课程来实现。世界观、人生观、价值观的教育，必然是全方位的、立体的。专业课程教学责无旁贷，专业教育和思政教育的融合是时代的要求。

---

[1] 莫非. 专业课教师在高校思想政治教育中缺位问题的思考 [J]. 遵义师范学院学报, 2010, 12 (4): 94-97.

[2] 李金明, 陈蕾, 谷荣. 专业课教师参与大学生思想政治与心理教育工作的探讨 [J]. 兰州石化职业技术学院学报, 2007, 7 (4): 63-65.

[3] 周德芹. 专业课教师在学生思想政治工作中的作用 [J]. 辽宁教育学院学报, 2002, 19 (6): 19-20.

对"材料科学基础"来说,过去教师只要把知识点梳理清楚即可,如材料基础知识包括材料晶体结构、缺陷理论、扩散理论、结晶理论、相变理论等;材料应用知识包括塑性形变、回复再结晶、凝固技术等。按照思政要求显然是不够的。教师不但需要把知识点进行课程内关联,还需要与社会实际应用进行关联,尤其是与市场经济主战场、国家重大战略需求进行关联,将社会主义核心价值观、家国情怀融入教学中。学生不再是社会活动的旁观者和被动适应者,而将是国家建设的主动参与者。学生需要在掌握知识点的同时,思考一下用学到的知识点"能为国家做点什么?""如何去做?"等问题。

传统观念认为文史哲是一家,自然科学与哲学是两个不同体系,相关度极低。专业课教师给学生分享哲学理解有不务正业之感。[①] 这次思政改革打消了教师的顾虑。用马克思主义思想观点方法来审视自然科学理论,可以更好地帮助学生用正确的科学的视角理解问题,提高分析问题、解决问题的能力。例如,材料的强韧性能就是一对矛盾。一般来说,材料强度越高,韧性就越差;而韧性好的材料,强度往往较低。在材料弹性、塑性形变理论基础上,剖析多晶材料中晶粒细化方法可以同时提高材料强度和韧性的原因,学习过程就很自然,通俗易懂。又如,材料的结晶需要能量起伏、结构起伏、浓度起伏,这些都包含着量变到质变的哲学思想。

当然,将专业教育和思政教育相结合,对教师提出了更高的要求。[②] 靠照本宣科是不行的。人们常说,要给学生一杯水,教师要有一桶水。要对学生进行课程思政教育,教师就要站得更高、看得更远、理解得更深,备课难度也会随之加大。现在还有进一步的说法,教师不仅要有一桶水,还要有长流水。哪里来的长流水?当然必须要有"源头活水来",即教师要不断地学习。笔者在准备"材料科学基础"教案的时候,就准备了"材料改变生活""材料发现趣闻""材料研究之期待领域""材料研究引人注目的突破""材料科学哲学"等方面的主题资料,作为教学备用素材。只有准备充分,才能在教学过程中做到素材信手拈来,发挥自如。

---

① 刘以兵. 高校专业课教师开展思想政治教育的困境与实现途径[J]. 南昌教育学院学报,2010,25(5):14-16.

② 张妮媛. 高校专业课教师进行学生思想政治教育的探索[J]. 中国校外教育(理论),2008(12):1178.

三、顺应时代要求,既做专业学者,又做思政专家,真正成为灵魂工程师

专业课程的课程思政要求任课教师不仅要有扎实的专业知识,而且要有丰富的关联知识储备。在教学过程中要牢记课程育人的根本任务,充分挖掘育人元素,运用恰当的方式方法将专业知识与思政内容联系起来,采用润物无声的方式让学生在专业知识和思政教育两个方面有所收获。①

对于专业课,以"材料科学基础"为例,笔者认为至少在以下两个方面是可以下功夫、做工作的:一是以材料领域重大研究突破为抓手,融入思政元素。个人事业离不开国家的发展,作为将来的国家建设者,大学生要关心国家大事,尤其是国家需求。大学生不可闭门造车,要深入社会,不断了解新事物,激发灵感。教学中可以讲解新材料发展的一些重要新闻,如组织学生观看嫦娥五号登月,播放优秀纪录片《大国重器》《大国之材》等,以重大研究突破事件的背景等与学生进行时政互动,既传授材料知识,又激发学生学有所为的兴趣。② 鼓励学生开展暑期专业调研、社会实践等活动,把个人的学习与社会需求紧密联系起来。二是以材料领域楷模人物事迹为抓手,融入思政。在材料研究领域,有很多科学家、企业家,他们的研究成果不仅对社会产生重大影响,他们的精神、创业经历也具有正能量。用榜样的事迹和精神鼓舞学生。如讲述苏州吴江亨通集团创始人崔根良历经坎坷的创业创新历程;介绍钢铁冶金专家、中国工程院院士张寿荣在 20 世纪 60 年代推行高炉炉顶调剂法和低锰炼钢铁的冶炼,使鞍钢炼铁厂生产效率在全国领先的事迹;讲述材料学家、两院院士师昌绪放弃美国优厚的工作和生活待遇,冲破重重阻挠返回祖国,领导开发中国第一代空心气冷铸造镍基高温合金涡轮叶片,使我国成为继美国之后第二个自主开发这一关键材料技术的国家的事迹,等等。这些楷模背后体现了崇高理想信念的力量。用故事讲清道理,以道理赢得认同,以悟道取代灌输,润物无声地将正确的价值追求和理想信念传递给学生。

课程思政要求将价值塑造、知识传授和能力培养三者融为一体,就是要寓价值观引导于知识传授和能力培养之中,帮助学生塑造正确的世界观、人

---

① 刁益韶. 论专业课中的思想政治教育 [J]. 泰州职业技术学院学报,2012,12 (2):4-6.
② 史玉海. 浅议思想政治课怎样巧引时事材料 [J]. 大众文艺(科学教育研究),2009 (12):53.

生观、价值观。教师首先要坚持学习，提高自己的综合素养。没有真正的信仰，没有扎实的理论，又怎么可能让学生相信自己呢？网上曝光的发表不当言论的大学教师不在少数：湖北大学梁艳萍教授、海南大学退休教授王小妮、南昌大学教授桑园和静娅、哈尔滨师范大学教授于琳琦等。这些教师自己"三观"不正，其结果只能是误人子弟。① 近来校园里也偶有恶性案件发生，如北京大学学子（吴谢宇）弑母案、复旦大学学生（林森浩）投毒案等，尽管是少数特例，但这些案件依旧警示我们对大学生"三观"进行教育的必要性和紧迫性。

　　大学是青年真正迈向社会的最后一站，也是构筑社会主义核心价值观的关键时期。教师被称为人类灵魂的工程师，承担着教书育人的重大责任。十年树木，百年树人。树木需要水，一位教师就像一滴水。一滴水也许改变不了什么，但千千万万滴水就可以影响树木的命运。一位教师的影响或许是有限的，但我们不能气馁，也不能着急贪大，而应该一起努力，锲而不舍地把课程思政做下去，相信德才兼备的学生会不断涌现，中华民族伟大复兴的中国梦一定会早日实现。

---

① 宋利红. 专业课教师在大学生思想政治教育中的作用［J］. 时代教育，2012（1）：84，90.

课程思政融入"水污染控制工程"教学方案中的探讨
——以活性污泥法的教学为例[①]

顾晓丹[②]　潘　杨　陈重军　李　祥

2019年教育部印发了《关于深化本科教育教学改革全面提高人才培养质量的意见》，对当前本科教育提出了具体的要求，即坚持立德树人，围绕学生忙起来、教师强起来、管理严起来、效果实起来，深化本科教育教学改革，培养德智体美劳全面发展的社会主义建设者和接班人。其中，"把思想政治教育贯穿人才培养全过程"是核心。

坚持把立德树人成效作为检验高校一切工作的根本标准，用习近平新时代中国特色社会主义思想铸魂育人，加快构建高校思想政治工作体系，推动形成"三全育人"工作格局。[③] 这是对当前高校思政教育提出的全方位教育要求，而其突破口是将思政与课程有机结合，使思政教育贯穿课程学习过程中。

生态文明建设是党的十八大确定的总体布局中的一个重要部分，习近平生态文明思想核心要义体现在"八个观"，即生态兴则文明兴、生态衰则文明衰的深邃历史观，人与自然和谐共生的科学自然观，绿水青山就是金山银山的绿色发展观，良好生态环境是最普惠的民生福祉的基本民生观，山水林田湖草是生命共同体的整体系统观，用最严格制度保护生态环境的严密法治观，

---

① 基金项目：本文为中国学位与研究生教育学会面上课题《地方高校环境类专业硕士研究生"产教科创拓"五位一体培养模式的创新研究》（2020MSA258），江苏高校"大学生素质教育与数字化课程建设"教改课题《基于产教融合的工科专业实践数字化教学改革与实践——以苏州科技大学环境工程为例》（编号2020JDKT122），苏州科技大学课程思政示范专业建设项目（2020SZZY-4），苏州科技大学天平学院"课程思政"建设项目"水污染控制工程"（2020TJGB-02）。

② 顾晓丹（1986—），女，江苏太仓人，博士，苏州科技大学环境科学与工程学院讲师，主要从事污水处理系统模拟及优化研究。

③ 中共中央宣传部．习近平总书记系列重要讲话读本[M]．北京：学习出版社，人民出版社，2016：15．

全社会共同建设美丽中国的全民行动观,共谋全球生态文明建设之路的共赢全球观。生态文明建设与"水污染控制工程"课程内容高度契合,将习近平生态文明建设思想体系与生态文明建设实践相结合,构建"水污染控制工程"课程思政,能指导环境工程专业的人才培养。

因此,如何凝练"水污染控制工程"课程的思政元素,并在教学过程中充分融入,对环境工程专业学生的思政教育具有重要作用。

一、"水污染控制工程"课程思政育人目标

根据"水污染控制工程"课程思政教学的价值取向和现实问题,充分挖掘专业知识中蕴含的思想政治教育价值和资源,提升思政教育的亲和力,树立"水污染控制工程"课程的正确价值导向。[①②]"水污染控制工程"课程思政育人目标如下:

第一,坚持习近平生态文明思想关于绿水青山就是金山银山的绿色发展观,深化绿色发展理念。

第二,坚持科学技术是第一生产力,将科技生产力和生态生产力有机统一;坚持马克思主义科学观的基本立场,倡导和弘扬科学精神和时代精神。

第三,培养学生正确的职业道德观、积极向上的职业态度和良好的职业行为习惯,塑造工程伦理和工匠精神。

第四,培养学生勇于创新的科学思维,强化学生的使命担当。

第五,培养学生家国情怀,深化社会主义核心价值观教育。

二、"水污染控制工程"课程思政元素的挖掘——以活性污泥法的教学为例

(一)深化绿色发展理念,激发学生创新精神

坚持绿色发展,必须坚持节约资源和保护环境的基本国策,坚持可持续发展,坚定走生产发展、生活富裕、生态良好的文明发展道路,加快建设资源节约型、环境友好型社会,形成人与自然和谐发展的现代化建设新格局,推进美丽中国建设,为全球生态安全做出新贡献。

---

① 陈佼,陆一新."课程思政"理念下《水污染控制工程》教学改革探讨[J].科技创新导报,2019(29):191-195.

② 邹海明,汪建飞,李孝良.基于"卓越工程师教育培养计划"背景下水污染控制工程课程教学改革探索[J].大学教育,2015(6):144-145.

绿水青山就是金山银山。党的十八大以来，中共中央将生态文明建设融入经济建设、政治建设、文化建设、社会建设各方面和全过程，努力建设美丽中国，实现中华民族从生态文明建设到绿色发展理念的永续发展，这既是对人类文明发展经验教训的历史总结，也是引领中国长远发展的执政理念和战略谋划。

教学中通过重大水污染事件（2007年太湖水污染事件、2013年上海黄浦江死猪事件等）展示水污染的危害，导入绿水青山就是金山银山的生态内涵，树立绿色发展理念。水污染控制是关系民生的大事，国家历来非常重视，且在长期不断坚持下，已经获得了一定的成效，但目前水污染问题依旧存在，需要不断开发新技术、完善管理机制，让水体环境得到持续改善。因此，在课程讲授过程中，需要不断深化绿色发展理念，注重分析转变经济发展方式、从源头减少水污染的必要性和紧迫性，强调发展污水处理等环保产业的重要性。活性污泥法是目前普遍采用的污水生物处理技术，活性污泥法经过100多年的发展，依旧存在很多问题，如污泥膨胀、曝气能耗过大、脱氮与除磷矛盾等，通过深入探讨现存问题强化学生绿色发展理念，激发学生勇于创新的精神。

（二）现代科学思维方法与哲学辩证思维方法有机统一

现代科学研究方法及其成果丰富和深化了辩证思维方法，现代科学思维以其特有的方式证实和丰富了马克思主义哲学辩证思维的观点，并进一步促使辩证思维方法具体化、精确化。当代科学技术的突飞猛进，使哲学思维和科学思维的相互结合变得日益重要。我们要在马克思主义哲学的指导下，把辩证思维方法与现代科学思维方法有机地统一起来，更加自觉地运用辩证思维方法指导科学研究。

在课程教学过程中，活性污泥法作为传统式工艺，解决了二级处理问题，但活性污泥系统内氧的供需不平衡普遍存在，渐减曝气和多点进水方式的提出充分体现了现代科学思维方法与哲学辩证思维方法的联系。曝气方式和曝气设备的设计是活性污泥法设计过程中的关键环节，在满足微生物对氧气需求的基础上，选择能耗少、维修管理简单、投资小的曝气方式和设备。在实际工农业生产和居民生活中，水质、水量波动很大，要以哲学辩证思维方法看待问题，按照实际需求设计曝气方式和曝气设备。在"均量池"的讲授过程中，讲解为什么采用泵提升容易控制但能耗高，为什么采用浮球出水不需要能耗，但池体要设置较高等，体现工艺选择的辩证思维方法。

（三）培养学生正确的职业道德观，塑造工匠精神

工匠精神是工匠们在长期职业实践过程中养成的良好职业素养，彰显的特有职业品质。这种品质是职业精神的萃取，是优秀文化的凝练，是成就工匠的深层次的逻辑因由，是一种引领人们追梦的精神资源。正是在这个意义上，工匠精神成为教育人才的价值标高，成为教育人才的衡量标尺。它是引领人才培养方向的新共识、新规范、新目标。①

环境工程专业的学生毕业后从事的工作大多是与环保相关的设计、运行管理等工作，工匠精神与这些岗位密切相关。在"活性污泥法"章节，教师通过课堂教授活性污泥法工艺设计，让学生掌握活性污泥法工艺设计的基本方法，在设计技能的掌握过程中，教师应当帮助学生树立正确的职业道德观、积极向上的职业态度和良好的职业行为习惯，培养学生精益求精的工匠精神。在讲授"活性污泥法控制管理"时，补充介绍我国活性污泥工艺管理的现状，并深入剖析在有排放标准的情况下存在的"偷排"现象，进而引出水处理行业的诚信问题，让学生"以诚信为本"。

三、融入思政教育的途径

积极运用"互联网+"的影响力和网络媒体等信息技术手段，通过慕课、微信平台、翻转课堂、混合式教学等形式，使水污染控制工程的思想教育工作更接地气和更具活力，提高课程思政育人水平。

根据"水污染控制工程"的课程特征，教师通过典型案例植入、启发式教学模式、制度规范等途径将思政教育融入课程中。

（一）典型案例植入

明确水污染控制工程课程教学中思政的教育内容、方式和过程，建立水污染控制工程专门思政案例库，案例直接植入课程教学设计，丰富课程教学中的思想政治教育素材。

（二）启发式教学模式

结合水污染控制工程近几年出现的引起社会强烈反响的案例，开展专题启发式教学，通过现身说法、情景模拟、学生宣讲等方式，将教学过程与实践过程相结合，让学生主动参与教学过程，激发学生勇于创新的科学思维，

---

① 张健. 践行工匠精神的四个维度[N]. 中国教育报，2018–11–13（9）.

强化学生的使命担当。

(三) 制度规范

加强对"水污染控制工程"课程的考核方式、课程作业、课程绘图作业、实验报告、在线课程学习等过程的监督,规范学生的学术行为,强化学生求实求真的学术态度和求善求美的生活态度的养成,培养学生的工程伦理和工匠精神。

围绕课程思政育人目标,教师通过思政元素的挖掘,采取典型案例植入、启发式教学模式、制度规范等思政教学途径,将思政教育贯穿整个"水污染控制工程"教学过程中。同时,对课程教学进行了创新,丰富和发展了新时期课程教学的内涵,对于提高环境工程专业人才培养质量有着积极的作用。

"环境问题与生态文明"课程思政设计与实效分析

程媛媛① 沈耀良 梁媛 牟子平 陈亢利

党的十八大以来,习近平总书记围绕"培养社会主义建设者和接班人"做出一系列重要论述,深刻回答了"培养什么人、怎样培养人、为谁培养人"的根本性问题。早在1998年联合国教科文组织在巴黎组织召开的世界首届高等教育大会上就提出,高等教育的根本使命是促进社会的可持续发展和进步,培养高素质的毕业生和负责的公民。② 苏州科技大学坚持以习近平新时代中国特色社会主义思想为指导,以培养基础扎实、知识面宽的高素质创新性应用型人才为己任;坚持立德树人,注重内涵建设;在教学模式上鼓励融合创新,内涵拓展,注重知识传授、能力培养、价值塑造相统一。

生态文明建设理念在2007年党的十七大上首次提出;在2018年全国生态环境保护大会上,习近平生态文明思想正式确立。③ 生态文明建设的有效推进需要正确的文明历史观的引导。教育,尤其是大学教育是推进生态文明建设最重要的力量源泉。④ 尽管大部分大学生环保意识较强,普遍了解生态文明,但缺乏理性认识,不能深刻领悟生态文明教育的重要性,且不同学科的大学生在生态文明内涵理解上可能存在分歧。⑤⑥⑦

因此,苏州科技大学面向全校学生开设了"环境问题与生态文明"这门公选课,旨在引导学生掌握我国面临的主要环境问题及其产生的原因和防治

---

① 程媛媛(1982—),博士,环境科学与工程学院讲师,研究方向为土壤环境与人体健康、可持续发展。
② 刘贵华. 新世纪大学教育的"生态化"路向[J]. 未来与发展,2001(1):52-55.
③ 开创美丽中国建设新局面:习近平总书记在全国生态环境保护大会上的重要讲话引起热烈反响[EB/OL].(2018-05-20)[2020-01-30]. http://www.xinhuanet.com/politics/2018-05/20/c_1122859915.htm.
④⑤ 刘贵华,岳伟. 论教育在生态文明建设中的基础作用[J]. 教育研究,2013(12):10-17.
⑥ 成永军,刘媛媛. "两山"理论视域下大学生生态文明教育路径探析[J]. 林产工业,2019,46(6):62-64.
⑦ 张宝林. 论高校生态文明教育的重要性[J]. 大学教育,2019(9):111-113.

措施，从环境问题视角分析生产发展方式对生态系统的影响；借助国内外生态文明建设案例，以深入浅出的方式揭示人与自然的关系，阐释生态文明建设内涵与重要意义。本课程能够引导学生深刻理解环境问题的治理与生态文明建设之间的关系，增强自身环保与可持续发展理念，为将来投身生态文明建设奠定一定的理论基础。

2016年12月，全国高校思想政治工作会议召开，习近平总书记强调："高校要坚持把立德树人作为中心环节，把思想政治工作贯穿教育教学全过程，实现全程育人、全方位育人，努力开创我国高等教育事业发展新局面。"① 2017年2月，中共中央、国务院印发《关于加强和改进新形势下高校思想政治工作的意见》。2018年，全国教育大会指出，"要把立德树人融入思想道德教育、文化知识教育、社会实践教育各环节，贯穿基础教育、职业教育、高等教育各领域"②，要求围绕此设计教学体系和展开教学活动。2020年2月，《教育部高等教育司2020年工作要点》明确提出全面推进高校课程思政建设，应深入挖掘各门课程蕴含的思政教育内容，积极促进各类专业课程与思想政治理论课同行，实现价值引领、知识教育和能力培养的有机统一。③

课程思政不是一门或一类特定的课程，而是一种教育教学理念。教师在教学中要有意、有机、有效地对学生进行思想政治教育。课程思政的基础是课程，旨在通过课程教学活动，实现智育与德育相辅相成、有机衔接。教师不仅要传道授业解惑，还要为学生讲解做人的道理。因此，教师要潜心研究如何紧密结合课程特点对学生进行积极正确的思想价值引领。在课程思政实施的过程中可借助以理施教与以情优教相结合、显性教育与隐性教育相结合、"课中课"等方式，根据课程思政的内容和原则，采用灌输与渗透相结合、理论与实际相结合等多种方法，注重思政元素融入得自然贴切，融入得严谨贴切。把融入过程看成为学生的发展服务，看成教师教书育人的分内事，努力做到在"润物细无声"的知识讲授中融入理想信念层面的精神指引。

---

① 新华社.习近平：把思想政治工作贯穿教育教学全过程［EB/OL］.（2016-12-08）［2019-03-21］.http://www.xinhuanet.com/politics/2016-12/08/c_1120082577.htm.

② 新华社.习近平：坚持中国特色社会主义教育发展道路，培养德智体美劳全面发展的社会主义建设者和接班人［EB/OL］.（2018-09-10）［2019-04-13］.http://www.moe.gov.cn/jyb_xwfb/s6052/moe_838/201809/t20180910_348145.html.

③ 教育部.教育部高等教育司2020年工作要点［EB/OL］.（2020-02-20）［2020-03-04］.http://www.moe.gov.cn/s78/A08/tongzhi/202002/t20200220_422612.html.

一、课程思政设计思路

本课程的教学团队成员积极参与课程思政教学改革,深挖课程思政元素,积极尝试多种思政教学手段,探索课程思政建设新路径,以充分保证思政教学的顺利进行。课程目标设计紧紧围绕"立德树人",思政模式设计以学生为中心,内容设计兼顾挑战性与先进性。"环境问题与生态文明"课程教学内容中蕴含的思政融入点与思政元素较丰富,如科学发展观、生态文明建设等。然而由于选修本课程的学生专业背景差别大,如何在保障教学效果的同时做到思政内容的有机融入是本课程教学中面临的一个问题。

因此,授课教师团队在深入挖掘课程内容中蕴含的思想政治教育价值和资源的基础上,基于课程的两大内容模块(环境问题、生态文明)设计了本课程的思政方案(图1)。思政融入点主要分为三个方面:经济发展与环境保护、环境保护与生态健康、生态健康与生态文明。旨在通过阐释经济发展中环境问题产生的原因,并运用生态学的知识,引导学生深刻领悟人与自然的关系,理解环境保护与生态健康之间的关联,进而领会生态文明建设的内涵。这三个思政融入点之间的逻辑关系能够帮助学生更好地理解本课程思政的相关内容,保障教学效果。

立足于上述三个思政融入点,课堂教学中积极引入典型案例的讲解,如"宇宙飞船经济理论""公地的悲剧""镉大米事件"等,进而提升思政教育的亲和力,保障课程的正确价值导向。

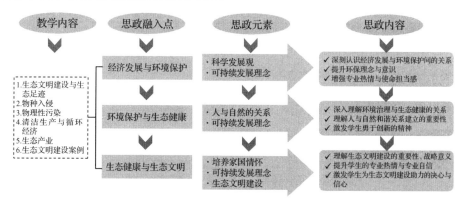

图1 本课程思政方案的设计思路

二、课程思政具体内容

为了在授课中有机地融入学生易于理解并能够接纳的思政元素,本课程教学中讲解了人类文明所经历的几个阶段：原始文明、农业文明、工业文明、生态文明。在讲解的过程中，通过典型环境事件或案例的引入，如八大环境公害事件、《寂静的春天》等，让学生了解不同的文明阶段所面临的不同的环境问题，进而深刻认识经济发展与环境保护间的关系，以及生态文明建设的内涵与必要性。这些案例的融入，既能帮助学生加深对相关专业知识的理解，又有助于教师把思政内容融入课程教学中。例如，"公地的悲剧"案例的引入，能够让学生领悟可持续发展观的重要性，思考人与自然如何和谐相处。"镉大米事件"等案例的讲解让学生明白环境污染如何影响人体健康，从而提升环保理念与意识，激发学生的创新精神。

本课程的教学内容分为八个章节，每章中都设计了相应的思政案例，使思政元素与思政内容和课程内容有机融合（表1）。

表1 本课程的教学内容与思政案例

教学内容	思政案例
第一章 绪论 第一节 人类文明的发展历程 第二节 我国的突出环境问题 第三节 全球环境问题	（1）习近平生态文明思想 （2）"公地的悲剧" （3）全球变暖
第二章 生态文明建设与生态足迹 第一节 生态文明建设的必要性 第二节 循环经济 第三节 生态工业	（1）《寂静的春天》的出版 （2）"宇宙飞船经济理论" （3）增长的极限
第三章 物种入侵专题 第一节 物种入侵的定义及危害 第二节 物种入侵的典型案例 第三节 物种入侵的防治	物种入侵典型案例 （1）凤眼莲 （2）小龙虾
第四章 物理性污染 第一节 物理性污染的定义及类型 第二节 物理性污染的防治	（1）光污染案例 （2）噪声污染案例
第五章 清洁生产与循环经济 第一节 清洁生产与循环经济的定义 第二节 清洁生产审核的重要性及意义	（1）丹麦卡伦堡工业园 （2）苏州吴中静脉产业园 （3）红豆生态园
第六章 土壤污染与修复 第一节 土壤污染的定义及特点 第二节 土壤污染修复的主要技术	（1）"镉大米事件" （2）"毒韭菜事件"

续表

教学内容	思政案例
第七章　国内外生态文明建设典型案例 第一节　国内生态文明建设案例 第二节　国外生态文明建设案例	（1）浙江省杭州市西湖区案例 （2）巴西库里提巴公交案例 （3）德国北杜伊斯堡景观公园设计案例
第八章　讨论与总结	引导学生挖掘身边的生态文明建设的案例

三、课程思政实效调研与思考

在经历为期两个学年度的教学实践后，为了解课程的开设对学生生态文明意识及践行度的提升效果，对某学期选修该课程的 100 名学生进行了问卷调查，有效问卷 84 份。图 2 与图 3 是学生对于其中两个问题的反馈情况。（"环境问题与生态文明"这门课的学习让你增长了一些关于环境问题与生态文明方面的知识？聚餐时，剩饭菜是否打包？）

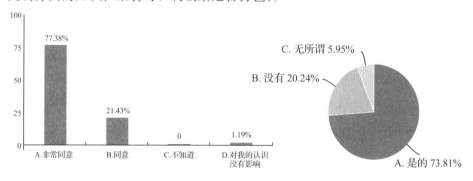

图 2　学生对于本课程在其环境问题与生态文明方面知识的提升效果的反馈

图 3　聚餐时是否会打包

从以上两个问题的反馈情况来看，绝大部分学生（98.81%）认为课程的学习增加了他们环境问题与生态文明方面的知识，大部分学生（73.81%）在聚餐时会选择打包。这说明本课程在一定程度上提高了学生环境保护与生态文明方面的知识水平，并且提高了其在日常生活中的生态文明践行度。

在今后的教学过程中，课程教学团队成员要继续根据本课程思政教学的价值取向和现实问题，深入挖掘专业知识中蕴含的思想政治教育价值和资源，既可以考虑通用的育人元素，如科学精神、奋斗精神、历史文化，又可以挖掘特色的育人元素，如学校的发展历史等。同时要注重及时引入最新的相关案例，如我国在应对气候变化及为全球绿化水平的提升等方面做出的卓越贡

献,进而保证课程内容的先进性与前沿性。

  总之,教师在教学中要坚持将思政教育贯穿整个教学过程。在传授理论知识的过程中引导学生深刻认识人与自然的关系,树立科学发展观;深入理解经济发展与环境保护的关系,树立可持续发展的理念。激发学生的家国情怀、责任意识,使其领悟生态文明建设的重要意义及战略性,培养学生为生态文明建设助力的责任感与担当意识。

"环境学基础"课程中思政元素挖掘与教学实践探索[①]

姜 晶[②] 丁 静 程媛媛 梁 媛

2016年,习近平总书记在全国高校思想政治工作会议上强调:要把思想政治工作贯穿教育教学全过程,开创我国高等教育事业发展新局面。[③] 2019年,习近平总书记在学校思想政治理论课教师座谈会上进一步指出,推动思想政治理论课改革创新,要坚持显性教育和隐性教育相统一,挖掘其他课程和教学方式中蕴含的思想政治教育资源,实现全员全程全方位育人。[④] 这对课程改革提出了新的要求。我们要从立德树人根本任务出发,充分挖掘各类课程中蕴含的思政资源,并将其与课程教学有机融合,将思想政治工作贯穿于教育教学全过程,最大限度地发挥课堂教学的育人作用。

"环境学基础"是我校环境类专业的一门专业基础课,大一第一学期开课,内容涉及"水、气、土、声、渣"等各环境要素,旨在引导学生关注环境问题及环境学科发展,使学生对环境学科形成系统认识,培养和提升学生的专业兴趣,使其形成环境友好的价值观和伦理观,为后续专业课程的学习打下基础。因此,在"环境学基础"课程教学中融入课程思政对环境专业学生培养的立德树人根本任务具有重要的基础性作用。

---

① 基金项目:本文为苏州科技大学天平学院教育改革2019项目"专业思政在环境专业人才培养中全过程多渠道实践研究"(2019TJGB-01)。
② 姜晶(1986—),男,浙江江山人,博士,苏州科技大学环境科学与工程学院讲师,研究方向为环境污染化学研究。
③ 陈庆庆,李祖超. 高校思想政治理论课"金课"建设探究:学习习近平总书记在高校思想政治理论课教师座谈会上的重要讲话精神[J]. 黑龙江高教研究,2019(10):148-151.
④ 张烁. 习近平主持召开学校思想政治理论课教师座谈会强调:用新时代中国特色社会主义思想铸魂育人贯彻党的教育方针落实立德树人根本任务[N]. 人民日报,2019-03-19(1).

一、"环境学基础"课程中蕴含的思政元素

(一)爱国主义

"环境学基础"的绪论部分有关于我国的环境保护发展历程的内容,在该章节的讲授中,重点介绍当前面临的全球资源环境问题,以及我国在应对气候变化、生物多样性保护等全球性生态环境问题时所起到的领导性作用。比如《巴黎协定》的签署,对比美国的"退群",中国的作为彰显了大国担当。结合新型冠状病毒肺炎(以下简称"新冠肺炎")疫情,对比中国和世界其他国家抗击新冠肺炎疫情采取的措施和取得的成果,一方面给学生讲解新冠疫情这一全球性公共卫生安全威胁,另一方面着重介绍我国在防疫中展现出的众志成城、共克时艰的精神,提升学生的国家认同感,展现我国社会主义制度的优势,坚定学生的制度自信。通过爱国主义教育,激发学生的民族自豪感,坚定学生的理想信念,引导其为实现中华民族伟大复兴的中国梦练就过硬本领,成为奋斗的中坚力量。

(二)人文精神

人类文明的发展史也是对人与自然关系认识的发展史。"环境学基础"中关于环境伦理学的内容,主要介绍人类发展不同阶段关于人与自然关系的认识变化。该章节以长江十年禁渔、恢复长江生态的重大决策为切入点,介绍可持续发展等环境伦理学相关知识,往前追溯,以历史名人名言为载体,梳理发展脉络,深挖传统文化中的生态文明基因。例如,孔子主张"钓而不纲,弋不射宿",意在避免生态资源产生代际供求矛盾;荀子提出"草木繁华滋硕之时,则斧斤不入山林,不夭其生,不绝其长也",表达了尊重自然规律,重视自然资源的可持续利用的观点。(表1)此外,儒家的"天人合一"、道家的"道法自然"都表达了遵从自然规律,崇尚自然,效法自然,与自然和谐共生的理念。[①] 领略传统文化中的生态文化思想,可以增强学生的文化自信,提升学生对传统文化的理解和感悟。

---

① 任丽. 中华传统文化与高校思政教育的融合路径探析 [J]. 教育教学论坛, 2020 (4): 83-84.

表1 我国古代关于可持续发展的表述

历史阶段	人物	表述
春秋	管仲	春政不禁则百长不生,夏政不禁则五谷不成
春秋	孔子	钓而不纲,弋不射宿
战国	孟子	不违农时,谷不可胜食也。数罟不入洿池,鱼鳖不可胜食也。斧斤以时入山林,材木不可胜用也
战国	荀子	草木繁华滋硕之时,则斧斤不入山林,不夭其生,不绝其长也
西汉	刘安及其门客	不涸泽而渔,不焚林而猎
北魏	贾思勰	丰林之下,必有仓庾之坻
南宋	朱熹	取之有时,用之有节

（三）科学素养

科学素养是在专业知识基础上形成的对问题内在本质的探索和追求的品质。在环境污染物迁移转化章节，课堂教学以细菌和病毒等生物污染物为例，介绍其在大气圈、水圈、土壤圈和生物圈中的迁移，以及迁移的影响条件等。以污染物在各圈层中的迁移性解释新冠肺炎病毒在多种介质中被检出的原因，如水、食物、下水道等都是病毒依附的介质。病毒在环境中的长时间存在及在大气圈中的迁移，导致了其极强的扩散能力。[①] 因此，防治新冠肺炎疫情首要措施是隔离，要尽可能切断病毒的传播链，这是科学防疫的第一步。病毒的强扩散能力又导致其在世界范围内蔓延，新冠肺炎疫情成为全球性的公共健康问题，需要全世界各国齐心协力，团结合作，共同抗疫。我国在抗疫斗争中体现了尊重科学、众志成城的精神。

（四）生态文明

习近平新时代生态文明思想也是本课程思政教育的重要内容。该思想体系中包括"生态兴则文明兴"的深邃历史观、"人与自然和谐共生"的科学自然观、"绿水青山就是金山银山"的绿色发展观、"山水林田湖草是生命共同体"的整体系统观等重要思想。[②] "环境学基础"的诸多内容都包含了生态

[①] 史鹏，冉珑，李素俭. 以"新冠"病毒肺炎疫情为案例的问题导向式微生物学课程思政教学设计［J］. 微生物学通报，2020，47（8）：2603-2609.

[②] 生态环境部党组. 以习近平生态文明思想引领美丽中国建设：深入学习《习近平谈治国理政》第三卷［N］. 人民日报，2020-08-14（9）.

文明思想，生态文明思想贯穿于整个教学全程。

课程通过讲述我国东西部地区的自然环境的显著差异，结合我国古代一度辉煌的楼兰文明的消失，河西走廊、黄土高原的经济衰落，以及唐代中叶以来我国经济中心逐步向东、向南转移，强调必须坚持节约资源和保护环境的基本国策，坚定走生产发展、生活富裕、生态良好的文明发展道路，为中华民族永续发展留下根基。

在环境问题章节，通过讲述臭氧层空洞、全球变暖等全球性环境问题，阐述人与自然是生命共同体，引导学生树立正确的自然观，认识"人与自然和谐共生"思想的重要性，将生态文明建设摆在全局中更加突出的位置，坚持以节约优先、保护优先、自然恢复为主的方针，构建人与自然和谐发展的现代化建设新格局。

在生物多样性章节，通过讲述自然生物多样性的价值和环境的自我净化能力，引出"绿水青山就是金山银山"的"两山论"。"两山论"实质上阐述了经济发展和生态环境保护的关系，强调绿色发展的高质量发展模式，揭示了保护生态环境就是保护生产力、改善生态环境就是发展生产力的道理。保护生态环境就是保护自然价值和增值自然资本，就是保护经济社会发展潜力和后劲，使绿水青山持续发挥生态效益和经济社会效益。通过学习，树立可持续发展观，理解高质量发展的深刻内涵，正确处理发展和环境的关系。

通过介绍生态系统的相关知识，引出生态文明思想体系中的"山水林田湖草是生命共同体"理念。介绍生态系统是一个由多要素组成的，且相互依存、紧密联系的有机整体，在生态环境治理中必须统筹实施，系统推进，综合考虑生态系统整体特点，要做到共抓大保护，不搞大开发。通过本课程中的生态学部分学习，引导学生明确生态系统的整体性特征，树立系统性思维。

二、"环境学基础"课程思政教学实践

（一）调整成绩比例，注重思政学习考核

课程成绩的比例设计往往体现了课程培养的侧重点，指示培养的方向和目标，对于学生学习重心的引导具有关键作用。通过调整课程总评成绩中平时成绩和期末考试成绩的组成比例，提高平时成绩的比重，引导学生注重平时学习态度、日常表现，激发学生的学习热情。在学生平时学习态度认真的基础上，在课堂讨论、平时作业中可以引入思政教育内容，在保证学生专业知识学习质量的同时，提升学生的思政素质。

（二）梳理专业知识，促进思政融入教学

以课程思政的理念指导"环境学基础"课程建设，围绕课程思政的目标，梳理各个章节的知识点，深入挖掘课程蕴含的思政元素，寻找思政元素和思政案例的对应关系，建立"案例讲述—问题揭示—思政融入—立德树人"的完整思政教学过程。同时，在具体的思政内容讲解过程中，要做到"润物细无声"，思政教学插入点不能过多，要做到合情合理，自然而然。如前文所述，在讲解污染物环境介质迁移转化过程中，引入新冠病毒在环境中的存在及传播，阐述我国采取的防疫措施的科学性；在介绍环境伦理学时，可以引用历史名人对于生态环境保护的论述，带领学生感受传统文化，提升其民族自豪感和爱国热情；在介绍生态系统时，可以引入习近平生态文明思想体系的整体系统观、绿色发展观等。

（三）改进教学方式，提升思政教育效果

传统的课堂PPT讲授的教学方式，学生体验差，课程思政插入生硬，通过改进课堂教学方式，借助现代化教育教学工具和手段，比如借助纪录片、最新热点新闻视频，使课堂内容更具吸引力和感染力，一方面提升学生的课堂融入程度，另一方面在纪录片和视频讲解中带入课程思政教育，使学生深刻地理解思政内容。例如，在介绍绿色发展的相关内容时，利用"学习强国"平台高质量的视频资源，介绍习近平总书记关于高质量发展的相关论述，并结合苏州所在区域，介绍长三角一体化高质量发展的内容。通过视频展示，提高学生的学习注意力，将绿色发展的文字表述融入视频影像的展示中，更加具象，有助于学生对专业知识和思政内容的准确把握。

（四）融合理论实践，培养实践创新精神

根据课程涉及的"水、气、土、声、渣"相关内容，对学生进行分组，安排学生以课本知识为基础，选择自己的兴趣点，通过课下资料查阅或者实地调研，形成专题报告，并进行课堂汇报交流。此外，还可结合"挑战杯""互联网+""节能减排大赛"等专业相关的大学生创新创业竞赛项目，设置课题，以赛促学，激发学生学习的主动性和知识应用的积极性。在资料查阅、实地调研和赛事准备的过程中，既能提升学生对专业知识的理解，又能训练学生的专业思维和团队协作能力，实现学知识、用知识，积极参与到生态环境保护的实践中。

三、结语

"环境学基础"课程作为环境学专业学生入门级的专业基础课,因其蕴含的丰富思政资源和课程本身的专业基础性质,在环境类专业学生的课程思政教育体系中具有重要地位。本课程的课程思政实施要以立德树人为根本任务,积极挖掘课程思政资源,合理设计课程思政教学过程,做到专业知识讲授和思政教育相互促进,提升学生的专业水平和德育素养,培养德智体美劳全面发展的新时代优秀大学生。

建筑环境与能源应用工程的专业外语课程教改与思政建设探讨

王俊淇① 李翠敏 周 波 孟二林 孙志高

在中国经济高速发展的形势下,建筑环境与能源应用工程技术得到全面革新,正逐步走进国际领先行列,面对国外先进的技术、设备和理念,我们需要培养既懂专业又能够熟练运用英语的专门人才。本课程综合建筑环境与能源应用工程的核心知识点,深化社会主义核心价值观教育和爱国主义教育,涉及空调、制冷、供热、通风、冷热源等方面的国际化技术与方案,通过教学,培养学生的专业英语综合运用能力,使学生能够运用英语思维掌握英语学习规律和规则,了解中西方文化差异以便适应英语环境下专业岗位的工作特点;引导学生掌握科学的学习方法为终身学习奠定基础,最终将学生培养为既懂专业技术知识又有专业英语能力的复合型专门人才。

然而在教学实践中,由于一些主、客观因素,该课程逐渐被边缘化,学生不重视、学习兴趣不高,教师的教学方式也较单一。本文结合笔者对建筑环境与能源应用工程专业外语的教学实践,分析了专业外语课程教学存在的问题,并提供了解决思路。同时结合课程思政建设的机遇,建议将思政建设与课程教改进行适当融合,最终达到双赢的目的。②

一、建筑环境与能源应用工程的专业外语教学现状

针对专业外语的学习,本课程有四个基本要求(图1)。一是英文词汇,要求掌握建筑环境与能源应用工程中专业基础知识的常用英文词汇。二是阅

---

① 王浚淇(1991—),男,江苏苏州人,博士,苏州科技大学环境科学与工程学院讲师、硕导,主要研究方向为空调系统优化控制。
② 伊力米热·伊力亚斯. 论外语专业课程与"课程思想政治"的有机结合[J]. 湖北开放职业学院学报,2019(22):113–115.

读能力,能够阅读理解建筑环境与能源应用工程专业的英文资料,并能进行一定程度的归纳、总结与分析。三是中英文互译能力,要求能够较准确且通顺地完成专业知识的中英文互译。四是英文写作与口语能力,要求能运用常用的专业英文词汇撰写英文摘要,进行基本的英文口语表达。最终,通过基本能力的培养提高学生专业英语的综合运用能力。基于教学实践,发现了一些目前存在的主要问题,下面分点论述。

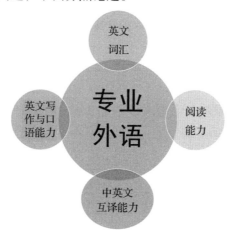

图1 专业外语的能力要求

(一)学生重视程度不够、学习热情不高

专业外语课程开设在大四上学期,此时大部分学生已通过大学英语四、六级考试,绝大多数专业课程也已经学完,因此学生对本课程的重视程度不够、学习热情不高。

从知识储备上来说,通过大学英语四、六级考试的学生已经足够进行专业外语的学习,但多数学生通过大学英语四、六级考试的时间是在大二或大三,而基础英语只在大一、大二开设。因此,在大四的专业外语开课时,学生如不自主进行英语学习和巩固英语词汇,必然存在词汇遗忘、英语水平下降(甚至水平低于大学英语四、六级应有的水平)的情况,导致学习困难;此外,相当一部分学生认为通过大学英语四级考试后,已经能够保证顺利从大学毕业,其他课程只要及格即可,因此对专业外语学习缺乏积极性。另外,针对大学四、六级的英语学习存在应试上的侧重,当学生面对强调专业性、学术性的专业文献时,往往无法准确理解单词、短语及复杂句式,导致其在做中英文互译时出现低级错误。同时很多词汇的专业释义与基础释义差别很大,刚刚接触专业英语时生僻词语又较多,也容易影响学生学习专业外语的积极性。[①]

例如，单就专业外语的词汇层面，就存在以下特性。一是普通词语专业化。"current"一般指"现在的"，而专业释义为"电流"，"order"一般指"顺序"，而专业释义为"数量级"。二是词形较长。如 HVAC 的全称为"Heating, Ventilation, Air-conditioning and Cooling"。三是专业术语一词多义，在不同专业有不同意义。如"frame"一词在日常英语中指"框架"，而在机械原理中指"机架"，在电信技术中又指"帧"或"镜头"，"transmission"在无线电工程学中指"发射"，在机械学中指"传动""变速"，在物理学中指"透射"，而在医学中又指"遗传"。四是大量使用复合词与缩略词。"radiophotography"为"无线电传真"，"FM"的全称是"Frequency Modulation"，释义为"调频"，"IAQ"的全称是"Indoor Air Quality"，释义为"室内空气品质"。此外，还存在正式英语与非正式英语、被动语态、长句从句等难点。专业英语有上述学习难点，加之语言学习本身较枯燥，导致许多学生的学习热情不高。

（二）教学内容与教学方法现状

目前专业外语使用的教材为 2005 年出版的教材，由清华大学张寅平教授等精心编制，教材内容主要选自美国暖通空调制冷机械工程师学会（ASHRAE）于 1999—2003 年出版的手册四卷，该教材全面体现了当时的先进专业技术发展水平。该手册每年更新一卷。时至 2020 年，本专业的相关专业技术知识已经推陈出新，如仍采用 2005 年版的教材进行教学，则教学内容稍显落后，无法向学生呈现日新月异的专业新技术。

教师进行教学时，一般选取教材内容进行讲解，有时教学内容稍显局限。如在课程开始就直接按照教材教学，假设学生具备良好的英语水平和足够的词汇量，则可以较好地进行学习；但现实情况是学生已超过一年没有进行系统的英语学习，这样的方式将导致学生起始的学习难度较大，容易打击部分学生的学习积极性，也难以达到很好的教学效果。课程教学中教师一般会就新章节逐句逐段地讲解教材，对生词、复杂句式、长难句等进行分析与讲解，也配合课堂提问让学生对课文进行英汉互译。学生一般在课堂上会在书本上记录单词词义、句式结构、专业释义等重点内容。但教师讲完后，学生如不及时复习，就很容易遗忘课堂内容。

[①] 唐文. 勘查技术与工程专业的专业外语课程教改探讨 [J]. 大学教育, 2016 (5): 83-84.

如上所述，专业外语的教学方式容易单一化，在英语能力培养方面，教师逐章讲解教材的教学方法容易导致学生英语听、说能力与读、写能力失衡。

（三）师资现状

由于专业外语具有较强的专业性，而基础英语教师对专业了解甚少，所以目前本校专业外语课的任课教师都由专业教师担任。当前的专业教师队伍稳定，专业功底深厚，但任课教师多为青年教师，授课时容易出现照本宣科的现象。同时由于不是英语专业的教师，他们对于英语学习规律和英语教学方法的认识可能存在偏颇，部分教师缺少海外经历，欠缺对英语文化和地道口语表达的准确把握，因此本校在专业外语的师资培养方面也存在提升空间。

二、建筑环境与能源应用工程的专业外语教学改革建议

建筑环境与能源应用工程专业外语教学实践中存在的若干问题，相应地需要从教学内容和方法及师资方面进行改进。

（一）教学内容建议

应着手更新教材，选取新版本教材以保证教学内容与时俱进。与教材相比，期刊论文一般更能反映学科及专业发展的前沿，教师可以适当选取一些相关的英文期刊论文作为教学资料，一方面给学生进行阅读实战练习，另一方面通过讲解可以让学生了解当下的学科前沿。英文期刊论文是教材内容的有机补充。为丰富教学内容，也可考虑将一些科普性的英文讲座视频纳入教学内容，以丰富教学内容的呈现方式。此外，音、视频内容也能提高学生的接受度，同时锻炼其专业英语的听力水平。

在教学内容上，也可以选取一些重大时事和社会事件。例如，2020年暴发的新冠肺炎疫情，可以在"室内空气品质"这一知识点上进行一定展开，而这方面又可以巧妙地联合课程思政教学，一方面扩展了教学内容，使教学内容不再局限于教材，另一方面也通过时事讲解，使思政教育润物细无声地融入了课程教学。

词汇是外语学习的基础，专业英语也不例外。考虑到学生普遍在大三学年有一年的英语学习断层状况，教师在课程起始阶段，可以适当补充专业英语词汇的串讲，同时可以从英文构词法的角度，讲解常见的词根词缀，建立学生专业英语词汇基础。之后，教师在讲解教材内容时，遇到生词可以带着学生不断复习和巩固词根词缀，最终能够使学生掌握英语构词法规律，并熟

练使用基本的词根词缀进行高效的词汇记忆，同时不断增强学生英语学习的信心和兴趣。

（二）教学方法建议

针对在课程起始阶段学习难度大的问题，建议采用渐进式的教学方式，即由易到难，先基础后应用。除课程绪论外，还设置专门章节对专业英语特性进行介绍，同时讲解英语的构词法、基础词根词缀。这样可以让学生从简单知识开始学习，逐渐过渡到专业英语知识的学习中去。这种由易到难的渐进式教学方法有利于培养学生的学习热情和学习积极性。

针对英语学习容易遗忘的问题，建议每堂课增加对上一次课教学内容的复习，教师通过提问或课堂测验的方式，督促学生课后进行复习。此外，也可增加单词的小量高频复习，如每天10个单词，进行小量化的高频重复，加强学生的词汇基础。小量化保证了任务的完成难度较低，保证了学生的积极性，而高频复习则能够有效避免学生的快速遗忘。

对于英语听、说能力欠缺的问题，建议丰富教学方式。例如，增加课堂演讲和讨论，让学生分组制作英语PPT并演讲，在收集资料中锻炼学生信息检索、筛选、阅读理解和整理归纳的能力，在PPT制作中锻炼学生英文写作和逻辑思维能力，在演讲中锻炼学生口头表达能力。

（三）师资培养建议

针对建筑环境与能源应用工程专业教师英语教学经验和海外经历的欠缺，建议加强相关培训，如组织教师到外国语学院进行听课活动，学习成熟的外语教学方法；定期组织专业英语的教学研讨，包括加强不同专业教师之间的交流和学习，找到共性问题，借鉴优秀的方式方法，提升教学水平。

鼓励青年教师出国交流和进修，可充分利用国家基金委、省部及学校留学资助项目。[①] 学校学院可以为任课教师提供更多海外研修机会，扩展教师专业视野，加强教师对英语文化的深入体验，随着教师英语综合素质的提升，其授课水平也必定得到提升，最终反哺专业外语的教学。

---

① 石颖，张美玲，冯翠菊. 专业外语课程教改探索：以"地球物理学专业英语"为例［J］. 科技创新导报，2014（14）：95.

三、专业英语思政建设探讨

（一）思政目标

为响应国家加强课程思政教育的号召，学院根据专业外语课程思政教学的价值取向和现实问题，充分挖掘课程知识中蕴含的思政教育资源，找到思政教育和"科技与专业外语"课程教学的契合点，通过历史观、职业观、终身学习、团队协作、爱国情怀、科学发展观和绿色发展观等方面的定点切入，明确思政教育的价值导向。通过多方合力，最终提高学生的综合素质，将学生培养为既懂专业知识又有正确价值导向和爱国情怀的复合型人才。

（二）思政思路

在外语教学中融入中国元素，培养跨文化意识。强化课程思政的育人理念，将价值观建立与专业学习相结合，培养学生的家国情怀和国际视野。教师在课堂上进行语言教学的同时，也介绍英语文化，必要时进行中西文化对比，寓思想教学于语言教学之中。在讲解语言知识和组织学生进行听说读写译训练的过程中，通过教师口授、学生自主思考、学生分组讨论、师生互动交流及任务驱动等教学方法和手段，将德育教育有机融入专业英语教学过程中，使学生通过自己的学习和思考，在学习语言的同时，也获得正确的思想观念、价值观点和道德规范。

从具体操作来说，英语教师可以从口语表达的话题设计、讲解单词和短语时所举的例句、课文主题的挖掘、汉译英和作文题目的设计等方面来传递正能量，实现价值引领。但也要注意避免以下两点：

第一，专业外语教师一定要以教材内容为基础，进行德育渗透的教学设计与实践。价值引领一定要自然合理，要有感而发、有的放矢，不能进行生硬的甚至毫无根基的价值"植入"。如果教学内容中实在找不到价值引领的依托，也没必要牵强附会，不能"为赋新词强说愁"。

第二，英语课作为综合素养课，在育人上跟思政课不同。思政课是显性育人，而英语课是隐性育人，应该是春风化雨、润物无声，英语课是和思政课协同育人，不能喧宾夺主，更不能取代思政课在思想政治教育中的核心课程地位，也就是说，英语课可以有思政味，但不能上成完全的思政课。

（三）思政教育的具体途径

表1为专业外语融入思政元素的教学设计方案，以思政理论为依据，结

合思政教学元素，对课程思政教学内容进行了设计，给出了专业外语思政教育的具体途径。

表1 思政教学设计方案

教学内容	思想理论依据	思政元素融入教学
绪论	• 文化差异 • 责任心、职业观	• 了解专业英语的内涵，掌握英语的基本构词法、基本句法，对比中西方文化的差异 • 强调英语在现代社会工作中的重要性，理性对待职业发展，积极储备知识应对未来工作机会与考验
第1章 热力学与制冷循环 • 热力学 • 热力学第一和第二定律 • 制冷循环的热力学分析 • 热力学性质的计算	• 历史观 • 终身学习 • 辩证法	• 介绍制冷机的研发历史，使学生理解空调制冷对现代社会发展的积极作用 • 在介绍热力学第一定律时，引导学生根据第一定律理性看待个体，把个人当成一个热机，热机对外做的功就是个体取得的成绩，由于功不是凭空而来的，而是由提供给热机的能量"热"转化得到的，因此个体所得到的成绩也不是凭空得到的，而是付出的努力转化来的 • 针对学生自信不足这一点，在讲热机效率时鼓励学生提高效率，使更多的"热"转化为"功" • 通过人们对"热质说"认识的改变，学生明白去伪存真、敢于向权威挑战的道理等
第2章 流体 • 伯努利方程 • 层流与紊流	• 爱国情怀	• 案例介绍：公元前256—前251年，李冰父子修建的都江堰水利工程，使成都平原成为"天府之国"，而都江堰则是世界上仅存的、目前仍发挥作用的无坝取水工程 • 介绍我国现代流体力学方面的成就：例如，我国著名的空气动力学家钱学森，于1955年冲破重重阻挠回到中国。他不断推出科研成果，被誉为"中国航天之父""中国导弹之父"，由于钱学森回国效力，中国导弹、原子弹的发射向前推进了至少20年
第3章 传热学 • 传热过程 • 稳态传导 • 热辐射与自然对流	• 方法论	• 方法论：介绍传热的基本原理和计算方法

续表

教学内容	思想理论依据	思政元素融入教学
第4章 热舒适 ● 能量平衡 ● 热舒适条件 ● 热舒适预测	● 科学发展观 ● 以人为本	● 理论联系实际：通过人类自身热调节过程，联系实际，理解热舒适的影响因素；延伸至国家热舒适法规，突出以人为本的核心价值观；解释适应性热舒适模型的基本原理，体现科学内涵和科学发展规律
第5章 空气污染物与控制 ● 污染物分类 ● 颗粒污染物	● 社会主义发展理念	● 弘扬社会主义精神、坚定维护人民的生命健康：面对新冠肺炎疫情这一人类共同的威胁，中国将人民群众生命安全和身体健康放在第一位，奉行以人民为中心的理念，尽最大努力阻断疫情传播、全力治病救人，优先保障人民生存权

专业英语是培养具有国际视野的复合型专门人才的重要课程，但在教学实践中我们发现，该课程逐渐被边缘化，目前学生对课程不够重视、学习兴趣不高，教学内容稍显局限，教学方式也较单一。本文针对上述问题，逐一进行了分析，并结合课程思政建设的新机遇，以思政引导教改，将课程教改与思政建设相互融合，达到相辅相成的效果。

最后，将课程改革与思政建设的建议总结如下。

- 联合课程思政教学元素，拓展教学内容和教学方式的多样性。
- 补充专业英语词汇的串讲（词根词缀），建立专业英语词汇基础。
- 增加小量化的高频重复，加强学生记忆效果。
- 强化英语听、说能力，综合提升英语能力。
- 增加教师进修机会和交流平台，反哺专业外语教学。
- 教学与思政融合，坚持立德树人。

生态文明建设思想指导下的环境专业思政教育体系研究
——从"思政课程"到"课程思政"与"专业思政"①

沈晓芳②　钱飞跃　李　勇　高仕谦

　　2016 年 12 月，习近平总书记在全国高校思想政治工作会议上强调，要坚持把立德树人作为中心环节，把思想政治工作贯穿教育教学全过程，实现全程育人、全方位育人，努力开创我国高等教育事业发展新局面。③ 2018 年，教育部"新时代高教 40 条"明确指出，要"把思想政治教育贯穿高水平本科教育全过程，坚持正确办学方向，坚持德才兼修，提升思政工作质量，强化课程思政和专业思政"④。2019 年，中共中央办公厅、国务院办公厅发布《关于深化新时代学校思想政治理论课改革创新的若干意见》，进一步提出要建立系统的思政课程体系，全力推进全员、全过程、全方位育人。⑤ 而其突破口，应为让思政课程与专业相结合构成专业思政，建立系统的专业思政教育体系，让思政教育贯穿专业人才培养的全过程。

一、环境专业人才培养中思政教育的重要性

　　在经济蓬勃发展的当今社会，环境问题日益突出。而环境问题的解决一方面有赖于国家政策的宏观导向，另一方面也离不开环境专业人才对实际环境污染问题的解决能力。环境专业的学生肩负着营造碧水蓝天的使命，这份

---

①　基金项目：本文为苏州科技大学 2019 年"本科教学工程"教学改革与研究项目"新时代中国特色生态文明建设思想指导下环境工程专业思政教育体系的构建研究"（2019JGZ-05）。
②　沈晓芳（1989—），女，江苏苏州人，博士，苏州科技大学环境科学与工程学院讲师，主要从事碳质颗粒与有机污染物的环境行为研究。
③　习近平. 全国高校思想政治工作会议讲话［N］. 人民日报，2016-12-09（1）.
④　教育部：印发"新时代高教 40 条"［J］. 教育，2018（45）：6.
⑤　中共中央办公厅，国务院办公厅. 关于深化新时代学校思想政治理论课改革创新的若干意见［EB/OL］.（2019-08-14）［2019-12-12］. http://www.gov.cn/zhengce/2019-08/14/content_5421252.

使命不仅仅是学生毕业后的一份工作，还关系着人民的福祉，甚至整个人类社会的可持续发展。而这份使命的完成，不仅需要专业技术能力，而且需要强烈的责任感和家国情怀。因此，在环境专业的人才培养过程中，必须重视对学生的思政教育。从传统思政课程教育出发，结合专业课程教育特点，培养学生的职业道德素养和历史使命感，使其具备实事求是的严谨作风、精益求精的工匠精神。

二、当前环境专业思政教育中存在的问题

（一）"思政课程"的孤岛化困境

在高校的传统培养体系中，思政教育主要通过思政课程开展，内容包括习近平新时代中国特色社会主义思想、党史、国史、改革开放史、社会主义发展史、宪法法律、中华优秀传统文化，等等。通过思政系列课程，让学生树立正确的世界观、人生观、价值观，坚定马克思主义信仰，坚定社会主义和共产主义信念。随着社会的不断发展，在各种价值理念的冲击下，传统思政课程教育的顺利有效开展面临着多方面的挑战。如信息社会下书本知识点不能及时更新、课程内容与实际需求匹配度低、学生对思政课程的兴趣度不高，导致传统的思政课程教育面临着"孤岛化"困境。[①]

（二）"课程思政"尚未成熟

在全国高校思想政治工作会议上，习近平总书记明确指出，要用好课堂教学这个主渠道，改进并加强思想政治理论课，其他各门课都要守好"一段渠"、种好"责任田"，与思想政治理论课同向同行，形成协同效应。在此背景下，全国高校纷纷开展课程思政的实践探索，在与思政课程合力育人的基础上，共促立德树人根本任务的实现。

虽然目前课程思政建设呈现出百花齐放的态势，但是仍处于起步阶段，关于"做什么""怎么做"仍有待研究。专业课程教师并不具备系统的思政教育知识，或者在以往的教学导向中并没有重视思政教育的实施。教师是课程思政教育实施的主体，课程思政的有效开展，需要任课教师具备一定的思政素养，敏锐挖掘课程中具备的思政元素。[②] 此外，各课程的思政开展缺乏有

[①] 潘青，张健. "思政课程"到"课程思政"转化的关键问题和实现路径探析 [J]. 江苏科技大学学报，2019，19（1）：97–102.

[②] 张晓东，黄远东，王冠. 环境工程专业教学中的课程思政教育探索：以"大气污染控制工程"课程为例 [J]. 上海理工大学学报（社会科学版），2019，41（4）：380–385.

机联系,处于孤军奋战的境地,不同课程之间缺乏系统性的思政建设。再者,在大力压缩学生课时的背景之下,原有专业知识的课时量已经十分紧缺,在此基础上如果再增加课程思政的内容,势必需要进一步改革教学内容和方法。因此,关于如何在专业培养中有效实施课程思政,需要顶层设计,从专业培养的角度整体规划。

三、环境专业思政教育体系的构建

(一) 专业思政

教育部印发的《关于加快建设高水平本科教育 全面提高人才培养能力的意见》(以下简称"新时代高教40条")中明确要求,要强化课程思政和专业思政,形成专业课教学与思想政治理论课教学紧密结合、同向同行的育人格局。因此,专业思政是构建全员、全过程、全方位育人的"三全育人"大格局的重要环节。① 传统的培养体系中,思政课程与专业课程的授课存在割裂现象,无法做到马克思主义世界观、方法论与专业知识的有机结合。而专业课程作为专业教育的重要组成部分,不同课程虽然相互联系,但往往又具有独立性。因此,需要充分发挥专业思政在思政课程和课程思政之间的桥梁作用。

专业思政是以专业为视域,包含了紧扣专业的思政内容,有利于把握思政课程和课程思政的辩证关系。② 一方面,专业思政建设进一步深化思政课程所开启的思想政治理论基础,将专业内容渗入思政课程,解决思政课程的孤岛化困境;另一方面,专业思政为系统开展课程思政教育搭建了思政资源平台,使专业课程开展课程思政可资利用的思政元素和功能更加丰富。③ 从思政课程到专业思政,再到课程思政,共同构成了思政教育的整体(图1)。专业思政既是在思政课程基础上的深化和具象化,也是课程思政的系统化;完备的专业思政是专业背景下对思政教育的系统性覆盖,又可反馈思政课程和课程思政,为课程思政和思政课程的开展提供方向。

---

① 李春旺,范宝祥,田沛哲."专业思政"的内涵、体系构建与实践 [J]. 北京联合大学学报,2019,33 (4):1-6.

② 丁晓东. 专业思政:大学思想政治教育的重要一环 [J]. 学校党建与思想教育,2020,633:26-28.

③ 韩宪洲. 深化"课程思政"建设需要着力把握的几个关键问题 [J]. 北京联合大学学报(人文社会科学版),2019,17 (2):1-6.

图1 "专业思政"与"思政课程""课程思政"的关系

（二）环境专业思政教育的指导思想

生态文明建设是党的十八大确定的"五位一体"总体布局中的重要组成部分，习近平生态文明建设思想体系（表1）早已深入人心。该体系源于实践，指导实践，并在实践中经受了检验，得到丰富和发展，其核心要义体现在"八个观"[1][2][3]，即深邃历史观、科学自然观、绿色发展观、基本民生观、整体系统观、严密法治观、全民行动观、共赢全球观。该思想体系与环境工程的专业教学高度契合，涵盖了环境保护相关的认识论、价值论和方法论，对环境专业学生的专业思政教育具有高度指导作用。将习近平生态文明建设思想体系与生态文明建设实践相结合，充分体现该思想在实践中的指导作用，形成政校协同育人系列讲座，进而构建综合性、系统性的专业思政。

表1 习近平生态文明建设思想体系

序号	观点	内容
1	深邃历史观	生态兴则文明兴、生态衰则文明衰
2	科学自然观	人与自然和谐共生
3	绿色发展观	绿水青山就是金山银山
4	基本民生观	良好生态环境是最普惠的民生福祉
5	整体系统观	山水林田湖草是生命共同体
6	严密法治观	用最严格制度保护生态环境
7	全民行动观	全社会共同建设美丽中国
8	共赢全球观	共谋全球生态文明建设

（三）环境专业思政教育体系

为把思政教育贯穿教育教学全过程，必须提升并完善高校思政教育体系

---

[1] 刘海娟，田启波. 习近平生态文明思想的核心理念与内在逻辑［J］. 山东大学学报（哲学社会科学版），2020（1）：1-9.

[2] 李德栓. 习近平生态文明思想的整体性理解［J］. 山西高等学校社会科学学报，2018，30（5）：9-14.

[3] 何修猛. 习近平生态文明思想的意识形态框架［J］. 思想政治课研究，2019（3）：25-30.

的科学性和系统性。立足环境专业特点，将习近平生态文明建设思想体系与环境专业思政教育紧密融合，充分挖掘本专业学习与思政教育的契合点，实现了知识传授、能力培养和素质提升的统一，构成了环境专业思政教育体系（图2）。

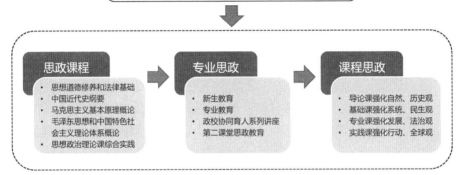

图2 环境专业思政教育体系

首先，在习近平生态文明建设思想体系的指导下，形成环境专业思政教育体系的核心——专业思政模块。通过新生教育、专业教育、政校协同育人系列讲座和第二课堂思政教育，实现针对环境类学生思政教育与专业教育的有机结合，把专业课程教育中思政问题系统化，把思政课程中的内容具象化，并且为课程思政及思政课程指明方向。

其次，在专业思政教育的引领下，课程思政将成为"基因植入式"教学实践，赋予思政教育生命力和趣味性。在导论课中强化科学自然观和深邃历史观，在基础课中强化整体系统观和基本民生观，在专业课中强化绿色发展观和严密法治观，在实践课中强化全民行动观和共赢全球观（图2），并形成可落实的课程思政方案。例如，在传授污染控制理论中阐述环保伦理，把具体技术的选择和应用上升到思政教育层面，引导学生在工程实践中磨炼心智，竖立服务国家和社会的正确意识，懂得责任与担当。不生搬硬套，将无意识的行为变为有意识的系统性行为，逐步实现"自然接受""情感共鸣""学习内动力激发""有效促进"等递进式目标，完成立德树人根本任务。

最后，以专业思政为桥梁，丰富思政课程的专业教育素材，将专业思政及课程思政渗透进思政课程。思政课程与专业思政及课程思政是相互补充、相互促进、共享发展的同向同行关系。① 在习近平生态文明建设思想体系的指导下，跨越思政课程与专业教育的鸿沟，明确新时代环境人才的育人目标，在价值引领层面高度协同，同向同行，共同完成育人目标。②

在经济与环境的矛盾日益严峻的当今社会，环境专业人才的培养任重而道远，人才培养的思政教育的重要性日益突出。结合环境专业特点，在习近平生态文明建设思想体系的指导下，以环境专业思政教育系列课程为载体，形成环境专业思政教育的基础及核心。并以此为桥梁，在各类专业课程中进一步拓展及深化习近平生态文明建设思想，在思政课程中渗透专业思政内容，构建与环境专业实际紧密相连的思政教育体系，解决传统思政课程的"孤岛化"困境及课程思政的割裂化问题，实现高等教育各环节的同向同行，协同完成专业教育的"三全"育人目标，为环境专业人才的思政教育提供保障。

---

① 石书臣. 正确把握思政课程和课程思政的关系［J］. 思想理论教育，2018（11）：57-61.
② 邱伟光. 课程思政的价值意蕴与生成路径［J］. 思想理论研究，2017（7）：10-14.

专业教师协同制的专业课程思政教学改革与研究
——以给排水科学与工程为例①

吴 鹏② 郭永福 李大鹏 黄天寅 刘海成 徐乐中③

一、目前课程思政存在以下问题及应采取的措施

课程思政对大学生的成长成才具有重要的作用，专业课程教师对此似乎并未重视起来，他们重专业技能知识传授，轻课程思政内容的教育。

（一）亟须加强专业教师课程思政理念

课程教学的教师首先需要加强课程思政理念，目前，这种理念亟须在高校中形成共识。④ 当今高校大学生处于思想舆论相对多元化的时代，他们的成长伴随着网络和各种社交媒体，这就意味着他们的信息来源渠道广泛，脑海中多种价值观并存，他们亟须一个引导者向其传授正确的价值观。

（二）专业课程思政的主体地位需强化

在高校课程思政教学中专业课程是隐性课程，对学生有隐性教育的作用，但在教学实践中，部分专业课教师存在思想上的误区，专心于传授专业工程知识，而忽视思政教育，课程思政建设难以形成合力。

（三）课程体系缺乏课程思政的协同设计

课程体系设置缺乏课程思政的协调性设计，需要建立思政教育与专业教

---

① 基金项目：本文为江苏省研究生教育教学改革课题（JGZZ17_066）；江苏省高校优势学科建设工程项目；江苏省高等教育教学改革研究课题（2015JSJG248）；苏州科技大学教学改革与研究专项（2019JGZ-07、2019JGZ-08）。
② 吴鹏（1985— ），男，浙江兰溪人，副教授，硕士生导师，研究方向：水污染技术与应用。
③ 徐乐中（1962— ），男，江苏盐城人，副教授，硕士生导师，研究方向：水污染技术与应用。
④ 张驰，宋来."课程思政"升级与深化的三维向度 [J]. 思想教育研究，2020（2）：93-98.

育"同向同行,协同育人"的大思政教育体系,① 从而为课程思政的专业课程体系建设提供完整的协同保障机制。

(四)专业课程思政的改进措施

第一,构建育德意识和育德能力强的本专业教师队伍。

第二,构建专业课程思政教育"系列化"的课程大纲和教学内容,克服目前专业课程思政教育的"片段化"。

第三,构建以"专业教师协同制的专业课程思政教育"为基础的课程思政方法体系。

第四,构建课程育人的质量提升体系,明确课程思政育人的目的,通过新生入学教育与职业生涯规划、导师制专题实践、学业竞赛和大学生创新创业、全部专业课程的线上线下交流讨论等方式,培养学生的责任与担当,教会他们如何做人、如何做事。

第五,进行专业课程的课程思政资源库建设,从课堂教学、课外实践等环节全方位进行课程思政教学的参考资料建设、视频微课建设、创新创业的示范性实例和故事的建设,增强学生的实际体验。

二、加强专业教师育德能力,构建以"专业教师协同制的专业课程思政教育"为基础的课程思政教育体系

(一)专业教师协同制的专业课程思政教学团队建设

构建育德意识和育德能力强的本科专业教师队伍,形成"专业教师协同制的专业课程融入课程思政教育体系"的教学模式。2018年以来,学校以优化教师队伍结构为抓手,引进育德意识、育德能力强的年轻教师充实教学队伍,教师中党员比例达80%,每位教师轮流担任本科生班主任,思想素质过硬,学校以此为基础建设了以25名专任教师为团队的专业教师队伍。

专业教师协同讨论课程思政内容与本专业课程教学元素融合。在教学过程中,不但强调课程思政的整体育人功能,而且注重专业课程之间的同向同行及协同效应。② 提升课程思政教育亲和力和针对性,满足学生成长发展的需求和期待。各门课既要守好一段渠、种好责任田,又要以专业的系列课程有

---

① 钱嫦萍,杨晶,戎思淼,等. 新时代研究生思想政治工作协同育人机制的探索:以华东理工大学为例[J]. 化工高等教育,2019,36(1):103-108.

② 钱小林. 大数据时代高校思想政治工作协同育人研究[D]. 成都:电子科技大学,2020.

机融合为出发点,研究专业系列课程思政的内容、专业课程融入课程思政的教学设计理念与方法。

每周三下午专业教师开展课程思政教学研讨,针对每门课程的思政教学内容及课程群的思政协同,开展讨论,以专业的系列课程有机融合为出发点,研究专业系列课程思政的内容、专业课程融入课程思政的教学设计理念与方法。

组织专业教师进行专业课程思政教学设计的"四个环节一个枢纽"建设,包括基本环节(目标、内容、方法、评价、教学过程),重点环节(学生的积极参与、实践、着重自我体验和感悟),关键环节(引导方式和引导类型),难点环节(评价意识和评价方法),核心枢纽(与本专业课程教学元素融合)。在教学全过程中,教师必须组织设计课程思政的内容、方法,并进行效果分析,有效地增强了教师育德意识和能力。

(二) 专业课程思政的课程教学大纲修订和教学内容的确立

以修订2018培养方案为契机,形成课程思政教育"系列化"的课程大纲和教学内容,克服目前专业课程思政教育的"片段化""零星化"的弊端。

课程体系的确定体现课程思政建设就是要挖掘各类课程的思想政治教育资源,① 用好课堂教学这个主渠道,促进包括通识教育课、专业课在内的各类课程与思想政治教育的有机融合,推进所有教师教书与育人相统一,将思想政治教育贯穿教育教学全过程,构建协同、有效、有力的思政教育大格局。②

课程体系和教学大纲制定时重点考虑专业课程思政的内容,培养学生的各项素质。如具有家国情怀的责任与担当(党和国家意识、社会主义核心价值观、民族精神和时代精神、中华优秀传统文化的认同);如何做人的品格(道德情操:社会道德、个人道德、职业道德、人文素养、正确的三观。健全人格:思想、情感、态度、行为、心理、哲学、艺术、性格、体质。智力:观察、想象、思考、判断、推理、逻辑);如何做事的科学观(认识论和方法论、求真务实、开拓进取、钻研、毅力、勤奋、视野、批判性思维、创新意识、学术诚信)。

围绕专业的培养目标,针对每门课程提炼课程中的责任意识、职业道德、专业伦理、人文素养、生态文明和法律法规等要素,落实在已经成熟的"教

---

① 林泉伶. "课程思政":新时代高校思想政治教育新途径研究[D]. 南京:南京邮电大学,2019.
② 杨晓慧. 高等教育"三全育人":理论意蕴、现实难题与实践路径[J]. 中国高等教育,2018(18):4-8.

学模式"中融入思政相关问题，首先明确课程目标，根据课程目标确定课程思政元素。充分挖掘社会资源、人力资源，教师通过实践、交流和讨论，结合专业特点思考社会的需求，从课堂教学、实践教学、大学生创新创业、学业竞赛中探求思政元素；以导师制专题实践为抓手，以入学生职业生涯规划指导为契机，将思政元素充实于整个教学过程。在专业课程教学中融入社会主义核心价值观，针对各门课的特点，系统设计教学路径，并将其详细罗列在教学大纲中，使得课程思政教学有径可循、有纲可查。给排水科学与工程课程思政举例见表1。

表1　给排水科学与工程课程思政举例

课程名称	课程思政主要目的	各单元课程思政元素举例
水质工程学一	课程目标1　熟悉水中杂质的种类与性质，了解水体污染及其影响；熟悉用水水质及污水排放标准；掌握水处理的方法、基本原理，并能将水处理基础知识和基本原理用于水质污染问题的解决及处理方案合理性的阐释	通过水处理技术发展简史的讲解，激发学生热爱本专业的热情，从职业和伦理道德方面教育学生，严格按饮用水卫生标准，相关法规、规范和标准从事专业的水处理工作
	课程目标2　掌握给水处理单元构筑物的构造、工作原理与设计方法，具备给水处理单元构筑物或装置的选型、设计与计算的基本能力	以上海杨树浦水厂的发展历史为例，讲述我国水处理的概况与现状，使学生认识到水处理对社会发展、人民生活的重要性
	课程目标3　了解给水处理工艺系统及其构成，掌握水质处理工艺方案的设计原理与设计方法，具备基本的水处理工艺方案设计能力，具有分析和解决水处理实际问题的能力，以及分析和解决问题的创新意识和创新能力	讨论给水处理的先进技术，通过国内外先进技术的比较，激发学生学科学、爱科学的热情
	课程目标4　培养专业文献查阅能力，使学生通过文献资料了解学科发展现状及动向，并能就水处理热点问题进行分析，表达个人的见解	通过实践活动，培养学生的团队意识
	课程目标5　培养学生在项目研究或设计过程中专业软件应用能力、表达能力和团队合作精神	

续表

课程名称	课程思政主要目的	各单元课程思政元素举例
水质工程学二	课程目标1 掌握水处理技术的基础知识和污染水质的物理、化学及生物处理的基本原理、基础理论，并能将水处理基础知识和基本原理用于水污染问题的解决及处理方案合理性的阐释	通过水处理技术发展简史的讲解，激发学生热爱本专业的热情，从职业和伦理道德方面教育学生，严格按饮用水卫生标准，相关法规、规范和标准从事专业的水处理工作
	课程目标2 掌握污水处理单元构筑物的构造、工作原理与设计方法，具有污水处理单元构筑物的选型、设计与计算的基本能力	讨论污水治理技术，使学生认识污水处理的重要性，通过先进工艺的设计、施工和运行管理，实施污水处理，实现水的良性循环和可持续发展
	课程目标3 熟悉水处理工艺系统及其构成，掌握污染水质处理工艺方案的设计原理与设计方法，具有基本的水处理工艺方案设计及方案比选的能力，具有分析和解决水处理实际问题的能力，以及分析和解决问题的创新意识和创新能力	以我国突飞猛进的污水处理技术为例，激发学生的学习热情，引导学生扎实地掌握专业知识，为社会贡献自己的力量；通过训练发挥自己的主动性和创造性
	课程目标4 了解水处理过程的主要副产物——污泥的处理与处置的环境与社会意义，能在水处理工艺方案设计当中考虑其出路，具有污泥处理工艺方案设计与比选能力	
	课程目标5 培养专业文献查阅能力，通过文献资料查阅了解不同水处理技术的国内外发展状况，并能就水处理热点问题进行分析，表达个人的见解	通过实践活动，培养学生的团队意识
	课程目标6 培养学生在项目研究或设计过程中专业软件应用能力、表达能力和团队合作精神	

续表

课程名称	课程思政主要目的	各单元课程思政元素举例
给排水管道系统	课程目标1 掌握给水排水系统规划的目的、内容和基本要求,使学生了解该门课程在本专业知识体系中所处的地位和重要性	从职业和伦理道德方面教育学生,严格按给排水相关法规、规范和标准从事专业的水处理工作。明白给排水工作者职责:经济合理安全可靠地供水,满足人们对水量、水质和水压的需求
	课程目标2 掌握给水、排水的水量计算和管道系统规划、布置的方法,使学生具有进行城市和工业企业给水排水管道工程规划、设计、施工的基本知识和技能	通过管道常见事故的分析,说明管道设计、施工和运行管理的重要性
	课程目标3 掌握管道系统规划的设计原理与设计方法,具有基本的系统规划方案设计能力,具有分析和解决规划过程中实际问题的能力,以及分析和解决问题的创新意识和创新能力	讨论管道的智能化管理和先进的维护技术,激发学生的学习热情
	课程目标4 在项目研究过程中培养和锻炼学生资料查阅能力、CAD绘图能力、表达能力和团队合作精神及在团队中发挥作用的能力	通过实践活动,增强学生的团队意识
给排水施工与监理	课程目标1 掌握给排水工程施工的基础知识,包括土石方工程与地基基础、钢筋混凝土工程、水工构筑物施工方面的土建知识,室外给排水管道的开槽与不开槽施工和管道的特殊施工及室内给排水管道的施工原理;能正确选择和制订施工方案及方法,从施工法规、施工安全、施工的可行性方面设计开发施工方案,并能将施工基础知识和基本原理用于给排水工程施工问题的解决及处理方案合理性的阐释	从职业和伦理道德方面教育学生,执行相关法规、规范和标准。增强自我认知、岗位认知,对自己的职业生涯进行目标定位 1. 举例介绍我国的施工设备、施工技术已世界一流,引导学生思考如何锻造工匠精神 2. 查阅资料,归纳各类与专业相关的施工先进技术,讨论案例形成PPT交流,培养学生的敬业精神 3. 针对复杂的给排水施工问题,提出解决办法,培养学生的创新意识

续表

课程名称	课程思政主要目的	各单元课程思政元素举例
给排水施工与监理	课程目标2 掌握给排水施工的施工组织设计、施工项目管理、施工招投标和施工监理方面的知识，能运用计算机网络进行项目申报、项目过程管理及项目验收，掌握给排水工程施工的相关规范与标准，具有工程量计算、施工计划设计与编制的基本能力	通过招投标的法规学习，教育学生严格按国家的法规从事专业的水处理工作，并通过警示教育实例，使其明确坚持职业操守的重要性 1. 讨论执行招投标程序的重要性，防范违规操作 2. 讨论确保工程量计算准确无误，减少人为失误的重要性
	课程目标3 掌握施工项目管理方面的基本知识，能从人、材、机、法、环五个方面进行工程施工管理的分析、优化，能进行工程施工组织计划的模拟分析，具有分析和解决给排水施工实际问题的能力，以及创新意识和组织能力	强调文明施工、安全施工的重要性，树立安全第一的观念 1. 要学生列举施工工程事故，分析其危害性及对社会的影响，围绕施工中的防范措施及应急机制制作PPT，并进行交流 2. 保证文明施工所需采取的措施，要求学生根据施工现场实践，提出自己的观点
	课程目标4 掌握给排水工程施工验收规范，使学生具有基本的工程质量判断与验收的能力，以及对工程施工记录进行整理和对施工质量进行合理分析的能力；熟悉项目的基本建设程序及工程可行性分析，能对工程项目进行社会评价	以施工验收的实例讲解，教育学生树立质量第一的观念 1. 要学生列举工程质量问题，分析发生的原因及对人民财产和生命安全带来的损失，提出防范建议，形成PPT，并进行交流 2. 施工验收过程中，如何根据规范，合理依规验收
	课程目标5 了解给排水施工新技术、新材料、新设备的国内外发展状况，并能就给排水工程施工热点问题进行分析，表达个人的见解。同时通过小组或班级集体的施工现场参观、交流，增强学生的团队意识	1. 学生比较国内外施工技术，认识当前我国施工技术的现状，提出为祖国施工技术进一步提升，而必须认真主动学习 2. 通过实践，培养学生爱劳动、爱工作岗位的精神，增强学生的团队意识

续表

课程名称	课程思政主要目的	各单元课程思政元素举例
建筑给排水工程	课程目标1　掌握建筑给水、排水、消防给水、热水、中水、小区给排水等系统的基本理论，并能将建筑给排水系统基本原理应用于方案合理性的阐释，以及设计、施工实践中问题的解决	讨论小区建筑给排水常见的问题和解决的方法，使学生明确掌握知识的迫切性
	课程目标2　掌握建筑给排水系统的设计原理与设计方法，具有建筑给排水系统方案比选能力，具有建筑给排水管网系统布置设计与计算的能力	重点讨论消防安全的重要性和措施，通过警示教育实例，使学生明确消防设计的重要性，准确地分析问题、解决问题
	课程目标3　掌握建筑给排水设备（增压储水设备、水加热设备、消防设备、污水提升设备、水处理设备等），管材与管件，系统附件的基本知识；具有建筑给排水设备与设施计算、选型的基本能力	讨论保证小区给水和饮用水卫生的方法及措施，树立安全供水的观念
	课程目标4　掌握建筑给排水系统施工、运营管理的基本要求，具有在工程施工、管理中合理分析问题并协调解决问题的基本能力	
	课程目标5　熟悉建筑给排水相关法律规范体系，熟悉并理解相关规范条文基本内容，具有在设计、施工中执行规范的基本能力	从职业和伦理道德方面教育学生，执行相关法律规范和标准
	课程目标6　充分理解建筑给排水工程中技术与经济的矛盾关系，具有建筑给排水工程技术经济决策的基本能力	

三、进行专业课程的课程思政资源库建设，构建课程思政的质量提升体系

（一）课程思政的专业资源库建设

从课堂教学、课外实践等环节全方位进行课程思政教学的参考资料建设，包括展示图片、视频、微课、创新创业的示范性实例和故事的建设，加强学

生的实际体验。线上线下的交流互动环节建设,可以使学生积极参与、实践,着重自我体验和感悟。

发掘专业课程中的思政元素,从知识点中思考:知识的来源和发展、技术应用、产业与市场、专业与社会生活的关系,知识内涵的价值观、思想、思维、逻辑、情感。对价值模块进行整合,由多条"思政线",形成一个"思政面",将思政教育与专业理论和知识融为一体。

对专业课程内容进行拓展,发掘教学内容中所蕴含的哲学思想与元素;发掘价值观,以大师成长道路、学科发展史、教师个人的经历等为素材,收集思政资源,目前初步形成了专业思政资源库。

教研室教师针对所教课程从专业认同、职业伦理、社会责任、社会主义核心价值观及中华优秀传统文化教育等方面挖掘课程思政的元素。① 如"给排水施工与监理"课程,教师在专业教学中注意挖掘专业知识体系本身所蕴含的思政教育元素,将其有效融入专业课程教学,激发学生的内生学习动力,提高专业教学质量。专业教学内容既要遵照规范,又要重视培养学生的职业道德,培养学生的工匠精神。课程教学中收集思政资源,并将其有效融入理论教学、课程实践环节,取得了良好的教学效果。

(二)建设课程思政的质量提升体系和健全质量评价体系

明确课程思政的目的,通过新生入学教育与职业生涯规划、导师制专题实践、学业竞赛和大学生创新创业、全部专业课程的线上线下交流讨论等形式,培养学生的责任意识与担当意识,使其懂得做人做事的道理;改革课程的考核方法,注重课程思政的过程评价和成果考核,形成一整套合理的评价方法,并及时反馈,提升课程思政教学质量。

最终,苏州科技大学形成了给排水科学与工程专业课程思政的教学模式,如图1所示。

---

① 王涵. 高校专业课程思政教学改革与反思[J]. 管理观察,2017(30):138-140,143.

图 1　给排水科学与工程专业课程思政的教学模式

四、结论

首先，专业课程思政应以课程大纲、每门课程的课程目标为抓手，形成支撑课程目标的思政元素，建立专业思政课程群资源库，将课程思政元素融入专业教学全过程。

其次，建立育德意识和育德能力强的本科专业教师队伍；形成"专业教师协同制的专业课程融入课程思政教育体系"的教学模式，形成课程思政的规范机制。

最后，形成给排水科学与工程专业课程思政的教学模式，先要在教师的组织引导下进行课程思政；学生通过多种形式的课程研讨，获得丰富的理论、实践和体验，素质得到全面提升；采取全方位的课堂内外、校园内外、线上线下、学业竞赛、实践与创新环节的课程思政途径，进行专业课程思政的整体设计。

试论高校推进课程思政建设的四个着力点

伯 洁[①]

在高校"三全育人"总体工作格局下,苏州科技大学机械工程学院秉承"课程承载思政"和"思政寓于课程"的理念,结合课程特点、思维方法和价值理念,深入挖掘课程中所蕴含的思想政治教育元素,将价值引领融于专业知识传授和能力培养之中,将思想政治教育贯穿于教学实践的全过程,将立德树人落实在课堂教学的主阵地中。教师通过创新教学方式,丰富教学内容,提升机械类专业课程思政的吸引力、说服力和感染力,激发了课堂活力。努力培养一批具备坚实专业知识和工匠精神的复合型机械类人才,为实现我国由制造大国向制造强国、智造强国转型,实现中华民族伟大复兴的中国梦凝魂聚力。

一、紧扣立德树人根本任务,推进课程思政体系建设

高校承担着为党育人、为国育才,办人民满意教育的使命。高校的建设和发展必须深入思考和明确回答"培养什么样的人、如何培养人、为谁培养人"这一根本性问题。推进机械专业课程思政建设,也需要回答这一根本性问题,明确思政课程与课程思政的目标追求和功能定位。机械工程学院紧扣立德树人根本任务,在坚定理想信念上下功夫,在厚植爱国主义情怀上下功夫,紧紧抓住教师队伍"主力军"、课程建设"主战场"、课堂教学"主渠道",让学院、教师、课程都承担好育人责任,把价值塑造、知识传授和能力培养三者融为一体,将显性教育和隐性教育相统一,守好一段渠、种好责任田,使各门课程与思想政治理论课同向同行,形成协同效应。

国情教育和主流价值熏陶是课程思政内涵建设的两个基本的维度。机械

[①] 伯洁(1979—),女,安徽宿州人,苏州科技大学机械工程学院党委副书记兼副院长,讲师,硕士,研究方向为大学生思想政治教育、高教管理。

工程学院以探索知识传授与价值引领同频共振的有效途径为重点，组织教师深入学习《中共苏州科技大学委员会关于推进课程思政建设的实施方案》，明确课程思政教育教学改革的指导思想、工作目标、重点任务、实施步骤、组织保障和工作要求，并将课程思政成效纳入考核评价体系，强调把增强学生的爱国情怀、法治意识、社会责任、人文精神与教师评奖评优挂钩，通过考核评价指标向教师传递课程思政的要求与导向，引导教师实现观念与行动的双重转变。同时还注重加强课堂内外联动，建立校外实践教学基地，将课程教学与专业实践、社会实践相结合，提升机械专业学生综合素质。

二、深刻认识课程思政的时代价值，精心打造优质课程

课程思政是高校以习近平新时代中国特色社会主义思想为指导，以习近平总书记关于教育工作的重要论述为根本遵循，落实立德树人根本任务的重要举措，既是构建德智体美劳全面培养的教育体系和高水平人才培养体系的有效切入，也是完善全员全程全方位"三全育人"的重要抓手。机械专业学生是《中国制造2025》高尖端人才的后备军，机械工程学院坚持走以红色基因为魂、以服务国家需求为核、以提升质量内涵为主线的教育之路，努力为国家源源不断地输送科技创新的后备军和生力军。

机械工程学院从宏观抽象的课程统筹要求到微观可行的具体教学方案，把课程思政建设落细、落小、落实。广泛开展课程思政推进会，评选和推广课程思政优质教学方案。对于优质课程，实施重点孵化培育，及时总结经验使之深化、优化、固化下来，努力打造一批有高度、有深度、有温度的"金课"，充分发挥其示范带动作用，注重促进课堂内外联动。

对于专业共享度高的专业课程，组织教师紧跟学生熟悉的重大事件和关注的社会热点问题，深入挖掘提炼专业群课程所蕴含的思政要素和德育功能，在课程教学中把思政的大道理融入专业领域的小故事中，把"干巴巴的说教"变成"热乎乎的教学"。例如，以典型人物钱学森对我国火箭、导弹和航天事业的开创性贡献和北斗卫星导航系统总设计师杨长风实现从奋起追赶到并跑超越的中国卫星导航领域的惊人飞跃为抓手，将深沉浓厚的家国情怀、挚爱科研的赤诚之心融入课堂教学中，引导学生认同国家智能制造政策、中国道路发展、社会主义核心价值观，培养担当民族复兴大任的新时代"机械人"。充分挖掘战"疫"中生动而丰富的育人素材，春风化雨、润物无声地滋养学生心中的理想信念，使其生根发芽，绽放出梦想之花。例如，火神山、雷神山建设展示的中国速度和中国奇迹；在新冠病毒肺炎疫情暴发后，中国口罩、呼吸机、防护服等医疗物资的产能快速提升，中国制造的能力让世界震惊，这离不开我国全自动化生产线的研制，离不开机械设计、机械制造技术基础、控制工程基础、电气控制与 PLC 等知识的运用。通过这些学生耳熟能详的鲜活事例，强化学生潜心学习的动力和立志做新时代"机械人"的使命担当。

三、密切关注教学效果，增强课程思政的实效性

课程思政的最终目的是培育高质量人才，应该把学生的实际获得感作为检验课程思政教学效果的衡量标准。在课程思政建设过程中，始终牢牢把握思想政治工作规律、教书育人规律和学生成长规律"三大规律"，通过教学巡查、随机听课、评教评学等方式，密切关注实际教学效果。结合机械专业和学科特点，引导教师以课程为平台，从课程内容出发，在每个细节中融入对学生的价值观引领，推进课程思政的提质增效。

许多专业教师潜心学术科研，知识结构相对单一，政治理论知识薄弱，人文视野狭窄，是"对很少的东西知道很多、对很多的东西知道很少"的"专家"。"传道者先明道信道，教育者先受教育"，从提高专业教师队伍的思想政治素质和职业道德水平入手，强化师德师风引领，深化专业教师对所在学科所带专业的育人职责使命和社会价值的认识，引导教师秉持用心状态，苦练育人本领，积极开展课程思政教育教学探索实践，"以学术造诣开启学生的智慧之门""以人格魅力引导学生心灵"。教师自觉把立德树人落实到自己的言传身教中，用精湛的专业修养、丰厚的文化积淀和生动的授课方式，把基本原理变成生动道理，让根本方法化为管用办法，把国家和社会对学生成长的期待，转化为课程教学中的价值选择和行动自觉，真正成为学高身正的教育骨干。

同时，充分考虑学生在大学阶段的成长规律，聚焦学生思想关切，着眼学生的终身发展，把专业课程想教的内容和学生想听的内容结合起来，把"大水漫灌"和"精准滴灌"结合起来，将思政元素恰当有度、润物无声地融入教学内容中，既深化知识点，又发挥出育人功能。通过把德育的"盐"融入知识的"汤"里，把"盐"加得适时、适量，让课堂有滋有味，易于学生消化吸收，令学生回味无穷。

四、构建一体化育人体系，实现课程思政与思政课程同向同行

课程思政建设是一项系统工程，通过加强顶层设计，要在优化资源配置

上下功夫，绘好"路线图"，确定"任务书"，列出"时间表"，以制度的形式建立常态化和长效化的管理机制和运行机制。统筹高校管理各领域、教育教学各环节、人才培养各方面的育人资源和力量，循序渐进，以点带面，推动思想政治工作融入人才培养的各环节，构建一体化育人体系。

一方面，发挥好基层党组织的领航作用，积极探索"党建+课程思政"新模式。机械工程学院党委作为课程思政建设的重要组织者和推动者，主动把课程思政作为加强党建的有效载体，党建和教学有机融合，形成有效的育人合力，加快机械专业课程思政教学改革的步伐，推动思想政治教育改革创新向纵深发展。以基层党建书记项目为抓手，将师德师风建设和教师的绩效考核、评奖评优、职称评定结合起来，切实加强师德师风建设，将育人责任和师德标准纳入师资队伍建设规划和教师个人规划之中，让每位教师都成为课程思政教学的"局内人"。同时以申报创建"双带头人"教师党支部书记工作室为契机，从教师团队、教学内容和教学方法三方面探寻课程思政的有效路径，保障课程思政顺利开展。

另一方面，精心打造学科交融的教学团队，实现课程思政与思政课程同向同行。发挥思政教师、辅导员和机械类专业教师分别具有不同的学科背景和专业特长的特点。通过学院层面，把给机械类专业学生上思政课的教师、学院的辅导员及专业教师凝聚在一起，组建成课程教学团队。学院通过定期组织集体备课，使教师互相启迪，并进行多学科资源的整合、活动载体的共建，凝聚成集思想政治教育、专业知识培养和促进学生健康成长、全面发展于一体的强大合力，构成协同育人的教育共同体。思政引领、专业学习和学生活动三者有机结合、融会贯通，把思政课程显性教育和课程思政隐性教育结合起来，相互提供理论支撑和实践检验，拓宽育人工作的途径与方式，提升学校思想政治教育的实际成效，更好地起到铸魂育人的作用。

总之，课程思政建设需要通盘考虑、精心设计，充分挖掘每类课程中独特的思政育人优势，积极建构适合本课程的有效路径。同时课程思政建设不是一朝一夕、一蹴而就的事，必须贯穿教育教学的全过程，持之以恒、常抓不懈。只有注重在知识传播中突显价值引领，在价值传播中彰显知识的底蕴，才能切实提升课程思政的育人实效，推进全员、全过程、全方位育人，达到春风化雨、润物无声的育人效果。

"单片机原理与接口技术" 课程思政元素融合初探[①]

蒋全胜[②] 沈晔湖

"单片机原理与接口技术"课程是工科类学生一门重要的专业课,伴随工科类专业培养模式向应用型转型,以及《中国制造2025》发展的需求,该课程在人才培养中的作用也在发生变化。习近平总书记在全国高校思想政治工作会议上强调:要用好课堂教学这个主渠道,各类课程都要与思想政治理论课同向而行,形成协同效应。[③] 课程思政与思政课程同向必须要在立德树人、文化育人上保持一致,不管是课程思政还是思政课程,归根结底在于育人。

因此,结合当前专业转型建设需求,本着以学生为中心的教育教学理念,充分利用现代化教学方法与手段,学院精心挖掘"单片机原理与接口技术"课程蕴藏的思政要素,将思政教育融入"单片机原理与接口技术"课程授课中、融入人才培养全过程中,强化立德树人根本任务,努力培养社会主义建设需要的高素质应用型人才。

一、以三全育人为根本指导思想

"单片机原理与接口技术"课程综合了"计算机基础""C语言程序设计""模拟电路""数字电路"等多门课程知识点,是一门实践性、应用性很

---

① 基金项目:本文为苏州科技大学课程教学改革综合项目"'单片机原理与接口技术'课程"(2018KJZG – 54)。
② 蒋全胜(1978—),男,湖北洪湖人,博士,苏州科技大学机械工程学院副教授,主要从事机电设备状态检测与智能诊断等方面的研究。
③ 新华社. 习近平:把思想政治工作贯穿教育教学全过程[EB/OL]. (2016 – 12 – 08)[2020 – 07 – 08]. http://www.xinhuanet.com/politics/2016 – 12/08/c_1120082577.htm.

强的课程。① 学习本课程不仅需要学生掌握与单片机相关的软硬件理论知识，还需要培养学生动手实践能力、综合设计能力和创新能力，为学生后续专业课学习、毕业设计、各类学科竞赛等提供知识支持，对其继续深造和提升就业能力均大有裨益。

由于该课程概念丰富、知识点繁杂、内容抽象、逻辑性强，并具有理论与实践、硬件与软件相结合等特点，近些年常规课堂讲授方式已显露出诸多不足。这主要表现在课堂理论教学过程枯燥，学生学习无动力；实践教学形式单一，实验过程无收获；缺乏课前准备和课后实践环节；考核方式较为单一，不能客观反映学生的综合能力提升等方面。② 以上问题造成该课程的教学已无法满足当前工科类专业应用型人才的培养需求。

在"单片机原理与接口技术"教学中将思想政治教育工作贯穿教学的全过程，找出专业课程教学与思想政治教育全方位糅合、在专业课程中嵌入课程思政元素的途径，必须以"三全"育人作为课堂教学根本指导思想，让学生在润物细无声中感受到育人熏陶，从而增强学生学习动力，提升学生综合能力培养效果。

当前，我国正处于《中国制造2025》发展规划实施的关键时期，对学生基础芯片应用能力的培养尤显重要。因此，为了进一步提升教学效果，实现相应的培养目标，势必要进行课程建设与改革，坚持以培养学生应用能力为主线，从课程教学模式改革、网络课程建设、课程思政内容融合等多方面进行深入探索，以适应专业及社会对人才培养的新需求。

二、课程思政教学方式改革的探索

在进行"单片机原理与接口技术"课程授课时，教师采用"超星学习通+微信群+课堂教学"的方式为学生进行线上线下混合式教学，并融合课程思政内容，使专业课教学与思政教育同向同行。在讲授单片机的应用章节时，为学生讲述单片机应用于工业控制领域，需要更多地介绍"中国智造"相关内容。目前中国制造业整体水平和竞争力与发达工业国家相比差距仍然很大，自主创新能力不强，核心技术受制于人。通过课程思政教学鼓励学生

---

① 袁丽平，吕雪. 基于学习成果导向的教学改革探析：以"单片机原理与接口技术"课程为例[J]. 教育教学论坛，2020（40）：166－167.
② 周公博. 机械类专业《单片机原理与接口技术》课程问题分析与课堂教学改革[J]. 时代教育，2014（15）：59－60.

对中国制造业要有精益求精、不屈不挠的精神,带着难以割舍的行业情怀,在从事先进制造业研发、生产等工作过程中享受乐趣、升华思想。

（一）开展案例教学,培养自强自立精神

课堂中通过案例教学,激发学生学习热情。2018年,中美贸易摩擦不断升级,特别是特朗普政府突然定点打击中兴通讯公司,严令禁止美国公司7年内向中兴通讯出口电信零部件产品,令中兴通讯陷入挣扎求生境地,2019年又以"网络安全"为借口对华为实施禁令。美国的种种做法意在阻止中国尖端技术的发展。落后就要挨打。针对美国对中国的经济制裁,中兴、华为事件充分说明了独立自主、自力更生的道路才是中国企业发展的最佳选择。教师结合课程向学生强调"青年强则国家强",鼓励学生自立自强,同时向学生强调只要我们中国人团结一致、潜心研发,就一定可以拥有自己的核心技术,使自己在核心技术上不再受制于人。同时结合新时代中国的发展、民族复兴的重任,引导学生将所学知识与国家建设联系起来,使学生认识到专业知识的学习最终要运用到国家建设的实践当中;教师通过对学科中的代表人物特别是我国代表人物的介绍,以科学家们的人格魅力和科学精神对学生进行思政教育;运用马克思主义哲学的相关理论原理,如矛盾与统一、量变质变等理论培养学生的工程思维意识和能力。

（二）现身说法,广泛挖掘课程思政元素

对于初学单片机的学生而言,该课程会比较难懂,特别是在第一次遇到硬件芯片编程的情况下,难免会有畏难情绪。授课教师可根据自己的工作经验和体会,现身说法,以培养学生的创新创业能力为导向,以增强学生的自信心、民族自豪感为目标,不仅传授专业知识,还注重学生开拓创新能力的培养。通过将课程思政的元素融入课堂,让学生增强专业学习的自信心,引导学生将中国梦和自己的人生梦想结合起来。通过课程思政元素突出培养学生追求真理、探索创造、甘于奉献的科学精神,培养学生求真务实、实践创新、精益求精的工匠精神,增强学生的家国情怀。

（三）开辟第二课堂,提高工程实践能力

课程思政不应该是单纯的说教和思想政治教育的生搬硬套,而是结合讲授内容的有感而发。通过专业教育与课程思政的融合,教师应该以不显山不露水的方式进行思想政治教育,提高思政课程的针对性和亲和力。课程思政改革一定要捋清主线,思政元素的举例要从学生的角度出发,寻找合适的切入点。

课程思政的渠道还应该通过机械创新设计大赛等第二课堂的建设来体现。学生广泛参与到第二课堂活动中,学校应为学生搭建好综合实践能力培养平台。以全国大学生机械创新设计大赛参赛过程为例,机创大赛需要经历从选题到方案的制订,再到加工制作、安装、调试一个完整的项目流程。通过机电产品完整开发流程的锻炼,很好地培养了学生工程实践能力等综合素质。

三、开展课程思政的成效

高校人才培养要做到德才兼备,人才的德育培养不仅仅是思政课的职责,也应该是每一位一线授课教师的责任。① "单片机原理与接口技术"课程教学要实现教书育人,认真做好习近平新时代中国特色社会主义思想及党的十九大精神进课堂工作,就应该结合单片机课程的内容特点,充分发挥课程的育人功能。②③

该课程讲授单片机芯片的应用与编程。单片机系列芯片属于高科技芯片产品,中国在芯片研发上与国外还有很大的差距。近期中美贸易争端,一些企业之所以被动受罚也是因为芯片核心技术受制于人。因此,本课程的思政内容切入点可以从芯片核心技术入手,伴随课程内容的深入扩展至操作系统研发、智能制造、版权保护及为祖国发展贡献力量的科研工作者事迹等。通过开展单片机课程思政,一方面,可以增加学生的专业认同感,让学生明白所学知识的重要性,从而帮助其树立正确的学习目标,提高其学习动力,促进本课程的学习效果;另一方面,能够激发学生的爱国热情,提升学生的主人翁意识,培养学生的团队协作能力和责任心,使其自觉形成良好的学习习惯和道德情操,建立为国家和民族奋斗的信念。为"应用型"人才真正能被有价值地"应用"把好方向。

在该课程讲授过程中,紧密围绕立德树人根本任务,努力践行初心使命,肩负起"守好一段渠,种好责任田"的使命担当,把思政元素充分融入教学

---

① 新华社. 习近平:坚持中国特色社会主义教育发展道路,培养德智体美劳全面发展的社会主义建设者和接班人 [EB/OL]. (2018 – 09 – 10) [2020 – 07 – 10]. http://www.moe.gov.cn/jyb_xwfb/s6052/moe_838/201809/t20180910_348145.html.
② 马春燕,郑剑海,王淑红,等. 基于"口袋机"的"单片机原理与接口技术"课程开放式教学探索 [J]. 实验技术与管理, 2020, 37 (4): 16 – 19, 27.
③ 王桥,冀慎统,马敏耀,等. 以应用能力培养为目标的实践类课程教学改革:以《单片机原理与应用》课程为例 [J]. 高教学刊, 2017 (15): 106 – 108.

过程中，"如盐入味"。将课程思政贯穿于教学设计和实施的全过程，将专业知识传授与课程思政有机结合起来，实现思想政治教育与知识体系教育的有机统一。如此，如同一场沁入学生心田的蒙蒙春雨，激起学生的情感共鸣，引导大学生不负韶华、不负青春，铭记使命与担当，与祖国共同成长。

经过该课程的学习培养，学生在"全国大学生机械创新设计大赛""国际水中机器人大赛""中国工程机器人大赛暨国际公开赛"等比赛中共获得国家级奖项 5 项，省级奖项 12 项等佳绩，学生工程实践综合素质得到明显提升。

为适应应用型人才培养目标，研究利用现代化教学方法与手段，以学生为中心，以应用型人才培养需求为目标，将思政教育贯穿于"单片机原理与接口技术"课程教学全过程。将专业课程教学中的理论知识及工程实践应用，与当前的国家发展、民族复兴，以及学生的工程素养培养、职业生涯规划等融会贯通起来。在课程教学中加强责任感和使命感，培养学生追求真理、探索创造、甘于奉献的科学精神，以及求真务实、实践创新、精益求精的工匠精神；进而引导其成长为思想政治正确、具备先进理念，并服务于《中国制造 2025》战略的社会栋梁之材。

规划体系变革背景下城市经济学课程思政教学探索[①]

姚之浩[②]

一、对课程思政教学的认知

开展课程思政教学是落实习近平总书记关于教育的重要论述的重要举措、落实立德树人根本任务的战略举措。其核心要义是将育人和育才相统一,将专业教育和思政教育相融合。《关于深化新时代学校思想政治理论课改革创新的若干意见》[③] 明确要求全面推动习近平新时代中国特色社会主义思想进教材进课堂进头脑,把社会主义核心价值观贯穿国民教育全过程。也就是说,思政教育要以习近平新时代中国特色社会主义思想为理论基础,增强思政课的思想性、理论性、针对性和亲和力。采取启发式、研究性、案例式、PBL等教学方法帮助学生树立正确的世界观、人生观和价值观。课程思政的内容建设以"政治认同、家国情怀、文化素养、法治意识"为重点,集人文情怀与法治精神于一体,是新时代教育理念的集中体现。特别是在情感维度,课程思政体现了人文关怀和情感升华的统一。[④]

课程思政教学理念应坚持以学生为中心、以产出为导向,不断提升学生的课程学习体验和效果,体现了教育育人的初衷、人才培养的应有之义。课程思政需要落实到课程目标设计、教学大纲修订、教材编审选用、教案课件

[①] 基金项目:本文为教育部人文社会科学研究青年基金项目(20YJCZH214);苏州科技大学自然科学基金项目(XKQ2019005);江苏高校优势学科建设工程项目(城乡规划学);江苏高校品牌专业建设工程项目(城市规划)。

[②] 姚之浩(1984—)男,博士,苏州科技大学建筑与城市规划学院城乡规划系讲师,研究方向为城市更新理论与规划方法、城市经济学。

[③] 韦春北.把握好课程思政改革创新的四个维度[J].中国高教教育,2020(9):22-23,56.

[④] 新华社.中共中央办公厅 国务院办公厅印发《关于深化新时代学校思想政治理论课改革创新的若干意见》[EB/OL].(2019-08-14)[2021-08-29].http://www.gov.cn/zhengce/2019-08/14/content_5421252.htm.

编写各方面，贯穿于授课、教学、实验实训、作业各环节。全过程实施的特点要求教师必须悟透党的教育方针，坚持不懈用习近平新时代中国特色社会主义思想武装自己，不断提升自身的专业素养和人文素养。

课程思政的教学要求是"润物无声，有机融合，言传身教、知行合一"。根据教育部印发的《高等学校课程思政建设指导纲要》，课程思政需结合专业特点分类推进。城乡规划学科具有鲜明的公共政策属性，是横跨工学与经济学、地理学、社会学的新兴学科。只有全面理解各学科专业及课程的内在价值、教学的互动性特质，才能实现与思政课程的同向同行。① 城市经济学课程思政教学设计需要兼顾经济学类和工学类专业课程思政的特点与使命，培育学生经世济民的职业素养与精益求精的大国工匠精神。根据《江苏省课程思政示范课程建设指标（试行）》，课程思政设计应在课堂讲授、教学研讨、实验实训、考核评价等各环节，有机融入课程思政的理念和元素。

二、城市经济学课程思政教学的时代背景

城市经济学是城乡规划学专业的专业教育限选课，重点介绍城市经济学及经济学的基础知识在城乡规划实践和研究中的应用，兼顾理论性与实践性双重要求，培养学生运用经济学的思维分析、解决我国城乡发展过程中面临的经济类问题。有别于城乡规划的工科课程，该课程具有显著的人文特色和政策性。党的十八大以来，我国经济与社会发展转型加速，市场经济改革进入深水区；城乡规划体制机制发生重大历史性变革，对城市经济学的教学提出了新的要求。

（一）我国经济由高速增长阶段转向高质量发展阶段

党的十九大报告提出我国经济已由高速增长阶段转向高质量发展阶段。对于正处于发展关键期的中国而言，这不仅意味着经济发展路径的转变，也意味着体制机制的改革与创新。生态文明建设是推动高质量发展的基本内涵，实施创新驱动是推动高质量发展的战略引擎，构建"双循环"新发展格局是高质量发展的关键抓手。城乡规划专业需深入学习习近平新时代中国特色社会主义思想，贯彻落实创新、协调、绿色、开放、共享的新发展理念。城乡规划学如何服务于高质量发展，如何促进城乡高效率、公平和绿色可持续发展，迫切需要学界与业界进行深入探讨。

---

① 委华，张俊宗. 新时代高等教育课程思政的理论基础［J］. 中国高教教育，2020（9）：19-21.

（二）国土空间规划体系建构推动城乡规划转型

2019 年 5 月 23 日，中共中央，国务院出台《关于建立空间规划体系并监督实施的若干意见》①，将主体功能区规划、土地利用规划、城乡规划等空间规划融合为统一的国土空间规划，实现"多规合一"，强化国土空间规划对各专项规划的指导约束作用。国土空间规划体系的建立是我国城乡规划事业的历史性变革，对学科发展、行业发展、规划相关产业具有重构作用。2020 年《中共中央 国务院关于新时代加快完善社会主义市场经济体制的意见》进一步提出了"以完善产权制度和要素市场化配置为重点，健全以公平为原则的产权保护制度，实现产权有效激励、要素自由流动等"要求。城乡发展要素配置市场化改革迫切要求城市经济学在国家空间规划体系中发挥重要作用。

（三）城乡规划学科发展正处于重大转型变革期

国土空间规划体系的构建为城乡规划专业提出了全新的挑战，城市规划与经济学、土地资源管理、地理学、生态学等学科交叉愈发频繁。建设用地资源管理的精细化推动了城市发展从增量向存量迈进，城市更新需要将产权经济学与城市土地开发融合，城乡规划工作从工程技术走向利益协商，经济学将扮演不可或缺的角色。2017 年以来，为主动应对新一轮科技革命与产业变革，支撑服务创新驱动发展等国家战略，教育部积极推进新工科建设。在智能化时代，需要深入思考城乡规划专业从建设导向的传统工科走向集人文社科与工程技术于一体的综合性新工科发展之路。城乡规划学科发展要适应国土空间规划的时代要求，放眼美丽国土，规划美丽城乡，聚焦美好人居，共筑美好家园。②

三、城市经济学课程思政教学的目标与总体思路

（一）思政教学目标：兼顾人文社科与工学的特色

基于上述城乡规划学科转型的时代背景，城市经济学的思政教学理念需因势利导，设定符合学科发展特质的思政教学目标。思政课程的首要目标是提升学生的人文素养和家国情怀，培养学生的科学素养和创新思维；强化规

---

① 新华社. 中共中央 国务院关于建立国土空间规划体系并监督实施的若干意见［EB/OL］. (2019 – 05 – 23)［2021 – 08 – 29］. http://www.gov.cn/zhengce/2019 – 05/23content_5394187.htm.
② 中国城市规划网. 聚焦新形势下的城乡规划学科发展与教学改革，城乡规划学科发展教学研讨会在同济大学召开［EB/OL］. (2019 – 05 – 26)［2021 – 08 – 29］. http://www.sohu.com/a/316597555_656518.

划师的使命感和社会责任感,教导学生遵守规划师职业道德和职业规范;最为重要的是,通过此课程培养学生社会主义市场经济意识,建立规划法治观念,遵循行业规范。上述目标融合了人文社科与工学的专业特色,体现了课程思政的核心要义。

(二) 思政教学设计方案的编制思路

首先,将思政内容有机嵌入教案框架体系之中,不断改进教案的思政含金量,做到在专业教学中润物无声地推动思政内容融入。

其次,将思政元素与教学内容紧密结合,既要保证思政教育与专业教学紧密结合,又要避免思政内容的讲授挤占专业教学时间,唯有做到紧密结合才能实现"专业课上出思政味"的目标。

再次,引入高水平研究成果推动教学思政质量提升,以思政案例加强课程的研究性,直面当代城市发展所呈现出的突出问题,进而实现思政教学推动专业教学高质量发展的良性循环。

最后,注重思政教育成果产出的可视性与获得感,通过教学方法优化与考核机制建立,推动思政成果形式的多样化,使思政工作落地见效。

(三) 建立课程思政的考核机制

根据本课程的特点,将课程思政元素充分融入过程考核和结课考核所涵盖的知识、能力与素质中。建立"课前→课中→课后→考核"的课程思政全流程评价体系。

1. 课前

围绕思政目标,加强课前文献阅读,培养学生查阅资料了解城市问题的主观能动性。选择本专业核心期刊上近年来具有代表性的高水平论文等研究成果作为思政案例,学生上课前需通读论文,上课时结合教学内容、思政内容,教师与学生开展案例讨论。

2. 课中

提问环节:聚焦思政案例,在思政融入点中寻找专业性小问题,鼓励学生在课堂上提问,在互动中对学生关于课程思政内涵的理解进行考量。讨论环节:结合课程实际,选择典型思政事件和思政案例,按5~6人一组进行15分钟台上分组讨论,教师点评。鼓励学生组内、组间展开互动讨论。

3. 课后

充分运用学习强国平台资源(中国经济大讲堂、政策新视界板块),将其思政素材融入课程,作为学生课后阅读材料。通过阅读学习强国思政材料,

教师培养学生跟踪国内经济发展最新动态的意识,锻炼学生批判性思维,提高学生对知识的延展能力。课后通过腾讯会议开展线上讨论 1~2 次。

4. 考核

将课程思政考量结果纳入本课程的成绩考核,以学生对思政内容的吸收和成果展示作为课程思政成效的主要评价依据。

四、城市经济学课程思政教学的实施路径

(一)路径一:将思政内容与各章节教学内容紧密衔接

城市经济学课程教学以专题性的讲座形式出现,每次课都有一个鲜明的主题,结合教学主题构建思政内容,有利于将原则性的思政目标具体化,避免思政教学的空洞化。该课程共设置了 14 个专题讲座与 1 次专题讨论,结合专业理论知识、民生热点问题、城市治理矛盾、国家区域政策,分门别类渗入思政内容(表 1)。以第五讲"城市化"为例,城市化研究具有鲜明的制度特色和时代背景,政治经济学、土地经济学等理论都是城市化研究的理论工具。而这些从西方引入的理论到中国都进行了本土化的理论演化。"城市化"的课程思政内容就需要从本土化理论出发、从中国制度背景出发,将城市化研究理论与规划实践结合起来。

表 1 课程思政内容与教学内容的对应关系

序号	教学内容	思政内容
1	导论	强化城市经济学中的社会主义核心价值观
2	经济学的基础理论	在城市研究中增强理论文化素养
3	城市形成与发展的经济学解释	理解城市形成发展的经济学原理,增强经济学文化素养
4	城市经济及产业	增强城市研究的文化素养
5	城市化	增强城市规划与城市化研究的文化素养
6	城市规模与发展周期	增强对城市发展规律的认识,运用科学发展观解释城市发展规律
7	区位与选址	增强城市土地开发的法治意识
8	竞租与城市空间结构组织	增强城市规划理论学习的规律性认识
9	城市体系与区域结构	增强城市规划理论学习的规律性认识,重点学习长三角一体化发展战略
10	城市土地经济	增强城市土地开发的法治意识

续表

序号	教学内容	思政内容
11	城市住宅经济	增强城市住房发展与社会民生的规律认识
12	城市交通	理解城市交通与城市规划的耦合关系
13	城市基础设施	增强城市基础设施建设的系统观
14	城市土地开发	增强城市土地开发的法治意识
15	专题讨论	强化城市经济学中的社会主义核心价值观和政治认同

(二) 路径二：将国家政策、事件与教学内容紧密结合

政策学习是课程思政的重要内容，城市经济学具有显著的政策性，需要引导学生通过该课程了解国家城乡发展、经济发展、国土空间资源管理的最新政策动向，紧跟中央城市工作、乡村振兴工作、城市治理工作的最新政策，保证课程的现势性。

本课程与中国当代面临的城市发展问题息息相关，课程思政需从现实问题出发，如城市新市民的住房问题、后疫情时代新基建投融资问题，城市更新的土地产权问题，将近年来中央出台的各项城乡发展政策、城市发展大事件作为思政资源，引导学生在社会经济热点中树立正确的规划价值观。具体思政相关事件选择举例如下：一是长三角一体化的创新走廊和环淀山湖战略协同区；二是我国办好进博会推动高水平对外开放；三是通过集体建设用地建租赁住房解决新市民住房问题；四是创新驱动与创新型产业规划；五是城市有机更新，建设好让人民满意的高质量城市；六是乡村振兴与城乡融合发展；等等。

(三) 路径三：引入高水平研究成果推动教学思政质量提高

选择本专业核心期刊上 (《城市规划》《城市规划学刊》等) 近年来具有代表性的高水平论文等研究成果作为思政案例。学生上课前需通读论文，上课时结合教学内容、思政内容，学生与教师讨论案例。例如，第四章城市经济及产业，面对近年来我国各地陆续出现的由企业发起、继而政府助推的"机器换人"现象，引入《城市规划》期刊2017年的论文《跨越我国城乡发展的刘易斯拐点——"机器换人"现象引发的理论研究及政策思考》[①] 作为思政案例，探讨这一原本属于产业经济领域的问题。本案例将这一现象纳入

---

① 游猎，陈晨，赵民. 跨越我国城乡发展的刘易斯拐点："机器换人"现象引发的理论研究及政策思考 [J]. 城市规划，2017，41 (6)：9-17.

刘易斯二元经济结构理论模型中做分析，深入探讨规划界普遍关注的二产就业及城镇化发展问题。该章节同时引入《武汉市建设国家中心城市的产业空间布局研究》《基于资金流的西部城市产业时空特征研究——以遵义市为例》两个论文案例，鼓励学生通过阅读，了解城市经济与产业空间布局的规律及背后的政策因素。

（四）路径四：注重思政教育成果产出多样化与可视性

学生作业：一般2～3次课后留一次作业，以思政案例为对象设置思考题，锻炼学生批判性思维，提高学生对知识的延展能力。

论文阅读笔记：加强课前文献阅读，培养学生查阅资料的主观能动性。拟要求学生通过软件记录的方式做好每次课前阅读的笔记，期中抽查学生的阅读笔记，督促学生提升思政材料的储备能力。

课程期末论文：以一个城市为例，选择一个城市经济学的题材，聚焦当前面临的城市问题，运用经济学相关理论分析问题产生的原因、特征，从经济学视角提出解决问题的政策建议。锻炼学生发现问题、主动思考的能力，以及文献查找、汇总分析的能力，同时实现课程思政教育目标。

我国市场经济改革正进入深水区，国内外社会经济局势纷繁复杂，疫情等公共卫生事件带来严峻挑战，城市发展正面临前所未有的不确定性。城乡发展面临国家政策和市场经济浪潮双重推动，需要规划从业者既要保持对国家发展与改革大局的持续关注，又要重视市场主体助推深度城市化的动力。2019年以来，城乡规划体制机制改革的顶层设计已经拉开帷幕，新的制度框架与发展模式正深刻改变着规划事业的发展方向。在这一可谓巨变的时代背景下，城市经济学这门课程作为培养学生社会人文情怀、规划市场经济意识的核心课程，担负着引领规划学科发展并与经济学交融的责任。课程思政设计为城市经济学课程的改革提供了良好的契机。本课程需要教师站在国家发展与城乡公共政策的高度，基于规划体系变革，从思政体系、教学内容、教学质量、思政成果四条路径入手，推动思政教育与专业教育融合。课程思政教学设计的总体思路是通过思政教育推动课程高质量教学，在课程全过程推动思政要素落地生效。

课程思政理念在"心理统计学"教学中的实践与探索

董 波①

在大数据时代,信息海量增长,文化多元交错。引导当代大学生学习和发扬中华民族的优秀文化,树立正确的世界观、人生观和价值观已经成为高等教育的核心任务。② 为顺应这一时代潮流,高校需要在多学科间建立"大思政"格局,高校教师也需要思考并整合学科的知识性和价值性,梳理课程中的思政元素,在教学中融入理想信念层面的精神指引。"心理统计学"是运用统计学原理和方法,对心理学研究过程中产生的数据资料进行整理和分析,进而通过科学推论找出人类心理活动规律的学科。③ 在大数据时代和人工智能时代,心理统计学应发挥学科优势,立足国家和民族发展需要,通过对数据的统计发现心理规律,服务于实际的生产生活。"心理统计学"是心理学专业的一门学科基础必修课,教师应抓住"心理统计学"授课契机,深入挖掘课程中的德育元素,发挥课程的德育功能。本文结合心理统计学课程的特点,对其存在的三个方面问题进行了深入的分析,并通过融入课程思政元素,结合多种教学手段和方法,尝试解决这些问题,最终实现在心理统计学知识和理论的传授过程中,达成立德树人的既定目标。

---

① 董波(1988—),男,河南濮阳人,博士,教育学院副教授,硕导,主要研究方向为空间知觉。
② 高德毅、宗爱东. 从思政课程到课程思政:从战略高度构建高校思想政治教育课程体系[J]. 中国高等教育,2017(1):43–46.
③ 甘怡群,张轶文,郑磊. 心理与行为科学统计[M]. 2版. 北京:北京大学出版社,2019:2–3.

一、课程特点与存在的问题

"心理统计学"需要学生掌握基本的数学统计原理和方法,分析处理心理学研究中的数据,解释心理学的各种现象和规律。① 相对于其他心理学主干课程,心理统计学的学时较多,知识点复杂,且环环相扣。② 学生在心理统计学的学习过程中可能存在以下三个方面问题:其一,"心理统计学"中的数学公式多、概念多,学习难度较大,学生的畏难情绪严重,学习动机薄弱。③④ 其二,长期以来,部分教师对于统计公式、概念的盲从,催生出了"统计万能"的思想。这一思想导致"心理统计学"课程教学过于强调心理统计的功能,忽视了心理统计的有限性。⑤⑥⑦ 因此,如何辩证地看待统计检验和统计结果需要在教学中渗透和引导。其三,专业统计知识传授与德育脱节,削弱了心理统计学课程在心理学专业人才培养过程中的作用。这三个方面的问题需要一剂良药,即思政元素的引领,以促使学生产生学习动机,培养其理性思维,并引导其树立服务国家和社会发展的意识,从而促使"心理统计学"课程在知识层面和价值层面达到统一,具体建设路径如图1所示。

---

① 甘怡群,张轶文,郑磊. 心理与行为科学统计 [M]. 2版. 北京:北京大学出版社,2019:1-2.

② 植凤英. 对高校心理统计学教学问题的反思 [J]. 教学研究,2012,35 (6):85-87,91.

③ 聂辉. 关于应用型本科院校《教育与心理统计学》课堂教学的思考 [J]. 湖北经济学院学报(人文社会科学版),2014,11 (12):173-174.

④ 刘慧贤. 对师范院校《教育与心理统计学》教学的思考 [J]. 内蒙古师范大学学报(教育科学版),2009,22 (1):123-126.

⑤ 辛自强. 有关心理统计的三个疑问 [J]. 华南师范大学学报(社会科学版),2010 (1):39-46,158.

⑥ 郝丽,刘乐平,申亚飞. 统计显著性:一个被误读的P值——基于美国统计学会的声明 [J]. 统计与信息论坛,2016,31 (12):3-10.

⑦ 陈启山. 心理学研究中应用统计方法应注意的几个问题 [J]. 心理与行为研究,2006 (3):200-206.

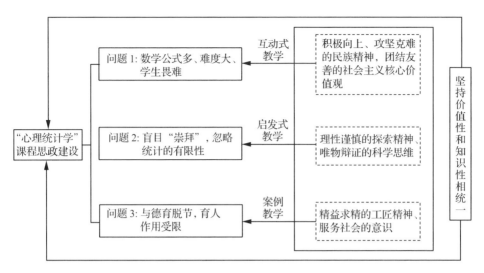

图1 "心理统计学"课程思政建设路径

二、课程思政元素剖析

"心理统计学"课程的专业知识与课程思政内容的有机融合,不仅可以强化学生的学习动机,彰显"心理统计学"课程在人才培养中的作用,还可以激发并培养学生的求知欲望、爱国情怀和奉献精神,使其自觉践行社会主义核心价值观。针对目前"心理统计学"教学中存在的三个方面问题,采取以思政元素为引领的"心理统计学"知识传授模式,结合互动式教学、启发式教学和案例教学的教学形式,不仅可以提高学生的学习效果,还可以更好地发挥高等教育的育人功能,达成立德树人的教学目标。

(一)以严谨的数据分析和教学方法为载体,培养求真务实的精神

学术数据造假是近年来的社会热点之一,"心理统计学"作为数据处理与分析的基础理论课程,教师在讲授统计方法时会强调心理统计必须遵循学术伦理规范,要秉持严谨求真的态度对数据进行统计和处理,如在采集数据、处理数据时,不能因为结果不显著便随意篡改数据。这与我国社会主义核心价值观所倡导的诚信是一致的,这一过程在完成知识传授的同时也引导着学生树立正确的人生观、价值观和学术信仰。同时,为进一步贯彻课程思政的理念,教师引入了近期国际学术造假的案例,以真实的教训说明严谨治学、求真务实的重要性,提醒学生要把住学术底线,从而使学生在课程中充分认识到务实的重要性。

教师在"心理统计学"授课中,应采用渐进式的教学方式,由较为简单

的描述统计逐渐提升难度至复杂的推断统计，在每一个模块遵循从原理、方法、案例到实践的递进式教学方法。在学生统计数据的实践环节，教师同样注重多方引导，促使学生从简到繁，理性探索。例如，教师提醒学生在关注统计显著性（p值）的同时，也要关注统计检验力、效应量和描述统计结果，谨慎解读数据统计结果。上述教学模式可防止学生被统计显著性（p值）所"迷惑"，有利于引导学生遵循理性思考的方式，逐步解读数据背后的信息。另外，很多学生的数学基础并不扎实，对"心理统计学"存在畏难心理，教师在授课中，采用互动式教学，鼓励学生克服心理关卡，互相帮助，强调既要谨慎思考，又要团结合作。互动式教学和教师讲授融合的方式，不仅让学生学习到了心理学实验理论和知识，还培养了其积极向上、攻坚克难的精神和团结友善的社会主义核心价值观。

（二）以统计方法的有限性为载体，培养唯物辩证的科学思维

要实现统计功能，还必须克服一些"统计万能""统计分析就是纯定量分析""统计方法越复杂越科学"等错误的认识。统计方法有一定的前提条件、适用范围，在不满足这些前提条件和适用范围的情况下"强制"统计对于心理学研究是具有危害性的。"统计万能论"还容易导致学生偏执地追求高级而复杂的统计方法，出现舍本逐末的现象，使学生忽略统计学的本质和科学研究的初心。教师可以从以下两个方面解决这一问题。

第一，以马克思主义辩证法（唯物辩证法）为方法论指导，在讲授"心理统计学"过程中，对各种统计检验的适应条件进行深入的诠释和讲解，举出各种数据的案例，渗透"没有一种统计方法是万能的、适用于所有数据的"的辩证科学观点，培养学生唯物辩证的科学思维，引导学生谨慎地对数据进行处理和分析，辩证地看待统计检验和统计结果。更重要的是，结合国际心理学"重复性危机"，强调统计的局限性、统计指标的有限解释力，这与马克思主义辩证法高度统一。

第二，有机整合心理统计知识与实验心理学、心理测量学等课程，形成一个以"问题为中心"的完整教学体系，完善教学资源。数据的分析不应脱离研究问题，学生学习到的科学知识应是整合的而非割裂的知识。一项完整的心理学研究，应既有研究设计的阶段，又有数据统计的阶段，二者是不可分割的，研究设计和数据统计共同制约研究的严谨性和科学性。在"心理统计学"授课的过程中，要不断地强化理性谨慎的探索精神。

（三）以统计案例为载体，强化精益求精的工匠精神和服务社会的意识

"心理统计学"是心理学科的重要基础课程，但学生时常忽略心理统计学的学习目的，仅重视理论知识的学习，而忽略生活中实际问题的解决。教师在授课中，应结合心理学研究与社会现实问题来组织教学，案例教学是一种较为合适的授课方法，具有开放性和互动性的特点，有利于激发学生的学习兴趣，从而提升教学效果。案例教学根据教学目标，以真实案例为教学材料，通过教师的引导，以及学生对案例的分析和讨论，实现学生的主动学习与知识掌握。在"心理统计学"课程中实施案例教学，需要教师精心设计与学生日常生活密切相关的案例，并融入思政元素，立足于社会发展的需要和学生的内心需求，在传授"心理统计学"知识的同时，对当代大学生进行思想政治教育。这不仅有助于激发学生的学习动机，还有利于增强学生对"心理统计学"知识点和方法的应用能力，从而提高课堂教学的质量，达成教学目标。

以统计数据可视化这一内容的教授为例，教学过程中教师以新冠肺炎疫情为案例，如微信上患病人口数据的统计、数据的可视化、如何精益求精地挖掘数据背后的信息等，讲解统计学和心理学的重要性。教师要不断强调"心理统计学"植根于祖国大地的理念，强调专业学习要服务于国家、服务于人民，帮助解决社会重要问题，逐步培养学生的爱国情怀，引导学生树立应用所学报效祖国的奋斗目标。

三、结语

"心理统计学"教学需要立足于社会的发展需要和学生的求知需求，融入课程思政元素，更新教学内容，完善教学资源。通过课程思政元素的引领，结合互动式教学、启发式教学、案例教学等多种教学方法，增进学生对于"心理统计学"知识的理解和掌握。同时，在思想意识形态、价值观等多方面潜移默化的渗透，可提高学生学习的动机，使学生避免对统计的盲目崇拜，发挥"心理统计学"课程的育人作用，实现价值性和知识性的统一。

"中学生品德发展与道德教育"课程思政构想及实践探索

孙 圆①

为适应教师教育改革与发展的当代需求,教师教育课程改革是必不可少的内容。"中学生品德发展与道德教育"作为专业限选课,丰富了传统"教育原理"中德育的内容。虽然课程内容相对完善,但考虑到课程思政的背景,重新构想与探索课程结构显得尤为必要。

一、围绕课程思政的整体构想

"中学生品德发展与道德教育"课程主要从品德心理、品德发展和道德教育基本原理出发,使师范生掌握中学生道德教育目标内容,理解中学生品德发展的基本规律和基本特点,以及在此基础上思考道德教育的方式方法。通过对道德教育目标内容的教学,加深师范生对社会主义核心价值观的理解;通过对中学生道德认知、道德情感、道德意志基本特点的认识,对中学生人格发展的一般规律和基本特点的理解,师范生能更为深刻地把握中学生的道德心理特征,这有助于拉近他们与中学生之间的距离,为他们的仁爱之心、教书育人的道德情操的养成奠定认识基础;通过对中学生品德不良行为表现、特点及其成因的理解,师范生能够以宽容、理解的态度正确对待中学生的不良行为;通过对道德实践的理解,师范生能提升自我道德教育的能力。

课程思政在本质上还是一种教育,是为了实现立德树人根本目标。课程思政主要形式是将思想政治教育元素,包括思想政治教育的理论知识、价值理念及精神追求等融入各门课程,潜移默化地对学生的思想意识、行为举止产生影响。"中学生品德发展与道德教育"课程虽然是关于中学生的道德教育,但涉及道德认知、道德情感及道德行为等内容,对师范生具有重要的德

---

① 孙圆(1987—),男,博士,教育学院讲师,研究方向为教育哲学。

育意义。该课程的教学，能够促进师范生在道德认识、道德判断及道德情感等方面进行自我反思。这在某种意义上起到了对师范生进行价值观教育的作用。正因如此，师范生才能做到身体力行地开展中学生道德教育，以自身的道德认识、情感和行动去影响感化中学生。在此意义上，课程通过培养师范生的道德认识和情感，将道德内化到他们的心灵之中，使得他们在道德实践即道德自我教育中，领悟中学生道德教育的方法，将道德教育的自我实践和德育方法的知识学习相统一。

二、围绕课程思政的教学优化

结合课程的德育目标，在课程内容中寻找与社会主义核心价值观、家国情怀、国际视野、创新思维、专业伦理、学术修养、工匠精神等相关的德育元素的"触点"和"融点"，从而实现知识传授、价值塑造和能力培养的多元统一。积极探索实质性介入学生个人日常生活的方式，将教学与学生当前的人生遭际和心灵困惑相结合，有意识地回应学生在学习、生活、社会交往和实践中所遇到的真实问题和困惑，真正触及他们心灵的深处，亦即他们道德认知和实践的隐性根源，从而对其产生积极的影响。

（一）增加道德哲学的内容，提升师范生的道德认识水平

谈到中学生品德发展的内容，现今的教材大多是从品德心理学的角度出发，论述中学生的品德发展规律及与之相应的德育模式、方法或原则。在某种程度上，品德心理学很好地解释了中学生道德认识、道德情感获得，以及道德行为养成的过程和模式。但是在对道德本质、品德与行为的关系及品德与德性的关系等方面的阐释仍然不够深入。如果仅仅停留在此层面谈论道德或品德问题，那么很难促进师范生进一步思考既定的道德观念或行动的道德理由。因此，需要从道德哲学角度重审社会道德的价值，使他们能够在更深的层面上理解社会主义核心价值观，以至于在他们遇到两难问题时能够从核心价值观的本真精神出发，做出行动抉择。也唯有如此，他们在开展道德教育工作时，才能正确引导中学生进行恰当的道德推理，促进中学生价值理性的生成。例如，品德心理学里常引用科尔伯格的围绕"公正"的道德两难推理来判断儿童的道德认识水平，并将他们的道德推理引向普遍伦理定向阶段。即便在第六阶段，儿童因对"公正""平等""价值"等的不同哲学理解所以可能会有不同的推理依据。而这些概念的内涵似乎并不是科尔伯格所关心的重点。

西方伦理学/道德哲学也常涉及道德两难问题。它所关注的便是对这些概念内涵的讨论。例如，电车难题中的义务论与后果论之争。事实上，对这些概念的深层理解常常影响着我们对日常道德两难的应对。又如，《孟子·离娄》中淳于髡与孟子的对话。淳于髡曰："男女授受不亲，礼与？"孟子曰："礼也。"曰："嫂溺则援之以手乎？"曰："嫂溺不援，是豺狼也。男女授受不亲，礼也；嫂溺援之以手者，权也。"在孟子看来，权而得中，就是礼。也正是这种理解指导着他在两难情景中做出抉择。

针对师范生而言，他们的道德认识水平基本上属于后习俗水平。他们对于"公正"的理解往往不再是基于惩罚与服从、功利要求、"好孩子"期待，以及法律和秩序。这并不意味着他们对"公正"有着清晰、深刻理解。如上所述，对现实道德情景的深刻理解与理性把握是师范生开展道德教育的基础，也是他们提升自身道德实践能力的条件。因此，引入道德哲学的教学内容显得十分必要。通过采用启发式教学，激发学生主动探索学习，培养学生独立思考、分析和解决道德问题的能力。

（二）增加教学案例，培养师范生的道德情感

案例将道德两难问题与整个生命联系起来。如果道德两难问题构成一个反思命运的悲剧，那么，它将增进我们对命运的理解，以及增加生活和精神给予我们的教益。真实的道德两难问题来源于生活，而人们将它从生活实践中剥离出来，不过是为了更为清晰地展示诸价值在真实行动中的冲突。因而，为了让学生观看、体会两难问题的全貌，两难冲突应当被置于一个具体而生动的生活叙事中，并且其所涉及的人或事应当被尽可能详尽地描述。如此，道德两难的悲剧性便和人的命运相关。如果对道德两难问题的探讨只停留在道德原则层面，而忽略它的生活意义，那么它所引起的思考是建立在剥夺人/事物的具体性基础之上，以至于学生难以同情故事中人物的悲惨遭遇。甚至，学生因为难以理解抽象的原则，所以对道德两难问题无从思考。①

保持对实践活动本身的真切领会，才是明辨道德之理的恰当方式。案例示范性作用得以实现的前提是它能够被真切地理解。学生更容易进入生动的故事而不是抽象的问题。因此，案例中的道理或原则被具体化、情境化地呈现出来，有助于它们被更深入地理解。只有可被理解的道理，才能真正促使学生思考，才能引起学生对相关道德问题的兴趣，进一步引起他们对自身价

---

① 孙圆. 道德两难教育中的"他者"示范 [J]. 中国教育学刊, 2018 (4): 86-92.

值欲求的关切。学生对案例的真切领会，使得他们能真正进入案例。案例的德育意义也就超越了纯粹道德认知，而进入道德实践（抉择）层面。学生不仅是"明智的旁观者"，还是将案例中的某种情感态度批判地运用到道德两难问题解决上的抉择者。无疑，这有益于师范生道德情感的培养。

（三）增加教学互动，提升师范生的德育能力

人作为一个完整的生命体，在面对具有现实性的道德两难问题时，是一个现实的、具体的第一人称的参与者，而不是仅擅长推理的第三人称的旁观者。课程思政不只是为了发展师范生的道德认知水平，更为重要的是培养他们在道德困境中的行动抉择能力，使他们能够以道德的方式行动、生活，最终成为一个有道德的人。如此，他们才能够体会知与行之间的差异，也才能够体会到知行合一的难点所在，从而从自身出发，培养知行合一的儿童。因此，与案例教学相结合的是课堂讨论。讨论课主要采用小组课堂汇报、学生提问、教师点评等方式开展，在这个过程中锻炼学生自主研讨、独立思考，以及反躬自问的能力。

三、总结与反思

"中学生品德发展与道德教育"课程内容具有特殊性。课程教学的最终目的在于提升师范生的道德行动能力和道德教育水平。这首先需要学生能够深刻理解道德规范的意义，不仅需要学生知道道德规范/要求是什么，如何内化，也需要学生理解这些规范的形成逻辑和理由。在对道德规范深刻认识的基础上，教师通过引入活生生的案例或道德故事，使学生在情境之中体验道德规范的生活意义，从而提升师范生的道德情感。

学生对课程知识的学习就是在道德认识上的自我教育。案例教学方式一方面有助于调动学生的学习热情，另一方面有助于培养学生的道德情感，强化他们的爱国意识、爱岗意识和育人意识。但是由于案例及其他教学素材需要在教学实践过程中不断积累、丰富，案例不够系统，课程各部分所涉及的案例较独立、缺乏连续性。因此，案例之间的衔接仍有待探索，希望能够找到一系列连贯的案例，以实际的道德问题为主线展开教学活动。此外，案例分析式的模拟教学活动，有助于促进师范生德育观念的转变，有助于培养教师的爱人之心。这也需要进一步探索。

财务管理课程思政教学的初步探索

蔡 蕾[①]

2019年3月，在学校思想政治理论课教师座谈会上，习近平总书记提出"推动思想政治理论课改革创新，要不断增强思政课的思想性、理论性和亲和力、针对性"，并进一步提出了"八个统一"的具体要求，为大学思政教育的改革指明了方向。[②] 大学的思政教育不再囿于传统思想政治理论课，而是需要将课程思政的教育理念融入专业课教学实践之中，是对专业课的提升与拓展。[③] 如何推进课程思政的改革，将课程思政做得"有情有义、有滋有味"，是摆在每一位大学教师面前亟须深入探索的重要问题。

财务管理课程是财经类专业的公共基础课程之一，同时，在我国经济迅速发展的大背景下，财务管理课程一直以来也是大学公选课的热门课程之一，其思政教育的影响力也更为广泛，授课教师对整个课程及学生学习和思考要有全方位的设计。[④] 本文从教学实践出发，从教学内容和教学方式两个方面，探索思政教学与财务管理课程的协同发展。

一、挖掘思政元素，重构教学内容

财务管理理论作为经济学和管理学的下游学科，其理论体系与西方经济学和管理学一脉相承，也是来自资本主义经济学"非道德性"学科体系。财务管理课程围绕着企业的资金运动，将西方经济学中理性的"经济人"、效

[①] 蔡蕾（1983— ），女，江苏徐州人，苏州科技大学商学院讲师，主要从事财务管理研究。
[②] 人民日报评论员. 着力推动思政课改革创新：论学习贯彻习近平总书记在学校思政课教师座谈会上重要讲话［N］. 人民日报，2019 - 03 - 21（2）.
[③] 高德毅，宗爱东. 从思政课程到课程思政：从战略高度构建高校思想政治教育课程体系［J］. 中国高等教育，2017（1）：43 - 46.
[④] 张莉. 财务管理专业推进"课程思政"建设的策略［J］. 学校党建与思想教育，2019（9）：55 - 56.

用最大化、成本最小化、利润最大化等一系列的假设和原理具体运用到企业的财务决策中，不可避免地带来了主体本位和功利主义的倾向。① 而这些就会潜移默化地对大学生产生负面的影响，有可能使他们在未来的生活和工作中体现出利己主义或者唯利是图的价值态度，而这些与社会主义核心价值观是背道而驰的。因此，我们在财务管理课程设计中应该做到思政元素与教学内容的有效结合，实现"专业教育要与思政教育同向同行，形成协同效应"，将党中央和习近平同志所要求的热爱党、热爱社会主义刻入灵魂，为当代大学生世界观、价值观、人生观的三观塑造和发展夯实基础。②

传统财务管理课程教学模块一般分为三个部分。第一部分为财务管理基本理论，主要包括财务管理概念及其基本特征、目标，财务管理的主体、客体和理财环境，企业财务组织形式，等等；第二部分为财务管理的价值观念，重点介绍货币时间价值、风险与报酬、证券估值等；第三部分为财务管理具体业务，一般分为四个子模块，即企业筹资管理、企业投资管理、营运资金管理、企业分配管理，有时候还会加入财务分析、财务战略等基础理论的介绍。在具体的教学过程中如何结合财务管理教学内容，将"四大思政元素"，即价值观教育、品德教育、爱国教育、素质教育有机地融入该课程教学理论知识点中，是课程思政改革的重点和难点，笔者秉承着历史主义、辩证思维、创新创业意识、职业道德素养等思路试图将一些思政元素落实到教学中去，③主要包括"中国古代财富观及其价值取向""个人及家庭理财风险防范原则""财会人员职业道德规范""企业社会责任""创新创业"等元素，具体见图1。

---

① 靳卫萍. 经济学原理课程思政的初步实践［J］. 中国大学教学，2020（3）：54 - 59.
② 谢辉. 治理之道. 深入推进课程思政建设［N］. 人民日报，2019 - 09 - 09（13）.
③ 敖祖辉，王瑶. 高校"课程思政"的价值内核及其实践路径选择研究［J］. 黑龙江高教研究，2019（3）：128 - 132.

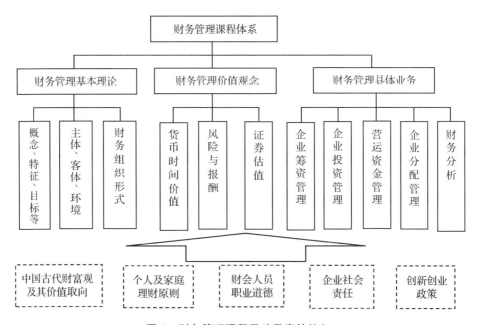

图1　财务管理课程思政元素的植入

（一）"中国古代财富观及其价值取向"元素

我国上下五千年的文明史中，历代思想家和商贾名家结合时代特点从不同角度阐述了理财观，其中"义利观"是我国商业文明的精髓与核心观念。因此，中国古代财富观及其价值取向，为财务管理课程思政提供了丰富的拓展资源，在教学中可以从不同的角度进行运用。

例如，在介绍财务管理目标的时候，向学生介绍"义"与"利"的对立统一的关系。"义"是指道德准则要求，"利"是指物质利益，义利关系实质上是指道德行为与物质利益的关系，或者说是精神追求与物质生活的关系。①在引入"义利观"的概念以后，可以引导学生运用马克思主义哲学中的辩证唯物主义理论，去讨论"义"与"利"的对立关系，并结合新的时代背景，讨论企业财务管理目标的基本价值取向。在讨论的过程中，也可以穿插一些历史的小故事。例如，被奉为财神爷的范蠡的故事。其一生中，三次将挣来的财富分给朋友和百姓，分完以后又重新创业，而且在创业中始终以诚信和仁义为经营的出发点。他从来不像一般商家那样精打细算、盘剥敛财，而是对合作者谦和礼让，对待雇工十分慷慨。遇到灾年减产，就减免地租，同时，

---

① 齐海鹏，李娟. 中国古代理财中的义利观及其对当代理财的启示［J］. 财政史研究（第九辑），2017（7）：113-134.

开粥场赈济灾民，从而获得"富而行其德"的美名，成为几千年来的商业楷模，史称"商圣"，被后人推崇为能带来财富的财神爷的化身。

通过传统文化元素的植入，将爱国主义潜移默化地融入教学中，既可以增加课堂的趣味性，又可以让学生充分感受到我国丰富的历史文化，让学生拥有家国情怀的责任感和使命感，坚定道路自信、制度自信、理论自信和文化自信。

（二）"个人及家庭理财原则"元素

近二十年来，伴随着我国经济的快速发展，个人和家庭也逐步积累了相当的财富，人们对于财富的追求和创造意识也变得愈发强烈。因此，如何围绕着社会主义核心价值观，构建当代中国个人、家庭健康理财的观念，运用正确的理财方法提升个人、家庭和整个社会的生活幸福感，也是当代大学生关心和感兴趣的问题。而财务管理课程中有着丰富的教学内容，使得这一方面的教育可以水到渠成地展开。

例如，在学习"货币时间价值"理论时，针对"复利"概念的教学可以结合近年来屡见不鲜的"校园贷"事件，让学生认识到"利滚利"的可怕之处，引导学生树立勤俭节约、量入为出的消费观念。在学习"风险和报酬"原则时，可以结合近几年来出现的各种金融诈骗案例和P2P"爆雷"事件，生动地向学生揭示"风险和报酬相匹配"是投资的基本原则。在学习"企业融资方式"的内容时，通过介绍股权融资和债权融资的区别，可以让学生通过设计未来的购房方案，了解如何合理使用杠杆。这些内容的安排尽可能地贴近当前的社会经济生活，让学生感受到知识可以学以致用，使学生逐步形成科学、合理、有序的个人和家庭理财观，树立理性的消费观念。

（三）"财会人员职业道德规范"元素

财务管理课程的主要授课对象是财经专业的学生，其未来走向的岗位很多都与"钱"密切相关，这些岗位是各种机构和组织中比较敏感的岗位，也比较容易受到各种利益团体的左右。因此，在教学过程中，应该以诚信、法治为教学主题，重视"财会人员职业道德规范"元素的植入。

例如，在强调企业财务组织形式时，可以通过介绍从财务岗位走上来的知名企业家，来强调财务岗位在企业职能部门中的作用，提升学生对于财会岗位的热爱。又如，在介绍财务经理的职能时，可以引入财会相关法律中对于财会人员的职责、法律义务与责任等的相关规定，提升学生对于财会岗位的敬畏感。再如，在"财务分析"这一部分的内容教学中，可以引入上市公

司的一些财务舞弊案例，如早期的"蓝田造假"、近年的"獐子岛贝壳跑了"等案例，积极地引导学生树立坚守准则、不做假账的守法意识。这些内容对于践行社会主义核心价值观，让学生树立爱岗敬业、诚实守信意识，建立正确的人生观、价值观和职业观有着重要的作用。

（四）"企业社会责任"元素

企业是社会经济活动的微观主体，改革开放至今，我国企业在价值观念的变迁中，对企业社会责任的认识也从模糊到明确。用社会主义核心价值观对企业社会责任进行重塑与弘扬，也是财务管理课程思政的良好素材。

例如，在介绍财务管理目标时，目前的主流教材还是围绕着提升企业经营业绩，实现企业"利润最大化""价值最大化"等目标展开，这是一种唯"效益"论的单一财务量化指标，很容易将企业行为带入功利主义、利己主义的方向，容易诱导企业出现财务造假、危害环境等危害社会的行为，这与社会主义核心价值观是相违背的。在这部分就可以引入"企业社会责任"理论和实践在西方社会的发展及我国民营企业履行社会责任的实践案例，让学生讨论如何用社会主义核心价值观驱动财务管理目标的创新。在介绍"投资决策理论"的时候，可以让学生讨论一下如何将社会效益纳入投资决策指标，优化企业的投资决策。在介绍"企业分配理论"的时候，可以让学生了解大量上市公司从过去的"铁公鸡"转而开始选择定期分红的变化，了解上市公司回馈投资者、履行企业社会责任意识的增强。这些看似零碎的知识点，可以潜移默化地影响学生的心灵，改变他们对于市场经济"唯利"的单一传统的看法。

（五）"创新创业"元素

近些年，各级政府和教育部门都在鼓励大学生进行创新创业，财务管理课程正是大学生创新创业的有效知识储备之一。因此，在教学内容中，结合大学生创新创业实践，可以有效地引导大学生提升创新创业活动的科学性，激发大学生创新创业的热情。

例如，在介绍企业融资管理的内容时，可以介绍各级政府鼓励大学生创新创业的政策及创业贷款、贴息等融资渠道，让大学生学会为未来的创业找"钱"。在介绍企业投资管理的时候，可以引导学生设计一个创业项目，并进行投资收益的测算，让学生懂得有效益地创业；也可以将"创业计划书"中与财务相关的部分融入进来，让学生知道如何运用财务管理的相关知识进行"创业计划书"的申请，为高年级参加大学生创新创业等相关比赛打下基础。

财务管理课程通过"创新创业"元素的植入,让大学生勇于创新、敢于创业,通过青年人创新驱动,利用科技进步,推动我国跨越式发展、高质量发展,建设创新型国家,实现个人理想与祖国前途的有效统一。

二、开展教学方式创新,活跃课题气氛

思政教育融入专业课的教学,一方面,需要确定教学内容与思政元素的融入,也就是如何让"学生真能体会到"是一大挑战;另一方面,当前的在校生不少是2000年后出生的,这代人身上有着鲜明的"标签"——思考力强、知识面广、话语权大、现实感弱及个性化明显,因此以什么方式才能让"学生真正体会到思政教育的内涵"是个难题,因此需要积极运用混合式、案例、讨论、情境教学等教学方法,① 不断创新教学方式。

(一) 混合式教学

2020年上半年的新冠病毒疫情对目前的教学方式是一次巨大的挑战,在线下教学难以实现的情况下,学校大量采用线上教学的替代方式,这也促使了教师和学生对线上资源的开发和使用,为"混合式教学"的实现奠定了良好的基础。"混合式教学",是将在线教学和传统教学的优势结合起来的一种线上+线下的教学,包括观看视频和面授两个阶段。② 课前,学生可以利用已收集的线上课程资料对课程知识点进行预习。在面授时,学生领会重点和难点时,可以跟着教师的思路不断切入知识点,并进行深入探究。课后,教师通过互动交流区,围绕学生的反馈进行更有针对性的辅导。在这个过程中,相对应的思政元素以视频、面授、重点辅导等多种形式展现在学生面前。

(二) 案例教学

财务管理课程的案例来源丰富,贴近学生的生活,这是财务管理教学的一大优势,因此,要学会挖掘案例资源。在每一章节都可以插入一个或多个思政案例,这些案例既可以来自中国传统文化,又可以来自当代的社会经济生活,教师结合教学内容植入思政元素,"润物细无声"地滋养学生的心灵,让学生通过自发思考去塑造正确的人生观和价值观。

---

① 慕丽. "课程思政"在财务管理课程的实践探索 [J]. 职业教育与培训, 2020 (3): 128, 160.

② 殷俊明, 张兴亮. 会计学"专业思政"建设的思考与探索 [J]. 财会通讯, 2020 (15): 163-166.

(三) 情景式教学

在初步的答疑解惑的基础上，还应该将教学内容、思政案例和学习效果深入融合。在学习过程中，如果学生只是技术性地讨论财务管理的技术和方法，并未因此影响自己的价值判断，形成正确的行为取向，这也就不能达到将思政教学融入专业课程的教书育人的教学目的。因此，在教学过程中，还需要教师的引导。这种引导要求教师从多角度介绍思政相关案例发生的前因后果及历史背景，教师鼓励学生表达对社会经济热点问题的看法，了解学生的逻辑性和价值观。在这个过程中，教师应该对学生进行有效的引导，使学生能够更加清晰地理解知识与价值观的紧密关系，激发兴趣，将个人的长远发展与国家需求和民族命运的要求结合起来。

三、总结

思政教育是大学教育的一项重要内容，在高校专业知识教学中融入思政教育对于高等学校教育工作来说是一个重要创新，对于广大高校专业课教师来说也是一项艰巨任务和挑战。专业课教师应当勇于担当，运用马克思主义哲学中的辩证思想，紧紧围绕着社会主义核心价值观，探索教学内容和教学方式的改革，调动学生学习的主动性、互动性、趣味性，让学生懂得政治道路、祖国前途和个人命运的必然联系，引导他们增强对中国特色社会主义的政治认同、思想认同、理论认同和情感认同，帮助学生树立良好的世界观、人生观和价值观，培养符合社会主义建设要求的专业人才。①

---

① 王海威，王伯承. 论高校课程思政的核心要义与实践路径 [J]. 学校党建与思想教育，2018 (14)：32-34.

宏观经济学课程思政核心特色及其打造

陈三毛①

在西方经济学的理论体系中,微观经济学和宏观经济学是两个基本构成部分。宏观经济学着重研究社会的总体经济活动,对国民经济的总量,如总产出(或总收入)、就业总量、物价水平和经济周期等进行研究分析,并在此基础上制定相应的宏观经济政策。该课程的研究对象和研究内容对于学生分析掌握社会经济运行规律有一定的借鉴意义,因此宏观经济学通常是商学院必开课程,成为融经济、金融和管理等各个专业于一体的一门具有平台性质的课程。但是这个平台课程的背景是西方经济学理论。所以如何运营好这个平台?如何在马克思主义理论的指导下,对西方宏观经济学理论进行批判性的借鉴和学习,吸收其有用的科学的成分?课程思政无疑要为此把关和指明方向。可以这样说,没有课程思政,开展宏观经济学的学习可能是盲目的,甚至是危险的。

一、廓清理论、明辨是非,是宏观经济学课程思政的核心特色

不同的课程,具有不同的理论体系和分析方法,也具有不同的课程思政特色。打造宏观经济学的课程思政特色,必须首先要深入把握宏观经济学理论的实质和内核。宏观经济学是在20世纪30年代由英国经济学家凯恩斯所创立的一种理论体系,是所谓的凯恩斯革命的产物,是在新古典经济学(微观经济学)没落后,西方经济学寻求生存并试图继续施加经济社会影响的产物。这个理论体系是与马克思主义政治经济学体系完全对立的:从理论体系到基本观点,两者截然不同。如效用价值论与劳动价值理论的对立,生产要素分配论与剩余价值论的对立,西方经济理论本质上是为资产阶级的利益服

---

① 陈三毛(1968—),男,苏州科技大学商学院副教授,应用经济学博士,主要从事国际金融、政治经济学研究。

务和代言的，否认资本主义国家收入分配中存在的剥削现象，否认资本家的利润来源于工人阶级所生产的剩余价值。西方经济学同样极力掩饰自己的阶级性，把自己装扮成与自然科学一样的"硬"科学。但是，在马克思主义理论光芒的照耀下，西方经济学理论的虚伪性和欺骗性便昭然若揭，而且那些真正具有学术风骨和勇气的西方经济学家，也承认西方经济学理论从整体上看有其科学性的缺失。社会历史演进历程也已经充分证明，西方经济学理论的局限性。在19世纪末期以来，西方经济学理论不断面临着现实的挑战，一次又一次走进了死胡同。当然，客观地看，西方经济学理论每次遇到困难，也会努力突围，并随着时代的进步，在理论上进行局部调整，也会开发出一些技术性的研究方法，如数量分析方法、博弈分析的方法等。

基于以上宏观经济学理论实质和内核的分析，宏观经济学课程思政建设就有了明确的方向和目标。宏观经济学课程的开设和学习，不管是对于教师，还是对于学生，就如同在瘴气笼罩、陷阱密布的丛林中寻找珍宝，整个西方经济学理论体系就是一个危险的丛林。一旦进入这个丛林，如果没有指路灯，就很有可能得不着珍宝，甚至迷失在这个丛林里。所以宏观经济学课程思政建设的一个重要任务，就是要廓清西方经济学理论的演进脉络，指正其根本性的错误。如果没有课程思政建设这个重要步骤，对于宏观经济学的学习将会误入歧途。那么如何廓清理论，明辨是非？如何对宏观经济学的理论做到有批判性的学习和借鉴，择其精华，弃其糟粕？只有坚持以马克思主义理论为指导，坚持唯物史观和辩证方法，才是根本性的出路。

围绕课程思政核心特色的建设，可以实现宏观经济学的课程思政的多元化目标，这些目标包括：以马克思主义理论为指引，帮助学生树立正确的世界观、人生观和价值观；加强国情教育，引导学生关注现实，分析中国宏观经济问题，增强学生家国情怀；增进学生对国家经济改革和发展成就的理性认同，激发社会责任感和担当意识；培养学生的法治观念和意识，指引学生自觉维护国家制定的大政方针、规章制度及监管政策；引导学生正确处理利益诱惑与职业道德之间的冲突，培养学生职业道德和职业规范。

二、多措并举，各方联动，打造宏观经济学课程思政核心特色

第一，坚持以教师为主导，建立一个理论水平高超的课程教学团队。相比而言，主讲宏观经济学课程的教师可能肩负的责任更大、担子更重，因为主讲教师实际上是在引领学生穿越宏观经济学理论的迷雾丛林，是在做拨乱

宏观经济学课程思政核心特色及其打造

归正、引领方向的工作。教师在课程思政建设中发挥的主导作用越大，学生便越能够牢固树立马克思主义的人生观、价值观和世界观，越能够坚持马克思主义政治经济理论的指导，批判性地学习和借鉴西方经济理论，积极地吸收宏观经济理论中那些有用和有益的知识和方法；相反，如果教师的主导作用不突出，那么学生很可能会形成错误的学习态度。例如，对于宏观经济学理论的盲从，沉醉于其所谓的形式之美，或者数理方法的精巧，最后全盘照搬照抄其理论方法，并以此来解读中国经济的改革开放和政策走向，甚至否定马克思主义的政治经济理论。课程思政中教师的主导作用发挥得不好，这些危险是实实在在地存在着的。

那么，如何可以更好地发挥教师的主导作用？

首先，主讲教师自身必须真正精通马克思主义的经典理论，对于马克思主义的价值观和方法论要真学、真懂、真信，成为马克思主义理论的践行者。心中有真理，手中有标尺，对于学生的指导才能有的放矢，精准解决学生对于社会经济问题的困惑。其次，主讲教师要对西方宏观经济理论的是非曲直真正搞清楚，对西方经济理论的欺骗性，以及某些技术问题上的合理性要了然于胸，唯此，才能在学习西方理论的过程中不断避开陷阱，达成目标。最后，宏观经济学的主讲教师将形成一个稳定的团队，群策群力，共同研讨实施课程思政建设，课程思政团队将学习以《资本论》为代表的经典著作，并形成一种交流研讨、相互督促的常态化制度，同时课程团队也会加强对英美等国宏观经济政策的研讨，用马克思政治经济学理论对现实问题进行考察，并将这些学习成果形成书面或者音视频资料，并在课堂的思政教学中运用。

第二，多方联动，确保学生在课程思政中的主体性，激发学生思政学习的积极性。思政教学是为了让学生受益，帮助其形成正确的人生观、价值观和世界观，将其塑造成栋梁之材，所以应该确立青年学生课程思政中的主体地位。他们的积极参与是宏观经济学课程思政平台成功构建的重要支柱。商学院的学生几乎都需要参加宏观经济学课程的学习，所以课程思政平台的建设可以和学生管理、教学管理、党群管理等平台相对接。例如，课程思政的教学研讨可以邀请辅导员、学生所在班级班主任、学生骨干、积极分子参与马克思主义经典理论的研讨和学习，并结合学生工作的动态提出相应的课程思政建设任务。

第三，多种方法并用，确保课程思政工作的有效性，让课程思政真正做到教育学生、培养学生和成就学生。首先，编写具有宏观经济学课程思政特

色的案例,这些案例的鲜明特色应该体现在如下方面:反映宏观经济理论失误、误用或者故意为之的欺骗性,基于宏观理论的经济政策现实运行和困境,经济案例要来源于西方主流媒体的报道,这相当于西方学者或者媒体人的现身说法,只有这样,所选案例才具有强大的说服力和教育意义。因此,宏观经济学课程思政的所有案例将来自英美国家如下报纸和杂志,如纽约时报(*The New York Times*)、华尔街日报(*The Wall Street Journal*)、华盛顿邮报(*The Washington Post*)、金融时报(*Financial Times*)、泰晤士报(*The Times*)和经济学人(*The Economist*)等。其次,尝试多种教学手段,注重发挥学生的主观能动性,让思政元素潜移默化地融入学生心田,例如,设计思政教学的反转课堂,组织小组讨论、设计主题辩论等。再次,线上和线下相结合,要把课程思政讲透、讲深、讲活,除了课堂上的教学讲解,还需要配备有线上的材料和案例,这样才能取得最佳效果。最后,为了加强教学效果,应将课程思政内容和课程教学内容同样作为考核对象,要求学生必须完成线上课程思政的预习和复习,并提交相关作业、专题报告或论文。

三、结语

课程思政强调挖掘专业课程中的思想政治教育元素,发挥教书育人的功能。宏观经济学这门课程中有着丰富的课程思政元素,只不过这些思政元素往往以"反面教材"的形式出现,如果没有正确的引导,学生在学习宏观经济学理论及其技术分析的过程中,很可能迷失方向,形成错误的认识。所以,宏观经济学课程思政建设的重要性,如何强调都不为过。在课程思政建设中,主讲教师的政治素质、理论素养将起着关键作用,这是引导正确方向的保证,学生的积极参与、其主体作用的发挥是课程思政有效性的基础。因此,必须多措并举,各方联动,才能打造宏观经济学课程思政核心特色。

参考文献

[1] 西方经济学编写组. 西方经济学[M]. 北京:高等教育出版社,2017.

[2] 魏博通. 经济学专业课程思政建设的主要问题与应对策略[J]. 教育现代化,2020(6):107-109.

[3] 陶韶菁,陈镇喜. 课程思政:专业性和思政性的相统一相促进:以经济学类课程为例[J]. 华南理工大学学报(社会科学版),2020(6):128-134.

杜威价值论对高校课程思政建设的启示与实践

郝良峰[①]

一、时代背景

2018年9月,习近平总书记在全国教育大会上强调:"我国高等教育肩负着培养德、智、体、美、劳全面发展的社会主义事业建设者和接班人的重大任务,必须坚持正确的政治方向。"事实上,五四运动以来,我国的学科体系建设较大程度地借鉴了西方的划分模式,目前高校13大学科门类的形成可以向前追溯至20世纪初期。在中华人民共和国成立后,苏联模式一度成为我国参照的标准,而改革开放后,中国走向世界的步伐快速推进,这使得高校学科和课程体系建设高度"西化",甚至部分高校照搬了西方的教材和教育模式。特别在改革开放后,中国学生逐步走向世界,同时来华留学的国际留学生数量也迅速增加,这也在一定程度上促进了高校学科建设与国际接轨。如今,我国已形成了与国际接轨的学科体系门类,然而值得注意的是,在西方理论和思想的冲击下,中华民族优秀传统文化在学科建设中的重要性正逐渐减弱。[②] 同时,具有中国特色的话语体系、学术体系并未真正形成。我国的历史文化和制度基础与西方存在较大悬殊,培养社会主义事业建设者和接班人的关键还在于建立完善立足于中国社会经济发展实践的理论体系,"按照立足中国、借鉴国外,挖掘历史、把握现代,关怀人类、面向未来的思路,加快构建中国哲学社会科学"。

大学阶段是新一代青年素质培养和价值形成的关键阶段,将立德树人和社会主义核心价值观贯穿到高校的教育教学过程中,对于延续社会主义事业

[①] 郝良峰(1986—),男,山东菏泽人,苏州科技大学商学院讲师,研究方向为经济学理论及应用。

[②] 杨灿明. 从四个维度来看新文科之"新"[J]. 中国高教研究,2019(10):11-12.

至关重要。在约翰·杜威的价值理论中，他认为价值具有丰富的内涵，其不仅包含了理性的逻辑判断，也同时掺杂了文化、信仰、执念等非理性因素，需要形成内在价值与外在价值、手段价值和目的价值的辩证统一。① 因此，在东西方思想碰撞的过程中能够始终坚持马克思主义立场，形成讲中国故事、解中国难题的价值取向，是高校开展思政教育的重要内容。换言之，尽管中国引入了西方的教育理念和方法，但其内在价值始终隐含了维护国家利益的前提，各种手段的运用都要围绕社会主义核心价值观来实现。

二、杜威价值理论及其教育理念

（一）杜威价值理论的基本主张

约翰·杜威是哲学、教育、心理等领域的集大成者，是实用主义的代表人物，被称为20世纪最伟大的教育改革者之一。价值理论是杜威实用主义哲学的重要组成，并贯穿于哲学理论体系的主线。杜威将价值概念演绎为三个维度：其一，价值作为名词，可以理解为被人们所珍视的物质或精神财富，具有重要的用途或者是宝贵的精神寄托；其二，价值作为动词，可以理解为珍惜、享受、鉴定等人类活动；其三，价值作为形容词，表示精美的、宝贵的、重要的等含义。② 由杜威形成的对价值理论的理解可以区别客观主义者和主观主义者对价值的判断。客观主义者认为，价值是存在于某种特定事物之中的，是用来衡量事物好坏优劣的一种客观存在，其并不随人们意识的变化而发生改变。而主观主义者认为，价值是内生于人们基本认识的价值判断，是对某种事物珍视、享受、向往的情感表达，其包含了差异化的感情因素，并很难形成统一的评判标准。杜威认为，客观主义者或者主观主义者对价值的认识具有片面性，某种事物是否具有价值的关键在于是否有利于改善现有环境或者优化现存状态。另外，对事物的珍视也并非"师出无名"，而是需要包含主观评价或者鉴定的过程。③ 因此，杜威认为价值并非事物内在的好与坏，也不是出自主观意识的评判，而是在具体实践中可以通过评价或者鉴定等理性行为构成的一种值得拥有、追求和珍视的新的样态。价值判断指导并渗透了人们评判或者鉴定的过程，它与关于价值的判断不同，后者是一种事后判断，而价值判断是一种事前判断或者事中判断，它左右并解释了人们的

---

① 杜威. 民主主义与教育 [M]. 北京：人民教育出版社，2001：256-257.
② 杜威. 评价理论 [M]. 上海：上海译文出版社，2007：201-202.
③ 杜威. 评价理论 [M]. 上海：上海译文出版社，2007：208-210.

行为差异。① 价值判断是价值形成的前提,其包含道德判断,但并不局限于道德判断。

(二) 杜威的教育价值理念

教育是一种教书育人、立德树人的社会活动,它不但承载了知识传播的基本功能,而且充满了价值期盼。在价值理论中,价值判断决定了对某种事物价值的评价,而教育在价值判断能力培养方面扮演着重要角色。目前,关于教育价值的观点主要集中在教育的实用价值、文化价值、知识价值、社会价值等方面,但杜威认为脱离价值形成过程来评价教育价值是毫无意义的,也就是说教育价值的真正实现来源于实践,取决于对人的素质培养和人格塑造。换而言之,只有那种被学生接受、珍视、欣赏的教育,能够对学生经验进行持续向好的改造,才能真正实现教育的价值。② 否则,如果教育只是被认定为学科、课程或者社会实现自身价值的手段或者工具,那么它便不可能实现教育的真正价值。③

在教育理念中,除了存在将内在价值与外在价值、手段价值与目的价值割裂开来的观点外,还有将自由教育与职业教育、自由科目与实用科目区别对待的看法。杜威认为,这种根据学科特点按重要程度划分等级的教育做法其实并无不妥,但为了单纯实现职业目标而形成的价值取向并不是教育理念的全部。事实上,不同职业也存在着共同的价值判断,其不仅体现在职业技能的专业训练上,还包括人文素质的培养和政治立场的树立。④ 同时,在学科课程设置中,以学分、必修和选修等划分等级标准的做法在某种程度上容易导致价值形成"真空地带"。杜威就明确指出,在不同学科之间进行价值分配的做法是错误的,它无助于教育主体建立起学科与社会经验的整体性桥梁,也容易导致学校课程设置的重复和无序。如果一门课程或者学科根本不被学生接受或者欣赏,则其教育价值是大打折扣的,也无法实现课程或者学科自身的内在价值。⑤

---

① 杜威. 评价理论 [M]. 上海:上海译文出版社,2007:215-217.
② 石中英. 杜威的价值理论及其当代教育意义 [J]. 教育研究,2019,40 (12):36-44.
③ 杜威. 民主主义与教育 [M]. 北京:人民教育出版社,2001:258.
④ 杜威. 民主主义与教育 [M]. 北京:人民教育出版社,2001:337.
⑤ 石中英. 杜威的价值理论及其当代教育意义 [J]. 教育研究,2019,40 (12):36-44.

三、对经管专业思政教育的思考

(一) 坚持以中国现实问题为导向

从中华人民共和国成立以来,我国高校的学科建设一直步履维艰,直到对外开放政策的实施才使得西方的理论和方法大量移植到国内。相比于西方国家,我国崛起的时期相对滞后,而用来指导经济发展的理论也相对不足,这就使得我国经管专业的理论和方法也大量来源于国外。例如,作为经管类核心课程的"西方经济学",其理论就是在西方资本主义国家不断演化和发展而来的。需要指出的是,我国的制度和文化与西方存在较大差异,完全照搬西方的理论很可能会导致"水土不服"。更重要的是,我国始终坚持马克思主义立场,坚定地走具有中国特色的社会主义道路,这与西方国家资本主义制度存在本质上的差异。因此,在经管专业建设过程中,应当坚持以中国问题为中心,批判地吸收和借鉴国外经验,将经济理论集中到中国社会主义建设的实践中。习近平总书记指出,我国处于近代最好发展期。然而,同时也应当看到,第四次科技革命开启了全球新一轮的竞争,世界处于百年未有之大变局,有更多的新事物、新理论需要我们去认识和探索。"一带一路"倡议的提出、后疫情时代国际关系的演变等也都是我国需要面对的现实问题,需要进一步分析和研判。可以看出,经济管理理论具有一定的客观性,但能否真正适合中国国情则需要加上价值判断,而这种价值判断的形成来自社会主义核心价值观的树立。①

(二) 开设马克思主义政治经济学课程

从杜威价值理论及其教育理念可以看出,树立符合国家民族利益的价值取向是至关重要的。然而,长期以来,在高校学科建设和课程设置中,有关马克思主义理论和思想的课程和研究逐渐被边缘化,这对培养社会主义事业接班人和解决中国实际问题而言都是不利的。习近平总书记在2020年8月发表了《不断开拓当代中国马克思主义政治经济学新境界》的文章,明确指出"我们政治经济学的根本只能是马克思主义政治经济学,而不能是别的什么经济理论"②。在改革开放初期,《资本论》是经济管理相关专业的必读书目,《西方经济学》还没被广泛引入经济学教学中。随着1992年中国特色社会主

---

① 袁占亭. 高校要始终以社会主义核心价值观铸魂育人 [J]. 中国高等教育, 2019 (23): 1.
② 习近平. 不断开拓当代中国马克思主义政治经济学新境界 [J]. 求是, 2020 (16): 4.

义市场经济体制的确立，以市场理论为核心的西方经济学逐渐成为经济管理专业的必修课程，而马克思主义政治经济学反而被忽略了。这一转变一方面源于我国学科体系建设逐渐与国际接轨，另一方面源于我国经济体制的改革。然而，需要强调的是，《资本论》深刻揭示了资产阶级与无产阶级之间的矛盾，与西方经济学中利益至上的思想存在本质差异。事实上，《资本论》的重点在于阐述阶级斗争的重要性，揭露了资本家剥削劳动者的本质，蕴含了浓厚的阶级立场和政治色彩。我国作为社会主义国家，正是以坚定马克思主义立场为前提。我国经过多年理论和实践的摸索，既要立足中国国情，肯定市场经济积极的一面，又要维护社会主义根本制度。也就是说，我们一方面要批判性地吸收西方经济学的科学理论，另一方面也要汲取马克思主义政治经济学思想，坚定马克思主义立场。

最后，回归到杜威的价值理论，如果高校的人才培养与中国国情脱节，或者没有形成正确的价值判断，则教育价值不可能得到真正体现。习近平总书记强调，"我们的高校是党领导下的高校，是中国特色社会主义高校"。培养社会主义事业接班人，是高校的责任和担当。树立社会主义核心价值观，将教书育人内化到社会主义伟大事业中，是高校实现自身价值的重要保障。我国作为延续五千年文明的古老国度，拥有丰富的历史文化沉淀和哲学思想积累，但相比而言，我国还未形成具有国际影响力的话语体系和理论体系。①高校作为科学研究和教学育人的"主战场"，应当坚持马克思主义立场和中国共产党的领导，以中国社会经济发展为中心，挖掘新材料，发现新问题，提出新观点，构建新理论，将马克思主义政治经济学理论与中国国情结合起来，不断开拓当代中国社会主义政治经济学新境界。

---

① 樊丽明. 对"新文科"之"新"的几点理解[J]. 中国高教研究，2019（10）：10-11.

守好一段渠，种好责任田
——新时代"市场营销学"课程思政实践与思考

郑作龙①

习近平总书记在2016年全国高校思想政治工作会议上提出，要用好课堂教学这个主渠道，各门课都要守好一段渠、种好责任田，使各类课程与思想政治理论课同向同行，形成协同效应。②"守好一段渠，种好责任田"对新时代课程思政提出了新任务和新要求，推进课程思政是高等教育"立德树人、为国育人"的根本遵循。教育部2020年5月28日印发了《高等学校课程思政建设指导纲要》（以下简称《纲要》），进一步强调了课程思政建设是落实"立德树人"的战略举措和提高人才培养质量的根本任务。③《纲要》明确指出"专业教育课程要深度挖掘提炼专业知识体系中所蕴含的思想价值和精神内涵，科学合理拓展专业课程的广度、深度和温度，从课程所涉专业、行业、国家、国际、文化、历史等角度，增加课程的知识性、人文性，提升引领性、时代性和开放性"。因此，面对新时代新需求，专业课程亟须从教学实践视角探索其课程思政教学设计，深入挖掘中国情境下专业课程思政的现实路径和根本遵循。本文将从新时代"市场营销学"课程思政建设的现实背景和意义分析出发，从教学实践层面探究"市场营销学"课程思政教学设计，并深入论证提出"市场营销学"课程思政建设的现实路径和根本遵循，希冀为未来"市场营销学"课程思政建设提供理论和现实的参考和借鉴。

---

① 郑作龙（1985— ），黑龙江大庆人，博士、讲师，研究方向为知识管理、创新管理。
② 张烁. 习近平在全国高校思想政治工作会议上强调：把思想政治工作贯穿教育教学全过程，开创我国高等教育事业发展新局面［N］. 人民日报，2016 - 12 - 09（1）.
③ 教育部关于印发《高等学校课程思政建设指导纲要》的通知［EB/OL］.（2020 - 06 - 06）［2021 - 04 - 21］. http://www.gov.cn/zhengce/zhengceku/2020 - 06/06/content_5517606.htm.

一、新时代"市场营销学"课程思政的现实背景

习近平总书记提出"要用好课堂教育主渠道,守好一段渠、种好责任田,做好课程与思政同向同行,形成协同效应",为专业课进行课程思政建设指明了方向和路径。"市场营销学"作为本科生专业教育必修课程,在专业人才培养方案中承担"职业素养、知识掌握、市场调查、营销思维"的功能定位,其授课对象为市场营销、工商管理、物流管理等专业本科生,开课专业和受众学生均具有较大的覆盖面。因此,为实现"立德树人、为国育人"的人才培养宗旨,以习近平新时代中国特色社会主义思想为引领,① 积极推进"市场营销学"课程思政建设具有重大的现实意义。

同时,"市场营销学"课程本身具有较强的时代特征,其理论性、实践性和前沿性尤为鲜明和突出,在新时代背景下有效开展"市场营销学"课程教学与研究工作,对我国经济运行和商品流通均具有重要的理论价值和现实意义。新时代需要高质量的育人理论和方法,"市场营销学"课程思政建设有利于实现立德树人、为国育人的教育宗旨,能够更好地服务于中国实践,以及践行教书育人理念。因此,从课程性质、功能视角及新时代背景出发,以习近平新时代中国特色社会主义思想为引领,对"市场营销学"课程思政开展研究具有理论价值和现实意义。

"市场营销学"课程教学内容和知识点涉及基本概念和概况,营销环境分析,组织市场和消费者市场分析,营销调研与预测,目标市场营销战略,竞争动态分析,产品、定价、渠道、促销和品牌策略,以及营销的计划、组织、控制和新领域新趋势。② 探索"市场营销学"课程思政建设的具体举措和实施方法,以习近平新时代中国特色社会主义思想为引领,从课程团队、教学目标、教学改革、教学效果、课程思政特色和示范等方面深入探索具有现实必要性。

二、新时代"市场营销学"课程思政的实践探索

基于新时代"市场营销学"课程思政建设的现实背景,结合"市场营销学"对人才培养的目标定位,为满足"守好一段渠、种好责任田"课程思政

---

① 中共中央宣传部. 习近平新时代中国特色社会主义思想学习纲要:2019 版标准版 [M]. 北京:学习出版社,2019:15 – 20.
② 吴健安,聂元昆. 市场营销学 [M]. 6 版. 北京:高等教育出版社,2017:117 – 123.

建设要求，对当下"市场营销学"课程思政设计进行如下实践探索。

（一）构建立场坚定、特色鲜明的学习型教学团队

主讲教师深刻理解新时代社会主义核心思想理论内涵，积极主动参加高校师风师德建设培训会议；通过自主＋集中相结合的方式不断提升自身理论与思想水平，做到政治立场坚定、师德师风良好、家国情怀强烈；时刻保持思维新、视野广、自律严、人格正的为师状态，在课程教学中结合新时代中国情境合规律、合目的性地融入真善美核心要素。

教师团队成员均为中共党员，且为双一流高校博士，成员学历教育涉及市场营销、工商管理、电子商务、哲学、管理科学与工程等多学科专业背景，这从根本上保证了教学成员具备较好的课程思政意识和高水平专业能力；成员围绕课程思政教学设计与学生学习效果开展教学改革研究，建立"轮流主持＋双周制度"的课程思政集体备课和教学研讨机制，积极协同探索思政建设的整体路径和实现机制。

（二）确立"五维一体"课程思政教学目标

"市场营销学"课程为专业必修课，在专业人才培养方案中承担"职业素养、知识掌握、市场调查、营销思维"的目标定位，课程具有较强的理论性、实践性和前沿性等性质和特点，授课对象为市场营销、工商管理、物流管理专业本科生。基于课程定位、性质和授课对象，笔者提出了"市场营销学"课程思政应具有五个目标：一是塑造新时代世界观、人生观、价值观，明确课程思政育人的价值导向；二是建立营销者国家使命感和责任感，明确课程思政育人的家国情怀；三是筑牢营销者法治观念和道德意识，明确课程思政育人的职业规范；四是形成国内、国际双循环新营销理念，明确课程思政育人的服务场景；五是造就社会主义市场经济营创思维，明确课程思政育人的根本所在。五个目标有机协同建设，促进新时代"市场营销学"课程思政育人目标的全面实现。

（三）以"创新理念＋技术方法"推进课程思政教学改革

以习近平新时代中国特色社会主义核心思想为引领，坚持"经典理论＋中国情境"的发展理念，依托中国市场需求不断创新和完善教学方案整体设计。从课程思政教学内容出发，采用多样化的课程思政教学方法，包括启发式（归纳与演绎方法）、研究性（专题研讨与实证探究）、案例式（中国案例

与他山之鉴)、PBL（情景模拟与参与嵌入）等教学方法,[1][2] 帮助学生在理论学习中树立新时代正确的世界观、人生观和价值观。此外,推动课程思政与现代教育技术深度融合,通过慕课平台、虚拟仿真、在线互动等途径创新思政元素展现形式,增强课程思政的覆盖性,使其具有较强的亲和力和针对性。将课程思政元素充分融入教学过程考核和结课考核所涵盖的知识、能力与素质中,重点评价学生对思政知识的掌握程度及知识转化与内化的质量和效果。

（四）构建课程思政效果双重评价方法

从学生评价和同行评价双重视角,系统探究"市场营销学"课程思政教学评价指标体系,通过问卷调研和数据分析对教学效果进行客观评价。学生评价指标体系主要包括师风师德、教学内容、课堂互动、考核方式和学习满意度等维度,同行评价指标体系主要包括教学理念、教学方法、教学手段、教学效果等维度,分别形成体现课程思政教学效果的评价方法。最终,通过不断创新"设计—实践—再设计"等迭代提升过程,形成若干具有高质量、一定辐射和推广价值的课程思政教学与研究成果。

三、新时代"市场营销学"课程思政的现实路径和根本遵循

教育部《纲要》中明确指出,管理类专业课程要在课程教学中坚持以马克思主义为指导,加快构建中国特色哲学社会科学学科体系、学术体系、话语体系;要帮助学生了解国家战略、法律法规和相关政策,引导学生深入社会实践、关注现实问题。做好"市场营销学"课程知识与思政理论的有机结合,将习近平新时代中国特色社会主义核心思想、中国特色社会主义市场经济制度、改革开放及创新驱动发展、"一带一路"等思想内涵和国家倡议融会贯穿于课程知识体系,全面实现"市场营销学"课程知识体系、教学目标与新时代立德树人、人才培养要求契合协同。

（一）习近平新时代中国特色社会主义思想是开展"市场营销学"课程思政的根本引领与行动指南

"市场营销学"课程思政建设关键之一是要有鲜明、正确的新时代思想

---

[1] 周晓睿,谢钊锐,邓敏慧. 基于SPOC的高校市场营销学课程混合式教学模式研究[J]. 教育教学论坛,2020 (45). 25-30.
[2] 洪娟. 体验式教学在市场营销学教学中的应用分析[J]. 求知导刊,2018 (24):122.

和理论作为根本引领和行动指南。该课程教学核心知识点是市场 STP 战略和营销 4P 策略，包括目标市场细分、选择和定位战略，市场的产品策略、市场定价策略、分销策略和促销策略等。这些构成了市场营销学的基本理论架构。在课程思政教学中需要向学生阐释新时代企业应如何采取科学战略、开发什么样的产品、坚持什么样的定价导向、分销和促销中坚持什么样的指导原则，这些战略与策略的制定是新时代企业开展市场营销的基本出发点，不仅决定了企业市场盈利能力水平，还体现了中国企业本色及高质量市场责任作为。

认真学习领会习近平新时代中国特色社会主义思想，其旨意具有"中国的新时代"和"世界的新时代"的广阔指向，明确指出了"人民日益增长的美好生活需要和不平衡不充分的发展之间的矛盾，必须坚持以人民为中心的发展思想，不断促进人的全面发展、全体人民共同富裕"。因此，在全球人类命运共同体理念下，积极向学生讲授企业市场战略选择及产品营销策略应以人民需求为根本出发点，通过科学合理的定价、分销和促销解决市场需求中不均衡不全面的问题，促进中国乃至全球市场均衡高质量发展，体现中国企业核心竞争力，同时更要展现新时代中国企业的大国行为和全球责任担当。

（二）中国特色社会主义市场经济制度与继续深化改革开放国策，为推进"市场营销学"课程思政提供了现实背景与遵循路径

市场营销理论与实践需要在一定的制度规约和路径下开展，了解经济制度和国家导向是教学的重要实践前提。在市场营销课程知识点中，特别是营销环境分析及营销计划、组织和控制的讲授中积极向学生阐释我国不断完善社会主义经济制度安排，以及当下继续深化的改革开放战略内涵，使学生在新时代扎根中国土壤、放眼全球，深刻理解和把握营销知识的应有视角和重要性。

新时代中国特色社会主义市场经济制度，关键问题之一在于要不断完善市场制度和创新要素资源配置，"坚定不移深化市场化改革，扩大高水平开放，不断在经济体制关键性基础性重大改革上突破创新""健全以国家发展规划为战略导向，以财政政策、货币政策和就业优先政策为主要手段，投资、消费、产业、区域等政策协同发力的宏观调控制度体系，增强宏观调控前瞻性、针对性、协同性"，这些经济制度安排对中国企业走出去、基于改革开放视角而开展营销具有十分重要的指导意义。为此，在相关知识点设置及讲解过程中，要注重对国家市场方针政策进行分析，明确新时代企业积极开展市场营销需关注的时代背景和基本遵循，使学生更深刻地理解市场环境并在此

基础上科学合理地开展战略规划并予以实施。

（三）"一带一路"倡议与全球共同体理念，为实施"市场营销学"课程思政提供了广阔视角与国际方案

"市场营销学"为广义、一般性的营销知识体系，国内营销与国际营销为其应有之内涵，立足中国大地需要进一步讲述更宽视域的营销方案与营销创新作为。企业在市场营销中需要在对本土环境进行关注和分析的基础上才能更加精准地把握国际环境，实现国内、国际营销战略与策略相互促进格局的形成。

在全球命运共同体的理念下，我国继续深化改革和对外开放为企业从事更广阔的营销活动提供了外部动力，同时创新驱动发展、"一带一路"倡议支持使得企业开展国内、国际营销活动更加明确了目标市场及战略选择。这些内容结合起来讲述将使学生深刻理解企业创新制定营销战略和开展营销策略的视角及方案的现实依据。例如，"改革开放是党在新的时代条件下带领人民进行的新的伟大革命，目的就是要解放和发展社会生产力，实现国家现代化，让中国人民富裕起来，振兴伟大的中华民族；就是要推动中国社会主义制度自我完善和发展，赋予社会主义新的生机活力，建设和发展中国特色社会主义"。又如，"共建'一带一路'致力于亚欧非大陆及附近海洋的互联互通，建立和加强沿线各国互联互通伙伴关系，构建全方位、多层次、复合型的互联互通网络，实现沿线各国多元、自主、平衡、可持续的发展"。在课程思政教学过程中，围绕市场细分—目标市场选择及产品、定价、分销和促销策略等，充分融入中国全球命运共同体理念及当下"一带一路"现实背景和中国案例，将极大程度地为课程设计与讲述提供鲜活的实践背景和方案。

四、结论与展望

新时代认真践行习近平总书记"守好一段渠、种好责任田，做好课程与思政同向同行，形成协同效应"指示精神，深入推进"市场营销学"课程思政建设对"立德树人、为国育人"意义重大。基于"市场营销学"课程思政的现实背景，专业教师团队实践探索了"市场营销学"课程思政设计方案，包括构建立场坚定、特色鲜明的学习型课程思政教学团队、确立"五维一体"课程思政教学目标、以"创新理念＋技术方法"推进课程思政教学改革和构建课程思政效果双重评价方法。

在此基础上提出"市场营销学"课程思政的现实路径和根本遵循，即课

程思政建设的思想引领与行动指南、现实背景与遵循路径、广阔视角与国际方案。"市场营销学"课程思政建设深化了课程教学的内涵深度,使学生在学习吸收专业前沿知识的同时更加深刻理解和领悟新时代中国特色社会主义理论,坚定了道路自信、理论自信、制度自信和文化自信,有利于中国特色营销理论的构建与营销活动的全球化开展,对促进新时代立德树人、为国育人目标的实现发挥积极有益的作用。

"市场营销学"课程思政建设,坚持了"五维一体"思政育人目标,体现立德树人、为国育人理念宗旨,同时注重教学方案设计与现代教育技术相结合,做到线下课程与线上展示有机融合,力争形成系统性强、中国情境化、符合新时代特征的市场营销学课程思政经验成果。关于课程思政的示范,一是可以在市场营销、工商管理专业教学中进行线下课堂推广,在教学实践中不断优化提升;二是可以尝试依托慕课平台开展线上教学展示,增强课程思政的覆盖面和传播性;三是可以力争形成完整系统性的课程思政成果,在课程思政建设方面起到借鉴示范作用。

课程思政之实践探析
——以"运筹学"为例

沈建男[①]

习近平总书记于2016年12月召开的全国高校思想政治会议上就提出了要坚持把立德树人作为中心环节,把思想政治工作贯穿教育教学全过程,实现全程育人、全方位育人。大力推进习近平新时代中国特色社会主义思想进教材、进课堂、进头脑,将思政教育有机融入专业课程。党中央的号召对于新时代高校课程建设提出了新的要求,在当前的课堂教学中,高校的专业课程同样需要承担思政教育的功能,高校能够利用专业课程内容丰富、学科内涵拓展性广和师资力量雄厚的特点,在践行立德树人的根本任务上提供新的育人途径。

以"运筹学"课程为例,我们从课程特色、思政目标、课程思政建设思路三个方面来实践课程思政。

一、课程特色

"运筹学"是集工商、营销、物流、财务等专业于一体的一门学科基础选修课程,以定量分析为主来研究经济管理问题,其任务是通过本课程的系统学习,培养学生树立科学地分析、解决实际管理问题的意识和方法,使他们熟悉和掌握现代管理的量化技术,能将工商管理、市场营销、物流管理及财务管理系统中的人力、物力、财力等资源进行统筹安排,建立并计算相应的数学模型,为决策者提供有依据的最优方案,以实现最有效的管理。其主要特色包括两个方面。

(1) 多学科综合交叉。"运筹学"课程综合应用数学、经济学、管理学

---

① 沈建男(1981—),男,苏州人,博士,苏州科技大学商学院物流系讲师,主要从事物流与供应链研究。

（物流管理、人力资源、市场营销、财务管理）等学科的专业知识与计算机科学技术，体现了多学科的综合交叉特点。

(2) 注重实践应用。"运筹学"是一门应用科学，合理地解释事物，揭示内在规律，并应用有效的科学方法，以优化的思想寻求实际问题的解决方案。而且，不断被应用到物流、商业、管理、人力等领域。

二、课程思政目标

根据专业培养方案及学生毕业要求，提出"运筹学"课程思政教学目标，包括以下四个方面，并进一步提出课程思政与毕业要求之间的支撑与被支撑关系，具体如表1所示。

思政目标1：增强家国情怀及荣誉感与文化自信，树立正确的世界观、人生观、价值观，提升内涵品质。

思政目标2：具有全局导向，勇于开拓的创新精神；培养学生为国家发展无私奉献的精神。

思政目标3：培育良好的科学素养与科学态度，引导学生将来为国家发展做出贡献。

思政目标4：树立正确的道德情操，遵守运营管理职业道德与职业规范。

表1 课程思政目标与毕业要求之间的支撑与被支撑关系

序号	毕业要求	毕业要求指标点	课程思政目标
1	掌握学科基础理论知识	熟悉各类问题、模型的专业术语；理解各类问题、模型的理论知识；了解重要定理的理论推导与证明	思政目标1、思政目标3
2	具备分析问题的能力	针对实际问题，分析求解目标、约束条件、决策变量等要素；基于上述分析，建立合理的数学模型	思政目标3、思政目标4
3	综合应用	理解各类模型重要求解算法的基本思想；掌握各类重要算法的基本步骤；熟练掌握各类算法对实际问题的应用	思政目标2、思政目标3
4	应用常用软件分析和处理	熟练掌握各电子计算工具的程序编写；针对不同模型，熟练掌握电子计算工具的程序实现；利用计算工具求解实际问题，并能做出正确解释；根据计算结果与解释，做出合理决策	思政目标2、思政目标4

三、课程思政建设重点解决的关键问题

（一）基础理论知识与实际应用能力的协调统一

"运筹学"课程重点体现了优化思想，即如何用优化的方法解决经典的规划模型，其中包含了难度较大的基础理论知识；另外，讲授优化方法在工商、财务、物流管理实践中的应用，从而使得学生的基础理论知识与实际应用能力达到协调统一。

（二）以"运筹学"课程为基点，系统梳理后续与平行课程的思政建设

本课程建设团队是由学历层次高、年龄结构合理、年富力强的骨干教师组成。其中，博士比例为100%，教授比例为40%，硕士生导师比例为40%。并且，本团队成员主讲课程为"运筹学"及后续与平行课程（"物流系统仿真""物流运作管理""供应链管理"等）。本课程改革的重点之一就是以"运筹学"课程为基点，通过团队成员之间的高效协作，系统梳理后续与平行课程的思政建设。

（三）课程内容与思政元素的有机融合

本课程建设过程中将理想信念、爱国情怀、社会责任、专业伦理、科学精神、思维方式等思政元素融入教学内容中，达到课程内容与思政元素的有机融合。

四、课程思政建设思路

依据课程特色、思政目标，提出建设思路及举措，主要包括课程团队、教学内容、教学改革、教学效果、课程思政特色和示范作用等方面。

（一）以课程思政为引领的多元化教学团队建设

包括以课程平台为载体，建立团队合作机制与组织模式；共同开发教学资源，组织或参与课程思政培训，开展思政教学研讨和交流，建立课程集体备课和教研制度，切实提高教师的思政修养与教学水平。

（二）教学内容与思政内容深度融合建设

将"运筹学"课程知识点或者内容逐层深挖，形成能够思政育人的逻辑弹性。教师通过多维度、多视角进行教学内容的建设，实现知识目标、能力目标、价值目标和情感目标的协同。

在理论教学方面，一是教师通过介绍"运筹学"的重要性，增加学生对所学专业和课程的荣誉感和使命感。二是教师通过讲解"运筹学"的发展史，

讲好中国故事，激发学生的家国情怀。三是教师通过讲解"运筹学"的实例，如在线性规划部分可以讲解考虑环境因素的大气排放线性规划问题，来启发学生要运用所学投身实践。四是教师通过介绍国内外该专业当前的差距，唤起学生的忧患意识、科技报国意识和担当意识。

在实践教学方面，加强上机实践，优化相关软件的使用介绍和实操，使学生既会建模，又会解模。实验案例来源于生活、生产实际，从而达到该门课程的系统性、完整性，提升学生的实践能力。

总体而言，将思政教学融入教学内容的整个过程中，如春在花，如盐在水，让学生在不知不觉中接受思政教育。具体的教学内容与思政元素设计如图1所示。

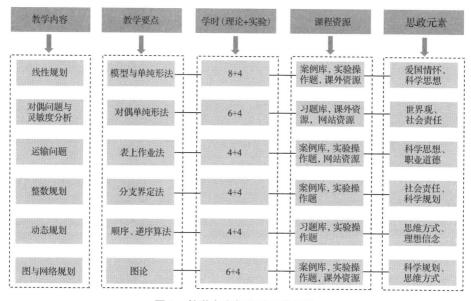

图1 教学内容与思政元素设计

（三）以课程为基础、以学生现状为导向的教学方法建设

采用启发式教育，使学生在独立思考的状态下培养良好的品格。同时，激发学生主动学习的兴趣，培养学生独立思考、分析问题和解决问题的能力，引导学生主动通过实践和自学获得自己想学到的知识。

采用电子教案、多媒体教学与传统板书教学相结合的方式，提高课堂教学信息量，增强教学的直观性。

采用案例教学。从现实生活中淬炼升华新时代鲜活的中国故事，将理论教学与工程实践相结合，引导学生应用基本理论知识解决实际问题。

采用互动式教学。课内讨论和课外答疑相结合。

因材施教。同样一套教材，做到因人、因地而异。因人而异，指的是针对不同专业，差异化教学。因地而异，指的是在多媒体教室上课时，多讲多讨论；在机房上课时，多实践，多解模。

坚持运筹学课程教学的连续性。课程中与课程结束后，教师应组织学生参加相关比赛，大四时组织学生选择与"运筹学"相关的毕业论文题目，注重管理类学生工程实践能力的培养。

（四）以应用与理论知识为基点的课程考核建设

以课程思政为主体，创新考核方式，课内与课外衔接，课堂表现和日常行为相结合，形成多角度、全方位的考核机制。考核内容包含：课堂表现、日常行为、团队作业、课下作业、期末考试。通过课堂表现、日常行为考察学生的思政状况。通过书面作业与期末考试考查学生对基础知识的掌握程度。通过团队大作业，考查学生应用所学知识解决实际优化问题的能力、口头和文字表达能力，以及团队合作能力。

检验课程目标达成度，评价学生学习成果达成度。考核环节包括平时成绩和期末考试成绩，总评成绩以百分计，平时成绩由书面作业、大作业、实验、出勤、在团队中的表现、学习态度等部分组成。各考核环节所占分值比例可根据具体情况微调，建议值及考核细则如表2所示。

表2 "运筹学"课程考核依据与评价

考核依据	建议分值/分		考核/评价细则
平时成绩	30	书面作业 30	1. 主要考核学生对每章节知识点的复习、理解和掌握程度 2. 每次作业按30分制单独评分，取各次成绩的平均值作为书面作业成绩
		出勤 10	根据学生出勤和课堂表现打分，按10分制评分
		大作业 40	1. 考查学生应用所学知识解决实际优化问题的能力、口头和文字表达能力，以及团队合作能力 2. 教师根据报告和答辩情况评分，满分为40分
		实验 20	根据实验完成质量，以及实验报告质量评分，满分为20分
期末考试	70		1. 卷面成绩100分。卷面成绩按比例计入课程总评成绩 2. 考核学生对线性规划、线性规划对偶、运输问题、整数规划、动态规划及图与网络等内容的掌握程度，考查学生对解决各类问题重要算法的掌握程度，要求学生能够理解并熟练利用各算法求解相关问题 3. 考试题型为选择题、判断题、分析题、计算题、证明题

五、教学效果

课堂内学生的参与度有所增加,学生的学习兴趣与实践能力得到明显提升;课堂外学生积极参加物流设计大赛、数学建模等各项比赛,学生对专业的认同感、获得感增强。

通过教学活动、思政教学竞赛、学科竞赛、科学研究,教师的思政修为与教学水平得到提升,更高效地完成教学任务。

在学科基础课上,全方位、多角度地将思政教学与理论教学深度融合,做到思想引领,理论先行,实践检验,激发学生兴趣,提升学习效果。以期在学科基础课方面,形成可推广的特色经验,在课程思政建设方面起到示范作用。

参考文献

[1] 张烁. 习近平在全国高校思想政治工作会议上强调:把思想政治工作贯穿教育教学全过程,开创我国高等教育事业发展新局面 [N]. 人民日报, 2016 – 12 – 09 (1).

[2] 教育部关于印发《高等学校课程思政建设指导纲要》的通知 [EB/OL]. (2020 – 05 – 28) [2021 – 05 – 28]. http://www.moe.gov.cn/srcsite/A08/s7056/202006/t20200603_462437.html.

[3] 马满好, 刘进. 运筹学类课程教学中的课程思政研究 [J]. 高教学刊, 2020 (35): 176 – 179.

多层面的"组织行为学"课程思政教学设计

孙建群[①]

在社会多元价值交织、渗透的背景下,单纯或过度依赖思政课对大学生进行价值引领的局限性日益凸显,亟须发挥多学科优势,全课程、全方位育人。[②]"组织行为学"是研究组织行为及组织管理问题的重要基础课程,是国内大多数高校经管类专业学生的必修课程,对于培养优秀的社会主义管理人才来说具有重要意义。该课程具体研究组织中人的心理和行为规律,对管理者了解、解释、控制和预测组织中人的行为,从而有效发挥和调动组织中人的积极性、主动性、创造性具有重要的意义。在课程思政过程中,"组织行为学"承担着隐性教育的思政属性,即课程的关注对象需要从企业拓展为国家、企业、学生,课程目标不仅需要"把筐装满"还应当"把灯点亮"。具体而言,通过将"组织行为学"专业知识与课程思政基本思想相融合,高校学生可以掌握个体心理和行为、群体心理和行为、组织文化及组织行为等方面的专业知识和专业方法,并提升对组织实际问题的基本判断和分析能力;同时可以借鉴"组织行为学"的基本知识和基本理论来进行自我管理,以树立学业理想、激发学习动力、获得幸福感等。此外,教师可以通过中国传统文化的传承,引导学生树立正确的世界观、人生观和价值观,培养学生对国家发展的使命感和社会责任感,提升文化自信,塑造一定的家国情怀。

一、企业层面:"组织行为学"的一般模型

对于企业组织的研究,不同的学科有着不同的视角,无论什么视角,都有

---

① 孙建群(1988—),女,江苏海门人,博士,商学院副教授,主要研究方向为组织行为学、企业管理。

② 高德毅,宗爱东. 从思政课程到课程思政:从战略高度构建高校思想政治教育课程体系[J]. 中国高等教育,2017(1):43-46.

一个基本的共同点：我们可以从不同层次来分析组织行为。从"组织行为学"的角度出发，分析层次包括三个：第一个分析层次是个体水平上的，也就是把组织称作为某个共同目标而努力的一群个体的集合；第二个分析层次是群体水平上的，把重点放在组织中的部门、群体或小组的活动上；第三个分析层次是组织水平上的，把组织作为一个整体来分析和研究。[①] 这三种分析水平就像垒砖块，每一个水平都搭建在前一水平的基础之上。群体的概念来自我们对个体行为的讨论，而组织行为的讨论则来自我们对个体和群体行为的分析。

对组织行为进行分析和管理的目的在于组织目标的实现，生产率、缺勤率和工作满意度等是与人相关的影响组织目标实现的关键变量，它们常被作为"组织行为学"中主要的因变量。生产率是与"组织行为学"有所关联的基本问题之一，其水平的高低由组织实现其目标的情况来衡量，我们希望知道什么因素会影响个体、群体及整个组织的效果和效率。较低的缺勤率是保证组织平稳运行、实现其目标的必要条件。一般来说，降低缺勤率对组织来说十分重要，但当员工处于过度疲劳或过高压力的状态时，此时的缺勤对组织而言并非坏事。工作满意度是个体对工作的总体态度，与生产率和缺勤率不同的是，工作满意度是一种态度而非行为。对工作满意度的关注源于其与流动率和缺勤率的负相关，以及管理者对其与生产率存在正相关的信念。多层面的"组织行为学"课程思政教学设计思路如图1所示。

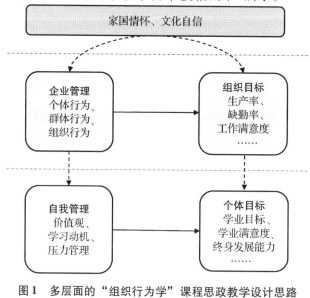

图1　多层面的"组织行为学"课程思政教学设计思路

---

① 孙健敏，李原. 组织行为学 [M]. 上海：复旦大学出版社，2007：27–30.

"纸上得来终觉浅,绝知此事要躬行。"习近平强调"学到的东西,不能留在书本上,不能只装在脑袋里,而应该落实到行动上,做到知行合一、以知促行、以行求知"。实践是检验真理的唯一标准,只有把学到的知识用到实践当中才能体会到知识的真正价值。在企业层面的组织行为学理论知识的教学过程中,教师应组织学生深入社会,开展主题性调查活动,在调查的过程中了解国情、民情。同时,在调查过程中,发现、识别企业管理实践问题,结合理论知识对此做出分析和判断,并尝试提出相对应的管理措施。①

二、学生层面:"组织行为学"对自我管理的启示

为了更好地适应我国社会的发展及对人才的需求,高校学生不仅仅需要具备专业的理论知识,还需要树立正确的价值观念,并同时拥有健全的品行和人格。然而,当前高校学生存在以下特点:其一,价值观多元。现在的高校学生处在信息时代,他们获取信息的渠道多,信息量大,思想开放,价值观多元,个性意识强。②其二,学习主动性不强。部分高校学生因受其自身的学习兴趣或专业兴趣的影响,或因专业知识和社会实践的脱节,呈现出学习主动性、自觉性不强的状态,如对学习的精力投入不足,没有求知欲,没有学习计划,课余不学习,课中不听课。其三,压力大,韧性不足。大部分高校学生来自独生子女家庭,在无微不至的照顾和沉重的家庭期望之下成长,面临着学业压力、求职压力、考研压力、人际交往压力等,多重压力之下他们却不具备与之相匹配的心态和压力应对能力,所以容易产生自卑心理或过激行为。

"组织行为学"的专业知识和理论涉及对员工心理与行为、群体心理与行为等方面的描述、解释和管理,这些专业知识和理论同样可以运用于高校学生的价值引领、动机激发、压力管理等。教师在授课过程中应注意全面了解学生的学习态度、信念理想等,并根据学生的实际情况帮助其将"组织行为学"的专业知识和理论迁移至自我管理过程中。例如,在"动机与激励"章节,让学生理论结合实际,分析自身的动机相关问题。通过对"差生"的解读,让学生明白有需要不一定会有动机,对自身能力的判断也会影响行为的动力强度;通过对文科专业课逃课率高于理科专业课原因的分析,明白行为

---

① 张文燕. 基于课程思政的组织行为学教学探索 [J]. 西部素质教育, 2019, 5 (4): 35 – 36.
② 陆海兰, 李宗玲. 高校思想政治理论课对学生管理的影响 [J]. 教育观察 (上半月), 2016, 5 (1): 106 – 108.

不一定是态度所致，行为结果是否满足个人需求也会影响个体行为；通过分享自身的学习动机强度并分析为什么对学习提不起劲，使学生综合理解动机激发的内容型要素和过程型要素，进而让学生理解现状并找到改变现状的途径。

三、家国层面：家国情怀对企业管理与个体管理过程的渗透作用

家国情怀作为社会主义核心价值观的重要体现，在"组织行为学"课程中的渗透教育至关重要。一方面，家国情怀孕育企业家精神，国家的政治经济体制是企业发展的外部环境，企业家不仅仅应该是"经济人"，还应该是"家国人"，"爱国敬业，遵纪守法，艰苦奋斗"是作为"家国人"的企业家的本分；另一方面，家国情怀的融入有助于引导高校学生树立正确的世界观、人生观和价值观，坚定高校学生的民族自信，进一步培养高校学生对国家发展的使命感和社会责任感。

家国情怀的培养并不是简单地灌输爱国或爱家的理论，而应该基于实际，结合身边的案例适时地引导学生感同身受地理解社会制度的优越性及国家所取得的成就，持续性地把家国情怀渗透到教学的各个环节。[①] 例如，以"动机与激励"章节为例，激励的对象既可以是他人（管理者对企业员工的激励、老师对学生的激励），又可以是自己，对自己进行自我激励。本课程选择抗疫斗争中，充分展现中国精神、中国力量和中国担当的人民英雄张定宇作为思政案例，对于张定宇这样一种极其艰难甚至冒着生命危险的行为，引导学生综合运用内容型激励理论、过程型激励理论等理论思考他是如何进行自我激励，始终坚守在抗击疫情最前沿的。具体包括影响因素、心理过程及权变因素等方面的分析。

案例材料举例：他是院长，也是病患。他叫张定宇。作为收治患者最多的武汉金银潭医院的一院之长，他另外的一个身份是一名渐冻症患者。行动不便的他，已经在抗疫一线坚持了30余天。每天接上千个电话，处理无数突发事件的他，无暇顾及感染新冠病毒的妻子，始终坚守在抗击疫情的最前沿。他说："我很内疚，我也许是个好医生，但不是个好丈夫。我们结婚28年了，我也害怕，怕她身体扛不过去，怕失去她！"别人眼里风风火火的铁血男儿，害怕失去挚爱的缱绻，湿了他的眼眶。一天睡眠不到2小时的张定宇，正在

---

① 陈奕奕. 家国情怀在专业课程思政建设中渗透路径研究：以《组织行为学》课程为例[J]. 2020（18）：131-132.

和病魔争夺时间。"我必须跑得更快,才能跑赢时间,把重要的事情做完;我必须跑得更快,才能从病毒手里,抢回更多的病人。""以后我会被固定在轮椅上,我现在为什么不多做一点?"

在国家课程思政建设精神的引领下,"组织行为学"课程需要创新课程教学设计并积极寻求各种方法,从而打破思政教育与专业教育相互隔绝的"孤岛效应"。本文构建的家国、企业及自我三个层次的"组织行为学"课程教学设计,有助于拓展"组织行为学"的关注对象、运用领域,激活理论活力,点燃学生的学习热情,进而将立德树人贯彻到"组织行为学"课堂教学全过程、全方位及全员之中,以润物细无声的方式将思政元素融入"组织行为学"课程的方方面面。"组织行为学"的课程思政将承担起专业价值引领的重任,培育具有社会主义核心价值观并肩负民族复兴使命的新时代人才。①

---

① 高德毅,宗爱东. 从思政课程到课程思政:从战略高度构建高校思想政治教育课程体系[J]. 中国高等教育,2017(1):43-46.

旅游管理专业课程思政的实践探索
——以"旅游学概论"为例

杨 昀①

一、实施课程思政改革的背景与思路

（一）课程思政改革的实施背景

习近平总书记在 2016 年全国高校思想政治工作会议上指出，"要把思想政治工作贯穿教育教学全过程；利用好课堂教学的主渠道，实现各类课程与思想政治理论课同向同行，形成协同效应"②，在全国教育战线引起了热烈反响。随后中共中央、国务院印发的《关于加强和改进新形势下高校思想政治工作的意见》也提出要充分发掘和运用各学科蕴含的思政教育资源，强化思想理论教育和价值引领。③ 2020 年 5 月，教育部印发《高等学校课程思政建设指导纲要》，进一步明确了课程思政建设的总体目标和重点内容，指出"专业课程教学是课程思政最主要的依托，要发挥好每门课程的育人作用，全面提高人才培养质量"④。在此背景下，探讨有效的专业课程思政教学路径显得尤为必要。⑤ 高等院校的专业种类丰富，不同课程所蕴含的学科特点和育人要求各具特色。因此，思考如何科学有效地将思政教育相关内容融入课程教学

---

① 杨昀（1987— ），女，安徽阜南人，博士，苏州科技大学商学院讲师，主要从事旅游地理与旅游规划研究。
② 光明日报评论员. 坚持把立德树人作为中心环节 [N]. 光明日报，2016 - 12 - 09（01）.
③ 新华社. 中共中央、国务院印发《关于加强和改进新形势下高校思想政治工作的意见》[EB/OL]. (2017 - 02 - 17)[2020 - 12 - 01]. http://www.gov.cn/xinwen/2017 - 02/27/content_5182502.htm.
④ 新华社. 教育部关于印发《高等学校课程思政建设指导纲要》的通知 [EB/OL]. (2020 - 05 - 28)[2020 - 12 - 01]. http://www.moe.gov.cn/srcsite/A08/s7056/202006/t20200603_462437.html.
⑤ 常变蓉. 思政元素融入高校专业课程的实践研究：以旅游规划与开发课程为例 [J]. 教育现代化，2020（94）：215 - 216.

中，且使之与专业知识、专业精神相得益彰，既是顺应新时代人才培养的要求，也是提升高校思政教育工作质量的积极探索。

"旅游学概论"是旅游管理专业的一门专业教育必修课，在2018年教育部颁布的《旅游管理类教学质量国家标准》中被指定为旅游管理类专业的基础核心课程，在培养学生对专业知识和基础理论的掌握能力、国际视野、学术研究和创新创业能力及解读方针、政策能力等方面具有重要作用。

该课程的授课对象为大一刚入学的新生，新生既需要专业基础教育的引导，又亟须树立起正确的理想信念和价值观。因此，如何在"旅游学概论"课程中坚持知识传授和价值引领相结合，将社会主义核心价值观渗透到课程知识体系中，深入挖掘并科学有效地应用课程中所蕴含的思政元素，是实施课程思政改革的关键与核心。

（二）课程思政设计的逻辑思路

以习近平总书记提出的全程、全员、全方位育人为指导思想，以实现课程知识传授与价值引领有效结合为课程目标，不断深度挖掘提炼旅游管理专业知识体系中所蕴含的思想价值和精神内涵，从教学目标、教学内容、教学方法三个方面进行课程思政改革建设，旨在构建一个"三全育人"课程体系，并将具体的课程思想理念和元素有机融入课堂讲授、教学研讨、考核评价等各环节，为培养兼具专业知识与职业素养、爱岗敬业的复合型旅游人才打下基础。①

二、修订课程教学目标与思政育人目标

"旅游学概论"的课程目标是通过课堂教学，培养学生初步了解和掌握旅游学科的基本理论及旅游活动各要素之间的相互关系，为今后旅游管理各课程的学习打下基础，支撑专业毕业要求中相应指标点的达成。结合课程性质及特点，根据教学内容，有针对性地制定了7个课程思政教学目标，分别阐释如下。

（一）树立正确的世界观、人生观和价值观

对大一新生尤其要加强社会主义核心价值观教育和心理健康教育，坚定学生的理想信念，端正他们的三观，增强他们对党的创新理论的政治认同、

---

① 梁晓梅.《旅游学概论》实施课程思政改革的路径与方法研究[J]. 高教学刊，2020（24）：131-134.

思想认同、情感认同。

（二）塑造专业认同感、使命感和社会责任感

从入学开始就引导学生深刻理解并自觉实践旅游行业的专业精神和职业规范，增强学生的职业责任感，培养学生遵纪守法、爱岗敬业、无私奉献、诚实守信、开拓创新的职业品格和行为习惯。

（三）培育专业素养和严谨求实的科学态度

以专业内学者前辈的科学探索精神，激励学生追求严谨务实的科学态度，教导学生严守学术诚信，在平时的每一次作业、讨论中都尽力做到严谨规范，不抄袭、不妄言，始终秉持实事求是的科学求索精神。

（四）掌握文明旅游政策法规，提高文明素质

引导学生思考文明旅游与国家精神文明建设的关系，引导学生从我做起、从身边的小事做起，提高自身的文明素质，并切实影响身边的每一个人，促使他们为社会主义精神文明建设贡献力量。

（五）培养学生社会主义市场经济营创思维

引导学生深入理解社会主义市场经济营创思想，把国家、社会、公民的价值要求融为一体，自觉把小我融入大我，将社会主义核心价值观内化为精神追求、外化为自觉行动。

（六）加强中华传统文化教育，提升环保意识

弘扬以爱国主义为核心的民族精神和以改革创新为核心的时代精神，引导学生深刻理解中华优秀传统文化的思想精华和时代价值，教育学生传承中华文脉，保护、传承、利用好中国优秀的文化遗产，提升环境保护意识和旅游资源开发的可持续观念。

（七）筑牢旅游学法治观念和职业道德意识

引导学生学思践悟习近平总书记全面依法治国新理念新思想新战略，牢固树立旅游学法治观念，提高运用法治思维和法治方式维护自身权利、参与社会公共事务、化解旅游行业矛盾纠纷的意识和能力。

三、优化思政教学内容与考核模式，体现专业特色，与时俱进

（一）思政教育融合专业特色

在制订课程思政方案时，主讲教师广泛征求旅游管理系教师的意见和建

议,并积极向学院党支部书记和学生辅导员教师请教思政教育经验,在"三全育人"思想指导下,力求将专业知识与思想教育元素有机融合,不断深入挖掘专业课程中所蕴含的思政教育元素,确保与时俱进的科学性与专业适用性原则。根据课程的教学大纲,参考相关教材,尝试建立课程思政资源库,梳理出"旅游学概论"的思政教学内容(表1)。

表1 "旅游学概论"思政教学内容

教学内容	思政教育元素融入专业特色
第一章 旅游的产生与发展	1. 从历史唯物主义角度介绍古代旅行活动的产生和历史分期、近现代旅游活动的兴起与发展,让学生树立历史唯物主义世界观,坚定中国文化自信 2. 介绍张骞出使西域、郑和下西洋、《徐霞客游记》等的文化思想内涵,引导学生感悟热爱祖国、敬业奉献、科学探索的精神 3. 分享近代国内爱国志士出国考察旅行和求学的事迹,促使学生增强民族责任感和使命感,树立为党为国为人民做贡献的理想与信念
第二章 认识旅游活动	1. 通过文献阅读作业和话题讨论,激发学生探究旅游学科理论的学习意识和好奇心,培养学生严谨求实的科学态度 2. 设置"我心目中的旅游学与旅游活动"话题讨论,激发学生的专业学习兴趣和热情,使其初步形成旅游思维意识
第三章 旅游者	1. 搜集各地区发布的"旅游红黑榜"、游客不文明旅游行为等相关热点事件,让学生在课堂上进行分析讨论,提出加强文明旅游的措施与建议,增强学生文明旅游的意识 2. 解读我国推行文明旅游所推出的相关举措和政策法规,课外带学生参与"美丽中国 护运有我"大运河环保志愿活动、苏州古典园林文明旅游宣教与实践活动,提高学生文明旅游素质
第四章 旅游资源	1. 推荐学生课后观看《绿水青山看中国》《航拍中国》《国家宝藏》《我在故宫修文物》等宣传中国历史文化和旅游资源的纪录片,培养学生旅游审美的意识和能力 2. 引入"两山理论",解读习近平生态文明思想内涵,分享生态旅游规划建设项目,让学生树立生态文明思想意识 3. 开展红色旅游专题学习考察活动,让学生树立弘扬红色精神的意识
第五章 旅游业	1. 组织学生前往校企合作单位进行参观考察,学习先进旅游企业的文化,了解旅游企业的人才需求状况,激发学生对旅游事业的热爱,在专业指导培训中心树立学生良好的旅游服务意识 2. 邀请旅游行业从业者进校园开展专题讲座,弘扬企业家精神,帮助学生明确职业目标 3. 指导学生参加全国大学生红色旅游创新策划大赛等专业技能竞赛,引导学生在实践中增强专业技能,强化其旅游职业素养

续表

教学内容	思政教育元素融入专业特色
第六章 旅游的影响	通过旅游的经济影响、社会文化影响、生态环境影响等相关热点案例，进行分析与写作训练，让学生树立辩证唯物主义世界观，树立保护和弘扬中国传统文化的意识，并加强旅游环境保护意识
第七章 旅游政策法规 与旅游组织	1. 解读《中华人民共和国旅游法》《旅行社管理条例》《导游人员管理条例》等重要旅游法规知识，增强学生的旅游法律素养，引导学生树立旅游法治意识，并遵守职业法律规范 2. 引导学生查找、分享主要的旅游组织及其职能，理解发展旅游业在促进国际文化交流、世界和平等方面的重要使命担当

（二）课程考核强化思政导向

为了将课程思政元素充分融入过程考核和结课考核所涵盖的知识、能力与素质中，本课程将在平时考核与期末考试中体现思政导向，具体执行如下。

在平时成绩的考核中，围绕各章节教学重难点，布置小组合作的大作业，让学生将所学理论知识进行实践操作。例如，在学习"旅游资源"的内容时，给学生布置作业，要求其查找总结自己家乡的旅游资源类型及分布状况，让生源地相同的学生组成一个小组，每组2~4人，制作PPT（或视频）在课堂上分享，学生之间互相点评，开展"知家乡，爱祖国"课堂讲评活动，培养学生的独立探索及合作精神，激发学生的爱国爱家情怀和为祖国明天更加美好而奋斗的热情。教师根据评分标准，对每个小组的汇报成果进行打分。

在期末考核中，注重增加融入思政内容的案例分析论述题，让学生理论联系实际、学以致用的同时，也实现了帮助学生深刻领悟社会主义核心价值观的重要性，强化学生的旅游职业素养，培养学生爱岗敬业精神，引导学生坚定中国文化自信、强化旅游环境保护意识、树立为党为国做贡献的理想信念。

四、创新思政教学方法与教学手段，实现情感互动价值引领

（一）创新思政教学方法

在授课过程中，为了更好地传达课程思政的精神内涵，通过多样化的教学方法来激发学生的学习兴趣，吸引学生参与互动、思考感悟、理解和认同教学中所传递的情感态度和价值观，达到传授知识的同时实现价值引领的目的。

（1）案例教学法。在讲授"旅游的影响"这一章的内容时，从辩证唯物主义视角,以正反两面介绍旅游影响的主要表现,并以相关案例为载体有机融入思政教育元素。在课堂上解读中国旅游研究院发布的《"一带一路"旅游大数据专题报告》时,让学生通过查阅资料、运用所学知识分析丝绸之路旅游为国内沿线地区带来了哪些经济影响、环境影响和社会文化影响,并进一步思考如何抓住"一带一路"倡议的机遇,合理发展旅游业,最终形成书面报告,在课堂上分享和讨论。在案例分析与写作训练过程中,让学生树立辩证唯物主义世界观,树立保护和弘扬中国传统文化意识,并加强旅游环境保护意识。

(2)互动式讨论教学法。在介绍中国古代旅游发展的内容时,分享中国古代旅行家徐霞客的人生故事,让学生从中感悟徐霞客热爱祖国、敬业奉献、科学探索、吃苦耐劳、积极乐观的精神信仰。引导学生阅读《徐霞客游记》精选片段,解读其中所包含的旅游学价值和文化思想内涵,在课堂上分享和讨论心得感悟,让学生进一步思考其在当今旅游业中的体现与应用,培养学生的旅游思维意识。

(3)项目教学法。课堂之外,带领学生参与主讲教师主持的科研项目与旅游规划项目,考察旅行社、酒店等旅游企业;带学生参加暑期社会实践、大学生创新创业训练计划项目等,如参与"美丽中国 护运有我"大运河环保志愿活动、苏州古典园林文明旅游宣教与实践活动、"运河文化遗产在城市休闲中的活化利用——基于苏州段大运河的调研"、第十七届"挑战杯"大学生课外学术科技作品竞赛等,引导学生将理论知识融入具体实践,把专业所学服务于祖国大地,培养学生的专业使命担当和社会责任感。

(4)情景模拟教学法。在讲授"旅游业"一章中的"住宿业"内容时,设计一个"酒店前厅接待服务礼仪"情景模拟的教学内容。学生根据角色分配及前厅接待流程,进行总机咨询、产品推荐、业务办理、投诉处理等相关岗位工作的模拟。在情景模拟结束后,由教师引导学生互评,并对学生的表现及时总结、一一点评,帮助学生及时发现不足并予以改正。这一情景模拟训练将前厅接待工作岗位所要求的职业操守具体化,不仅有助于学生通过亲身经历来掌握专业知识和提升实践能力,还促进了学生产生情感态度价值观教育的体验共鸣,强化了学生的职业责任感。

(二)改善思政教学手段

为了增加课程思政内容的亲和力,提升传达效果,本门课程将在课堂教学中注重现代教育技术的应用,思政元素展示形式的创新,来提高课程的吸引力和感染力，让学生从心底愿意主动接受和感悟思政内容，并内化为精神动力，从而提升学生的课程学习体验感和学习效果。

（1）善于利用信息化教学和实践教学。每次课以课程思政案例导入和提问的方式引入知识点，激发学生主动学习的兴趣，培养学生独立思考、分析问题和解决问题的能力，引导学生主动通过实践和自学获得自己想学到的知识，并通过小结回应开头的提问，帮助学生举一反三，加深理解；每节课开头设计"温故而知新"的环节，引导学生思考本节课所学内容与上次课知识点的关系，建立起课程的知识体系。

（2）采用PPT课件、相关知识点视频播放、多媒体教学与传统板书教学相结合等方式提高课堂教学信息量，增强教学的直观性、生动性、易接受性。利用课前及课间时间播放《绿水青山看中国》《航拍中国》《国家宝藏》《我在故宫修文物》等央视优秀旅游类节目，分享祖国的壮美河山、悠久灿烂的历史文化，激发学生热爱中华传统文化的情愫，培养学生旅游审美的意识和能力，调动学生自觉保护中国优秀的自然和文化遗产的积极性，并将其内化为职业理想，引导学生关注现实问题，积极投身社会实践，愿意为中华民族的伟大复兴而奋斗。

综上所述，围绕专业课程体系的建设内容，从教学目标、教学内容、教学方法等方面，将课程思政元素渗透到"旅游学概论"课程教学的全过程，在原有专业知识与能力目标的基础上，增加情感互动与价值引领，强化专业课程的育人功能。此后可继续探索将思政育人贯穿到实习实践、专业文化建设等专业培养体系中，为培养德才兼备的高素质旅游人才打下基础，并为高校推进专业课程思政改革工作提供经验参考。

"因子嵌入式"课程思政教育改革实践与思考
——以"数理金融"课程为例

周　璇[①]

笔者试图从横向和纵向两个维度解析实践路径。以课堂教学的三个环节，即课前解析、课堂教学和课后延拓递进纵深，将课程思政因子嵌入其中，体现"全过程"育人理念。横向上，每个阶段划分成两个方面，其一，注重课堂内外、线上线下等多渠道、全方位的思政因子渗透；[②] 其二，参与课程思政的人员应包括专业教师、教学管理人员和学生，实现全员参与的协同育人模式。

一、引言

2016 年 12 月，全国高校思想政治工作会议召开，习近平总书记强调："高校要坚持把立德树人作为中心环节，把思想政治工作贯穿教育教学全过程，实现全程育人、全方位育人，努力开创我国高等教育事业发展新局面。"[③] 2017 年 2 月，中共中央、国务院印发《关于加强和改进新形势下高校思想政治工作的意见》。2018 年，全国教育大会指出，"要把立德树人融入思想道德教育、文化知识教育、社会实践教育各环节，贯穿基础教育、职业教育、高等教育各领域"[④]，要求围绕此设计教学体系和展开教学活动。2020 年 2 月，

---

①　周璇（1989— ），女，博士，苏州科技大学商学院讲师，主要从事空间计量经济学研究。
②　冯伟. 关于线上教学课程思政的思考和实践：以高职经济法教学为例 [J]. 品位·经典，2020（8）：56 - 57.
③　新华社. 习近平：把思想政治工作贯穿教育教学全过程 [EB/OL]. (2016 - 12 - 08) [2020 - 08 - 07]. http://www.xinhuanet.com/politics/2016 - 12/08/c_1120082577.htm.
④　新华社. 习近平：坚持中国特色社会主义教育发展道路，培养德智体美劳全面发展的社会主义建设者和接班人 [EB/OL]. (2018 - 09 - 10) [2020 - 08 - 07]. http://www.moe.gov.cn/jyb_xwfb/s6052/moe_838/201809/t20180910_348145.html.

《教育部高等教育司 2020 年工作要点》明确提出全面推进高校课程思政建设，应深入挖掘各门课程蕴含的思政教育内容，积极促进各类专业课程与思想政治理论课同行，实现价值引领、知识教育和能力培养的有机统一。

"数理金融"是大学金融学专业开设的一门专业选修课，重在培养学生综合运用交叉学科理论知识来解释和研究金融问题。但教学过程中往往存在重知识技巧训练，轻思想教育的现象。那么，如何在课堂中将"数理金融"的专业知识和思想政治教育元素相结合，将思政之"盐"溶于数理金融之"汤"中，助力学生于无声处自然吸收立德树人的"营养"呢？本文以"数理金融"课程为对象，研究如何深入有效地开展大学金融数学课程思政建设，通过挖掘"数理金融"学科特色和优势，凝练该课程中蕴含的科学价值范式和思政因子，通过"因子嵌入式"方法将学生三观塑造和培育巧妙嵌入"数理金融"课堂中，将理想信念与知识学习相融合，激发学生的学习兴趣、创新能力和科学探索精神，培养学生严谨求真的理性精神，与思政课程形成协同育人效应。①

二、数理金融"因子嵌入式"课程思政教学设计

"因子嵌入式"课程思政即借鉴生物学中向细胞内植入基因的原理，将数理金融专业课的理论知识体系看成基因序列，将思政因子嵌入其中，进而将课程思政目标由教师引导落入具体教学情境。我们以教学内容为载体，匹配数理金融学科的特点，将各类思政因子适时植入教学环节，以此来冲破思政教育与专业教育相隔绝的"孤岛效应"，塑造学生正确的世界观、人生观、价值观，促使学生提升学习兴趣，增强专业知识储备和研究能力，形成远大的学术抱负和坚定的理想信念。

（一）教学目标设计注重"术道融合"，嵌入科学素养和学术内涵因子

课程思政的主要目标是：其一，在课堂上介绍幂函数和微积分等数学思想、金融学的基本理论，让学生掌握用数学工具分析金融问题的方法；其二，通过了解数理金融学的演变史及其在社会发展中的地位作用，培养学生的辩证唯物主义世界观，并引导其树立正确的价值观和人生观；其三，通过了解新兴金融衍生产品的金融创新形式，培养学生发现问题和解决问题的能力，

---

① 吴远. 财经类院校"数学建模"课程教学改革探讨及课程思政实践：基于上海立信会计金融学院的教学实践［J］. 教育教学论坛，2020（43）：206-208.

激发学生的创新意识,提升其在学习中不断优化自我、完善专业规划的能力,使其最终形成终身学习的理念和报效祖国的热忱。

(二)教学内容安排注重"文理整合",嵌入金融历史、文化和哲学等思政因子

随着金融市场的发展及金融创新形式的不断出现,各种金融衍生产品层出不穷,为数理金融学的发展提供了广阔的空间。结合市场需求和育人要素,"数理金融"课程思政主要融入"爱国情怀""诚实守信""严谨求真""勇于创新""职业操守""民族自信"等方面的内容,促使学生树立远大的理想目标,端正为人、处世、求知的态度。

例如,在讲单利和复利时,引入战国时期荀子《劝学篇》中"不积跬步,无以至千里;不积小流,无以成江海",宋代罗大经《鹤林玉露》中"绳锯木断,水滴石穿",清代蒲松龄的自勉联中"有志者、事竟成,破釜沉舟,百二秦关终属楚;苦心人、天不负,卧薪尝胆,三千越甲可吞吴"。通过这些名句激发学生脚踏实地、奋发向上的精神。作为数理金融理论工具的数学思想,也是课程思政的重要因子。讲授连续支付年金的终值时,借助定积分的概念,让学生在充分了解数学发展基本规律的基础上,深入掌握微积分的思想。定积分的概念产生于两类科学问题:其一,加速度已知,要求瞬时速度和流程;其二,测算曲线的长度、曲面积和曲线围成的体积等。引入"化整为零—以直代曲—集零为整"的思想,启发学生体会数理金融借助的数学工具是来源于实际的,并且体会复杂的事情都是由简单的事情组合起来的。此外,递增、递减年金等概念和计算原理,揭示了辩证唯物主义中从量变到质变的规律。学习收益率的基本概念及其计算方法,让学生计算基金的时间加权收益率,引导学生将专业所学与生活实际联系在一起,真正体会知识源于生活用于实践的意义;结合上市公司的社会责任分析案例,引导学生知晓今后无论担任创业企业家还是投资人,都要具有高度的社会责任感和高尚的情操。

(三)教学方法设想注重"讲练结合",在自主学习、互动交流中嵌入思政因子

教学中纯粹的"一言堂"和生硬说教收效甚微,在教学活动中嵌入互动元素则可以带活课堂。教学互动通过线上和线下两种途径实现。例如,可以在线上平台给学生提供课件、视频、讨论和小测试等资源,让学生在课后完成一些任务;让学生自愿分组,采取组内互助的合作学习方式共同完成任务,讲清重难点;线上教学采取用平台软件进行随机点名、弹幕提意见等方式互

动,线下教学采取小组间答题竞赛、鼓励学生上台演算、在学期末兑现奖励等方式,引导学生积极投入并思考,培养学生的价值分析能力、思维判断能力、沟通协作能力,激发学生对专业课程的学习兴趣和专注度。①

三、数理金融"因子嵌入式"课程思政建设理念与路径

立足于全过程、全方位和全员的"三全育人"理念,以立德树人为中心,开展数理金融课程思政建设,构建思政育人大格局。如图1所示,本文构建了数理金融课程思政改革路径图,从横向和纵向两个维度解析实践路径。以课堂教学的三个环节,即课前解析、课堂教学和课后延拓递进纵深,将课程思政因子嵌入其中,体现"全过程"育人理念。横向上,每个阶段划分成两个方面,一是注重课堂内外、线上线下等多渠道、全方位的思政因子渗透;②二是参与课程思政的人员应包括专业教师、教学管理人员和学生,实现全员参与的协同育人模式。最后,在实践过程中不断总结经验、优化创新,最终促进数理金融思政育人课程建设的不断深入。③

由图1可知,"数理金融"课程思政因子嵌入课堂教学应当从两个方面展开:一是理论对比,即实现新自由主义学派和马克思主义及西方左派金融学理论的对比;二是实践引导,将数理金融的专业知识与我国目前的政策方针、国情发展需要有机结合,促使教材内容落到实处。除了专业教师外,还可以积极将金融行业从业人员引入课堂,他们通过实务授课和讲座的形式开展实践引导式教学,加深学生对于数理金融行业发展实践的理解和认识。课程教学遵循第一课堂和云上第二课堂相结合的思路,引导学生除了在课堂上受到课程思政滋养外,还可以在课外高效利用网络资源,从互联网中得到第一手有效信息。

---

① 傅斌,陈衍涛,张婉怡,等. 利用"MOOC+翻转课堂"手段提升理工类专业课课程思政教学质量[J]. 教育教学论坛,2020(43):70-71.

② 冯伟. 关于线上教学课程思政的思考和实践:以高职经济法教学为例[J]. 品位·经典,2020(8):56-57.

③ 陈晓坤,宋朝红. 基于三全育人理念的大学数学课程思政教学改革实践与思考:以《概率论与数理统计》课程为例[J]. 湖北经济学院学报(人文社会科学版),2020,17(9):148-150.

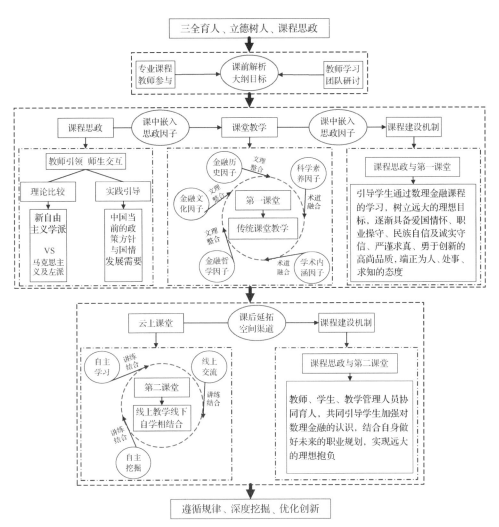

图1 "数理金融"课程思政教学改革路径图

四、"数理金融"课程思政实效调研与思考

在经历为期一学年的"数理金融"课程思政改革实践后,为了探究课程思政嵌入课堂教学的效果,我们对任教的某班级学生进行了问卷调查。其中,对"你认为数理金融课堂应该以什么方式嵌入课程思政内容。"(多项选择)的回答结果如图2所示,可见课程思政的嵌入重点在于包含思政因子的教学素材的选取和嵌入的形式。对"你认为教师在数理金融课堂中融入课程思政内容有效吗。"一题,回答结果如图3所示,80.6%的学生认为课程思政内容嵌入十分有用或比较有用,可见大部分学生对课程思政都持肯定态度,说明

课程思政改革采取的方法略显成效，但改革仍需在摸索中不断改进。

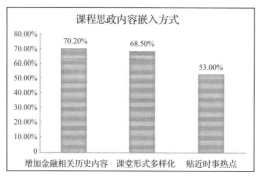
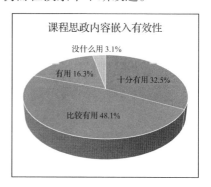

图2　课程思政内容嵌入方式调查结果　　图3　课程思政内容嵌入有效性调查结果

课程思政内容嵌入数理金融课程的改革成效体现在教学过程的方方面面，其显示出直接和间接、显性和隐性的效果，因此，我们应该以长远眼光、从多重角度去评价课程思政的实施效果，既注重过程性评价，又采用结果性评价。将定性和定量的标准相结合，是考核"思政因子嵌入式"教学效果的重要方式。① 定性的标准主要指学生在课堂上"学习有深度、积极响应、及时领悟、积极互动"等指标，定量的标准主要是学生课后的作业完成分数、期末考试分数等指标。对课程思政实施成效的检测与反思将有助于教师找出问题的关键点、突破点，进一步改进课堂教学。

通过"数理金融"课程思政改革实践，我们可以总结出三个影响课程思政实效的关键问题。其一，重视数理金融课程资源建设。在数理金融的教学过程中，我们利用慕课、学习通等网络平台，构建"数理金融"课程思政教学习题库和案例库，还不断整合一切有效资源，采取微课、公开课等方式深入挖掘课程思政嵌入点。其二，可以嵌入"数理金融"课程的思政因子很多，关键的催化剂是教师在课堂中的引导。思政因子嵌入数理金融教学，要求教师善于讲好数理金融故事，把抽象的数理金融理论和概念，转换成优美的语言和案例，润物细无声地将社会主义核心"数理观"贯穿课堂的始末。在教学过程中，教师应该遵循客观的教学规律，深度挖掘各个章节的思政因子，最终在优化创新的思政育人模式下把学生培养成德、智、体、美、劳全面发展的社会主义接班人和建设者。其三，也是最为关键的问题所在，即线上线下的教学形式能较好地培养学生主动学习的良好习惯。在这种教学形式下，

---

①　袁益梅. 以情动人　以文化人　立德树人：大学语文课程思政的教学实践与思考[J]. 名作欣赏，2020（24）：155-158.

学生的主体地位得到充分体现，学生实现了与教师的平等对话和交流。第一、第二课堂相结合的形式在迎合学生个性化发展的同时，也增强了学生共性的学科核心素养。

因此，课程思政对教师和学生都是一个挑战，合理进行课程思政能让教师最大限度地挖掘专业课程的学术和人文价值，也能让学生深刻理解专业的深层含义，最终帮助学生形成正确的为人处世观，帮助学生全面发展。

高校海外中国史教学中课程思政的探索和实践

顾少华①

海外中国史因其"异域之眼"的立场和多学科理论的运用,而取得诸多成绩,也是我们深化中国史研究不得不回应的主题。同时,目前大部分高校也采取不同形式将之纳入教学课程体系,海外中国史也是苏州科技大学历史学(师范)专业学生的选修课。

在新时代构建中国特色史学理论话语的背景下,我们既要认识到海外中国史课程对于培养高校历史学专业学生的意义,又要努力将课程思政的元素融入该课程的教学实践,自觉剔除海外中国史成果中存在的弊病,引导学生树立正确的历史观。

一、坚持爱国主义教育,树立维护国家统一的意识

20世纪八九十年代,美国中国学研究领域受到新文化史、全球史及人类学族群理论的影响,对中国清代的历史叙事,提出了新的解释框架,影响深远,该学派被学术界称为"新清史"。"新清史"的代表作是罗友枝(Evelyn S. Rawski)的《最后的皇族:清代宫廷社会史》、柯娇燕(Pamela Kyle Crossley)的《半透明的镜子:清代帝制意识形态下的历史与认同》、路康乐(Edward J. M. Rhoads)的《满与汉:1861—1928晚清和早期共和国族群关系和政治权利》,以及欧立德(Mark C. Elliott)的《满洲之道:八旗制度和中华帝国晚期的族群认同》。"新清史"的核心观点有以下几个明显特征。一是强调清王朝统治的满族因素和特质,并质疑清廷的汉化程度,认为清廷统治者得益于其少数民族的背景,超越了传统儒家文化中的夷夏观,通过挪用不同族群的文化符号将自身塑造为帝国的共主,从而解决了历代王朝未能解决的

---

① 顾少华(1988—),博士,苏州科技大学社会发展与公共管理学院讲师,主要从事中国史研究。

关内与关外、塞南与塞北之间的冲突;二是认为清廷处理周边关系具有多样性,存在政治联姻、宗教赞助、贸易、外交和战争等不同形式,由此对原有的"朝贡体制"学说提出诘难;三是提倡关注在以往清史研究视野中处于边缘的对象,强调重视少数民族和边陲地带。①

"新清史"的出现,固然为清史研究带来有益之处,如重视满族档案及族群理论的运用等;但我们面对外来的学术观点也应清晰分辨出其中隐藏的问题。美国"新清史"学者强调以满族视角研究清史,否认清廷统治者对中华主体文化的认同,进而认为中华民族是一个想象的共同体而非客观事实。对于美国"新清史"学者此种谬论,我们应保持清醒的头脑,并进行有理有据的反驳。

下面举例说明,以驳斥"新清史"存在的错误观点。顺治元年(1644)五月初二,清军进入北京,以胜利者的姿态宣布"本朝定鼎燕京",同时先后采取了诸多认同明朝的政治措施,以此向外表明这次改朝换代是顺乎天而应乎人的"汤武革命",而自身也是合法继承中国政统的王朝。例如,康熙和乾隆先后十一次拜谒朱元璋的明孝陵。其中,康熙二十三年(1684)康熙首次巡视江南,视察黄河治理工程,并于途中拜祭禹陵、孔府,这些地方都具有明显的汉文化色彩。特别是在明孝陵拜祭明太祖时,康熙为表达对明太祖的尊重,尤其重视礼节,由甬道旁前行,行三跪九叩礼至二门外。到康熙三十八年(1699)康熙第三次下江南,再次拜祭明孝陵,并亲自题写"治隆唐宋"四字赞誉明太祖。清朝帝王礼敬前朝之帝,不仅表达清王朝承前朝朱明统绪而立,也表达对满汉一家认同的政治诉求。而这实际就是清廷统治者认同中华历史文化的体现。②

海外中国学研究注重对新理论与新方法的运用,如上文举例的美国"新清史",这一方面能为我们的研究拓宽视野,但另一方面其也存在荒谬的观点,需要我们在教学过程中,帮助学生明辨是非,培养学生的爱国主义思想,引导学生树立维护国家统一的坚定意识。

二、科学认识史学碎片化现象,坚持马克思主义唯物史观

20世纪70年代以来,欧美史学界逐渐倾向采用人类学理论,试图深入不

---

① 党为. 美国新清史三十年:拒绝汉中心的中国史观的兴起与发展[M]. 上海:上海人民出版社,2012:3.
② 向燕南. 从政统和道统的认同看清统治者历史文化认同的问题:对新清史论者的一个回应[J]. 河南师范大学学报(哲学社会科学版),2019(5):72-80.

同地区的社会，通过微观的视角考察人类行为特点及其文化图景。例如，美国学者格尔茨（Clifford Geertz）的文化解释论及"深描"即是一个典型代表，其希望重建具体而微的历史场景，解释某一历史文化现象。在此思潮下，海外中国史研究逐渐出现微观研究。以微观视角研究中国历史，能更为深入地理解具体时空的社会状况，但同时也容易发生碎片化问题。

碎片化问题的出现，据学者归纳主要有以下几个方面的原因。一是论题小而微，缺乏大关怀和大问题。历史研究并非事无巨细地全盘复原过往的历史，对于纷繁浩瀚的历史现象，应进行一定的选择、梳理、分析、概括和解释，以此说明历史发展主流和时代重要问题。但受欧美微观史学的影响，一些对于中国历史研究的议题，只是特殊、个别、具体、边缘的个案，缺乏普遍性和一般性意义。研究者仅仅出于"填空补漏"或猎奇心理而不加辨别地选择边缘细小的研究题目。这种研究脱离社会变迁与时代主体，是游离历史主体与主流的边角碎屑，缺乏历史价值。二是论题细碎而零散，缺乏大联系和大序列。在历史研究中，一些社会文化现象虽是具体而微，如果研究者将之置于整体性和序列性的脉络中，发现其中存在有机联系，如此小论题才会具有价值。但不少研究缺乏联系和整体思维，只是简单地研究某种零散、孤立的社会现象。三是论题小而平面化，缺乏大理论与大阐释。如果仅限于对某种历史现象的实态描述，而没有深入探究背后的内在逻辑和普遍意义，并揭示深层社会结构和文化形态的内容，那么这些研究的成果只是缺乏意义关联的历史碎片。①

碎片化问题，其表现是研究对象和选题的琐碎，其实质是孤立、静止、片面地研究历史。马克思主义唯物史观认为，整个世界是普遍联系的，联系具有客观性、普遍性和多样性，而这一联系的世界又处于永恒的变化发展之中；对于历史研究应该关注历史的现象与本质、内容与形式、整体与部分、相对与绝对、普遍与特殊的问题，并努力探索认识对象的因果联系。马克思主义唯物史观对于应对和解决碎片化问题，无疑具有重要的意义。例如，现象与本质的观点，引导我们深入历史表象背后进行抽象思考，普遍与特殊的观点启发我们如何构建整体的历史。② 因此，我们要在时刻坚持马克思主义唯物史观的前提下，一方面从微观研究中学习如何深入探讨某一历史现象的方

---

① 李长莉. "碎片化"：新兴史学与方法论困境［J］. 近代史研究，2012（5）：20-24.
② 张秋升. 历史研究的"碎片化"与唯物辩证法的应对［J］. 廊坊师范学院学报（社会科学版），2013（4）：58-61.

法，另一方面也要运用马克思主义唯物史观的基本原理弥补微观研究的弊端。

三、树立文化自信，审视海外中国史研究的范式

2019年1月，在致中国社会科学院中国历史研究院成立的贺信中，习近平总书记指出："希望我国广大历史研究工作者继承优良传统，整合中国历史、世界历史、考古等方面研究力量，着力提高研究水平和创新能力，推动相关历史学科融合发展，总结历史经验，揭示历史规律，把握历史趋势，加快构建中国特色历史学学科体系、学术体系、话语体系。"[①] 20世纪初年的新史学思潮，是中国史学由传统走向近代化的标志。而这场新史学革命，是以梁启超为代表的学人面对亡国灭种的危机，借助由西方输入的进化史观等理念，重新厘定史学的概念、研究的对象与方法，构建起一套新的史学体系。应该说，20世纪中国史学话语体系的建构从其开端已深受西方学术理念的影响。

例如，20世纪美国学术界提出的"冲击—反应"论和"中国中心观"，对中国近代史研究影响深远。美国哈佛大学教授费正清（John King Fairbank）在其《中国对西方的反应》《美国与中国》等著作中，提出研究中国近代史的"冲击—反应"论。该理论认为，中国传统社会在近代遭遇西方冲击之前，处于自给自足、平衡和稳定的状态，而在遭遇西方冲击之后，中国社会原有的秩序和结构被破坏。在此理论背后所蕴含的观点是，中国传统社会已进入惰性状态，依靠自身力量无法完成近代转型，中国社会政治、经济、文化等迈入近代化进程，是受到了西方这股外来的推动力来推动完成的。[②]

到20世纪70年代，美国学界受到越南战争和水门事件的影响，一些学者开始对以西方为出发点研究中国近代史的模式产生怀疑。其中的代表者即是柯文（Paul A. Cohen），他认为"冲击—反应"论带有明显的西方中心论色彩，并指出该理论严重夸大了西方冲击给中国带来的历史作用。柯文强调，应从中国本身出发，而非以西方为出发点来研究中国历史，并采用中国内部而不是西方的标准来衡量中国历史中哪些现象具有重要意义；注重中国历史研究中的地域性，应有区分性地研究不同区域（包括省、州、县），以展开区域性与地方历史的研究；重视中国社会不同阶层的历史，推动下层社会历史

---

① 习近平. 习近平致中国社会科学院中国历史研究院成立的贺信[J]. 历史研究，2019（1）：4.
② 仇华飞. 从"冲击—回应"到"中国中心观"看美国汉学研究模式的嬗变[J]. 上海师范大学学报（社会科学版），2000（1）：45-54.

的研究;积极吸取历史学以外诸门学科,特别是社会科学的理论,并力求将之与具体历史分析结合起来。①

  这些来自域外的理论体系,固然能从某种角度解释中国历史,但在背后也有其特定的问题。我们一方面应该学习其优秀之处,另一方面不应盲从,而应树立文化自信,根植于本土史学理论,构建自己的解释体系。正如有学者指出,从中国传统史学遗产研究中揭示或提炼出与相关学科密切联系的概念和观念,并用以建构历史学的学科话语体系。②

---

① 柯文. 在中国发现历史:中国中心观在美国的兴起[M]. 林同奇,译. 北京:中华书局,1989:165.
② 瞿林东. 唯物史观与学科话语体系建构[J]. 中国史研究,2018(2):5-9.

社会科学类专业课程思政设计与实践
——以"社会工作行政"课程为例

王 春①

一、加强社会科学类课程思政的现实意义

作为高等教育的重要组成,高校社会科学类课程关注社会良性运行与发展规律,致力于协助人们更好地理解和探索社会特定领域的发展路径。社会科学既有其知识性和生活导向性,也具有意识形态属性。这就为在社会科学中开拓思想政治教育提供了极大的空间,课程思政理应成为社会科学类课程建设的关键力量。为了响应习近平总书记所提出的"坚持立德树人,把培育和践行社会主义核心价值观融入教书育人全过程""其他各门课都要守好一段渠、种好责任田,使各类课程与思想政治理论课同向同行,形成协同效应"等号召,高校各类学科专业均有必要推进课程思政建设,将专业教育与社会主义核心价值观相融合,培育契合时代发展的专业人才。同时,还要将不同专业的学科资源、学术资源、行业资源转化为育人资源,实现"知识传授"和"价值引领"有机统一。

社会科学类课程现已成为高等教育体系内不可或缺的学科门类支撑,它关注各种社会现象与人类思想活动,揭示人类社会发展规律,对于促进大学生全面发展具有价值引领的作用。社会科学类课程具有先天性的育人导向,理应在不同专业课程体系内发挥价值引领的基础作用。社会科学类课程是在大学生群体中开展思想政治教育工作的前沿阵地,也是在大学生群体中植入"以人民为中心"的专业发展理念的有效途径。因此,在高等教育体系中,要充分利用好社会科学类课程讲授平台,深度挖掘课程思政元素,为国家培育更多有社会责任感、对社会有价值的专业人才。

---

① 王春(1984—),男,安徽和县人,博士,社会发展与公共管理学院讲师,主要研究方向为社会组织基层社会治理。

二、如何做好"社会工作行政"课程思政设计与实践

社会工作是以"助人自助"为宗旨，兼具专业性与职业性特征的科学助人的社会科学类学科。"社会工作行政"是社会工作专业的一门主干核心课程，为从事社会福利工作的专业人才提供必须具备的专业基础知识，为我国社会服务机构从事管理工作的专业人才培养提供了有力支撑，是社会工作专业课程思政的重要阵地。"社会工作行政"在课程思政设计上应做到如下几点。

（一）强化课程思政的理念导向

"社会工作行政"这门课程作为主干核心课，一直以来都坚持以"理论+实践"的教学形式展开。理论教学即通过系统的课程知识课堂讲解，帮助学生了解社会福利政策、机构、项目运行等相关内容。实践教学通常都是让学生进行社会服务项目小组讨论、选题开发、需求调研、项目设计等。但是对大多数学生而言，这些服务项目的需求和设计只是停留在理论层面上，对于为何要设计并开展公益服务项目，学生都不甚了解。许多项目都是脱离了现实需求，学生也没有实际参与感，操作价值不强。因此，有必要在社会服务项目设计环节做出如下调整。

第一，要强化政府购买服务社会意义的政策解读。政府购买服务是党中央、国务院坚持"以人民为中心"的执政理念，打造"现代服务型政府"的重要举措，是国家推行创新社会治理战略的主要抓手之一。必须要让学生明白，国家推行政府购买服务，从根本上是为了激发社会活力，提升民生质量，让老百姓拥有更多的获得感、幸福感。

第二，增设以"弱势人群服务需求为导向"的项目设计理念的介绍。中国共产党是执政党，"全心全意为人民服务"是各级政府一切行动的根本宗旨。杜绝一切凭空捏造和自我想象的服务项目设计，要立足现实，实事求是，将项目建立在实际调研的基础之上。在服务项目设计上，尽可能考虑广大社会公众，尤其是一些弱势人群的合理性的迫切需求，尽量减少"锦上添花"，增添"雪中送炭"的项目设计比重。

第三，还可以增添"大学生志愿服务项目"的实践模块。社会服务项目内容涉及广泛、包罗万象，为了在全校营造志愿服务、乐于奉献的校园文化，强化大学生对志愿服务项目的真实感知，该课程拟要求学生以大学校园内的有合理需求的弱势学生人群为服务对象，针对他们的需求设计志愿服务项目。

要求项目执行团队能够契合学校内的不同弱势人群开展志愿帮扶活动,如大一新生中生活适应能力较弱人群、学习后进生、厌学人群、贫困生等。

(二) 优化课程思政的教学内容

"社会工作行政"课程必须紧紧围绕社会服务机构专业管理人才培养这一目标,不断完善教学理念,优化教学方法,尤其注重在教学内容上推陈出新,把中国共产党的重要执政思想、为人民服务的优秀传统文化、社会主义核心价值观等思政元素融入教学内容之中。不仅要让学生理解机构行政管理的基础知识,还要让学生明白为何要学习机构行政管理,使被动式的"要我学"转变为主动式的"我要学",提升学生主动学习的积极性,实现社会工作行政专业知识与正确价值引领的有机统一,满足学生健康、全面发展的需求。

1. 精细甄选"社会工作行政"授课专题

"社会工作行政"课程讲解普遍存在重教学、轻育人的现象,往往片面重视社会服务项目设计技能的传授,轻视了生动有趣、丰富多彩、蕴含哲理的课文内容。在原来的课程内容设置中,教师不太注意挖掘中国共产党的方针政策、以人民为中心的执政理念及社会主义核心价值观等思政元素,忽略了在讲授社会工作行政知识的同时还应该注重对学生在世界观、价值观、道德信念等方面的积极引导,没有将"社会工作行政"这门课程本该承载的德育功能挖掘出来。"社会工作行政"课程特别需要强化对我国社会工作体制、社会福利思想的价值诠释。以往谈到社会福利思想总是一味地美化西方国家的福利制度,低估我国的社会福利水平,忽视了我国在人口多底子薄的国情背景下,国家为提升民生福利事业所做出的巨大努力和突破。要增强"四个自信",提升学生对我国国情的认知及对当代国家治理能力与治理成效的肯定,激发学生的爱国热情与民族情感。

2. 探索适宜本土发展的社会服务项目内容

社会服务项目从需求调研到项目设计、从项目执行再到成效评估自身拥有一套相对完整的专业实践方法。尤其是对于一线社会服务的具体操作手法,以往都是一味遵循西方社会工作的常规方法,但多数实践下来,我们发现这些看似专业的方法与我国本土文化及民众情感脱节,操作起来显得格格不入。因此,有必要将社会服务项目中涉及的一线工作手法进行必要的本土化改良。例如,个案工作是否必须要经历一整套个案流程才能算是个案,才能算得上专业的方法?有哪些环节可以省略,有哪些环节又必须增设?这些都是值得商榷的。再如,小组工作在当前社会文化背景下,很难被服务对象所接受,

如何在陌生人群中建立信任关系，同时还要激发团队的力量，群策群力，解决共性问题？这实际上也是很困难的。很多组员不能接受在陌生人群中解剖自己，从而导致小组工作只是徒有其表，并无内在实质。

3. 将"民本思想"植入项目成效的评估环节

所有社会服务项目的根本宗旨是为了满足广大人民群众对美好生活的向往与追求。对于项目执行成效的评估，既要考虑过程评估，又要考虑效果评估。过程评估可以立足于每一项目环节的设计是否真正做到了从"民本思想"出发，是否真正贴合民生的实际需求，各类活动的开展是否真正做到了有的放矢，等等。只有这样才能培育学生对"为什么做社会服务项目"的立场认知，我们的出发点和政治站位必须要旗帜鲜明地展现出来。另外，在成效评估环节，我们既要引导学生对于项目原先设定的成功指标进行判断，又要加强引导学生对项目给服务对象带来实际生活的改变进行关注。项目实施结束后，服务对象的客观生活质量、主观生活心态等得到了积极改善，充分展现项目以"民本至上"为归宿的思想。

（三）改进课程思政的教学方法

1. 实现理论知识与社会实践的有效整合

学习专业知识离不开践行专业实践的强化与支撑。基于教学与实践的密切关系，在教学过程中教师不能停留在单方面理论层面的介绍，务必将知识纳入实践环节予以强化。在"社会工作行政"这门课程中，要求以服务项目为载体，将社会工作的理念、服务模式和技巧与现实中的服务对象的需求相融合，旨在强化学生对知识运用的现实感知。具体操作上，要善于围绕现实社会需要，让学生选择所关注的服务领域，将社会工作的服务理念与服务对象的问题和需求有机结合。通过项目具体执行把社会工作的理论知识与方法技巧灵活运用起来，以此来检验专业知识的现实有效性。项目实践法的教学方式探索，让学生更好地理解社会科学类的知识是需要面对现实社会的检验的，被证明有效才具有推广的价值。

2. 实现自主学习与团体讨论的综合运用

"社会工作行政"虽有项目实践环节，但以往也主要是将学生人群随机划分为不同的项目小组，大家通过小组讨论的方式，明确项目主题，设计合理的项目方案，最后由任课教师对这些小组的项目服务方案进行点评。这种操作方法还只是停留在文字设计阶段，没有真实的实践感，且容易导致一部分学生产生"搭便车"印象。为了让学生们能够真正掌握社会服务项目的实施过程，全程参与每个实践环节。这门课将相对减少一些理论课时，适度增加实践环节的学时。全程采取真实项目方案设计的流程，并根据实践课时安排逐步推进项目落实进程，细致做好成员分工，明确每个成员的主要职责，并将其纳入课程考核范围，强化个人学习的责任感。每开展一个环节，则由项目组成员结合实际实施情况进行集中汇报，分享实践经验和问题。从而避免少数学生只重文字、不重参与的现象。如在课程实践中，创造团体合作学习的平台，让团队成员相互支持配合，分工合作，合力探索实践问题的解决方案。组织学生开展讨论和交流，提高学生分析问题和解决问题的能力。

三、社会科学类课程思政设计的基本路径

（一）课堂内牢固树立"以人民为中心"的专业教育观

课程思政突出体现以人的全面发展为根本目的，以思想道德素质为核心和灵魂。在社会科学类课程教学过程中要有目的、有计划、有实效地对学生进行思想政治教育，设计课程教学时，教书育人的中心目标有所变化，把育人作为课程教学的目标放在首位，并与专业发展教育相结合。强化社会科学类课程也是把服务于人置于首位。在不改变社会工作专业课程的本来属性的情况下，充分发挥社会科学类课程的德育功能，运用德育的学科思维，提炼专业课程中的德育基因和文化元素，在日常的知识学习中融入更高层次的精神指引，将立德树人渗透到知识、经验或活动过程中。

（二）课堂外坚持树立"以社会为平台"的专业实践观

社会科学类课程不仅要求学生学好社会工作行政不同领域的专业知识，还要求学生在实践中彰显德育元素。课程思政是学生思想道德修养的一种载体，教师在传授课程知识的同时，有必要引导学生强化对个人品行与素养的重视，注重提升个人的思想品德，并将其转化为自己的内在素质和能力，用来认识和改变世界，提高参加社会实践和服务社会的能力，并形成强大的内驱力。在社会科学类课程的知识体系中要体现思政德育元素，使课堂外的实践活动都肩负起立德树人的功能。课程教师要勇于承担立德树人的职责，通过社会科学类课程思政建设，努力把大学生培养成社会主义事业的优秀接班人。

"管理思想史"课程思政教学改革探究

糜皛①

在 2016 年全国高校思想政治工作会议后,习近平总书记又在 2018 年全国教育大会上强调了把思想政治工作贯穿教育教学全过程,实现全过程育人、全方位育人的目标和任务,因此,课程思政建设的主体不可能也不应该只是以往大家片面认为的思政课教师,还应包括专业教师。

目前,许多高校已在积极进行思想政治教育改革和探索,意在加快落实全国教育大会精神,进一步探索协同育人的课程思政工作模式,实现思政课程主渠道育人向课程思政立体化育人的创造性转化。这一转化需要充分发挥专业课程的思政内涵和德育功能,尤其是通过课程思政引领专业课程教学改革,在专业课程教学中通过对教学目标、毕业要求、课程设置、教学内容、教学方法和载体等环节的有效设计和实施,体现育德内涵,发挥专业课程的价值渗透作用及对大学生的价值引领作用。

一、"管理思想史"课程面临的问题

随着科学技术的不断发展及互联网技术的普及,学生能够从网络上获取大量的信息。通过观察与研究,我们发现很多大学生受到国外文化的影响较大,甚至有部分学生对于欧美的文化存在崇拜心理,而对于我国的传统文化却了解很少,对我国主流文化的认知也十分模糊。他们受到西方资本主义社会功利主义与实用主义文化的影响,有些还出现文化上"崇洋媚外"的心理,这导致部分学生的文化自信心极为不足。

"管理思想史"这门课程既有管理学科的特点,又有历史学科的特点。但有关"管理思想史"的教学,一直以来以西学为主,学生对东方管理思想的

---

① 糜皛(1985—),男,江苏无锡人,社会发展与公共管理学院讲师,主要研究方向为地方政府与社会治理。

发展历程,特别是中国管理思想的精髓知之甚少,这不利于未来中国本土管理人才的培养。其实有着深厚历史积淀的中国管理思想对中国特色社会主义现代化建设仍然具有重大意义。社会主义建设者和接班人,应当是有中国管理文化特色涵养的人才。所以,"管理思想史"课程的授课内容除了要梳理西方管理思想的发展外,还要介绍符合社会主义核心价值观,以儒家、道家、法家管理思想为重点的中国传统管理理念。用传统中国故事彰显文化主体性,激发学生对中国传统管理思想的崇尚之心,进而将中国传统管理思想的精髓内化于心,从而实现文化自信。

二、思政元素融入"管理思想史"课程的路径

众所周知,历史课程蕴含丰富的思政教育资源。挖掘和利用这些资源,可以充分发挥高校课堂教学的育人功能,引导大学生增强中国特色社会主义的道路自信、理论自信、制度自信、文化自信这"四个自信",厚植大学生的家国情怀与爱国主义情怀。要让学生认同中华民族的优秀文化传统,增强爱国主义情感,坚定社会主义信念,要让学生能够肯定传统文化的价值,这就要求专业课教师在具体教学实践中从知识目标、情感与价值观目标的维度上予以落实。知识目标就要求学生能理解中华民族传统文化及社会主义先进文化的相关知识;情感与价值观目标就要求学生认同中华民族的优秀传统文化、热爱中华民族的传统文化、弘扬中华民族精神。所以,作为专业课教师,除了教授梳理理论知识外,还要帮助学生形成正确的世界观、人生观和价值观。

(一)通过榜样力量感召学生

随着国家综合实力的增强,我国涌现出了一批以马化腾、任正非等为代表的优秀本土企业家,这批优秀的本土企业家逐渐走向国际。由其中一些人提出的与传统管理思想有别的现代管理思想多次成为网络热门话题,引发古今管理理念之争。正确对待中国传统管理思想,将其合理部分与现代管理思想相协调,这成为新时代发展的必然趋势。习近平总书记也曾多次从治国理政的角度运用传统典故分析现当代事务。由此可见,中国传统管理思想作为中华民族的思想精华,其现代价值不容忽视。

作为专业课教师,我们可以从中国不同时期的管理思想、代表人物及管理实践入手,用现代眼光解读中国传统管理思想,围绕文化自信挖掘中国传统管理智慧,同时也可以选择合适的当代企业家故事来帮助学生理解中国传统管理思想的智慧。例如,法家的法治思想,可以将韩非子的"法不阿贵"

"赏誉同轨""各司其职""皆用其能"等思想与知名企业家董明珠、任正非极具原则性的管理风格相联系，在解析法家管理思想深层内涵的同时，和同学们一起探讨企业家、管理者应具备的个人修养及应遵循的行业准则。同时，还可以用传统管理思维解读我国经济现状。又如，司马迁的"善者因之，其次利道之，其次教诲之，其次整齐之，最下者与之争"思想，其实说的就是商业发展最好的方式就是顺其自然，然后是政府通过有利政策来引导它，再是通过法令来约束它，通过政令来规范它，最差的手段就是政府与民争利，这对于我们现在研究的"处理好政府和市场的关系，使市场在资源配置中起决定性作用和更好发挥政府作用"也是有帮助的。古今思想的结合，让学生更加理解传统文化的精髓，进一步明确自身信仰，以此激发学生的专业敬畏心。

（二）通过名著典故引导学生

历史既是过去，但它又跟我们的现实密切相关，在我们今天生活的现实中往往可以看到一些历史现象，当前的一些社会关切问题也都会引导我们去进行历史思考，去从历史中寻求解答。

例如，在梳理"情境管理理论"的时候，我就尝试把"西方情境管理"的理论与《西游记》结合起来。课上，我让学生把唐僧理解成一位部门领导，把孙悟空、猪八戒、沙和尚看成唐僧这位部门领导的下属，这三位员工从性格、能力、经验、价值观等各方面都不尽相同，那作为部门领导的唐僧，如何把这三位不同的员工好好加以利用，完成去西天取经这个任务，这就取决于"没有适用于一切组织和任何员工的最好的领导方式，必须要针对不同类型的员工选用不同的领导方式"这一典型的"情境领导理论"的观点。当然这与我们中国古代所讲的"因地制宜"等权宜应变的思想也是不谋而合的。又如，西方的马斯洛需求层次理论提及人类需求从低到高像阶梯一样有五个层次，分别是生理需求、安全需求、社交需求、尊重需求和自我实现需求（马斯洛后期还加上了自我超越的需求，即六个层次）。这跟《礼记》中的"饮食男女，人之大欲存焉"与管仲的"仓廪实而知礼节，衣食足而知荣辱"这些需求递进的基本思想是一致的。再如，学生一般都很熟悉以市场细分（Segmentation）、选择适当的市场目标（Targeting）和市场定位（Positioning）为战略营销核心内容的西方STP理论。这一理论就可以用来很好地解读诸葛亮在《隆中对》中体现的传统管理思想。如果把东汉末年的版图看作一个市场，那么诸葛亮是先对市场进行了有效细分，并确定刘备政权的市场目标，最终做出准确的市场定位。这种将中西方思想进行融合的讲解方式，不仅提升了教学效率,还大大丰富了学生的知识体系。

(三) 通过教师自身表率影响学生

教师是与学生接触最为密切的群体,教师日常的言行举止及其评价对学生有着重要的影响力。所以,作为专业课的教师,除了具备渊博的专业基础知识外,还应当同时具备良好的政治素质、职业道德,具备高尚的思想道德品质,他们的言行将成为学生效仿的对象。教师在课堂上的良好表现,以及与学生的真诚沟通,必然会感染学生,并在不知不觉中内化为学生的内心信念和为人处世准则。所以,教师的表率一定会深刻影响学生的思想道德的培育,这就要求我们专业课教师平时一定要关注自己的道德品质素养的提升。

三、"管理思想史" 课程思政实施方式

长期以来,传统文化的地位一直在稳步提升。一个国家教育的根本任务与重大使命就是传承与保持具有本国文化的品性。而中国文化的品性就蕴含在优秀的传统文化之中。教育具有文化传承与精神塑造的作用。要想完成立德树人这一根本目标,就离不开蕴含优秀传统文化的日常教学。作为"管理思想史"的专业教师,需要挖掘传统历史文化资源,在教学活动中渗入传统文化的教育,让学生在学习过程中了解、传承和发扬我国优秀的传统文化,从而不断提高学生的人文素养,培养学生的家国情怀。说到底,除了西方的管理思想,中国源远流长的管理思想至今还仍然对现代管理有很多借鉴价值。

教师应当最大限度地挖掘和利用教学资源,充分发挥教学专长,采取多样的教学手段、灵活变通的教学方式,将德育情感教育始终贯穿于专业课程的知识体系中。

(一) 创新课堂教学方式

除了传统教授方式外,专业课教师还需注重发挥学生的主观能动性,将传统管理理念渗透到学生的知识体系和内在思维中,从而实现教学相长,所以安排课堂讨论环节也是十分必要的。学生各抒己见,探讨当前的管理案例与古代管理案例之间的关联性,从而更加理解传统管理理念的精髓并将之内化为自身的专业品格。教师还可以留下一些思考题让学生利用课下时间进行文献调研和独立思考。其中可以包括对前一堂课的回顾,也可以包含对后一堂课的衔接,从而实现学生对知识的融会贯通。学生在文献调研的过程中,一方面对中国国情、国际局势有了更深刻的认识,另一方面也能体会到中国传统管理思想的智慧。让学生发挥主观能动性进行独立思考,不仅使学生主

动内化中国传统管理思想,还有利于实现教学相长的效果。

"以史明鉴,指导现实",是"管理思想史"课程的最终目标。因而,在课程讲解的过程中,教师要注意价值性与知识性、建设性与批判性、理论性与实践性的统一,以社会主义核心价值观为旗帜,对年轻人进行正确引导。比如儒家思想中的"人治",其实是法治、德治与人治的统一,其本质是德治。通过理论与实际的联系,引导学生去做有情怀、有信仰、有道德的人,实现课程的思政目标。

(二) 加强课后指导和交流

教师的教学和培养学生成才的职责不仅仅体现在课堂中,还包括课后的一系列与教学相关工作的延续,如课后作业、课后实践、课后交流等。只有把握课中,延伸课后,将课堂和课后有机融合在一起,德育教育才有延续性。

课后思政教育往往是很容易被忽视的一个环节。不少专业教师认为课堂外是属于学生的自主时间,除了布置一定的专业知识作业外,似乎其他就跟自己无关了。其实,学生素养的形成,不仅仅在课堂,很多内涵是要在课后逐渐形成的。比如"德",考试高分并不代表学生的"德"是优秀的,还需要根据课后的一系列表现来进行综合评价。这就要求专业课教师在课后继续指导、引导学生,通过交流,通过布置一些相关的作业,考察学生的实际品行。

"管理思想史"课程的意义就在于寻求古今交融点,将传统优秀管理文化与现代管理理论经验相结合,这样有助于文化自信的提升,在一定程度上为建立新时代管理人才的培养模式提供了思想武器。总之,教师要有贯彻课程思政的意识,不断更新自己的教学理念与教学方式,让学生在丰富有趣的教学体验中了解、感受中国文化,树立坚定的文化认同感与文化自信心。

参考文献

[1] 新华社. 习近平在全国高校思想政治工作会议上强调:把思想政治工作贯穿教育教学全过程,开创我国高等教育事业发展新局面 [N]. 人民日报, 2016 - 12 - 09 (1).

[2] 教育部. 教育部关于印发《高等学校课程思政建设指导纲要》的通知 [EB/OL]. (2020 - 05 - 28) [2020 - 05 - 28]. http://www.moe.gov.cn/srcsite/A08/s7056/202006/t20200603_462437.html.

[3] 吴冬平,徐哲民. 大思政理念下专业课程思政改革研究 [J]. 科技视界, 2018 (8): 107 - 108.

[4] 王涵. 高校专业课程思政教学改革与反思 [J]. 管理观察, 2017 (30): 138 - 143.

社会工作专业课程思政建设的关键问题

陶艳兰①

社会工作致力于提升个体社会功能、协助解决社会问题、促进社会变迁、增进人类福祉。作为一门应用性社会科学,它追求社会平等、公正、和谐。专业课程教学强调专业价值塑造、知识传授、技巧训练和能力提升。新时期提高高校人才培养质量、落实立德树人的教育任务,需要加强社会工作专业教师队伍对课程思政建设重要性的认识,明确社会工作课程思政建设的目标要求和内容重点,将思想政治教育贯穿于人才培养方案,结合专业内容进行课程思政教学设计,发挥每位教师、每门课程的育人作用。

一、课程思政建设的重要性认知

党的十八大报告指出,要把立德树人作为教育的根本任务,培养德、智、体、美、劳全面发展的社会主义建设者和接班人。立德树人首次被确立为教育的根本任务。2018年,习近平在全国教育大会上指出,要把立德树人融入思想道德教育、文化知识教育、社会实践教育各环节,贯穿基础教育、职业教育、高等教育各领域,学科体系、教学体系、教材体系、管理体系要围绕这个目标来设计,教师要围绕这个目标来教,学生要围绕这个目标来学。② 2020年5月,教育部印发的《高等学校课程思政建设指导纲要》中明确指出,课程思政建设是落实立德树人根本任务的战略举措,课程思政建设要在所有高校、所有学科专业全面推进。

在当前形势下,课程思政建设的重要性不言而喻。提升教师课程思政素

---

① 陶艳兰,(1976—),博士,社会发展与公共管理学院社会学系副教授,主要研究儿童福利、性别与照顾问题。
② 吴晶,胡浩. 习近平出席全国教育大会并发表重要讲话 [EB/OL]. (2018 – 09 – 10) [2020 – 10 – 30]. http://www.gov.cn/xinwen/2018 – 09/10/content_5320752.htm.

养，强化教师育人能力，首先要加强教师对课程思政建设重要性的认识。当前，在社会工作专业教师队伍中，存在两种对课程思政建设重要性重视不够的认知。第一种观点从社会工作专业的特点出发，认为课程思政的工作我们社会工作专业其实一直在做，继续按照之前的做法进行就好了。这种观点将学生思政教育与专业助人理念、价值观、对人群的情感和对社会的责任等内容相联结，与当前立德树人根本任务相契合。这本身没错，但是此认知可能会导致教师将课程思政建设工作的出发点和目标局限在专业框架内部，高度不够。事实上，思政要素融入工作如果不从国家发展、人才培养战略的高度出发，很难在专业课程教学中高屋建瓴；思政要素融入工作如果不从国家发展的战略需求出发、引导学生了解世情国情民情，学生也难以在专业学习的过程中建立牢固和持久的对人群或服务对象的感情、对社会的责任。因此，教师还是要上升到立德树人的高度理解课程思政建设工作。对课程思政建设重要性的认识过程，也是教师自身育人意识和观念的提升过程。

第二种观点认为，大学阶段的学生已经基本完成社会化过程，正向成年过渡，在这个阶段对他们进行价值塑造和引领的教育，未免有些晚了，至少不是最佳时期，教育效果可能难以达到预期，因此，对课程思政建设工作的态度消极，心存抗拒。这种观点看到了育人工作的系统性和长期性，但是对高校课程思政建设的内涵缺乏理解也是显而易见的。

第一，从理论上来讲，社会化是人终其一生学习和适应的过程，大学生有必要也必须不断学习新的内容和社会规范，内化社会价值，不断完善自己的个性，做有责任、有担当的新青年。

第二，从社会环境来看，当代大学生成长于网络信息环境当中，而在网络信息技术发展初期，相关网络规范和立法不完善，给大学生的成长及价值观形成带来了消极影响。所以对大学生的价值塑造和引领工作非常有必要。

第三，对高校课程思政建设难度的夸大不利于我们对此项工作重要性的认识。教育部印发的《高等学校课程思政建设指导纲要》很清楚地指出，所有教师、所有课程都要承担好育人责任，守好一段渠、种好责任田，使各类课程与思政课程同向而行，形成协同效应，构建全员全程全方位育人大格局。[1] 我们的育人工作不是单打独斗，而是与其他课程同向而行的过程。不夸大难度，不小看自己的作用，对课程思政建设工作及其重要性的认识需要一

---

[1] 教育部. 教育部关于印发《高等学校课程思政建设指导纲要》的通知［EB/OL］.（2020－05－28）［2020－10－30］. http://www.moe.gov.cn/srcsite/A08/s7056/202006/t20200603_462437.html.

种务实的态度。总而言之,我们要通过不断剖析与澄清,促进社会工作专业教师提升开展课程思政建设的意识和能力,达成开展课程思政教学重要性的共识。

二、社会工作专业课程思政建设的目标要求和内容重点

在解决好课程思政建设重要性认知的问题之后,还需要进一步明确课程思政建设的内容重点。一般来讲,课程思政建设的内容要围绕坚定学生信念,围绕政治认同、家国情怀、文化素养、宪法法治意识、道德修养等重点优化课程思政内容供给,系统进行中国特色社会主义和中国梦教育、社会主义核心价值观教育等方面的工作。社会工作专业致力于培养出能够在民政、卫健、司法、教育、工会、共青团、妇联等政府部门、企事业单位、城乡社区及社会组织中从事相关工作的"懂政策、会调研、精实务、善管理"的专业实用型人才。为提高人才培养质量,有必要将思想政治教育贯穿人才培养的全过程。结合社会工作专业的特点,可以从以下几个方面将育人过程中的价值塑造和知识传授与能力培养三者相结合,以落实好立德树人根本任务。

第一,引导学生了解国情民情,坚定中国特色社会主义道路自信、制度自信和文化自信。社会工作是一门应用性极强的专业,非常注重理论联系实际,要求学生懂政策、会调研,在科学的调查研究基础上分析国情民情,剖析社会问题,倡导社会政策,提出解决社会问题的方案。首先,在人才培养方面,社会工作专业需要培养政治立场坚定、具有宏观视野和专业眼光的专门人才。社会工作专业人才是构建社会主义和谐社会、加强和创新社会管理不可或缺的重要力量,在公共服务和社会管理转型背景下,社会工作人才队伍能够满足人民日益增长的个性化、专业化服务的需求,对彰显人文关怀、密切党和人民群众的血肉联系具有十分重要的意义。[1] 其次,为了实现人才培养目标,学生需要学习来自社会学、公共管理学等学科的理论知识,运用分析社会问题的专业视角,分析社会运行和发展的影响因素。在此过程中,教师不但要向学生传授专业知识、训练其科学思维,而且要引导学生关注和了解社会现实,了解改革开放以来我国在经济和社会建设方面取得的成就,以及不断深化改革过程中进行的党的理论创新,了解国家构建和谐社会、改善人民生活品质、提升人民福祉水平的思想、目标和措施,将价值塑造工作润

---

[1] 社会工作专业人才队伍建设中长期规划(2011—2020年)[EB/OL].(2020-04-26)[2020-10-30]. http://www.mca.gov.cn/article/gk/ghjh/201204/20120415302325.shtml.

物细无声地融合在知识传授和能力培养过程中，坚定学生的政治立场。因此，社会工作专业人才培养的目标要求和内容重点与课程思政建设的目标要求和内容重点在某种程度上具有一致性。

第二，引导学生不断追求社会平等、公正和国家和谐，将社会主义核心价值观内化为专业追求，外化为自觉行动。社会工作专业本身致力于促进社会变迁，协助解决社会问题，提升国民福祉水平，推动社会平等与持续发展。这可以说是社会工作专业的使命和责任。社会工作专业人才运用专业知识和技能，在社会福利、社会救助、社区治理、精神卫生、残障康复、犯罪预防、禁毒戒毒、矫治帮扶等领域提供直接服务或进行问题研究与政策法规倡导，促进部分社会群体生活环境的改善和资源获取，为和谐社会建设贡献自己的专业力量。为践行这一专业使命与责任，教师在社会工作专业人才培养过程中，非常重视社会工作专业价值观的塑造。社会工作专业价值主张尊重每一个人的独特价值和尊严，个人的价值和尊严不只来自其家庭背景、教育程度、性别、智能、职业、职位等社会及经济地位，每个人都有改变和发展的潜能，社会工作者有责任去促进和维护社会公正与平等。这些专业价值观和理念贯穿于专业理论课教学和实践的各个环节。在社会工作专业人才培养过程中，教师要加强对学生的价值观教育，增强学生对专业的认同，将专业价值内化到学生价值系统当中，引导学生将专业价值与国家、社会、公民的价值要求融为一体，提高个人政治觉悟，在学习、生活和将来的工作中不断践行社会主义核心价值观。

第三，不断加强深化职业理想和职业道德教育。随着社会工作专业化和职业化水平提升，社会工作行业的职业精神不断凸显，职业道德规范不断完善。在服务人群过程中，社会工作者和服务对象之间的关系得到更加专业的界定。社会工作要保持中立，做到不歧视无偏见，尊重服务对象及其隐私权，要不断提升自己的服务品质，促进服务对象各项能力的增长，最终实现社会环境的改善。当然，改善环境的愿望并非短期内能实现，在实际工作中，社会工作者往往会陷入一种无力感当中。正因如此，社会工作行业需要一种开拓创新的职业品格、充满理想和人文关怀的职业精神，以及促进社会和谐发展的职业责任感。在人才培养过程中，需要引导学生理解社会工作行业的职业精神和职业规范，增强社工职业责任感，树立社会工作专业的职业理想，加强职业道德教育，强调关怀人群、服务社群的初心，强调完善社会政策法规、建立健全各项制度、提升民众幸福感和获得感、促进社会和谐发展的责任和使命，以此来不断提高社会工作专业立德树人的成效。

三、社会工作专业课程思政教学体系

通过修订人才培养方案，进一步明确人才培养的目标，落实社会工作专业教学质量标准，构建合理的课程思政教学体系。在成果导向教育理念指引下，开展社会工作专业教育模式和教学体系改革，提升学生价值塑造的效果，防止课程思政教学形式化。从培养目标来看，我们要培养服务于我国社会治理现代化事业，具有家国情怀、良好人文素养、社会责任感和职业道德，富有创新精神和国际视野的"懂政策、会调研、精实务、善管理"的专业实用型人才。为达成教学目标，可以从五大课程模块展开课程思政教学，即通识教育课程、学科基础课程、专业教育课程、集中实践课程和素质拓展课程，它们在课程思政建设上相互支撑，从课内到课外，从理论到实践，从显性到隐性，形成全程、全方位育人格局。

通识教育课程能够帮助学生了解通行于不同专业之间的知识，使学生增加知识的广度与深度，兼具基本素养。要建设一些提高学生思想道德修养、人文素养、科学素养的课程，以及有特色的体育、美育类课程，帮助学生坚定理想信念、提升综合素质、锤炼意志、陶冶情操，为其专业学习奠定坚实基础。

专业课程中的思政教育与通识教育中的思政课程同向同行，在思政教学效果上形成协同效应。学科基础课程有助于学生系统掌握社会学、心理学、管理学等社会科学基础知识，使学生具备基本的社会科学视野与问题分析能力，能够独立开展社会调查和研究工作，进行数据统计分析，撰写调研报告。这类课程思政建设的内容重点是引导学生了解国情民情，了解当前国家经济社会发展过程中取得的成就和面临的问题与挑战，坚定政治立场，拥有制度自信和文化自信。专业教育课程帮助学生全面掌握社会工作专业价值观、专业理论及专业方法知识体系，系统了解社会福利政策体系；引导学生密切关注社会政策的前沿动态，掌握社会工作实务领域的专业知识和技能，综合运用社会工作个案、小组、社区等核心方法系统开展临床服务。这类课程思政建设的要点是引导学生了解社会工作专业人才和社会工作行业在创新社会管理及构建和谐社会中的突出作用，提升学生对社会工作专业及社会工作行业的自信；塑造学生的专业精神和价值观，促进社会政策法规不断完善，拓展社会工作专业课程的深度和温度；增强福利政策类课程的时代性。

集中实践课程和素质拓展课程中的思政教育具有隐形特征。通过校内课程实习、校外机构探访、机构见习、专业技能训练和毕业实习，学生在实践实习过程中将所学理论运用于实际，走出教室进入社会大舞台将专业知识技能和价值观运用到社会服务和管理领域，在实践实习过程中进一步强化职业责任感，自觉实践社会工作行业的职业精神和职业规范，进一步明确社会工作专业促进社会和谐发展的专业使命。除了给学生提供专业实践平台资源之外，还需要指导教师身体力行，用生命影响生命，在学生遇到困惑的时候及时给予指引。素质拓展，主要包括学科竞赛和科研训练。这类实践课程的思政建设的重要性在于引导学生在社会服务和社会调研中了解国情、民情，将社会主义核心价值观内化为专业追求，外化为自觉行动，坚定政治立场。乡村振兴、贫困地区精准扶贫、社区治理与创新等都是社会工作专业学生科研训练的重要选题，学生对于这类问题的调研和思考，有助于领悟其中所蕴含的思想价值和精神内涵，达到社会工作专业实践和素质拓展教学中的既定目标。

四、社会工作专业课程思政教学设计

在课程思政建设中，还需要结合专业内容进行课程思政教学设计，挖掘每门课程中的思政元素，创新课程思政教学方法，发挥每门课程在价值塑造中的作用。

第一，课程目标坚持知识、能力、价值观念有机融合。落实立德树人根本任务，必须将价值塑造、知识传授和能力培养三者融为一体。在课程思政教学设计过程中，专业知识、技能的传授要与学生素质提升和价值塑造有机融合，不能生硬拼凑。知识、技能和素质或价值观念之间是逐步深入、水到渠成的关系。知识传授是基础，技能训练是对知识的灵活运用，素质是学生学习知识和掌握技能之后的成效，价值观是在所学、所做、所见、所闻过程中形成或进一步强化的对社会现象和问题的认知、理解、判断和评价。价值观需要不断反思和澄清，需要引导。这几个方面的内容在教学设计中要整体考虑，在知识传播中强调价值引领，只有这样才有可能培养出全面发展的人才。例如，"社会学概论"课程思政目标可以确定为，建立社会道德法治观念，内化并遵守社会规范，继承社会文化，扮演好大学生的社会角色，做合格的社会公民，正确认识和处理个人与他人及社会之间的关系；培养学生经世济民意识，关注现实社会，运用科学方法分析社会问题，增强社会责任感，引导学生运用专业价值观和知识技能去解决社会问题。"小组工作"课程思政教学设计中,课程目标包括传授小组工作基本知识,协助学生掌握和运用小组工作方法,引导学生对小组工作这一工作方法及对社会工作专业具有正确的认识、态度和情感,培养学生对服务对象具有理解和关怀之心,增强学生社会责任感,促使学生成长为既有专业能力又有情怀和温度的高素质专业人才。

第二,课程思政元素与课程知识点相契合。在课程思政教学设计过程中,教师要挖掘特定课程中的思政元素,并使之与该课程中的知识点相契合。也就是说在讲授某个知识点的时候,顺其自然地关联到相关的思政元素。这项关联工作如何做到,有赖于教师对课程思政重要性的认识和对内容重点的把握,也有赖于教师不断强化育人工作的责任感和使命感。从课程知识点教学延伸到课程思政内容,从而引领学生的态度、情感和价值,这很重要也非常有必要,这也是我们开展课程思政工作的落脚点和具体呈现。课程思政元素不是课程的外来物,不是教师要重新去外部寻找并将其安放到课程教学中来的内容,不要求教师增加很多课时来讲思政内容,而是充分发掘课程知识点中就隐含的内容。例如,在"社会学概论"课程中,讲到社会角色和社会互动相关概念和知识点时,可以引导学生坚持诚信、友善的品质,扮演好自己的角色,积极发展人际交往网络;在与他人交往过程中不歧视、不排斥、不违背社会道德规范和法律底线,参与到构建平等、公正、和谐的社会环境的事务中来。这就是在塑造和强化学生的社会主义核心价值观。又如,在讲解社会文化方面的内容,讲文化的概念、类型和文化现象时,也给学生介绍一些文化领域的社会学、人类学的研究,训练学生的科学思维,还可以适当地结合实例,帮助学生坚定中国的制度自信或文化自信。在专业教学中,要结合专业特点和课程内容,将课程思政落到实处,联系学生生活实际,这样才更容易被学生接受,获得更好的教学效果。

综上所述,以上从课程思政建设重要性认知、课程思政建设的内容重点、具体教学设计等几个方面,就课程思政融入社会工作教学这一问题进行了比较初步的思考。课程思政融入社会工作专业教育是一项系统性的工作,还涉及制度与管理、教学效果评估与持续改进等方面的内容,需要进一步探讨和研究。

"高等数学"课程思政教学探索①

李 涛② 陈 洋

2016年12月,习近平总书记在全国高校思想政治工作会议上指出:"要坚持把立德树人作为中心环节,把思想政治工作贯穿教育教学的全过程,实现全程育人、全方位育人。"③ 当前,全国各大高校都在积极地开展不同专业的课程思政建设。把思政教育融于专业知识培养过程已成为当今高等学校课程教学改革的核心指导思想。本文根据近年来课程思政的教学实践探讨高等数学开展思政教育的实施举措。

一、高等数学开展思政教育的必要性

高等数学是面向大一新生的公共基础课程,具有课时多、覆盖面广、影响大的特点。大一新生初入大学校门,具有极强的可塑性,是形成正确的世界观、人生观和价值观的重要时期。同时,许多新入职的年轻数学教师往往是从高等数学的教学入手走向教学岗位的。因此,开展高等数学课程思政建设对青年教师自身师德师风的培养也具有极其重要的意义。然而,高等数学作为一门纯理论课程,从中挖掘思政元素具有很大的挑战性。

数学是人类对事物的抽象结构与模式进行严格描述的一种通用手段,具有高度的抽象性、严密的逻辑性和广泛的应用性特点,可以培养学生的理性

---

① 基金项目:本文为2020年苏州科技大学课程思政特色课程建设项目(《高等数学A》);2020年苏州科技大学一流本科课程建设项目(《高等数学A》);江苏省高等教育教改研究项目"基于'互联网+'的应用创新型人才培养的大学数学公共课程教学改革与实践"(2019JSJG623)。
② 李涛(1978—),博士,苏州科技大学数学科学学院讲师,研究方向:计算几何。
③ 新华社. 习近平:把思想政治工作贯穿教育教学全过程[EB/OL].(2016 - 12 - 08)[2020 - 07 - 07]. http://www.xinhuanet.com/politics/2016 - 12/08/c_1120082577.htm.

思维和创新意识。① 关于高等数学（微积分），恩格斯曾说过："微积分本质上不外是辩证法在数学方面的运用。微积分中的有限与无限、曲与直、平均变化率与瞬时变化率、连续与间断等都是矛盾的对立统一体。"高等数学深刻地反映了马克思主义哲学原理，通过对高等数学的课程思政化教学能够培养学生的哲学思想，② 尤其是使学生掌握正确的世界观和方法论，从而使高等数学和思政课程同向同行，实现协同育人。

二、高等数学开展课程思政的举措

（一）构建擅于思政教育的教学团队

教师是在教学过程中发挥主导作用的主体，因此，开展课程思政教学建设，打造一支结构合理、干劲十足的教学团队至关重要。首先，任课教师要树立思政意识。课程思政是近几年才大力倡导的新举措，大多数教师对课程思政的认识不太清晰，学校应鼓励教师多参加与课程思政有关的教学研讨和培训，教师自己要搞清楚什么是课程思政，如何开展课程思政。然后要加强教师队伍自身的师德师风建设，身教重于言传，教师自己"学高为师，身正为范"便是对学生很好的教育。邀请德高望重的老教师"传、帮、带"，通过设立公开课或示范课的方式帮助年轻教师快速成长。很多高校教师是中共党员，课程思政也可以与党支部的活动紧密结合，充分发挥党员教师的先锋模范作用。同时，组织教学经验丰富、具有良好师德师风的核心骨干教师作为主讲教师，建立高等数学课程思政教研小组；团队要定期召开研讨会，提高教师的思政意识和思政水平，培养思政使命感和责任感，使课程思政理念内化于心，外化于行。

（二）加强融合思政元素的课程设计

1. 设计思政目标

开展高等数学课程思政建设，首先需要制定明确的思政育人目标，充分发掘高等数学中的思政元素，贯彻数学精神，强化数学意识，帮助学生建立正确的数学观，培养学生建立辩证唯物主义和历史唯物主义的世界观和方法论；引导学生树立正确的人生观，树立远大的志向，形成报效祖国、报效人

---

① 百度百科. 数学词条 [EB/OL]. [2020 - 07 - 07]. https://baike.baidu.com/item/% E6% 95% B0% E5% AD% A6/107037? fr = aladdin.

② 谭毅. 微积分中的哲学思想 [J]. 科技信息（学术版），2006（2）：58 - 61.

民,为人类做贡献的信念,增强社会责任感和历史使命感。把思政教育融入课程教学中,实现教书和育人的统一,培养德才兼备、符合社会主义核心价值观的合格的建设者和接班人。

2. 挖掘思政元素

围绕思政育人目标,制订新的教学设计方案,把思政元素自然地融入课程教学的各个环节中。在教案设计方面,教学目标除了知识目标、能力目标外,还需要增加思政目标。这就要求教师在备课或讲课时都要想一下各个章节是否有思政要素可以挖掘,要不失时机又恰如其分地把思政教育融入课堂教学中来。譬如在由"割圆术"引入极限的概念时,介绍以刘徽为代表的中国古代数学家为人类文明所做的贡献,增强学生的民族自豪感;由洛必达法则的版权问题告诉学生遵守学术规范的意义;由定积分的定义过程引申"化整为零"和"积零为整"的方法论;讲解无穷小和无穷大的概念时,通过二者的关系,介绍矛盾的对立统一哲学思想;等等。表1给出高等数学课程中典型的思政教学案例。

表1 高等数学课程中典型的思政教学案例

教学内容	教学手段	课程思政元素挖掘	思政育人目标
收敛的两个基本准则	板书讲解	归纳与演绎	数学文化和创新精神
数列极限的定义	课件动画展示	刘徽的割圆术	坚定学生对民族文化的自信心和自豪感
有限个无穷小之和	设问→讨论→解答	量变到质变	辩证唯物主义
导数的定义、定积分的定义	插播纪录片片段	牛顿、莱布尼兹、华罗庚、陈景润等数学家	树立正确的人生观和价值观
第二个重要极限	设问引导学生思考	介绍第一次数学危机及相关数学家的故事	坚持真理的科学精神
p 级数敛散性的讨论	提问和互动	p 比1大一点点就收敛,$p\leq 1$ 就发散	坚持原则,"红线"触不得

3. 建设课程资源

传统的课堂教学是实施课程思政的主阵地。除此之外,开发和利用包含思政元素的慕课资源可以丰富学生的学习方式。

(1) 利用已有的网络资源。中国大学 MOOC、江苏省高校在线课程中心、"爱课程"等包含丰富的高等数学精品在线课程,腾讯课堂、哔哩哔哩、虎牙直播等视频平台也提供了便捷的网络教学环境和线上课程资源,方便学生高等数学课程思政的远程学习,拓宽了学习渠道,丰富了学习内容。

(2)开发新的包含思政元素的慕课。在高等数学的每章挑选1~2个典型思政案例,精心打磨,制成慕课,供广大师生学习,发挥示范引领作用。

(3)搭建师生互动平台。以苏州科技大学高等数学为例,"苏科大高数"微信公众号已经建立和使用多年,在信息发布、资源分享等方面发挥了巨大的作用;任课教师自建的课程QQ群也可以方便师生互动,这些都为高等数学课程思政工作的开展提供了很好的平台。

(4)教材建设。积累高等数学中的课程思政素材,编写融合思政内容的新教材。

以学生为中心,建立和融合各种教学资源。各种教学资源之间的关系见图1。

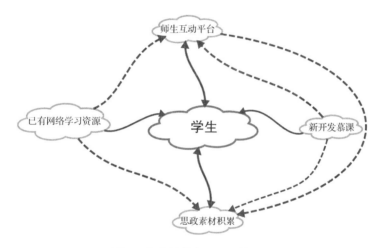

图1　各种教学资源之间的关系

(三)开展蕴含思政内容的教学改革

为了更好地实施课程思政建设,从教学方法、教学手段、考核方式等方面对整个教学过程进行教学改革。

1. 教学方法改革

在课程教学特别是思政元素的融入上,要润物无声,像盐溶于水一样自然地引导学生,不能过于生硬,更不能喧宾夺主过多地引入思政内容而影响正常的教学,以免学生产生反感。可以采用类比、启发式、探究式和以问题为导向(PBL)的教学方法,引导学生积极思考,积极投身体会思政内涵。

类比法融入思政元素是指通过用积极健康的处世哲学来类比高等数学中

的某些知识点，不仅可以加深学生对抽象概念、理论的理解，也可以使学生在情感上产生共鸣，得到必要的人文关怀，从而达到"知识传递与价值引领"的统一。例如，在讲解函数连续性的概念时类比个人发展过程也通常是"连续"的，告诉学生任何成功不会一蹴而就，需要脚踏实地，日积月累，切勿急于求成。

启发式、探究式和以问题为导向（PBL）的教学方法，通常由教师提出问题，让学生带着问题去学习。譬如讲解两个重要极限的时候，先通过设问无理数 e 的来源引出第二个重要极限及其证明，然后引申介绍第一次数学危机及其化解（无理数的发现）过程，再通过介绍希帕索斯因为发现"等腰直角三角形的直角边与斜边的比不是有理数"而被害的故事来弘扬坚持真理的科学精神，同时也可以提高学生的学习兴趣。

2. 教学手段改革

以板书授课和PPT讲授为主，辅以插播纪录片片段的形式融入课程思政元素；适度通过翻转课堂的形式让学生主动学习，理解概念，自主发现高等数学知识中体现的人生哲理；邀请课程思政做得好的教师录制讲课视频分享给学生，作为学生自主学习的有益补充。

3. 考核方式改革

积极发掘知识点中蕴含的思政元素，让学生自己主动从高等数学的知识中感悟人生，塑造健康的世界观、人生观和价值观。以课堂提问或交流的方式实施过程考核；在传统知识考核的基础上添加较为开放的思政类题目，实现对学生的结课考核。

（四）开展反映思政教学的课程评价

1. 同行评价

形成一支具有较强的思政意识和思政能力、教学理念先进、教学方法和教学手段多元化的教学团队，在高等数学课程实践中形成典型的思政教学案例，录制思政教学慕课，积累丰富的课程思政素材，总结课程思政改革经验，在得到同行专家的一致认可后，具有一定的辐射和推广价值。

2. 学生评价

通过实施课程思政，不仅可以让学生学习到基本的高等数学知识，形成一定的辩证思维和数学素养，而且可以培养学生严谨的治学态度，让他们感受数学文化，体会数学中蕴含的人生哲理，塑造他们健全的人格，从而达到春风化雨、润物无声的效果。改革现有的学生课程评价体系，引入课程思政评价指标及反馈机制，根据学生的反馈信息，改善教学方法和教学手段。

三、高等数学开展课程思政的示范意义

通过对高等数学的思政教育探索，我们可以将教学团队中思政意识和思政能力的培养，课程设计中思政元素的融入，教学改革中思政内容的实施和课程评价中思政教育水平的体现等方面的相关经验、案例、方法，推广到其他数学课程，对其他理科基础课程的课程思政教育，也有一定的参考价值。

体育课程思政育人路径的探索与思考

钱 锋①

一、高校体育课程思政育人的背景

中华人民共和国成立以来,高校思政课得到不断加强和巩固,在培养一代又一代社会主义建设者和接班人、巩固国家意识形态安全方面发挥了不可替代的作用。党的十八大以来,党中央做出一系列重大部署,加强党对新时代学校思政课的全面领导,为新时代高校思政课改革创新拉开序幕、指明方向。2019年3月18日,习近平总书记从党所面临的新形势出发,明确指出:"思想政治理论课是落实立德树人根本任务的关键课程。"在学校思想政治理论课教师座谈会上,习近平总书记深刻阐述了办好思政课的重大意义,并再次强调"思政课作用不可替代",这为我们推进思政课建设指明了前进方向、提供了重要遵循。当前在学校体育教育中普遍存在三类问题:一是在体育课程教学设计与实施的过程中,教师对思政育人的重视程度不够。教师在授课过程中,侧重点更多在知识传授是否到位,知识体系是否完整,对在课程教学中如何培育和践行学生的社会主义核心价值观落点不明确。二是对体育授课过程中学生思政素养和思政能力的培养力度还不够。教师授课过程中把思政元素和体育课程内容割裂开来了,缺乏将体育知识、体育素养与思政元素巧妙结合的能力和关注度,在教育教学方法的把握上水平不够。三是体育课程思政育人的评价体系缺乏。体育课授课的传统评价往往只注重结果评价,忽视了过程培养的重要性,只重视某种知识结构的掌握,或者技术水平的达标,但缺乏对学生思政素养可持续性发展的关注。

苏州科技大学体育部紧跟学校思政建设步伐,以学生为主体,从理论学

---

① 钱锋(1980—),男,江苏苏州人,博士,体育部副教授,主要研究方向为学校体育和社会体育。

习、思想引领的"思"和实践课程的"行"两个方面入手,紧抓时间节点,结合各个教研室加快部署,探索和挖掘课程思政在学校体育教育过程中的特点和亮点。对于学校体育课程思政改革,苏州科技大学体育部进行了积极探索,取得了一些成效。体育作为高校育人工作的一个重要组成部分,在体育教育过程中贯穿思政教育元素,做到"扣好每一粒扣子",创新体育课程的思政育人路径,精准提炼和厘清体育课程中本来就有的思政元素,并结合育人的本质特征,将其灵活巧妙地融入体育课程体系中,是高校体育课程改革亟待研究的重要课题,具有现实性、迫切性和必要性。

二、体育思政元素的全面提炼与挖掘

(一) 爱国主义思想的引领

爱国主义思想教育是体育课程思政的首要任务,我们需要培养社会主义接班人,爱国主义的教育是前提和基础,在体育教学过程中突出爱国主义思想,提升学生民族认同与文化自信尤为必要。苏州科技大学体育部开设的武术、散打、舞龙和木兰拳等课程都是基于我国家优秀传统民族体育项目而开发的,蕴含了深厚的民族文化底蕴。其中武术课中突出强调师生互行抱拳礼和鞠躬礼,推崇的是"未习武先习德";木兰拳课要求学生向国旗敬礼;舞龙课培养学生对代表着中华传统体育的舞龙的兴趣,进而提升他们对我国传统文化的自豪感;散打是我国的传统民族运动,课程中突出强调了散打项目对强身健体的重要性,与建设国家、保家卫国的关联性。而学校大型体育比赛,如校运会举行前的升国旗、唱国歌等仪式,都是爱国主义思想融入体育教育的表现,而这些内容的渗透,并不是一些文字语词上的"搬家",而是要在把握精神实质上下功夫,"把中国精神、中国价值、中国力量阐释好"、把学问写进青年大学生的"心坎里"。① 体育部在教学过程中充分把这些优秀传统文化资源、爱国主义思想、民族精神和思想道德教育融入体育课堂中,潜移默化地感染和熏陶着每位学生。

(二) 集体主义思想的培养

体育技能传授和思政教育应同频共振,既要体现体育课程的主导核心作用,又要充分发挥体育课程中育人的价值精髓,把显性外育和隐性内涵创新

---

① 新华社. 习近平在看望参加政协会议的文艺界社科界委员时强调:坚定文化自信把握时代脉搏聆听时代声音 坚持以精品奉献人民用明德引领风尚[N]. 人民日报,2019-03-05(1).

性融合在育人过程中。集体主义思想的培养落实到体育课程中主要体现的是团结协作精神的培养，团结协作存在于学校体育的方方面面，它不仅存在于各类强调相互帮助、相互激励的团体项目，如足球、篮球、排球、橄榄球等，这些项目在教学过程中需要注重团队意识的培养，强调团体配合的重要性，要求学生维护集体利益，不怕吃苦，培养坚韧顽强的意志品质；同时存在于个人项目上，如羽毛球、乒乓球、网球、艺术体操、健美操等，这些项目也要突出互帮互助的协作意识，提倡胜不骄、败不馁的良好作风。在教学过程中分组练习、相互纠错和师生互动同样需要培养学生团结协作的意识。在健美操教学中为了培养学生的集体主义感和团队精神，动作的编排和展示都以小组为单位，目的是让学生感受到只有在集体中，个人才能获得发展的坐标和参考，才能享受成功和自我提升的快乐。而在高水平运动队训练过程中则更是强调集体主义思想的培养，通过对女排精神的诠释，把集体主义思想渗透到运动队训练过程中。

（三）顽强拼搏意志品质的锻造

各项体育运动都能磨炼学生并使其养成自律、坚毅的品格，在运动竞赛中，竞争对手之间往往需要身体对抗和心理博弈，对手之间对抗的过程，就是要敢于直面挑战、顽强拼搏的过程。应该说体育的魅力就在于顽强拼搏的意志品质的展现，没有"顽强拼搏"，就没有女排精神，没有"顽强拼搏"，一个民族就会缺少生命力，更不能屹立于世界民族之林。习近平总书记告诫我们："学习理论最有效的办法是读原著、学原文、悟原理，强读强记，常学常新，往深里走、往实里走、往心里走，把自己摆进去、把职责摆进去、把工作摆进去，做到学、思、用贯通，知、信、行统一。"[①] 体育部在课程思政中充分挖掘奥运冠军和世界冠军顽强拼搏的事例，在疫情期间，体育部球类教学团队利用网络平台开展了"不止为冠军——女排精神"体育思政课网络教学。课程通过视频和线上直播对女排精神产生的背景和因素、传承等进行讲述，并在特定环境进行主题讨论，鼓舞激励学生不断战胜自我、提升自我、超越自我，培养自身攻坚克难、砥砺前行的意志品质。

（四）遵守规则意识的提升

每项运动竞赛都有规则约束，参与运动竞赛必须遵守规则、敬畏规则和

---

① 新华社. 习近平在中央党校（国家行政学院）中青年干部培训班开班式上发表重要讲话强调：在常学常新中加强理论修养　在知行合一中主动担当作为［N］. 人民日报，2019-03-02（1）.

公平竞赛。公平竞赛,包括尊重对手、裁判、观众与规则,充分展示个人与对手的能力,展现运动带给人们的美好体验。体育教师在授课过程中创新课堂教学,给学生深刻的学习体验,引导学生树立正确的理想信念、学会正确的思维方法。例如,教师在篮球、足球课程中,突出强调比赛规则的重要性,延伸到生活中就是"没有规则,不成方圆"。在羽毛球课上多次对学生强调杜绝冒名顶替别人或让别人顶替自己参赛或考试,坚守诚信,要本分做人,诚信做事。在排球授课中,教师多次要求学生以女排为榜样,在学习和生活中学习女排精神。可以说,体育教师在教学中深挖遵守规则背后所蕴含的思想政治教育元素,并将其融入课程教学中,进而提升学生的专业认同度、职业精神和社会责任感,激发学生的内生学习动力,这对于提高专业教学质量具有不可替代的育人作用。

（五）奉献精神的激发

完全超越政治的体育是不存在的,如果说"团结协作是体育教学内容里的基石",那么"爱国奉献则是团队协作的核心"。没有奉献精神,一个团队犹如一盘散沙,不具备新时代发展需要的创新力和竞争力。而个人理想与国家的命运是紧密联系起来的,在个人与集体价值实现过程中,往往需要具备奉献精神。苏州科技大学体育部教师在授课过程中更多地突出榜样引领作用,如中国女足在世界杯预选赛的出色表现,铿锵玫瑰们取得骄人的成绩绝不是个人利益驱使,而是团队和国家利益至上;田径类项目中的长跑,谁负责领跑、谁负责跟跑,需要个人做出牺牲。种种事例体现的是团结协作,背后蕴含的更是队友个体之间的无私奉献。没有无私奉献的牺牲精神、团结协作的团队精神,体育的精神将如同无源之水、无本之木。

三、体育课程思政发展策略与思考

（一）打造过硬的体育思政团队

习近平总书记强调,办好思想政治理论课关键在教师。[①] 打铁还需自身硬,要提升学校体育课程思政建设水平,要解决好培养什么人、怎样培养人、为谁培养人这个重大命题,首先必须培养和造就党和人民满意的师资队伍。学高为师、身正为范是对当下教师立德树人的最好诠释,体育教师是体育课

---

① 覃采萍. 有的放矢:抓住思政课教师队伍建设这个关键 [EB/OL]. (2020-04-15) [2020-05-06]. http://theory.people.com.cn/n1/2020/0415/c40531-31673759.html.

堂育人的主体，也是学生生活中的良师益友，无论是在课堂中的教学表现还是课后的言行举止，都会在潜移默化中影响着学生，进而对学生的价值观和世界观产生影响。因此，在体育课程思政建设中，体育教师团队更应加强自身思政建设，做到政治强、情怀深、思维新、视野广、自律严、人格正等，以满足思政建设过程中学生、家长和社会对育人团队的基本要求。体育部可以充分发挥部门优势，以支部为单位，从素质教育、中华优秀传统文化等视角，定期开展思政学习和研讨活动，开启体育教师"学习、对话、实践与反思"的培训模式，丰富和优化体育教师课程思政的内容和形式，努力打造一支三全育人的体育思政团队。

（二）提升教师思政教育意识

课程思政意识的提升是对教师育人工作的重要促进，它的提升可以使教师在教学实践中确保育人方向不跑偏，育才的价值性不打折。只有提升体育教师的课程思政意识，他们才能积极主动地把课程思政贯彻落实到教育教学各环节。而思政教育意识的提升，首先，需要教师自觉将马克思主义世界观、人生观、价值观融入知识讲授中，同时将培养民族复兴大任的时代新人作为事业目标，努力做到以模范行为引领和感染学生。其次，还需要提升教师体育思政创新能力，激发体育教学中的思政创新动力，例如，教师灵活运用多种教学方式，通过启发式的讲授教学、民主性的讨论教学或者探索式的尝试教学，不断提高体育课程吸引力和亲和力，最终提升教师体育课程思政的育人能力。

（三）完善思政评价体系

面对新时期三全育人的迫切要求，需要体育课打破以往单纯讲述体育知识、体育技能的教学方式，转变以往考试中体育知识和体育技能的考查占比过重的应试模式，扭转以往只注重学生体育知识、技能评价，而忽视体育本身具有的对学生德育的功能。因此，需要我们着力优化体育思政评价体系，重新修订具有思政引领特色的体育课程教材，进一步完善体育课程的教学设计。完善教学体系、教材体系和管理评价体系，让评价体系能够全面、准确和客观地反映学生的学习状况，通过优化完善评价体系，准确指导教师怎么去教和帮助引导学生如何去学。

高校体育课程思政育人的探索绝不是"老酒装新瓶"，必须要认识到思政元素在体育课程中的重要性，必须重视其在高校育人工作中的不可替代性。

在体育通识课和专业课教学过程中,都要不断提升体育课程中思政内容的重要性,加大体育课程中思政教学的力度,加大思政元素在体育课程中的提炼和融合,最终形成以思政为引领,以体育各专业为支撑的学校体育课程体系,并将其贯穿教学的全过程,让体育课不仅能强身健体,更能铸魂育人。引导和培养学生把个人理想、个人价值信念与国家富强的需要紧密联系起来,为早日实现中国梦不懈努力。

高校公共体育课程思政的挖掘

——以苏州科技大学跆拳道选修课为例

江小牛[①]

教育部印发《高等学校课程思政建设指导纲要》文件中指出,课程思政建设要在所有高校、所有学科专业全面推进,充分挖掘各类课程思想政治资源,更好地发挥每个学科的育人功能,促进学生德、智、体、美等全面发展,培养一代又一代合格的社会主义建设者和接班人。[②] 而体育教学工作作为高等学校教育教学工作的重要组成部分,有其特殊的地位和不可取代的育人功能,因此深挖体育课程思政元素,将思政元素融入体育课程教学中具有较大的现实意义和历史意义。

一、苏州科技大学跆拳道课程的开设背景

（一）苏州科技大学跆拳道课程的开展现状

跆拳道是一项具有对抗性和观赏性的传统体育项目,20世纪90年代传入我国,深受广大大学生群体的喜爱。从1994年开始,我国部分高校开始引入跆拳道课程,跆拳道课程至今也历经了20多年的发展,目前在我国高校已基本普及。

苏州科技大学于2009年开设跆拳道课程,一开设就受到了各专业学生的追捧。目前开展现状如下：一是三个校区每学期都开设跆拳道课程,其中石湖校区有跆拳道教室两间,天平校区有跆拳道教室两间,江枫校区有跆拳道教室一间；二是跆拳道专项教师有两位,且具有黑带及国家一级裁判员资格证书；三是辅助性器材如脚靶、道垫、沙包等基本具备；四是每年10月份组

[①] 江小牛（1985—）,男,江苏苏州人,硕士,体育部讲师,主要研究方向为体育教育训练学。
[②] 中华人民共和国教育部. 教育部关于印发《高等学校课程思政建设指导纲要》的通知［EB/OL］.（2020-05-28）［2020-12-20］. http：//www.gov.cn/zhengce/zhengceku/2020-06/06/contert-5517606.htm.

织学生开展跆拳道比赛，各学院报名人数近百人。

（二）苏州科技大学跆拳道课程的优势

跆拳道课程的课程思政的优势：一是跆拳道运动强调礼仪和克己、百折不屈等精神，这些都是很好的课程思政元素；二是跆拳道为室内课，硬件设施基本能满足教学需求且不受天气因素影响；三是除了跆拳道基础课外，表演、比赛等活动较多，体育部领导较为支持；四是上课时所有学生统一服装，氛围较好，学生能更好地融入集体；五是跆拳道课程是理论与实践相结合的课程，学生兴趣较高，在其中融入思政元素可以避免"尬聊尬讲"和浮于表面。

二、苏州科技大学跆拳道课教学内容和方法

大一、大二的跆拳道课为选修课，面向学校全部专业学生；通识提高课为高年级开设。具体教学内容和教学方法如表1所示。

表1 跆拳道课教学内容和教学方法

学期	大一或大二		通识提高课	
	教学内容	教学方法	教学内容	教学方法
第一学期	实践：腰带、礼仪、太极一章、太极二章、前踢、跳前踢、横踢、步法、模拟实战。理论：科学体育锻炼、终身体育意识的培养等	示范讲解、分解教学、完整教学、纠错法	实践：礼仪、太极一章至八章、横踢、侧踢、旋风踢、后旋踢、实战。理论与实践：临场裁判	示范讲解、分解教学、完整教学、纠错法
第二学期	实践：礼仪、太极三章、太极四章、侧踢、旋风踢、步法、实战。理论：跆拳道规则与裁判法、卫生与保健等	示范讲解、分解教学、完整教学、纠错法		

三、跆拳道教学内容思政元素的挖掘

(一) 从跆拳道起源出发，挖掘思政元素

通过理论课和实践课相结合的方式，教师以跆拳道起源与历史发展为出发点，发掘国外优秀文化中的中国元素，使学生从中感受我国优秀传统文化的渗透力和影响力，提高学生学习兴趣，潜移默化地让学生树立文化自信和民族自豪感。

例如，跆拳道的前身是花郎道，是朝鲜半岛古老的民间技击术，跆拳道是在引进与吸收中国的传统武术及日本空手道的基础上，创新与发展起来的一门独特的用手脚技术进行格斗的体育项目。

(二) 从跆拳道精神出发，挖掘思政元素

跆拳道的精神是礼仪、廉耻、克己忍耐、百折不屈。从含义方面进行理解，即礼仪（对人有礼，不卑不亢）；廉耻（有羞耻之心，知耻而后勇）；忍耐（有毅力，能包容）；克己（有自制力，能控制自己的情绪、欲望）；百折不屈（遭遇挫折不气馁，永不言弃，越挫越勇）。

在教学过程中，通过教师的教与学生的学的紧密结合、通过教师的以身作则等，挖掘教学中的思政元素。

1. 向国旗敬礼

学生队伍正前上方的墙面悬挂有一面国旗，学生进入训练场地、上课时、下课时都需要向国旗敬礼，敬礼方式为：保持立正姿势，右手掌置于左胸口处，注视国旗 5 秒。向国旗敬礼，是告诉每一位学生都必须热爱自己的国家，没国哪有家，有我们强大的祖国作后盾，才有安静的学习环境、宽敞明亮的教室和美好的未来。教师要以身作则，做学生的表率，以自己的实际行动感染每一个学生。

2. 师生、学生之间相互敬礼

讲文明、懂礼仪是我们中华民族的传统美德。文明礼仪，不仅是个人素质、素养的体现，也是个人道德和社会公德的体现，更是一个城市、一个国家文化和精神的体现。在我国，大学生是一个较大的社会群体，作为祖国的栋梁和未来社会高素质人才的基石，更应该注重礼仪意识的培养和学习。

跆拳道课上，敬礼方式为鞠躬礼，双脚并拢、双手置于体侧，从立正姿势开始弯腰 90 度，稍作停顿后起身立正。在集合时、训练中、下课时、实战中、品势中要求师生之间、学生之间相互敬礼，教师通过自身的实际行动和引导，让学生时刻学会尊重教师、同学、对手及身边的每一个人，努力培养学生成为德才兼备、素质优良的为社会主义努力奋斗的当代大学生。

（三）从跆拳道服装出发，挖掘思政元素

适当的时间和地点穿正确的服装也是礼仪的直接体现，作为高校教师，要充分挖掘一切与思政相关的内容，不放弃任何与学生相互学习的机会。

跆拳道训练和比赛时，教师穿跆拳道服，并要求学生也必须穿统一的白色跆拳道服，在做要求的同时，也要说明穿道服的必要性：白色的跆拳道服，代表着端正、纯洁，当练习者穿上道服时就意味着要全力以赴；所有学生身穿统一的道服，是集体荣誉感和凝聚力的体现，意味着每一位学生都是班级不可或缺的一部分；穿跆拳道服进入训练场地，是对教练、同学、对手的尊重，也是对这个竞技项目的尊重。

（四）从跆拳道品势、腿法出发，挖掘思政元素

苏州科技大学跆拳道课程主要内容为品势、腿法和实战，一学年的品势分为太极一章至太极四章，腿法有前踢、横踢、下劈、旋风踢、侧踢等，实战主要为模拟实战和防身术，通过不同的教学内容来挖掘思政元素。

1. 跆拳道品势中的东方哲学思想

品势即为套路，是以一定数量的手、腿的动作编排串联而成的具有一定特点和难易度的规定组合。跆拳道的套路有其自身的特点，强调刚劲有力、攻守兼备。跆拳道与中国传统文化中的太极思想有着深厚、内在的渊源，跆拳道品势里所包含的哲学意蕴，同样也显现出东方的太极思想。① 太极思想强调人与人、人与自然的和谐相处，强调自我的不断完善。因此，在练习品势时，要让学生体会到，品势不仅是对身体和心理的锤炼，还是对自身品格的塑造。

2. 学习革命先辈百折不屈的精神

学生在练习腿法和进行实战时，会面临很多困难和挑战，练习力量、柔韧、耐力的痛苦及对手凶狠的进攻，无不时刻考验和历练学生的身体和心理，此刻需要学生拥有强大的内心和百折不屈的精神。

"不忘初心，方得始终。"革命先辈们为了拯救国家和民族，不怕苦，不怕累，不怕牺牲的精神，需要我们不断去感受和学习，更需要我们传承和

---

① 理同新. 试论跆拳道品势中的太极思想意蕴与追求［J］. 成都体育学院学报，2012，38(8)：88-90.

发扬。

教师通过列举革命先辈的光荣事迹，如四渡赤水、长征等，启发和引导学生学习革命先辈奉献、拼搏的品质，学习先辈们钢铁般的意志和百折不屈的精神。

新时代中国高等教育的根本任务是立德树人，而培养什么人、怎样培养人、为谁培养人，则是高校在新时代背景下必须回答和解决的根本问题。[①] 作为一名普通高校教师，在了解全国高校思想政治工作会议精神后，在校领导的指导和有关专家的培训下，深知课堂教学中贯穿课程思政的必要性和任务的艰巨性。

体育课程相较于其他课程有其自身的优势和特殊性，而跆拳道课更有值得挖掘的思政内容。通过本文跆拳道课程思政的挖掘，笔者也希望能对体育类其他专项课程有所借鉴和启发。作为高校教师，要不断开拓进取、与时俱进，不断对教学内容和教学方法进行改革、研究、探索，从而更好地完成新时代赋予每一位高校教师的责任和义务。

---

① 新华社. 习近平在全国高校思想政治工作会议上强调：把思想政治工作贯穿教育教学全过程，开创我国高等教育事业发展新局面 [N]. 人民日报，2016－12－09（1）.

课程思政视域下学生体育核心素养培育研究

王 华①

党的十九大报告中,立德树人作为教育的根本任务再次被明确提出。这既是新时代全体教育工作者肩负的使命与责任,也是我国教育改革的立场和方向,其终极指向是培育能够担当民族复兴大任的德、智、体、美、劳全面发展的时代新人。2020年5月28日,教育部颁发了《高等学校课程思政建设指导纲要》,指出进一步推进和加强课程思政建设力度,以全面落实立德树人根本任务。要求高校根据各专业的特点,全方位推进各类专业课程思政建设工作,构建促进各类课程思政建设的人才培养、教学制度、课程内容及目标体系,深入挖掘课程育人价值及作用。②

体育作为德、智、体、美、劳五大教育领域之一,其独特的"育体铸魂、德体兼修"的育人价值与课程思政致力于培养"整全的人"的价值趋于一致,成为学校教育不可或缺的内容。为落实立德树人根本任务,培养学生树立社会主义核心价值观,体育课程思政建设将思想政治教育贯穿于体育课程体系的理念、任务、方法和教学过程中,以期实现对学生体育核心素养的培育。因此,对学生进行体育核心素养培育研究既是落实体育学科立德树人教育要求的重要抓手,也是体育教学领域展开改革的着力点。

一、课程思政视域下的学生体育核心素养培育

2016年9月,教育部发布了《学生发展核心素养》的体系与框架,指出核心素养主要是指学生应具备的,能够适应终身发展和社会发展需要的品格和关键能力,它是关于学生知识、技能、情感、态度、价值观等多方面的综

---

① 王华(1977—),硕士,苏州科技大学体育部副教授,研究方向为体育教育学。
② 教育部. 教育部关于印发《高等学校课程思政建设指导纲要》的通知 [EB/OL]. (2020-06-01)[2020-07-08]. http://www.gov.cn/zhengce/zhengceku/2020-06/content-5517606.htm.

合表现。课程思政视域下的体育核心素养主要包含三个组成要素：体育品德与修养、健康行为与习惯、运动品质与意志。这是学生通过体育思政课程学习形成、对学生身心产生持续影响、面向学生成长全程的必备道德品质，且适应学生的终身体育养成。课程思政视域下的体育核心素养是体育课程改革内在驱动力的结果，是落实立德树人根本任务的起点。

（一）体育品德与修养培育是课程思政的根本目标

作为体育核心素养中的首要素养，体育品德与修养承载了体育学科育人的普遍期望，也体现了学校教育目的与教学目标在人才培养标准方面的规定和要求。在课程思政视域下，体育品德与修养衡量着体育学科育人目标的根本实现。有效的体育课程思政教学过程，通过认识、形成、提升、稳定四个阶段让学生在学习与锻炼中表现出良好的道德品质、行为规范和素质素养。

（二）健康行为和习惯形成是课程思政的广度延伸

在体育核心素养中，健康行为与习惯是指学生通过体育课程的学习，在体育运动、日常生活中形成的与健康有关的正确行为和良好习惯，具有稳定的延续性。简而言之，就是学生通过经历认识、形成、改进三个阶段学会使用体育运动的手段，形成健康生活的方式，满足自己身心健康发展的要求，以此更好地适应社会生活。

（三）运动品质与意志塑造是课程思政的稳定保障

体育核心素养中的运动品质与意志是指学生在体育锻炼、训练和比赛中形成的坚毅、自控、顽强、果敢等精神品性。当学生在体育学习与锻炼中养成遇到困难不畏惧、努力克服的良好习惯时，运动品质与意志便开始形成，学校体育教学质量也得以保证。学生运动品质与意志的形成同样要经历认识、形成、提升等阶段。

二、课程思政视域下学生体育核心素养培育路径研究

体育核心素养是学生通过体育课程学习而逐步形成的正确的价值观、必备的体育道德品质和关键运动技能，是培养学生总体素养的基础。体育课程思政是基于传统体育课堂提出的，区别于体育知识与运动技能的常态教学，强调在学校体育课程中落实立德树人根本任务的新型体育课堂教学形态，运用现代教育技术，体育教师在运动技能和体育知识传授过程中，融入体育课程思政教学设计，促进学生的运动技能和体育知识习得，使学生在领悟体育

课程思政内容构成的同时,提升自己的思想政治素养,从而落实学生体育核心素养的培养。

(一)课程思政视域下培养学生体育核心素养的课堂教学设计

课程思政视域是落实立德树人根本任务的基础保障,其"价值观引导"的内在要求考量体育课堂教学设计能否实现学生体育品德与修养的形成,健康行为与习惯对日常生活的良性迁移及运动品质与意志的塑造。从而为培养学生体育核心素养指明方向。

体育课程思政课堂教学设计通过有针对性地创设体育课程教学情境或者体现体育课程学习任务的问题情境,使学生尽快融入体育课程学习情境中,体验体育道德品质的生成场域与养成逻辑,以形成自己的体育核心素养。

体育课程思政课堂教学设计需要大量收集和使用体育运动情境素材来创设体育课程学习情境,结合每次课的具体教学内容,发掘蕴含其中的体育道德品质元素,针对学生体育核心素养培养的具体要求进行问题化教学设计,使体育课的开始部分到主体部分,均融入培养学生体育核心素养的关键知识点和核心内容。例如,在体育课堂教学中,以"讲故事"的方式嵌入中国女子排球国家队的"女排精神",让学生体会爱国主义精神和不屈不挠、顽强拼搏的意志品质。

(二)课程思政视域下培育学生体育核心素养的课堂教学实施

体育课程思政的主要内容是将思政元素自然而然地融入体育知识与运动技能的教学过程中,或是挖掘体育运动知识技能中蕴含的隐性思政元素,通过课堂教学实施实现寓价值观引导于知识传授中。因此,在具体教学过程中明确课程思政的教学目标,紧跟课程思政的教学大纲和教案内容,实施有促进思政效果的教学方式方法,运用体现课程思政的考核内容与形式,是培育学生体育核心素养的有力保障。

同时,体育教师作为课程思政的执行者,其自身的政治素养和思政教育能力决定着体育课程思政的教学实施效果。因此,体育教师必须时刻不忘育人初心,主动培养讲授体育课程思政的能力,以良好的师德师风师貌立己立教立行,使学生能够通过长期的体育课程学习,反复观察、实践、感受和探究,形成对体育品德、健康行为和意志品质的内心感悟和认知,呈现出"吃苦耐劳、团队合作、敢于拼搏、知礼仪、守规则、重责任、有担当"的体育核心素养。

(三) 课程思政视域下培育学生核心素养的教学反思评价

教学反思是教师以自身的教学经历、行为作为反思对象，反省和评价自身的教学过程和教学效果。① 在体育思政课程教学中落实立德树人根本任务，需要在体育思政教学中不断反思教学设计中的现有问题和预判问题，以此来检验体育思政课堂教学设计的合理性。课后教学反思集中了大量体育思政课堂教学回顾性素材的整体性评价，直接体现了学生体育核心素养培养过程中出现的问题。例如，在中距离跑步内容的学习和测试过程中，学生出现了畏难情绪，教师根据学生的身心特点和运动技能水平进行优质教学内容及教学方式设计，在具体教学过程中使学生能克服畏难情绪，挑战自我并且战胜自我，实现学生良好体育品德的培养，是教师课后教学反思的效应体现。

三、结语

在课程思政视域下，对学生体育核心素养进行研究，是实现立德树人根本任务的重要途径。厘清学生体育核心素养的结构要素，教师通过对体育课程课前思政设计、课中教学实施及课后反思评价研究，将培养体育核心素养要素与学生体育课程思政学习结合起来，使学生通过体育思政课程学习养成良好的体育品德，形成健康科学的生活方式和积极向上、乐观开朗的人生态度，真正成为新时代社会主义建设者与接班人。

参考文献

[1] 黄河，程传银，赵富学. 核心素养导向的体育教师教育：理念、挑战与应对 [J]. 体育成人教育学刊，2020，36（1）.

[2] 于素梅. 学生体育学科核心素养培育应把握的关键与有效策略 [J]. 体育学刊，2017，24（6）.

[3] 尚力沛，程传银. 核心素养、体育核心素养与体育学科核心素养：概念、构成及关系 [J]. 体育文化导刊，2017（10）.

[4] 赵富学，魏旭波，李莉. 体育与健康学科核心素养课程化现状检视及机制设计 [J]. 体育学刊，2019，26（4）.

---

① 常虎温. 教学反思刍议 [J]. 教育理论与实践，2016，36（11）：58.

新时期体育课融入思政教育的有效途径研究

孙锡杰[①]

当前国际形势深刻变化,大国博弈愈加复杂激烈,不同思想文化交流交融交锋,社会思潮多元多样多变,思政教育的重要性日益凸显。大学生作为社会主义事业建设的主力军,加强他们的思想政治教育,提高其思想政治素养,对培养社会主义接班人和开创中国特色社会主义事业新局面具有十分重要的意义。

新的历史时期体育被赋予新的使命和担当,体育的社会价值和内涵也因此变得更加丰富多元。体育不仅能强身健体,还能培养人们勇敢顽强的性格、超越自我的品质、迎接挑战的意志和承担风险的能力,将思想政治教育融入平时的体育教学中,可以充分拓展思想政治的教学方式,充分挖掘体育课程所蕴含的思政教育元素和所承载的思政教育功能,不断提高学生的思想政治觉悟,将思政教育的影响逐渐内化为学生的精神品质,实现潜移默化、润物无声的全方位育人。

一、新时期高校思想政治教育的趋势和学生思政素养现状

(一)新时期高校思想政治教育的要求和趋势

习近平总书记在全国高校思想政治工作会议上强调,高校要坚持把立德树人作为中心环节,必须围绕学生、关照学生、服务学生,不断提高学生思想水平、政治觉悟、道德品质、文化素养,让学生成为德才兼备、全面发展的人才。站在新的历史起点上,面对经济发展新常态的历史契机,高校思想政治教育必须勇于迎接挑战,积极回应国家、社会、人民对思想和政治教育的诉求,完成历史交付给我们的重任。改革开放以来,思想政治教育成为规

---

① 孙锡杰,(1978—),山东潍坊人,讲师,硕士,研究方向为体育教育与训练。

范学生的社会行为、调适学生心理和塑造学生道德品质的主渠道,然而我们也要看到,在市场经济体制下,在利益诉求多样化和学生道德素质提升的新形势下,思想政治教育存在着理论更新不及时、教学方法不合理、学生反馈不明显、现实解释力和说服力不强等原因导致的教育实效性不强的严峻问题。

高校思想政治教育要深入研究社会和经济发展对高校学生价值观念产生的冲击,采取切实有效的教育方法和教育手段来满足新时期大学生对思想政治教育的诉求,在继承和发扬传统教学方法和教学内容的情况下,根据时代特色和历史条件的变化及时地更新教育内容、变革教育方法、拓展教育渠道。通过创新增强思想政治教育的解释力和说服力,提高教育的实效性,更好地服务于经济社会发展。

(二) 新时代高校学生的思政素养的现状

青年一代的理想信念、精神状态、综合素质,是一个国家发展活力的重要体现,也是一个国家核心竞争力的重要方面。市场经济的快速发展和各种西方思潮的不断涌入,对我国社会传统价值观形成了一定的冲击。高校大学生正处于身心成长的关键时期,这一时期也是价值观、世界观、人生观形成的最佳时期,他们的辨别能力、自控能力比较弱,容易受到各种不良社会思潮的影响。[①] 不少大学生在人生价值观上崇尚自我,过分注重个人主义,团队意识淡薄,服务和奉献精神不足,对于艰苦奋斗的精神不以为然。一些大学生追求物质享受、奢靡享乐、意志力薄弱、心理承受能力差、缺少合作意识、不愿担当,在社会活动中以自我为中心,不愿当配角,总担心自己被耽误、被埋没、被大材小用。在社会不良思潮的影响下,部分大学生的道德品质出现滑坡,高校德育工作必须根据当代大学生的思想特点进行改革创新,与其他学科有效结合实现全面育人,才能实现高校思政教育工作培养德才兼备的社会主义优秀建设者和接班人的宏伟目标。[②]

二、体育课与思政教育融合的必要性与可行性

体育课程作为高校课程的重要组成部分,是实施思政教育的良好载体。体育课程教学方法灵活多变,学生在体育文化氛围中体验思政教育,会感到

[①] 马振华,王刚,王海. 在高校体育教学中有效融入思想政治教育 [J]. 教育现代化,2017 (47):280-281.

[②] 郝朝娜. 优秀传统德育资源缺失对高校德育工作的影响研究 [J]. 管理观察,2015 (35):106-108.

更加深入与贴切，这不仅可以丰富学生的课余生活，还可以不断提高学生的道德修养。体育课程区别于其他学科的教和学，教师以动作示范、言语讲授、图片视频等为基本教学方式，学生以身体练习为基本手段，师生合作来达到学生身体素质的提高和某项运动技能的熟练掌握。体育教学内容广泛，项目多样，蕴含丰富的思想性，教师可以对这些内容和思想加以充分利用，发挥其在大学生思想政治教育中的独特作用。因此，在高校体育教学中融入思想政治教育，挖掘体育课程中思想政治教育资源，可以使学生在学习体育课程的同时，自觉加强思想道德修养，提高政治觉悟。①

校园体育文化活动丰富多样，引领学生超越自我，并通过公平竞争、团结合作，培养学生积极进取的个性品质和团结协作的集体意识。校园体育文化对学生发展发挥着重要的导向作用，适时组织各式各样的体育文化活动，可提高学生道德修养。另外，校园体育文化有利于营造思想政治教育良好氛围。体育散发着独特的魅力，不仅能够锻炼人的体魄，还能够充分展现开拓进取、奋力拼搏的精神。②

三、体育与思想政治教育多元融合的方法和措施

（一）提高体育教师的职业素养和人格魅力

随着信息技术和教育事业的快速发展，学生需求更加多元化，以往传统的思想政治教育与体育教育已经很难满足当下学生的发展需求，也不利于提高学生的思想政治修养，更不利于提高课堂教学整体质量。

体育教师的个人技能水平和思想政治素养对教学质量有着重要的作用。"德高为师，身正为范"，高校体育教师要坚持教育者先受教育，努力成为先进思想和体育文化的传播者，更好地担负起学生健康成长指导者和思想教育引路人的责任。教师的人格魅力表现为健康的价值观、高尚的道德情操和渊博的学识，对学生的影响是深刻的、长远的。一个受学生尊敬的教师在教学过程中往往更能得到学生的配合、信任。同时，一个具有良好的思想政治素养的教师，将会对学生的思想素质产生潜移默化的影响。这就要求我们的高校体育教师要加强自身的技能水平，努力提升思想政治理论和道德素质，发

---

① 马振华，王刚，王海. 在高校体育教学中有效融入思想政治教育［J］. 教育现代化，2017（47）：280－281.

② 魏建军. 校园体育文化的思想政治教育作用分析：评《思想政治教育热点问题研究新进展》［J］. 领导科学，2020（4）：125－127.

挥自己在思想政治方面的表率作用。① 体育教师也要加强优秀传统文化的学习，提高语言表达能力，幽默风趣的话语能够很好地消解学生对课堂说教的逆反心理。课堂上引经据典、旁征博引，行为上谦逊有礼、进退有度，都能够激发学生思考、模仿的兴趣，无形中达到言传身教、立德树人的终极目标。②

（二）思政元素融入体育课堂需要遵循学生身心发展的规律

在体育教学中，不仅要遵循体育教学的基本规律、遵循思想政治工作规律，还要遵循学生身心发展的规律。在教材内容的编写上除考虑提高学生运动技能和身体素质外，还要注重教材的趣味性，充分调动学生学习的积极性和主动性，培养学生的体育兴趣，改变学生喜欢体育而厌恶体育课的现状。在体育教学中要尊重学生的主体地位，把握学生的个性发展需要，必须改硬性灌输为平等的相互交流，变理性宣导为感性的情感共鸣，从而使教学内容更好地为教育对象所理解、接受和内化。体育教师要最大限度地调动每个学生的积极性，激起他们的学习激情，使他们在原有基础上不断提高和改进，要用好课堂教学这个主渠道，课程思政要坚持在改进中加强，提升思想政治教育亲和力和针对性，满足学生成长发展需求和期待。

体育教学不仅要锻炼学生的身体，还要重视学生的情感教育，使教育对象能够德才兼备、智美兼收、情意相行。体育课要不断丰富思想政治元素的人文意涵和人文特质，逐步增强思想政治教育的获得感、真实感和亲切感，努力推动思想政治教育成为真正实现人生价值的思想催化剂。③

（三）创新思政教育模式，改革体育课的教学方法和手段

随着社会的发展，多媒体技术、智能手机的普及，信息化时代已经到来，大学生获取知识的途径和数量飞速增加，其思想政治教育面临许多新情况、新任务、新课题。青年学生思想活跃，接受新鲜事物快，但知识结构、思维方式还处于需要逐渐完善的阶段。相较于大学生思想的发展变化的速度，目前高校思想政治教育的创新显得略有不足，高校思想政治教育工作仍以"填

---

① 马振华，王刚，王海. 在高校体育教学中有效融入思想政治教育 [J]. 教育现代化，2017 (47)：280 – 281.
② 郝朝娜. 优秀传统德育资源缺失对高校德育工作的影响研究 [J]. 管理观察，2015 (35)：106 – 108.
③ 赵耀. 新时代思想政治教育转型的现实困境与路径选择 [J]. 山东青年政治学院学报，2020 (36)：1 – 7.

鸭式""说教式"为主要方式，理论空洞，形式僵化，既没有情感教育的感染力，又没有案例教育的震撼力，根本达不到思想政治教育的满意效果。① 传统的思想政治教育模式和体育教学模式已经无法满足现代学生的需求。体育课要紧扣时代主旋律，引入生动案例增强教育内容的鲜活性，依托大学生喜闻乐见的各种体育形式将思想政治教育落到实处，引导学生从被动式"要我听"转变为主动式"我要听"。② 体育教学要改进课堂教学模式、丰富课堂教学手段。以篮球课为例，传统的篮球教学中，整节篮球课都要围绕着球来进行的篮球运动被定性为以球为中心的运动，这种被动性的学习不科学，也不合理，使学生缺乏学习主动性，不利于其自主学习能力和合作能力的培养，阻碍了学生之间的人际交往能力的发展。从心理学角度看，这种教学方式显得陈旧、呆板，不能激发学生的学习兴趣，更不能适应当代大学生的思维方式和高校的教学实践。③ 深化体育与健康课程改革，尤其是要着重改变基于"运动技术中心论"的课程教学观念，摒弃割裂式、重复性单个运动技术学练的教学模式。积极创设更为多样化、复合型的游戏或竞赛情境，让学生在真实的德育情境中感受自尊自信、协同合作、相互尊重等品德的重要性，进而增强集体荣誉感、正义感、责任感与奉献精神，提升情绪调控能力、社会交往能力与主观幸福观。④

现代篮球教学一定要采用创新的篮球教学理念，促进篮球教学的发展，要求篮球教师应将创新教育理念贯彻到整个教学过程中去，以培养学生的健身意识、道德情操、人文素质为重点，健全学生的人格，促进学生的全面发展。教学过程中随时根据学生的练习情况穿插励志故事，如对日常学习不专注、训练不刻苦、投篮命中率不高的学生可以穿插 NBA 球星科比·布莱恩特24号球衣的故事和科比十多年如一日凌晨四点起床到球馆刻苦练习的例子。

对待我行我素、没有集体荣誉感的学生，体育教师可以将我国体育界的优秀团队如女排作为典型案例，通过在优秀团队身上挖掘思政资源，让学生在学习中感悟集体主义、顽强意志、艰苦朴素精神等，让学生在成长过程中

---

① 郝朝娜. 优秀传统德育资源缺失对高校德育工作的影响研究［J］. 管理观察，2015（35）：106－108.
② 韩桥生，徐林芳. 提升高校思想政治理论课亲和力的"四个维度"［J］. 高校辅导员，2020（62）：17－21.
③ 陈杰. 篮球运动教学理论创新与实战技巧研究［M］. 北京：原子能出版社，2019：85.
④ 马德浩. 具身德育：学校体育落实"立德树人"根本任务的一个理论视角［J］. 体育学刊，2020（27）：1－7.

打下坚实的德育基础。体育赛事上运动员取得优异成绩登台领奖的时候,身披五星红旗,手置于胸口眼含热泪歌唱国歌,可以用这个例子教导学生理解好成绩的取得离不开国家的培养,同时也需要社会和人民的支持。自身爱国情怀被激发的同时,把"友谊第一,比赛第二"的倡导植入课堂中,引导学生在体育活动中自觉形成体育竞赛中要公平、公正的意识,帮助学生养成健康的生活方式,促进身心的全面健康发展。①

(四)利用新媒体和网络技术推动体育课思想政治教育现代化

数字化、网络化成为思想政治教育不可逆转的发展趋势,我们需要的是适应与利用多媒体传播技术来推动思想政治教育现代化。努力建成适应中国经济社会发展的科学的教育教学模式,提升受教育者的政治文化水平和道德观念水平,促进人的全面自由的发展。

新媒体、新技术拓展了学生交流的平台和途径,新媒体中海量的信息能够满足高校学生对于信息的需求,潜移默化地影响着高校学生的学习方式和生活习惯。新媒体技术的发展为当前大学校园体育文化的建设与发展提供了新环境和良好机遇,为大学校园体育文化注入了生机活力,新媒体成为大型体育赛事报道的新途径,创新了大型体育赛事传播模式。腾讯体育等新媒体巨头凭借雄厚的资本实力、庞大的用户基础和独特的媒体属性得到了大学生受众群体的追捧。②通过新媒体网络平台观看赛事直播逐渐成为大学生休闲生活的主要方式。据统计,巴西世界杯揭幕战当天,新浪微博上关于世界杯的讨论量已经过亿。"排超元年"男女排联赛共进行了299场比赛,而在网络直播平台,如PP体育、新浪体育、暴风体育、企鹅直播、阿里体育等多家新媒体的总点击数达7.4亿人次,网络话题量超10亿。

新媒体网络平台能够及时传播体育新闻,并且能够调动大学生群体学习的主动性和创造性。当学生接收到某个精彩体育内容,就可以将信息分享到朋友圈再传递给其他人,形成信息的二级乃至多级传播,学生可以在新媒体平台上与喜欢的朋友畅所欲言,发表自己的观点和看法。高校应积极利用新媒体平台传播各种即时、丰富、个性鲜明的体育信息,使得主体意识不断增强的当代大学生,从思维方式到价值取向、从审美情趣到生活礼仪等方面日趋个性化和多元化。

---

① 王波. 思想政治教育融入大学体育教学的途径探究 [J]. 新课程研究, 2019 (28): 28 - 29.
② 岳菲菲, 李勇勤. 中央电视台体育频道体育文化传播的现状和对策研究 [J]. 北京体育大学学报, 2010 (11): 34 - 37.

体育赛事的音视频播出为大学生受众创建了身临其境的现场感受,满足大学生观看比赛的实时性和直观性需求,加上解说员全面专业化的讲解,[①]能够极大地影响大学生的体育生活态度,帮助他们加强对体育现象的理解,有助于他们形成正确的体育价值观及积极乐观的工作和生活态度。

课外体育推送内容符合大学生的体育兴趣和心理特点。新媒体丰富多样的传播形式,契合了当今大学生好奇心强、追求自由平等的心理,新媒体成为大学生日常生活不可或缺的沟通工具。高校应充分利用新媒体的教育传播优势结合大学生心理特征,构建校园体育文化发展和思想政治教育的新途径。

高校体育课教师需要从大学生的思想实际入手,积极探索、勇于创新,多运用信息化、数字化手段活跃教学气氛,以优质的内容吸引人、以鲜活的例子打动人,引导大学生参与现实问题讨论,激发他们深入思考理论问题的兴趣和潜能,不断提高思政素养水平。体育教学过程中强调集体主义、爱国主义,体现合作意识。体育教师加强自身修养,采用新的、开放的教育手段在提高学生身体素质机能的同时采取多种形式的德育教育,要充分利用校园体育文化舆论的导向作用,营造良好的校园体育氛围。通过体育教学和社团活动提升学生的心理素质,促进学生社会化的发展,使之坚定理想信念,强化责任担当。

---

① 刘晓薇. 新媒体融合背景下体育文化诠释[J]. 中国有线电视, 2018 (8): 78-81.

高校体育课程中课程思政教育融入研究

章 鸣① 张兄武②

在2016年12月召开的全国高校思想政治工作会议上,习近平总书记在讲话中要求把思想政治工作贯穿教育教学的全过程,这就要求高校在传统的思想政治课的基础上,要将思想教育、传授课程等形式进一步扩展,将显性的思想教育和隐性的世界观、人生观、价值观教育融入全课程。由此,课程思政的概念也应运而生。体育课程作为大学生的必修课,将逐步成为课程思政实施的一个重要载体。同时,实施过程也将为体育课程教学模式的改革和教学实践的进行,提供崭新的视野和思路。

一、课程思政的内涵、价值和现实意义

所谓课程思政,就是在大学课程教学中,融入思想观念、政治观点、道德规范等思政内容,根据课程的特点,将理想信念、传统文化、传统美德、职业文化、工匠精神、革命传统等融入专业课教学中。

(一) 课程思政实施的内涵

课程思政是指一种创新的思想政治理论教学方式,它打破了传统思政教育观念的禁锢,既创新教学载体又拓展教学内容,通过发掘并有机融合其他课程中隐藏的思政教育资源,实现育德立人的目的。作为新的思想政治理论教育理念,课程思政通过显性教育与隐性教育相结合的方式,推进思政教育的转化,促进知识学习与价值观树立相结合,是契合思政教育的价值理念和培养目标的教学方式。推进课程思政建设,有利于营造良好的思想政治教育

---

① 章鸣(1981—),男,江苏苏州人,苏州科技大学团委书记,副研究员,教育学硕士,主要研究方向为思想政治教育理论与实践。
② 张兄武(1975—),男,安徽枞阳人,电子与信息工程学院党委书记,研究员,博士,主要研究方向为高等教育管理、创业教育管理研究。

氛围，解决了思想政治教育与专业教育脱节的问题。①

（二）课程思政实施的价值

从微观角度看，课程思政打通了课程育人的"最后一公里"，将思政元素融入专业课程，将教书育人的内涵落实到课堂教学主渠道，构建起学校、课堂、课程三位一体的思政格局。从宏观角度看，建设中国特色社会主义高校，培养社会主义事业合格建设者和可靠接班人就必须创新思想政治教育路径，推进课程思政改革，用好课堂教学这个主渠道，其他各学科种好自己的"责任田"，将思想政治理论课与各类课程融会贯通，使其协同发展，为高校思想政治工作良好发展贡献力量。②

（三）课程思政实施的现实意义

大学生是祖国未来的建设者和接班人，其身体素质、心理素质和思想道德水平直接影响着国家发展、民族复兴和个人的前途命运。西方敌对势力在我国社会主义建设取得巨大成就的大背景下，通过各种形式进行意识形态的渗透，且其对象主要为我国的青少年，他们妄图将西方的价值判断和世界观悄无声息地附着在媒介载体上来影响我国的新一代。同时多样、多元思想和文化的并存，以及大学生思想的可变性和可塑性，这些都决定了思想政治工作的困难性、长期性和复杂性。实施课程思政教育，就能够起到诚其意、修其身、正其心的效果。培养什么人是教育的主要问题，立德树人是教育的根本任务。作为高校育人的主渠道，课堂育人显得尤为重要，而身体和精神双修双生的体育课堂，则是其重中之重。在贯穿学生大学生活的全过程、身体成长和思想成熟的全过程及意志品质提升的全过程中，体育课程必然成为课程思政开展的重要载体、手段措施和推动力量。

二、大学体育课程中实施课程思政的必要性

在必要性问题上，我们在提高课程质量、丰富课程内容时，必须从高等教育育人本质要求出发，将立足点提高到国家意识形态的战略高度，这样才能在实施过程中方向明确、思路清晰、充满信心。

---

① 丁义浩. "课程思政"建设须打破三个误区［N］. 光明日报，2020 - 01 - 13（1）.
② 何衡. 高职院校从"思政课程"走向"课程思政"的困境及突破［J］. 教育科学论坛，2017（10）：27 - 30.

(一) 体育课程教学改革需要

体育教学是学校体育工作的中心环节，体育课是学校课程体系的重要组成部分。在传统体育教学中，往往更加重视学生对技术技能的掌握，而忽视理论和意识的培养，教师也没有意识到体育课教学过程中所承担的立德树人的责任。习近平总书记曾指出：我们每个人的梦想、体育强国梦都与中国梦紧密相连。① 体育强国梦就是中国梦在体育领域的最高体现。

因此，教师应当充分认识到自己作为教育工作者在实现中国梦伟大征程中承担的使命和责任，主动开展教育教学改革，在思想和意识上从以往的只注重教授学生体育竞技和强身健体的方法，转变为在教学中将学生的思政素质、身心健康和意志品质的提升同样作为教学重点，即在体育教学改革中把实施素质教育和培养德、智、体、美、劳全面发展的人才作为目标，践行体育课程与思政教育的融合发展。②

(二) 中华民族伟大复兴需要

我国已经进入中国特色社会主义建设新时代，这是一个在中国特色社会主义道路上全面建成小康社会，进而全面建成社会主义现代化强国、实现中华民族伟大复兴的新时代，而"教育是提高人民综合素质、促进人的全面发展的重要途径，是民族振兴、社会进步的重要基石，是对中华民族伟大复兴具有决定性意义的事业"③。

按照党的十九大定下的分"两步走"的战略目标，到 2035 年，我国将基本实现现代化，现在在校的大学生届时将处于 35 岁左右的黄金年龄，通过包含他们在内的全国人民的努力，经过 15 年左右的时间，我国将在 21 世纪中叶建成富强民主文明和谐美丽的社会主义现代化强国，他们将是中华民族伟大复兴的关键一代。而利用作为必修课且课程频率和时长都可观的体育课程开展课程思政教育，引导学生在大学中"扣好第一粒扣子"，"提高思想觉悟、道德水准、文明素养，培养能够担当民族复兴大任的时代新人"④，则显得尤为重要。

---

① 新华社. 习近平亲切看望索契冬奥会中国体育代表团 [N]. 人民日报，2014 - 02 - 08 (1).
② 杨福军. "课程思政"视域下高校体育课程与思政教育融合研究 [J]. 北京财贸职业学院学报，2019 (4)：65 - 68.
③ 习近平. 做党和人民满意的好老师 [M]. 北京：人民出版社，2014：2.
④ 新华社. 举旗帜聚民心育新人兴文化展形象　更好完成新形势下宣传思想工作使命任务 [N]. 人民日报，2018 - 08 - 22 (1).

(三) 大学文化传承功能实现需要

马克思说:"人们自己创造自己的历史,但是他们并不是随心所欲地创造,并不是在他们自己选定的条件下创造,而是在直接碰到的、既定的、从过去承继下来的条件下创造。"① 习近平总书记将中华优秀传统文化升华为"中华民族的基因""民族文化血脉""中华民族的精神命脉",有力增强了民族自信心、民族自豪感和民族凝聚力。② 文化传承作为大学的四大职能之一,更是对大学的工作提出了更高的要求。由于体育文化传播快、接受度高、开展难度低,开展体育课程思政成为大学文化传承的重要途径和手段。将体育课程上好,并在课程中赋予思想政治教育的内容,对大学生自觉接受、传承和创新中华传统文化,有着重要的现实意义。这也是实现我国"文化强国""体育强国"战略的重要途径之一。

(四) 体育精神价值弘扬需要

体育精神通过体育运动而形成,是体育活动中参与者所表现出的心理状态,是体育活动最高级产物和体育的支柱与灵魂。体育精神由于其内涵的特殊性,影响力和意义已超越体育范畴,成为人类精神文明最高层次的重要组成部分。③ 习近平总书记在会见第 31 届奥运会中国体育代表团时指出,体育健儿在里约奥运会上的出色表现增强了中华民族的凝聚力、向心力、自信心,是中国精神的重要体现;我们讲道路自信、理论自信、制度自信、文化自信,体育健儿在里约奥运会上展示了"人生能有几回搏"的奋斗精神,实现"两个一百年"奋斗目标、实现中华民族伟大复兴的中国梦就需要这样的精神。④

"更高、更快、更强"的奥林匹克精神时刻鼓舞着每一个人在工作、生活、学习中奋勇拼搏,各项竞赛的严肃性、权威性和公正性也展示了人类发展史上的文明轨迹。各国体育的文化、外交等交流,同样构建、夯实了人类命运共同体的人文基础。2008 年北京奥运会的召开,我国实现了金牌和奖牌总数的历史性跨越,人民心中也形成了对我国已经逐渐成为世界体育强国的

---

① 马克思,恩格斯. 马克思恩格斯文集:第 2 卷 [M]. 北京:人民出版社,2009:470-471.
② 中国青年网. 习近平与中华优秀传统文化 [EB/OL]. (2018-04-28) [2019-04-08]. http://qnzs.youth.cn/preview/qnzs/jsxw/201804/t20180428_11609452.htm.
③ 丁永亮,杨国庆. 习近平总书记关于体育工作重要论述的丰富内涵和主要渊源 [J]. 北京体育大学学报,2018 (10):8-18.
④ 习近平. 在北京奥运会、残奥会赛时工作动员大会上的讲话 [N]. 人民日报,2008-07-10 (5).

深刻认同。2022年北京冬奥会的举办,必将充分调动人们对冰雪运动的热情,也将把这种体育自信推进到新的高度。每个人对于国家富强、民族复兴和生活幸福的愿望聚集成为伟大中国梦,这也为我们建设体育强国指明了前进的方向;而体育强国梦作为中国梦的重要组成部分,将以其独特的感召性、认同性和国际性,为中华民族伟大复兴起到积极的推动作用。

三、大学体育课程中实施课程思政的可行性

课程思政的实施需要根据课程的特点来决定,不同课程的难易程度不一,而体育课程的特点在基础性、群众性、现实性、操作性方面,均优于其他课程,这也决定了课程思政在其中是十分可行的。

(一)教学模式决定可变性

体育是一门实践的学科。在体育学科中实施课程思政,克服了传统思政教育重理论传播、轻实践环节的问题。除了教师静态的说教以外,还需要学生进行动态的自我实践来验证、巩固和提升。创新的实践课堂教学模式,让学生由单一地接收信息,转变为全身心地体验接收,将思政教育的内容内化于心、外化于行,真正使其成为学生自身的价值体现和精神追求。实现从外在教育到实践的第一次飞跃,再从实践到自我教育的第二次飞跃。因此,从传统的单纯注重身体锻炼的教学模式,转变为身体、思想、意志"三位一体"共同提升的教学模式,是完全可以实现的。

(二)课程特点提供持续性

作用度不断凸显。体育课作为大学的必修课,一般是每周1~2次,每次两个课时,约100分钟,从大一延续到大三,另外还有大学生体质测试、晨跑打卡等活动。可以说,大学体育是陪伴每个大学生成长的课程。在这样长时间、持续性的课程体系中,一方面能够对体育课程本身进行设计,提升大学生身体、心理、实践、交际等能力素质;另一方面也能够为课程思政的实施提供时间上的准备,在充分的时间、空间条件下,把立德树人作为根本任务,把思想政治教育有机融入整个体育教育的体系,全面渗透到体育课程教学全过程,在落小、落细、落实上谋全局、下功夫。

规则性日趋完善。学生在课程中接触、参与体育活动或者比赛时,从一开始就从有形和无形中接受了遵守规则的教育,从而为培养健全人格,为以后踏上社会、适应社会、融入社会,打下了良好的基础,这是其他课程所无法比拟的。

影响力日益加深。体育运动的认同感不断加强。体育课程的意义并不仅仅是一门课程，学生在体育课程中接受的知识对于构建人类命运共同体、中华民族伟大复兴的使命意识和责任担当则显得尤为重要，这是比个体身体强健更为重要的群体精神强健。

（三）美的特征增加吸引力

体育中无处不渗透着美，它所揭示的自然美、社会美、艺术美和运动美，展现了一个绚丽多彩的美的世界，使人们得到精神上的愉悦和美的享受。竞技体育从属于体育，天然地具有美的因素和价值。[1] 而体育的竞技特点则能吸引人去欣赏和参与，这是其他学科或形式无法做到的。竞技中产生的体育明星，他们在竞技过程中表现出超出常人的能力和意志，这是青少年模仿和学习他们的原因。

激烈竞争塑造人格。竞技体育的终极目标就是取胜，主要特征就是竞争，这是吸引学生积极参与和投入其中的重要因素。而且在竞争中，通过教育和引导，学生形成"胜不骄、败不馁"的优秀品质，为优秀人格的塑造打下坚实的基础。另外激烈竞争所依托的竞技体育的公平性、公开性、规范性，也让学生在观赏或者参与中，自觉遵守其相应的规则和特点，并将其中蕴含的公平意识、开放意识和规则意识逐渐带入自己的人生观和价值观，形成正向效果。

艺术观赏提升兴趣。运动项目各具其艺术表现性和观赏性，如足球运动对于个人技术和团队战术的结合，游泳、田径对于技术运用、速度追求和体力分配的结合，艺术体操对于音乐、动作技巧、艺术表现力的结合，等等。这些特点都极大地吸引着人们对于各个体育运动项目的关注。目前已经被国家体育总局正式立项的体育运动有 99 个，每个项目也都有着其各自不同的战术技巧、力量要求、展示特点和评判标准，因此也能让不同的人群获得相应项目的代入感、成就感和满足感。这些对于身心尚在成长期的大学生来说，不但能培养和提升其对美的鉴赏力、创造力，增加其艺术修养，而且能让其在感悟体育美学时逐步提升对体育和体育课的兴趣。

（四）双向互动提升效果度

在实施课程思政后，无论是教师还是学生，都将对体育课程的作用和重要性，有更加正确的认识。任课教师一方面将进一步提升自己的思想政治素

---

[1] 韩瑞芳. 竞技体育的美学价值[J]. 当代体育科技，2018（9）：231-232.

质和理论素养,更加注重科研、教研、集体备课等对课程思政起到的积极作用;另一方面将更加严格、规范、认真地开展课堂教学,在将课程思政的要求和内容融入体育课程体系的基础上,对基础课和选修课进一步明确教学要求、创新教学方法、严格教学环节、提升教学质量。学生通过体育课程的自身实践,将进一步认识到自身所承担的任务和使命,增强身处体育大国的荣誉感和自豪感,把上好体育课作为提高素质体质、磨炼品质意志、培养团队协作的重要环节。这也为学生在体育课上认真听讲、认真实践和素质提升带来十分积极的影响。

四、大学体育课程中融入课程思政的路径

国外同样重视思政教育,如美国的"公民教育"、日本的"特别活动"、瑞典的"光荣教育"等,都已经做到了全课程、全过程地贯穿和渗透,其中也包括体育教育。[①] 因此,必须找到适合我国大学体育课的课程思政的实施路径、授课手段和保障方法。

(一) 提升授课教师的思政修养

习近平总书记曾指出:今天的学生就是未来实现中华民族伟大复兴中国梦的主力军,广大教师就是打造这支中华民族"梦之队"的筑梦人。[②] 提升授课教师的思政修养,对于正确有效教育学生起着至关重要的作用。体育学科有其特殊性,作为任课教师应更加注重对更多方向、更多学科的专业技能的掌握,要使体育授课教师切实担负起课程思政的任务,必须提升其在这方面的能力。

第一,加强对体育教师思政类跨学科培训。加强这方面的意识和要求,由学校教务处和马克思主义学院联合出台一套完整的培训体系,为教师制订跨学科课程的交叉学习计划,定期组织教师进行学习,跨学科学术论坛和科研成果汇报可以促进教师对其他学科专业语言的理解,[③] 也可以利用校外资源,通过创新的方式和手段,形成资源共享和优势互补,达到提升体育教师思政素质水平的目的。

---

① 叶婷. 王超. 国外德育实践对我国思政实践教学模式的启示 [J]. 求实, 2010 (1): 286 - 288.
② 人民日报评论员. 当好"梦之队"的筑梦人: 写在第三十个教师节 [EB/OL]. (2014 - 09 - 10) [2019 - 09 - 09]. http://opinion.people.com.cn/n/2014/0910/c1003-25969313.html.
③ 刘波, 肖宇. 体育科学跨学科研究初探 [J]. 体育学刊, 2010 (8): 11 - 16.

第二，充分利用体育部（学院）党委（党总支、直属党支部）的阵地优势。高校体育教学团队的组织成员构成特点决定了教学团队建设符合心理学的共生效应理论。高校体育教学团队中，每个成员与其他成员相互鼓励、相互协调，共同完成团队的任务，个体与群体之间是相互依存的关系。① 体育部（学院）党委（党总支、直属党支部）要利用这样的人心所向的关系，开展党建引领，通过党课、讲座、竞赛、现场教学等多种形式，进一步提升党员教师的能力素质和理论水平，同时结合本部门自身的工作要求，邀请非党员教师参加，接受能力提升培训和思想政治教育。

第三，通过科研立项、教改研究等方式，鼓励授课教师结合教学开展体育教学与课程思政的相关研究。体育教师开展科研、教改的动力因素包括职称晋升、专业发展、促进教学、获得科研经费等，而影响其从事科研的阻力因素包括诸如教学和训练任务繁重、激励措施不足、方法缺失等。② 因此组织管理部门在开展此类工作时，要在明确课程发展导向、提升教师理论水平的同时，以提供政策支持、强化信息获取、开展科研培训、搭建交流平台等方式调动其钻研教改科研、提高教学水平和教学能力的积极性，从而提高课堂教学效果。

第四，通过教师评学、学生评教，及时了解教师授课和学生学习之间的问题及授课的认可度，对教师的教学状况和学生的学习情况进行系统评估，为教学大纲的修订、课程标准的确立、教师授课方式的改进，提供有益的参考，同时也为教师提升思政修养、提升业务水平起到积极的督促作用。

"传道者必先明道、信道"③，只有让授课教师提升思政意识和水平，成为社会主义道路的坚定支持者和社会主义核心价值观的积极传播者后，他们才能以坚定的信念、言行和举止带动学生对课程内容和思想的真学、真懂、真信。

（二）采取形式多样化的授课方式

体育本身的观赏性、传播性和竞技性决定了体育课程可以采取多样化的形式来进行课程设计。如现场观摩比赛、观看视频录像、组织各类比赛、与

---

① 钟会兵. 新形势下高校教师党建的难点与创新［J］. 学校党建与思想教育，2009（32）：27 - 28，40.

② 陆森召，李龙. 体育教育专业体育技术教学改革新思路［J］. 南京体育学院学报，2019（3）：59 - 65.

③ 习近平. 在全国高校思想政治工作会议上的重要讲话［N］. 人民日报，2016 - 12 - 09（1）.

所在地专业俱乐部或者运动中心合作等形式，给予学生从教学内容到教学形式、教学体验的新鲜感，而其中可以根据现场的赛况和特点，穿插入奋勇拼搏的精神、积极向上的态度及爱国主义的情怀等方面的教育，在体育竞技带来的无限魅力中，潜移默化地达到教育效果，减少学生对传统教育说教的反感。

第一，变换教学场景。一般体育课的教学场景即为教室或者操场，对于一门实践性很强的学科来说，长时间使用相同的教学场景会令人感到枯燥乏味。如能变换不同的教学场景，将教学内容在其中体现出来，那对于提升教学效果将十分有益。如上海体育学院的"冠军思政课"，将教学场景设置在历史底蕴深厚的中国乒乓球博物馆，使教学融入历史与文化殿堂，用一代代优秀运动员接续奋斗的青春故事感染和激励学生，使学生在沉浸式教学场景中产生共情与共鸣。

第二，变换授课主体。体育课程的讲授离不开体育教师的辛勤付出，但是体院模式培养的体育教师，在体育经历、知识掌握和教学技巧方面，都大体一致。如能在适当的教学环节变换授课主体，邀请退役运动员、职业俱乐部教练员、专业运动中心专家等不同的人员来进行授课，必将提高学生的学习兴趣，拓宽学生对体育知识的眼界。这些专业人员为国争光、团结奋进的人生经历，也将在教学过程和自我实践中，对学生产生深远的影响。

第三，实行翻转课堂。传统的体育课模式即为教师讲授、示范，学生自身实践，由教师进行纠正后熟练化的过程。而在一些特定的授课内容中，完全可以采取翻转课堂的方式，学生通过预习完成相关知识和技术的学习，在课堂上，在教师的指导下，进行教师与学生之间或学生与学生之间的互动交流，从而实现比传统授课方式更好的教学效果。如在篮球、足球技战术运用的课程内容教授中，在已经传授相关战术知识后，学生课前对教师提供的比赛微视频进行自主学习分析，而后在课堂上则由学生通过作图、讲解、讨论等方式，进行深入学习研讨。[①] 教师可以有意识地选取中国队在比赛中取得胜利、形成逆转、精彩配合等方面的视频，增强学生的认同感、代入感和荣誉感，在教授技战术的同时取得较好的思政教育效果。

（三）打造贯穿体育精神的课程内容

体育精神是体育的整体面貌、水平、公正、公开、特色及凝聚力、感染

---

① 凌军，苏传俭. 翻转课堂在高校足球教学中的应用实践研究［J］. 当代体育科技，2018，8（10）：57-59.

力和号召力的反映,是体育的理想、信念、节操及体育知识、体育道德、体育审美水平的标志,也是体育的支柱和灵魂。将体育精神贯穿第一、第二课堂的教育教学内容中,将潜移默化地影响学生人格的形成。

第一,以明星榜样带动体育精神的理解。体育明星是时代的产物,他们积极、阳光、健康、向上。学生在涉世不深、阅历尚浅的人生阶段,在探索成长的过程中,也需要给自己树立人生的榜样和目标,相比其他领域,体育明星身上值得肯定的正效应、正能量,往往更加能够激发学生的认同感,而其人生和事业上的成功,也能为学生树立正确的人生目标提供前进的动力。对于体育项目本身来说,姚明、刘翔、李娜、丁俊晖等体育明星成功的经历和取得的成绩,在获得认同和接受的同时,也促进了篮球、田径、网球、台球等运动项目在国内的快速发展,使学生参与这些项目时有着强烈的荣耀感和自豪感,这对于我国群众体育和竞技体育的全面、快速发展,也起到了巨大的推动作用。

第二,以第二课堂带动体育精神的实践。2010年,上海承担的国家教育体制改革试点项目"整体规划大中小学德育课程"中曾提到:要把第一课堂、第二课堂和第三课堂(网络空间)之间打通。① 要充分发挥第一课堂的主渠道作用,不断加强第二课堂的文化育人、实践育人作用。体育课程作为为数不多的学生能够在课程后,利用第二课堂时间广泛参与、自觉参与、乐于参与的课程,必然在第二课堂的育人效果中,要占有一席之地。学校共青团组织应当充分重视这一资源,充分利用课程思政教育在大学体育课程中所起的作用,结合共青团思想引领工作、"第二课堂成绩单"制度要求、高校社团改革和发展进程,依托学生会和学生社团联合会,在相关体育教师指导下,组织开展高质量的第二课堂体育活动和社团体育活动,促使学生强化使命担当,积极参加体育锻炼,学习体育知识,了解体育内涵和魅力,培养终身体育的意识,使第二课堂和社团活动成为培养学生美育、德育的重要内容载体和大学生成长不可缺少的环节。

(四)调整适合体育课程的评价体系

要顺利实施课程思政,对于课程评价体系这个"指挥棒"的调整是必不可少的,这也决定了这项工作开展的动力、范围和效果。只有让教师从"要

---

① 孟歆迪,曹继军.办好思政课教师是关键:探索思政课改革创新的"上海特色"[N].光明日报,2019-12-13(9).

我改"变成"我要改",才能充分激发教师的主观能动性,使其积极融入思政教学内容、探寻思政教学方法、实施思政教学手段。

第一,要在大学体育课程中实施课程思政,必须对原来的教学大纲和教学体系进行重新编排,将思政教育作为体育教育的教学目的、教学内容和教学手段的重要组成部分,教育主管部门以转变政府职能为重点,形成科学分离而又有机统一的"管办评"制度体系,或者引入第三方评估,构建课程质量外部监督体系。[①]

第二,在评价体系中要对教学方式方法进行优化,通过考核来促进教师提升课程育人的状态和课程传授的技巧,包括细化标准、明确奖惩等,同时也要求相关职能部门通过一系列的方法和手段来提升教师的认知和能力。

第三,在评价前要给予教师充分的帮助和指导,让教师在思想观念上和课程准备中,不要将课程中关于体育项目本身的内容和思政教育内容简单地割裂开来,变成"两张皮",而要将相关内容有机地结合到一起,在知识传授和价值引领中寻找平衡点,做到"潜移默化、润物无声"。

体育的含义越来越广,不再单单是一门课程或者仅仅能够达到强身健体的效果,其蕴含的丰富内涵和意义,还有待进一步挖掘。体育课天生就是一门能培养人们集体主义精神的课程,研究大学体育课中课程思政教育问题,一方面能推进课程思政教育的快速落地,另一方面也为其他课程的课程思政提供了良好的借鉴和启示。最终对培养德、智、体、美、劳全面发展的社会主义建设者和接班人发挥积极影响。

---

① 章鸣. 高等教育评估中"第三方评估"的历史与发展模式分析[J]. 科技与管理,2008(3):126–128.

日语专业课程思政用好主流媒体素材培养"新国标"人才①

王贝② 徐平③

课程思政发端于2016年习近平总书记在全国高校思想政治工作会议中做出的"使各类课程与思想政治理论课同向同行,形成协同效应"的重要指示。围绕贯彻落实习近平总书记的重要指示精神,教育部高教司在2019年第8号文件《教育部关于一流本科课程建设的实施意见》中明确了"深入挖掘各类课程和教学方式中蕴含的思想政治教育元素,建设适应新时代要求的一流本科课程"的指导思想和"提升高阶性、突出创新性、增加挑战度"的基本原则。④ 2020年6月,教育部进一步印发《高等学校课程思政建设指导纲要》,对推进高校课程思政建设进行了整体设计,做出了具体部署。2018年1月,我国高等教育领域首个教学质量国家标准《普通高等学校本科专业类教学质量国家标准》(以下简称"新国标")发布,对外语人才培养提出了"素质目标""知识要求""能力要求"三个方面的具体目标,其中既包含了外语能力要求,又包含了意识形态、家国情怀等立德树人的具体目标。以往对于外语专业课程的认知是以传授外语知识为主,思政内容在其中占次要位置或很少比重。然而"新国标"对人才培养目标提出的要求,实际上是对外语专业课程提出了新的要求,这种要求与课程思政是一脉相承的。它要求外语专业课程必须成为育人的主渠道,不仅要做好外语知识的传授,还要系统性地做好

---

① 基金项目:本文为苏州科技大学"本科教学工程"教学改革与研究项目思政项目"日语会话课程思政教学改革与实践研究"。
② 王贝(1987—),博士,苏州科技大学外国语学院日语系讲师,主要从事日语教学、中日文化比较研究。
③ 徐平(1978—),硕士,讲师,苏州科技大学外国语学院日语系主任,主要从事日语教学、中日文化比较研究。
④ 教育部. 教育部关于一流本科课程建设的实施意见 [EB/OL]. (2019 - 10 - 30) [2020 - 10 - 05]. http://www.moe.gov.cn/srcsite/A08/s7056/201910/t20191030_406269.html.

润物无声立德树人，将知识传授与价值引领有机结合起来。①

做好外语专业课程的课程思政建设，离不开与专业紧密结合又充分融入显性和隐性思政教育内涵的教学育人素材。本研究探讨在日语专业教学中如何甄选好课程思政建设素材，以服务于"新国标"对外语专业人才培养的具体要求。

一、"新国标"外语专业人才培养目标与课程思政

2018年1月教育部发布我国高等教育领域首个教学质量国家标准"新国标",②③ 明确规定了外国语言文学类本科人才培养的具体目标，目标分为"素质目标""知识要求""能力要求"三个方面。"素质目标"要求"具有正确的世界观、人生观和价值观，良好的道德品质，中国情怀和国际视野，社会责任感，人文与科学素养，合作精神，创新精神以及学科基本素养"；"知识要求"包括"掌握外国语言知识、外国文学知识、国别与区域知识，熟悉中国语言文化知识，了解相关专业知识以及人文社会科学与自然科学基础知识，形成跨学科知识结构，体现专业特色"；"能力要求"包括"应具备外语运用能力、文学赏析能力、跨文化交流能力、思辨能力、一定的研究能力、创新能力、信息技术应用能力、自主学习能力和实践能力"。④

分析"新国标"中的本科培养目标不难发现，外语专业要培养"听说读写"基本语言能力的要求自不必说，其中还明确提出了"具有正确的世界观、人生观和价值观"等意识形态方面的具体培养目标。"具有中国情怀""熟悉中国语言文化知识"等培养目标则体现了党和国家对于新时代外语人才的要求：外语专业人才了解祖国的历史文化，具有"中国情怀"和"国际视野"，能够肩负起"讲好中国故事""传播中国声音"的历史重任。在此基础上，还需要具备"思辨能力、一定的研究能力"等更高一层的"产出"能力。根据以上的"新国标"培养目标，本科日语专业培养出的人才不仅要能够运用

---

① 高地. 社会主义核心价值体系融入大学生思想政治教育的载体研究［J］. 东北师大学报（哲学社会科学版），2009（5）：25-28.

② 吴岩.《普通高等学校本科专业类教学质量国家标准》有关情况介绍［EB/OL］.（2018-01-30）［2020-10-05］. http://www.moe.gov.cn/jyb_xwfb/xw_fbh/moe_2069/xwfbh_2018n/xwfb_20180130/sfcl/201801/t20180130_325921.html.

③ 吴岩. 奋力开辟中国高等教育新境界［N］. 中国教育报，2018-11-23（2）.

④ 仲伟合，王巍巍. 新时代背景下我国高校外语专业教育的改革与发展［J］. 山东外语教学，2018（3）：42-49.

自己的日语技能为中国发声、向世界发信；还要能够在价值观的碰撞中坚守社会主义核心价值体系，在社会主义核心价值体系的基础之上学会思考和甄别，在多样信息冲击的时代保持思辨，将个人价值与理想抱负与中国特色社会主义实践联系起来。这些培养目标需要且只能通过专业课课程思政实现，只有使日语知识传授与社会主义核心价值观引领形成同频共振，才能实现"新国标"培养外语人才目标的内涵。

二、日语专业课程思政素材选择

（一）外语教学课程思政素材选择

2019年3月18日，习近平总书记在学校思想政治理论课教师座谈会上发表的重要讲话中指出："用新时代中国特色社会主义思想铸魂育人，引导学生增强中国特色社会主义道路自信、理论自信、制度自信、文化自信，厚植爱国主义情怀，把爱国情、强国志、报国行自觉融入坚持和发展中国特色社会主义事业、建设社会主义现代化强国、实现中华民族伟大复兴的奋斗之中。解决好培养什么人、怎样培养人、为谁培养人这个根本问题。"再一次强调了加强学生社会主义核心价值观的培育的重要意义，它是新时代中国凝魂聚气、强基固本的战略性工程，更肩负了发展中国特色社会主义事业，实现中华民族伟大复兴的光荣历史使命。加强学生的意识形态工作，引导学生树立正确的价值观，必须做好教育教学资料和学生学习资料的意识形态安全保障。这要求一方面要对教育教学所用资料进行甄别、研判，防范妨碍社会主义意识形态培育的其他意识形态的入侵和渗透；另一方面又要注意教育教学和学习资料的时效性，使之与时事紧密结合，教育教学和学习资料不仅要引导学生对时事进行正确把握和理解，而且要符合学生的兴趣和关注点，真正将社会主义意识形态潜移默化地融入学生的日常学习生活中。在这样的要求下，外语教育教学和学习资料的选择应当是最值得重视的一环。

外语教育教学与其他专业相比有其特殊性，所用的资料均为外语，其中会存在外国媒体的报道和评论等内容，容易掺杂西方价值取向；一方面如果一味追求时效性则容易出现信息审查遗漏的情况，另一方面如果教师在意识形态方面的防范意识不强，也容易出现漏审或研判失误的情况。

近年来，在"一带一路"倡议和"人类命运共同体"构想的指引下，我国社科界正加大力度建构中国特色对外话语体系，在翻译、传播等方面做了很多研究和尝试，并已获得了显著的效果。其中就包括中国主流媒体面向世

界用"外语"讲好"中国故事"传播"中国声音"。国家主流媒体的报道和评论文章不仅充分反映了马克思主义、中国特色社会主义核心价值观，而且具有紧扣国内和国际时事的强时效性的特点。这些充分反映了中国特色社会主义核心价值观，充分融合了中国历史文化知识，充分展现了中国伟大的自然人文景观的外语语料宝库，也应当充分为我国的外语学习者所用。将我国主流媒体对外发声的内容加以甄选供给外语教学使用，不仅能够为教师和学生提供更多的教学和学习素材，还能够使学生及时学习和了解我国在国内、国际事务上的立场，提高学生的政治意识和敏锐度，确保和巩固意识形态建设成果，激发学生的爱国情怀，真正培植好学生的社会主义核心价值观。

（二）日语专业课程思政素材

作为日语专业课程思政素材，可以充分利用和挖掘目前我国的外宣主流媒体资源。例如，选用"人民网日语版"这一中国最早创建的主流外文（日语）网络媒体的语言资料。人民网是《人民日报》建设的以新闻为主的大型网上信息交互平台，除中文版以外，还拥有七种少数民族语言及九种外文版本。人民网对自身的定位是"人民网作为党和国家治国理政的重要资源和手段与'网上的人民日报'，在网络舆论生态中努力发挥着'领航者'、'排头兵'和'中流砥柱、定海神针'的作用"，这保证了其内容在意识形态方面是坚守党性原则的。

内容方面，"人民网日语版"是将中国主流媒体的新闻翻译成日语发布的网络媒体，与中国主流媒体几乎同步更新，具有很强的广泛性和时效性。主要分为文化、社会、动画照片、政治、科技、经济、中日焦点、其他八个话题版块，其文章均由资深译者将中国主流媒体新闻翻译为日语而成，日语表达准确地道，具有高可信度和学习价值。"人民网日语版"的中国政治经济社会新闻、中国文化介绍等内容，不仅能够培养学生的"中国情怀"，让他们更了解自己的祖国，也能够规范学生的日语表达。这样的累积不仅在培养学生社会主义意识形态方面有着积极作用，也能够让学生感受到切实的收获从而激发其进一步学习的兴趣，更为党和国家培养出能够"讲好中国故事"的外语人才发挥积极影响。

三、如何用好我国外宣主流媒体日语素材

笔者根据前期调查积累发现，很多外语教师为了提高学生的听力和阅读能力都会引入国外新闻的听读练习，其主要出发点是加大学生的语言输入量，在选择材料时也比较倾向最新的新闻报道。笔者认为,选择国外的新闻固然能够达到增加语言输入量的目的,但也会留下隐患。国外的新闻报道多站在报道方的立场,有时并不能准确反映一些时事的完整情况,此外其中所潜藏的价值取向等也容易对世界观、人生观尚未定型的大学生产生一些难以预测的影响。笔者建议将我国的外宣媒体外语材料纳入视野,只有在保证报道、评论文章的社会主义价值取向的基础上,才能够为学生甄选出高质量的学习资料。

以"人民网日语版"为例,其八大版块报道数量占比如图1(2016—2018三年数据)所示:

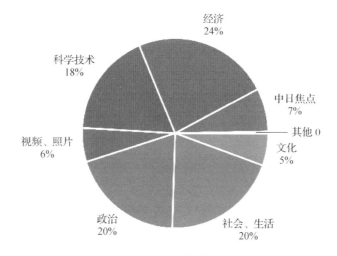

图1 2016—2018八大版块报道数量占比

从图1可以看出,政治、经济、科技报道的数量占比较大,其中政治、经济版块主要宣传我国大政方针、评论国内国际政治和经济方面的时事。在评估难易度、确定主题的基础上将其作为会话话题、听力、翻译材料融入线上、线下日语教学中,不仅能够提高学生的语言运用能力,还能够创造机会使学生更多地了解我国的政治、经济时事,了解我国对国际事务的立场和态度;此外,由于其具有很强的时效性,所以能够使学生感到"学有所用""与时偕行",激发学生学习日语的兴趣。同时,学生能够通过这些材料积累与我国政治、经济方针政策有关的专业领域词汇和表达,这些积累将有助于培养出真正能够运用日语"讲好中国故事"的专业人才。

科学技术、社会、文化版块的内容则可以作为翻译、阅读、听力材料来使用,学生在阅读和翻译的过程中可以加深对我国科技实力的了解、思考社会现象、了解和感受中国文化的魅力。通过这样的内容输入增强学生的爱国主义热情，培养学生的"中国情怀"。

在2018—2019年期间，笔者曾依托指导大学生创新创业项目带领学生挖掘过"人民网日语版"的内容。学生在大量的阅读中不仅积累了日语知识，而且开始思考我国媒体应当如何更好地做好对外宣传工作、如何向世界发出中国的声音、如何提高我国在世界的话语权等一系列更深层次的问题，并撰写出数篇研究报告和一篇题为"中国主流网络媒体对外国家形象建构研究——以'人民网日文版'的报道为例"的论文，提出了极有见地、有新意、有深度的意见建议。可以说，将"人民网日语版"作为课程思政材料融入教学的尝试取得了可喜的效果。

"新国标"对外语专业本科人才培养的要求与课程思政建设的目标是协同一致的，以"新国标"的具体要求为目标，以课程思政建设为手段，选好课程思政素材实现日语知识传授与价值观引领同频共振，这是这一阶段也是未来日语专业教学需要持续探索和发展的方向。

课程思政理念融入新闻学原理课程的路径探究

艾志杰①

思想政治教育是中国大学教育的重要组成部分，但一直以来，思政教育大多处于孤立无援、无人帮衬的状态，并未很好地融入专业课程和通识课程，思政育人的辐射范围和功能作用也大打折扣。上海诸多高校历经多年的理论构想和反复实践，在2014年提出课程思政的理念，想借此化解思政课程与专业课程、通识课程"各自为阵"的尴尬境地。习近平总书记对此高度褒扬，并发表重要讲话，要求"各类课程与思想政治理论课同向同行，形成协同效应"②。课程思政理念之所以能够有效融入新闻学原理课程，主要是由于课程思政与新闻学专业有着天然的亲缘性，这是两者结合的理论依据。一方面，社会主义新闻理论与课程思政建设目标关联度紧密。中国特色社会主义新闻理论，包括邓小平理论、"三个代表"重要思想、科学发展观等重大战略思想中的新闻思想，是中国特色社会主义理论体系的有机组成部分。这与课程思政的建设目标高度一致，对社会主义新闻的学习可以坚定学生的理想信念，培养他们爱党、爱国、爱社会主义、爱人民、爱集体的思想意识。另一方面，新时代的新闻作品是课程思政内容重点的集中体现。新时代的新闻作品从本质上展现出新气象、新作为，全面表现习近平新时代中国特色社会主义思想的方方面面。这些新闻作品处处以弘扬社会主义核心价值观、传播中华优秀传统文化、宣传宪法法治教育及职业理想和职业道德教育等为核心，通过观看和分析，可以系统地对学生进行法治教育、劳动教育、心理健康教育及中国特色社会主义和中国梦教育。可以说，正是这种亲密关系，才使课程思政理念和新闻学原理课程"花开并蒂"。因此，研究课程思政理念融入新闻学原理课程的路径，已成为新闻学原理课程思政育人实践的关键。

---

① 艾志杰（1990— ），男，江苏苏州人，博士，文学院讲师，主要研究方向为影视学、新闻学。
② 习近平. 习近平谈治国理政：第二卷［M］. 北京：外文出版社，2017：378.

一、回顾历史：培养媒体人的职业精神和职业规范

新闻事业发展壮大的关键在于人才的培养。只有建设一支政治强、业务精、纪律严、作风硬的新闻队伍，不断提高新闻队伍的整体素质，才能发挥新闻媒体在社会生活和国家政治生活中的重要作用。对于广大新闻媒体人来说，学习和宣传马克思主义理论，自觉运用马克思主义的立场、观点、方法指导新闻工作，是必备的理论素质。新闻工作关系到党和政府工作的全局，关系到改革开放和社会经济发展的大局，关系到国家的长治久安。因此，新闻媒体人必须增强政治意识、大局意识和责任意识，以此培养媒体人的职业精神和职业规范。在教学过程中，为了实现人才的培养和学生新闻素养的提升，教师可以通过回顾新闻事业发展史或者新闻学的历史开创者等方式，深化新闻学专业学生的职业理想和职业道德教育。

首先，站在历时性的视角上回顾马克思主义中国化的进程。在讲授"新闻本源"时，强调新闻的本源是事实，在尊重事实的基础上，新闻具备真实准确、内容新鲜、报道及时、传播公开的特点，这就需要我们的新闻工作者有实事求是的工作精神。实事求是精神不仅是马克思主义中国化的理论成果，也是中国共产党思想路线和方针政策的关键内容。1938年，毛泽东在党的六届六中全会上谈及"马克思主义中国化"的相关问题时，就曾用"实事求是"这一精神来倡导马克思主义。因此，教师可以通过回顾毛泽东思想来强调实事求是的重要性，让学生明白这能使我们保持清醒的头脑，坚持良好的工作作风，能使学生更加充实、更加团结，对实现理想也充满信心。

其次，回顾新闻事业的发展史也同样重要。从改革开放，到1992年邓小平南方谈话，再到党的十四大确立建立社会主义市场经济体制的目标，社会的进步为我国新闻事业的发展提供了重要机遇，也为新闻传播学的研究提供了很多新的可能性。这能引导学生对新闻事业的历史变革和未来发展予以思考，坚定学生对建立具有中国特色新闻学理论体系目标的信心，增强其国际视野和爱国热情，引导学生勇担民族复兴使命，发扬时代精神，实现新闻学研究的中国化进程。

最后，分析社会主义新闻的性质也是不容忽视的一环。教师通过历史发展进程中社会主义新闻自由和资本主义新闻自由的比较分析，让学生熟知社会主义新闻出版自由的实质是广大人民共同享有的自由，这也是社会主义民主权利的重要组成部分，从而帮助学生树立正确的新闻观和自由观，明确新闻出版的具体性和相对性，坚持为人民服务、为社会主义服务、为党和国家工作大局服务。

二、立足新闻：引导学生践行社会主义核心价值观

中国特色的社会主义新闻是党、政府和人民的喉舌，是党和国家重要的思想文化阵地和舆论阵地，具有鲜明的阶级性和意识形态属性，党性原则是社会主义新闻工作的根本原则，也是马克思主义新闻观的精髓。不难发现，这些要求和内容不仅深刻地影响当下新闻报道的策划原则和讲述方式，而且也与践行社会主义核心价值观、传播新时代中国特色社会主义思想等思政元素息息相关。因此，新闻学原理的课程思政实践必须紧密结合具有新时代、新气象的中国特色社会主义新闻报道，引领学生将社会主义核心价值观内化为精神追求。

（一）聚焦正面新闻，传承"大我"精神

例如，"新闻宣传"部分中明确指出新闻宣传是在马克思主义的指导之下，根植于中国革命、建设与改革的实践，以党的路线方针政策为依据，通过新闻宣传，动员和组织群众为实现自身利益而奋斗。在授课过程中可以结合扶贫先进工作者、抗疫工作者、"最美苏州人"等真人真事的正面新闻，以团队的方式策划宣传方案，让学生明白新闻宣传要以党的路线方针政策为依据，更重要的是，现在的小康生活来之不易，是中国人民不断创造和拼搏的结果，需要我们新闻工作者广泛宣传、代代相传。再如，"新闻舆论监督"一章中阐明新闻舆论监督的社会责任是遵守纪律和法律，恪守新闻道德，接受党、政府和人民群众的监督。同时，新闻舆论监督对于构建社会主义和谐社会来说也是强有力的保障。因此，在上课过程中，教师可以穿插分析疫情期间中央电视台的相关新闻报道，以话题探讨的方式，与学生交流新闻舆论监督在疫情期间的重要作用，帮助学生树立强烈的社会责任意识，使学生坚定对党的领导、改革开放、科学发展政策的认同，增强国际视野，满怀爱国热情，勇担民族复兴使命，发扬时代精神。

（二）审视负面新闻，维护社会"法治"

依法治国，建设社会主义法治国家是中国共产党领导人民治理国家的基本方略。具体到新闻领域，即在新闻法治建设的基础上，对公民和法人依法享有的新闻传播活动的权利与义务提供法律和制度保障，逐步完善中国特色社会主义新闻法治，提高公民和法人的新闻传播法律意识，对违反新闻法治

规定的行为按照法律予以规范，从而做到有法必依，执法必严，违法必究。因此，在学习"新闻法治"章节时，可以以国内主流媒体中所报道的违法犯罪行为为对象，了解新闻工作者在社会主义新闻法治工作中所发挥的重要作用，并以范冰冰偷税漏税、柯震东吸毒等明星违法事件，进一步探讨依法治国的重要意义。一方面，剖析违法犯罪行为的危害性，深化学生对重要法律概念的认知，提高学生运用法治思维和法治方式维护自身权利的意识；另一方面，以明星犯法为案例，鼓励学生在今后的传媒生涯中敢于报道真实的新闻内容，敢于同违法犯罪行为做斗争，积极践行习近平全面依法治国新理念新思想新战略。

（三）关注时事热点，成就"有志"青年

新闻工作的基本方针所倡导的"三贴近"和"三服务"原则本身就是思政内容的重要体现。在教学过程中，教师可以结合中央电视台制作的《新闻1+1》或者《新闻调查》，让学生在内容上产生直观的感受。例如，其中涉及的"校园贷""艾滋病"等时事热点新闻报道，都与当代大学生息息相关。这不仅可以让学生规避现实生活中的陷阱和危险，而且可以通过负面案例来警醒学生，让他们以高昂、奋进、积极的心态面对生活，做新时代的"有志"青年。同时，也可以督促学生关注时事热点，以积极、正面的意见领袖形象引导舆论走向。又如，以2021年江苏高考改革的舆情分析为例，向学生讲述新闻舆论的产生条件、形成过程及舆论引导的方法。在高考改革过程中，公众常常会受到舆论的煽动和诱导，特别是一些影响孩子一生的公共议题，当被放大到互联网的语境中予以讨论时，公众往往会产生质疑、不信任的心理，从而在没有深入思考的前提下达成某种反抗性的共识。因此，某些媒介素养较低的媒体人为向公众谄媚、获得关注度而恶意炒作，把高考改革中的不利因素主观化、放大化，迎合观众的负面心理。以这些反面案例，积极引导学生养成认真负责、严谨细致的工作态度，增强学生的媒介素养，培养学生的大局意识和核心意识。

进一步而言，在立足中国特色社会主义新闻报道的教学中，也可以推行一种"热点体验教学方式"，实现教学改革。针对大学生在新闻传播实践方面存在的问题，教师在课堂中选取具有典型性的新闻报道案例供学生讨论。另外，选择现实中与媒体人相关的新闻热点的案例或相对比较成熟的案例，引导学生思考，并组织学生开展案例分析与学术探讨，在专业教学与思政相结合的基础上提高学生分析问题、解决问题的能力。

三、组织实践：领会中国特色社会主义思想的路径

有专家指出："常学常新，习近平新时代中国特色社会主义思想是高校立德树人的源头活水。"① 在"组织实践"的思政教学中，可以采用两种教学来持续提升学生对习近平新时代中国特色社会主义思想的理论认知，实现立德树人教育目标。第一种，主题教学方式。在课堂教学中，以知识的激发和兴趣的引导为主要目标，积极开展以"我身边的新闻故事"为主题的课堂演讲活动，主题故事均由学生课前根据任务去参与搜索；课程进展中，教师对学生的新闻敏感度、语言表达技巧进行现场测评，让学生切身体验到新闻就发生在我们身边；在互动的环节中，学生能有机会和自主选择权来选定相应的学习板块。第二种，模拟教学方式的改革。选取新闻节目制作中涉及的撰稿、采访、拍摄、主持和后期剪辑等研究主题，将学生分成若干研究团队，每个团队各取一个队名。以团队为单位完成小组的目标，对某一新闻热点展开报道，最后将前期的文字材料和后期的模拟事件感受进行总结并形成研究报告。理论研究和实践操作相结合的方式，可以激发学生进一步探究理论的兴趣，提高学生的团队协作能力，团队成员在知识共享过程中提升理论研究能力和新闻实践能力。具体到思政元素融合的过程中，可以从以下四个方面入手。

第一，阐明新闻事业管理面临的新机遇和新挑战，鼓励学生迎接未知，强化理论自信。随着信息技术的高速发展，传统媒体的结构和功能已经满足不了新闻事业的管理和发展，互联网等新兴媒体的蓬勃发展，在很大程度上为新闻事业管理带来了新的挑战和机遇。在这个过程中，新闻工作者必须全面了解互联网影响下新闻事业的发展，要与时俱进地把握机遇，也要无所畏惧地面对挑战。因此，在给学生阐明机遇和挑战的具体内容时，可以引导学生以实事求是的探索精神掌握"互联网＋新闻"的理论知识，提高其举一反三、融会贯通的学习能力，并鼓励学生使用新媒体技术，紧跟时代发展，利用互联网技术实现新闻调查采访和实证分析的最优化。

第二，明确新闻队伍建设要求新闻工作者有专业素养和团结意识，坚定地走社会主义团结协作道路，要求学生强化道路自信。上课时可以将学生进行分组，模拟策划新闻报道，从前期撰稿到现场报道，让不同组别的学生通力合作，并在组别之间形成长效的竞赛机制，从而完成对新闻策划的把握。

---

① 韩宪洲. 以课程思政推动立德树人的实践创新［J］. 中国高等教育，2019（23）：12-14.

一方面，引导学生互帮互助、通力合作、实现共赢，增强学生的责任意识和看齐意识，培养真抓实干的担当精神；另一方面，在团队协作的过程中可以让学生自觉地把"小我"融入"大我"，完成个人与集体的辩证统一。教师通过这种方式，促进学生将社会主义核心价值观内化为自觉行动，加强对"共同体美学"的理解。

第三，阐明维护中国特色社会主义政治制度靠的是实事求是和为人民服务的态度，鼓励学生实事求是，坚持制度自信。在新闻工作中要坚持真实性原则，尤其是新闻报道的真实性要做到对事实的报道准确无误，从总体上和本质上反映事实，对事实的报道要全面和客观，即坚持新闻报道的客观性和倾向性的统一等要求。因此，可以在教学中设计实践环节，让学生策划报道新闻事件，要求学生把握新闻真实性原则的四个方面，制订全面、合理、客观的新闻计划，保证新闻的内容真实可信，没有主观偏见和个人取向。借此引导学生养成认真负责、严谨细致的工作态度，引导学生遵守职业道德和职业规范，增强学生的责任担当和大局意识。

第四，表明新闻研究是文化软实力的体现，激励学生严谨治学，强化文化自信。强调学术实践中论点、论据、论证的重要性，尤其是论文价值的重要性，以严谨的态度对待研究对象，并要恪守学术道德，弘扬优良学风。其一，培养学生成为先进思想的倡导者、学术研究的开拓者、社会风尚的引领者、党执政的坚定支持者，鼓励学生做"大学问"，做"真学问"，坚定学术生涯中的道路自信、理论自信和文化自信，彰显研究者的政治担当、学术担当、道德担当；其二，强调学生的学术道德建设和学风建设，抵制学术不端，捍卫学术尊严，以严谨的态度对待研究对象，恪守学术道德，弘扬优良学风，充分展现大学生的时代风骨。

课程思政是高校思政育人系统工程中的重要环节，专业课与思政元素的融会贯通，可以有效推动思政教育和专业教育的"双轨"发展。新闻学原理是广播电视专业的基础课程，在新闻学原理课程中加入思政元素进行教学，对于培养学生无私奉献的职业精神和开拓创新的职业品格，树立正确的人生观、价值观及爱岗敬业的职业观，至关重要。可见，将课程思政理念融入新闻学原理课程在理论和实践上都具有积极意义和时代价值，同时也有待进一步落实和完善。这就需要我们高校教师以课程思政的教育教学理念为根本宗旨，把课程思政元素落实到教学方案、教材、教法及专业实践的各个层面，保障思政元素和课程内容的紧密结合。一方面，聚焦专业，强化理论素养。从学生的专业角度出发，对国家的大政方针、新闻事业的发展有更为全面、理性的认识，学生能根据国情对新闻专业领域的相关政策、热点现象进行深入分析。另一方面，立足传统，发挥核心价值。从学生对中国优秀传统文化的认识出发，培养学生对民族文化的认同感和自豪感，提升自身的文化品质和精神内涵，争做中华优秀传统文化的传承者和传播者，发挥新时代青年人的核心价值。更为重要的是，"高校学科专业划分复杂，专业自身又具有其特有的学科属性与知识体系，这需要探索'课程思政'建设方案和指导意见，着力解决培养目标、专业设置、学科发展、课程设置、教学评价、育人效应等一系列问题"①。只有化解这些问题，广播电视系的其他课程的教学效果才有可能获得"质"的飞跃，这项任务仍然任重而道远。

---

① 邱伟光. 课程思政的价值意蕴与生成路径 [J]. 思想理论教育，2017（7）：10－14.

"互联网+"时代"形神兼备"的新闻专业课程思政建设策略[①]

李 斌[②]

新闻教育不是在堆叠知识,而是通过知识将习惯、态度、作风孕化为学生的内在素养。美国教育学家亨利·亚当斯(Henry Adams)说过,大学和技术学校不同,它传授的是生命力之花,即思想。新闻工作者除具有专业素养外,还要具有正确的习惯、良好的作风、勤勉的态度等素养,这正是思想政治工作发挥力量之处。党的十八大以来,我们围绕培养什么人、怎样培养人、为谁培养人这一根本问题,高度重视高校思想政治工作。中共中央、国务院印发的《关于加强和改进新形势下高校思想政治工作的意见》指出,只有坚持全员全过程全方位育人,把思想价值引领贯穿教育教学全过程和各环节,才能切实落实立德树人根本任务。在这种背景下,将思想政治工作内嵌入新闻教育应成为每一位新闻教育工作者深思的课题。

一、将思想政治工作内嵌入新闻教育

(一)思想政治工作是新闻教育关键之关键、核心之核心

习近平强调将意识形态工作贯彻到新闻教育中,这是新闻教育落实立德树人根本任务的保证。在互联网语境下,我们应正视新闻专业大学生中出现的不少思想问题,如物欲强、耐挫力差、以"丧""佛系"来标榜自己等。按理说,学生存在这些思想问题,新闻教育理该更重视思想政治工作才对,但事实并非如此,新闻教育忽视思政政治工作、重视专业技术传授的倾向一直存在,这说明部分新闻教育工作者还是没有将课程思政的概念理解透彻,没有将课程思政落到实处。面向新闻专业大学生开展思想政治工作,要在

[①] 基金项目:本文为苏州科技大学文学院2020年课程思政示范课程建设项目。
[②] 李斌(1977—),男,江西兴国人,博士,文学院教授,主要研究方向为传媒文化。

"普遍性"上加上"特殊性",也就是说要用符合新闻专业特点的方式开展思想政治工作,在专业知识里深挖思想政治资源,充分发挥专业教师的思想政治工作智慧和能动性,这不仅是对高等教育立德树人使命的落实,而且是中国新闻舆论工作牢牢把握正确政治方向的保障。

(二) 新闻教育要引导大学生树立实现中国梦的远大理想

习近平在2013年5月4日同各界优秀青年代表座谈时强调广大青年一定要坚定理想信念,"功崇惟志,业广惟勤"。他还多次讲起老一辈新闻工作者穆青扎下根、沉下心,创作出《县委书记的榜样——焦裕禄》,感动、感染了一代代读者,"老一辈新闻工作者的坚定的信念、优良的品德永远值得我们学习"。习近平极为重视新闻工作者对理想信念的坚守,他这样勉励新闻工作者:"坚持正确政治方向、坚持正确舆论导向、坚持正确新闻志向、坚持正确工作取向。"这就是在告诫新闻工作者坚定理想、不忘初心。人生的扣子从一开始就要扣好,没有远大的理想就不会有孜孜以求的努力,就不会有对专业的精益求精。实现中国梦是全国各族人民的共同理想,更应成为新闻专业学生的远大理想。在当下推进中华民族伟大复兴的重大历史机遇面前,新闻专业学生要铭记周恩来当年发出的"为中国之崛起而读书"的嘹亮清音,为实现中国梦而奉献青春、砥砺前行。

(三) 新闻教育要锻炼大学生百折不挠的坚定斗志

马克思曾说:"一个时代的精神是青年代表的精神,一个时代的性格是青春代表的性格。"1939年5月,毛泽东在延安庆贺模范青年大会上发表讲话,标题就是《永久奋斗》。江泽民强调在新的历史时期,仍要坚持发扬党的新闻工作的优良作风,艰苦奋斗的作风,不怕苦、不怕累,有时还要不怕危险、不怕牺牲。习近平在北京大学师生座谈会上引用《永久奋斗》中的话激励青年:"在奋斗中释放青春激情、追逐青春理想,以青春之我、奋斗之我,为民族复兴铺路架桥,为祖国建设添砖加瓦。"这一切都告诉我们,只有艰苦的磨砺和艰辛的锤炼,才能换来意志的坚定和精神的蓬勃。百折不挠、奋勇前行仍将是新闻学子必须具备的优良品质。

(四) 新闻教育要形成大学生贴近群众的作风

新闻工作说到底也是群众工作。习近平指出"把最好的精神食粮奉献给人民","书写和记录人民的伟大实践"。"人民立场"不是口头喊出来的,而是源于对群众的深厚感情,是发自内心的情感自觉。在贴近群众上,习近平为我们树立了光辉的榜样。"延安的窑洞里有马列""梁家河有大学问",青年习近平在梁家河插队的七年,与老乡们想在一起、干在一起、生活在一起,为共产党人坚定初心提供了生动教材,他全身心融入群众中去,从不谙世事的"知青"成长为"普通农民""黄土地的儿子"。贴近人民、贴近人地是"互联网+"时代新闻工作者良好作风的来源。新闻教育要推动新闻专业学生走出象牙塔,走到人民群众中去,锻炼专业技能,培育其与中国人民、家乡大地的感情。只有拥有了这种感情,新闻专业学生才会由衷地把满足人民精神文化需求作为工作的出发点和落脚点,履好为人民服务的天职。

(五) 新闻教育要培养大学生创新进取的精神

创新是一个民族进步的灵魂,是一个国家兴旺发达的不竭源泉,也是中华民族最鲜明的民族禀赋。在习近平的执政思路中,"创新"始终占据着重要位置。习近平主张新闻人才要创新有为,尤其要顺应互联网大势。2015 年 12 月 25 日,他视察解放军报社时指出新闻人才的做法是"顺应互联网发展大势,勇于创新、勇于变革"。他在在中国共产党第十九次全国代表大会上的报告强调,高度重视传播手段建设和创新。"互联网+"时代的创新意识是与媒体变革紧密结合的。一方面,这是壮大主流媒体实力的必须;另一方面,在网络舆论风险增大的背景下,创新是发挥舆论引导作用的重要动力。新闻教育要应时而上、跟进时代,培育具有创新精神、能够用好互联网这个"最大增量"的新时代新闻人才。

二、打造"形神兼备"的课程思政新格局

(一) 将"精神论纲""精神史"的新闻史探寻融入课堂教学,以"精神教育"散播理想之光

历史上有很多新闻工作者如邵飘萍、邹韬奋、范长江、穆青等争做时代弄潮儿,竞发国家最强音,他们之所以业绩卓著、为人景仰,与将民族前途与个人命运绑系,将国家大计与小我生计贴合的远大抱负和坚定信念有关。新闻教育应充分发挥理想信念对大学生的意志振奋、情绪鼓舞、精神提领的作用,培养大学生"不畏浮云遮望眼"地穿透社会问题、媒介事件本质的智慧和自信,让理想信念成为引领新闻课堂教学的光芒火炬;应精心设计课程体系和各教学环节,细心挖掘新闻史中新闻人排除万难奋勇前行的思想资源与精神武库,在"新闻学原理""新闻采访写作""中外新闻传播史"等专业课程中开设"新闻人精神论纲""新闻精神史"等专题,这种对新闻精神的

保卫和弘扬，既丰富了新闻学科的知识体系，又使学生继承了优秀新闻工作者坚守理想、不屈不挠的精神操守，教师要将之化入学生的思想脉络中，成为他们铁肩担道义的精神支撑。

（二）将百折不挠、砥砺前行的作风建设融入实践实习，以"作风教育"高扬前进之帆

作风培养是思想政治工作的重要环节。新闻教育要把形成作风与专业实践结合起来，引导学生关注地方文化、校园文化，将身边的正能量结合实践素材进行创作，宣传校园正能量、文化正能量，培育红色大V与正能量"网红"；带领学生开展文化传承、公益服务等活动，传播传统文化，践行为人民服务的宗旨；带领学生党员走基层采访老党员，走访红色遗迹，举办红色影展，指导学生制作红色阅读、红色电影等方面短视频，推动公益文化、红色文化的网络传播；鼓励学生以筚路蓝缕、吃苦耐劳精神在"双创"活动、学科竞赛中不畏强手、敢打敢闯，既锻炼学生专业能力，又培养他们运用专业技术开展正能量和先进文化传播工作的成就感和自豪感，实现"崇文""强技""铸魂"的结合。

（三）将以德为先、崇德重礼的德行自律融入教学工作，以"典范教育"搭建榜样灯塔

建设社会主义现代化强国对教师队伍建设提出新的更高要求，也对全党、全社会尊师重教提出新的更高要求。新闻专业教师要从知识传授者向知识传授者、思想教育者双重角色转变。"夫师以身为正仪"，他不仅传授业务知识，而且传授正确的态度、坚毅的精神与高尚的情操。立德树人不但面对学生，而且面对教师，这个"德"不但指学生的道德，而且指师德。只有用师德约束教师，用社会主义道德规范要求学生，"人"才能真正树立起来，新闻教育的培养目标才能得以实现。新闻专业教师应牢记习近平"教师是学生意识形态工作的第一把关人"的指示，做好精神代言人和言行示范者，从而成为学生的思想政治范本；紧扣专业视角，围绕专业意识，着眼专业发展，利用专业素材，借助专业知识，立足专业案例，用符合专业学生心理、具有专业特性的媒介手段来开展业务指导、心理疏导、思想引导工作；以身作则、身体力行地手把手、面对面开展教学，做到守住孵化室、住在办公室、占住聊天室，让有需求的学生找得到、看得见、听得清，成为深知学生情况的"知情者"、温暖学生心灵的"知心人"，以自己之"德"召唤学生之"德"，落实立德树人融入课程教学的任务。

习近平在全国高校思想政治工作会议上提出高校"培养什么人、怎样培养人、为谁培养人"这一根本性问题。他进一步指出：我国是中国共产党领导的社会主义国家，这就决定了我们的教育必须把培养社会主义建设者和接班人作为根本任务，培养一代又一代拥护中国共产党领导和我国社会主义制度、立志为中国特色社会主义奋斗终身的有用人才。[①] 我们可从三个层面把握一下这段话的深义。一是"拥护中国共产党领导和我国社会主义制度"，这是政治层面的考量；二是"立志为中国特色社会主义奋斗终身"，这是意志、作风层面的考量；三是"有用"，这是技能层面的考量。这段话启示我们："互联网+"时代的新闻教育不仅要重"形"，而且更要重"神"。其中"形"指的是理论知识、业务技能等，"神"指的是精神、态度与作风等。新闻专业学生不但要掌握理论知识和业务技能，而且要具备相应、合适的精神、态度和作风。加强新闻教育的思想政治工作，不能只满足于上思想政治课，更重要的是结合专业特点将思想政治工作融入课堂教学中去，从而打造出"形神兼备"的课程思政新格局。

---

① 习近平. 习近平谈治国理政：第 2 卷［M］. 北京：外文出版社，2017：376.

加速社会背景下新闻史课程思政的现实意义与路径探索

陈小燕①

新闻史课程思政的主要内涵是将思想政治教育融入新闻史专业教学的全过程，打通新闻史学知识与传统思想政治教育之间的教学壁垒。当今"90后"的大学生与过去不同，他们大多是网络原住民，在专业课程学习上，对智能编辑、推荐算法等新媒介技术有着天然的崇拜，而忽略对基础史学知识的积累及对党报内涵的理解与认同。总之，他们知识的汲取呈现出快餐化、加速度的特征。"加速社会"是德国社会学家哈特穆特·罗萨（Hartmut Rosa）提出的概念，自工业时代以来，尽管科技加速令人赞叹，但人们的生活步调并没有减速，时间越来越短缺。"事务总量增长的比率大大超过了科技加速的比率，因此，我们把现代社会定义为加速社会。"信息传播的情境在变化，新闻传播专业的教育教学也在变化。新闻史课程在教学过程中要着重回答当代青年学子的疑惑：学习新闻史与当下的我有何关联？教师如何做到既契合了青年人的现实关切，又在多元思潮下引领了正确的价值观？这些问题的研究显得尤为重要且刻不容缓。本文拟从加速社会的背景入手，分析加速社会对新闻史课程思政中青年思潮的价值重塑及现实意义，并探讨推进新闻史课程思政的可能路径。

一、加速社会背景下新闻史课程思政育人的现实意义

社会变革的加速，体现在价值观念、社会意识及人际关系上。当下的媒介文化生产为了适应信息技术的革新与时尚要求，不问过程只问结果的媒介文化实践，展现了工具理性的强大力量，但也无情消解了人类生活中诗情画意的神秘魅力，最终将导致人类精神状态的失衡。对新闻学教师而言，如何

---

① 陈小燕（1979— ），女，湖北公安人，博士，文学院副教授，主要研究方向为数字媒介研究、网络舆情与社会治理研究。

关注学生的精神风貌，如何强化学生的人文素养，需要史学课程对思政资源进行挖掘。其一，加速社会下新媒介技术崇拜需要新闻史教学课程来缓解。加速社会加速改变了我们与客体世界、社会世界和主体世界之间的关系。随着时间流逝在加快，空间阻碍在减少，社会世界不再如过去一样稳定不变，青少年的身份认同与主体感知都受到冲击。在传媒教育领域，具有可重复操作性的硬技能一向受到追捧，如新闻摄影、电视构图、视频剪辑等，而"一种相对隐形的且能够迁移到所有职业的软技能课程"则容易被忽视，学生的创造力、批判能力、合作能力与人文关怀等难以得到训练。新闻史课程的实际意义，在解决"现在的新媒体事业为什么是这样"的基础上展望"将来的智能传媒有可能会怎样"。罗马学者西塞罗说："不知道你出生之前历史的人永远是个孩子。"新闻史课程的思政有利于青年学生对人生坐标进行定位，提升他们的新闻素养和精神品质，增强他们的政治认同，显著激发其对本专业的认知和爱国主义情怀。其二，网络空间西方社会思潮涌动，针对这种现象，我们需要运用新闻史学课程思政来进行价值引领。近年来，新自由主义、无政府主义、历史虚无主义等在网络空间蔓延。从中东的"茉莉花运动"到香港的"非法'占中'"，"90后"青年网民在其中扮演了极其重要的作用，他们不仅是单纯被影响的受众，还是思潮的积极推动者。他们在成长环境、媒介使用、政治参与和圈层化传播等方面都具有新生代的特征，教师如果用传统的课堂授课方式对他们进行思想灌输，极有可能受到无视甚至他们会产生怨怼情绪。这需要我们进行方法创新，新闻史的课程思政要切合网络空间多元思潮的现实进行价值引领。例如，讲述日本新闻史内容时，教师要剖析第二次世界大战时期日本国内报纸对法西斯主义政党的主动追随的原因，并阐释媒介的片面性报道对青少年价值观的形塑，同时进行警示教育。通过史学知识点勾连现实当代青年的价值迷茫，有助于对其价值观进行及时的调适。

二、新闻史课程思政的路径探索

在"培养什么人、怎样培养人、为谁培养人"的问题上，新闻专业课程要"全面落实立德树人根本任务，坚持马克思主义新闻观，用中国特色社会主义新闻理论教书育人，培养造就一大批具有家国情怀、国际视野的高素质全媒化复合型专家型新闻传播后备人才"。在新闻史课程思政的教学中，影响思政生成的因素是多方面的，其中教师课程团队是关键，教学方法革新是手段，本地化新闻史料的资源挖掘是条件，新媒体技术的运用是实践运用。其一，在教师队伍上，打造"校内专业教师＋业界知名记者"课程团队的协同育人模式。现代社会是一个相互依赖性极高的社会，且依赖的幅度在不断增长。新闻史课程团队成员按照各自的能力进行不同的分工。课程主负责人承担思政教学目标、思政教学内容、思政教学方法及思政育人效果评价等课程体系的框架建构等。协助讲授人由理论和实践教学经验丰富的教授出任，分别讲授"马克思主义新闻理论"和"党报需要什么样的卓越新闻人才"。另外，新闻史课程还聘请校外导师开展"新媒体时代卓越新闻人才"系列讲座，邀请《苏州日报》《新华日报》和"今日头条"等知名记者，从行业实践的角度开展思政育人工作。总之，通过"协同育人"的模式，寓思政教育于新闻专业知识教育之中，达到教书育人的目的。其二，在教学方法上，运用"新闻热点分析"，联系史学知识，引导青年学生树立正确的新闻价值观。为了提升学生对新闻史课程的学习积极性，本课程开设热点事件的"一周新闻我来说"演讲环节，每星期邀请几名学生将最近一周的热点新闻进行呈现，训练学生的新闻敏感并观察他们的新闻价值观，从而在潜移默化中进行思政教育。如将自媒体大V"咪蒙"被封禁、"今日头条"被约谈、熊猫直播被下架等事件与民国时期当局对低俗内容的管制政策做对比，引导学生理解新闻事业管理的逻辑。以"西方的廉价报纸"这一章为例，案例是"集体成名的'垫脚石'：赫斯特污名传世的原因探析"。课前布置案例，要求学生了解美国新闻业大亨赫斯特的办报活动并制作成课件。课中学生展示赫斯特的相关资料，教师以美国新闻职业专业化与职业权威建构的历史为视角，对赫斯特的新闻贡献进行点评，帮助学生分析案例中的新闻理论知识要点和思政元素，引导学生思考西方国家媒介商业化的原因与后果，重申新闻工作者的社会责任与专业伦理的价值统一，最后教师归纳总结并要求学生预习下个课程思政案例。这种学生先学教师后教的任务式教学方法，提升了学生自主学习的能力，达到了价值引领的育人效果。其三，在教学内容上，立足苏州地区特点编写课程思政案例，打造本地化和特色化史学课程，拉近与学生的距离。在教学过程中根据地方本科院校学生的特点，教师精选编撰十个姑苏本地思政案例。例如，讲政论报刊理论的思政案例是"政论报刊与现代民族国家的初期建构"，选取的是晚清时期苏州甪直的文化名人王韬，引导学生在了解他为何成为中国政论第一人的史学基础知识上，加深对他的新闻办报活动及新闻思想的理解；又如，讲新闻控制的思政案例是"'苏报案'风波与晚清政府的新闻控制"，选取的是清末苏报案中的主要人物之一章太炎因为一篇文章被清

政府告上法庭的这一桩纠纷。在讲述时结合位于苏州锦帆路上的章太炎故居资料,拉近学生与资料的地理距离;再如,讲新闻事业管理的思政案例是"宋代邸报的性质及编辑内容的嬗变",选取姑苏知名景点沧浪亭的主人苏舜钦在宋代烧毁邸报"鬻故纸公钱"的一桩公案。总之,思政育人的案例尽可能立足本地,抓住区域特点,结合苏州特色来强化育人效果。其四,在教学手段上,将新媒体技术手段融入新闻史的思政课堂。在"互联网+"时代,借助信息化的教学手段有助于增强课堂教学的德育效果。习近平在座谈舆论人才培养时提出"要推动思想政治工作传统优势同新媒体新技术高度融合,增强时代感和吸引力"。广电专业的学生新媒介技术和实践应用较广泛,学生开设了多个新媒体账号,微信号有"石湖青年"和"姑苏新梦",视频号有"爱奇艺"和"抖音",可以充分发挥传播技术优势,用图文故事和音频视频等方式实现良好的政治传播。新媒体平台以教学对象分组的方式,依托团队智慧,以"讲述苏州新闻名人""讲述中国名记者"等专题系列强化新闻史课程思政的育人目标,最终实现润物无声的育人效果。

三、余论

柯林武德在《历史的观念》中提出"一切历史都是思想史",人的行为是外部的行动与内部的思想的统一体。新闻史也不例外,古今中外知名新闻人士的办报活动与其内部新闻思想密切相关,他们的新闻理念推进了新闻事业的发展与演变,其精神气质为新闻史教学提供了丰富的思政资源。但在现如今的加速社会背景下,要实现新闻史课程思政的育人目标,需处理好三重关系。一是要处理好史学理论知识导向与"马克思主义新闻观"的融入结合关系,二是要处理好广电专业技能训练与人的全面发展的关系,三是要处理好意识形态主导性和新闻类课程丰富多样性的关系。因此,在多元思潮的裹挟下,如何将显性教育与隐性教育相结合,如何以与时俱进的思维将历史新闻人物的价值观与现代青年一代的思潮相统合,如何挖掘地方新闻史案例中的思政资源进行互联网新闻人才的德育,依然是当代新闻史课程思政教育教学中不小的挑战。

参考文献

[1] 哈特穆特·罗萨. 新异化的诞生[M]. 上海：上海人民出版社，2018：1.

[2] 柯林武德. 历史的观念[M]. 北京：商务印书馆，2011：7.

[3] 葛剑雄，周筱赟. 历史学是什么[M]. 北京：北京大学出版社，2005：9.

[4] 李建涛. 实施课程思政培养卓越新闻人才[J]. 今传媒，2020，28（9）：150-153.

[5] 邱伟光. 课程思政的价值意蕴与生成路径[J]. 思想理论教育，2017（7）：10-14.

[6] 张烁. 习近平在全国高校思想政治工作会议上强调：把思想政治工作贯穿教育教学全过程　开创我国高等教育事业发展新局面[N]. 人民日报，2016-12-09（1）.

"三全育人"理念下的语言学科课程思政建设

陈祝琴①

习近平 2016 年 12 月在全国高校思想政治工作会议上的重要讲话,将高校思政工作的重要性提到新的历史高度:强调要坚持把"立德树人"作为中心环节,把思想政治工作贯穿教育的全过程,实现全程育人,全方位育人,努力开创我国高等教育事业发展新局面。②"三全育人"是新时期党的教育理论创新成果,"立德树人"是当前高等教育的根本任务。2020 年 5 月 28 日教育部印发的《高等学校课程思政建设指导纲要》(以下简称《纲要》)又强调了全面推进课程思政建设是落实"立德树人"根本任务的战略举措。《纲要》指出"落实立德树人根本任务,必须将价值塑造、知识传授和能力培养三者融为一体,不可割裂","要寓价值观引导于知识传授和能力培养之中"。③ 这就要求高等院校各个学科、所有教师都要参与其中,构建全员、全程、全方位育人的大格局。本文从语言学的学科性质、功能作用出发,结合具体课程实施,围绕"立德树人"的目标,简论"三全育人"理念下的语言学科课程思政建设的若干问题。

一、"三全育人"理念给高校课程改革提供了理论基石

"三全育人"是指育人过程中需要全员育人、全过程育人和全方位育人。"三全育人"高度概括了新形势下高校课程改革新理念,只有用党的创新理念武装头脑,积极践行"三全育人"理念,才能实现"立德树人"目标,为党

---

① 陈祝琴(1976—),男,安徽怀宁人,博士,文学院副教授、硕导,主要研究方向为汉语言文学、中学语文教育。
② 张烁. 习近平在全国高校思想政治工作会议上强调:把思想政治工作贯穿教育教学全过程开创我国高等教育事业发展新局面 [N]. 人民日报,2016 - 12 - 09(1).
③ 教育部. 教育部关于印发《高等学校课程思政建设指导纲要》的通知 [EB/OL]. (2020 - 05 - 28) [2020 - 05 - 28]. http://www.moe.gov.cn/srcsite/A08/s7056/202006/t20200603_462437.html.

和国家培养有用之才。

(一) 全员育人突出了高校特殊的主体地位

全员育人是针对育人主体而言的。育人主体包括学校、家庭、社会和学生本人,各方面协同合作,形成合力,直接或间接实施育人活动。[①] 学校是育人主体的核心,处于最重要的位置,而高校的作用尤为重要。因为高校处于学校教育的终端,是直接向社会输送成品人才的基地,是育人成才最后的主战场。而且高校的教育对象一般是在生理、心理上已达成人阶段的个体。从客观条件看,学生在相对封闭的校园中成长,家庭已经成为次要教育主体;同时,社会教育的影响力尚未形成。因此,高校发挥育人主体的作用尤为重要。这就要求高校要站在为党和国家培养可用之才的高度,锐意进取,集中群智,牢牢抓住"立德树人"的根本任务,坚定不移地进行课程思政改革。

(二) 全过程育人强调了高校教师的关键角色

全过程教学是指教育工作者在时间维度上,根据教书育人规律、思想政治工作规律和学生成长成才规律,全时段关注学生特点,有步骤地开展育人工作,针对性地采取育人措施,指导规范学生的思想行为,将育人工作贯穿教育的全过程。[②] 教育过程中主要的施事者是教师,教师是关乎育人成效的关键所在。大中专院校的学生群体已经基本形成了个人初步的世界观、价值观和人生观,同时,我们也要看到,这是一个矛盾的群体。一方面,高校学生基本脱离了家庭监管,他们已经有了一定的自主性,由于对自主性的高估,"三观"最容易偏离轨道;另一方面,他们缺乏必要的判断力和自律性,最容易在大是大非面前犯错误。怎样促使其保持正确的"三观",怎样纠正其已有"三观"中的不良成分,这些成为高校思想政治教育的重要内容。高校教师作为教育的具体实施者,被赋予了新的要求、新的任务。

(三) 全方位育人为高教改革吹响了号角

全方位育人是指学校在空间维度上充分利用各种教育载体、整合校内外资源,保证教育内容的全面性、系统性、时效性,创新教育理念、方式方法和手段,推动形成立体化、多维度、全方位的育人环境,着力提高学生的综

---

① 孙晓峰. 新形势下高校"三全育人"机制构建与内容探索:以池州学院为例 [J]. 池州学院学报,2020 (4): 1-5.

② 孙晓峰. 新形势下高校"三全育人"机制构建与内容探索:以池州学院为例 [J]. 池州学院学报,2020 (4): 1-5.

合素质和能力，培养全面发展的时代新人。① 就高校专业培养而言，只注重系统的知识传授的时代已经过去，需要着力于综合素质培养的新目标。新目标要求既要"授业"，又要"传道"。知识和德行两手都要抓，两手都要过硬，而且"传道"和"授业"是不可分离的整体。

正是在这样的理念指引下，高校课程改革才有了理论基石。可以说"三全育人"是新时期党在教育实践上最大的理论成果。这个理念势必要求高校在各个学科、各门课程中彻底实施教育教学的新发展。高校汉语言文学专业的语言学科也应顺势而为，加强课程思政的改革与实施。

二、依据语言及语言学的性质，合理融入思政内容

语言是一套音义结合的符号系统，既有自然属性，又有社会属性，因此，语言学不是纯粹的人文科学，但人文性又是语言的本质属性。语言是文化的载体，其本身也是文化的一部分。凡是文化的就是民族的，因此，语言还有民族性、传承性。

（一）从语言符号的自然性和社会性，突出科学性和人文性

无论是个体语言学还是普通语言学，都需要从语言的自然属性和社会属性两个视角去研究。语言作为符号，有形式和内容两个方面。形式是外在可观的，即语音；内容是内在不可察的，即意义。解剖语言的形式和内容需要从单位、范畴、规则三个方面进行。单位是指构成语言体系的基本要素，具有不同的层次性，如音位、音节、语素、词、句子等；范畴是指语言单位的集合，是形成言语的具体材料，每一级单位都可以划分为不同的范畴，最典型的如词类；规则是下级单位构成上级单位的方式，如音位构成音节、语素构成词、词组构成句子等。描写出三个方面的具体情况，并对相关现象做出一定的解释，就构成了语言学的全部。语言因为有了一定的自然性，就需要以科学的态度去调研；又因为语言需要服务于社会，更多的是社会的现象，所以语言学更具有人文性。从纯粹的学科讲，语言学就是要揭示隐藏在语言背后的规律性，以便更好地掌握它，从而服务社会经济生活。

学习语言学，要有强烈的科学精神。语言学课程要在探求语言规律、进行客观的语言调查过程中，以马克思主义为指导，培养学生实事求是的学风。

---

① 孙晓峰. 新形势下高校"三全育人"机制构建与内容探索：以池州学院为例［J］. 池州学院学报，2020（4）：1-5.

只有学风正,才能做到"三观"正。任何一种语言都是一套客观的音义符号及其序列,它是群体的共享工具,不会因为个人的意志而轻易改变。将实事求是的科学观融入语言教学中,是与立德树人相契合的。

学习语言学,要有强烈的人文精神。人文性是语言的根本属性,无论是个别语言学还是普通语言学,都强调要正确地理解语言的人文性。所谓人文性,就是关注人的生命、价值和意义,同时强调人的精神追求。语言学的人文性主要体现在课程思政中培养学生社会主义核心价值观、民族情感、爱国情怀、思辨能力等。每一种语言既有共性的一面,又有个性的一面,从个性的角度说,每个民族的语言都是独特的,都承载着鲜明的社会形态文化。在语言学教学的全过程都要突出社会主义核心价值观,树立语言学要为社会主义建设服务的思想,充分体现家国情怀,这一点在语言的民族性上体现得更为明显。在语言的教学过程中,要向学生灌输马克思主义辩证法思想,具体语言对应于具体的民族,语言和民族都是平等的,语言是文化的载体,但不等同于文化,文化则有先进与落后之分。充分运用辩证唯物主义哲学培育大学生的思辨能力,是语言学课程思政的重要内容。

(二) 从语言的民族性和传承性,弘扬民族团结和民族自信

语言的民族性是不言而喻的。每个民族都有自己的语言,语言是民族认同的最直接、最重要的标识。同时,语言又是文化的直接承载者,"一个国家的文化魅力,一个民族的凝聚力,主要通过语言表达和传递"[①]。因此,培养学生热爱中华民族、热爱母语的情感价值观,传播弘扬优秀的母语文化,是语言学课程肩负的不可推卸的责任。中华民族是多民族的综合体,有着统一的价值取向和国家利益。在语言学教学中,要使学生充分认识到国家文化统一的重要性,文化差异是客观事实,但是文化差异是民族大团结下的"和而不同",要尽可能地挖掘民族团结的因子,维护国家统一和长治久安。

中华民族历史悠久,数千年的文化延续至今,没有中断过,主要是通过语言直接承载的。在语言学教学过程中,要充分利用语言的传承性,建立民族自信。中华民族正迎来前所未有的民族复兴、国家繁荣的大好时期,教师要抓住契机,宣扬正能量。一方面使学生明白民族大融合时期的文化趋同,另一方面也要尊重和保护少数民族的文化,在共同的国家利益层面,建立民族自信。这是一个辩证的过程,需要语言学教师不仅要提高专业知识,还要

---

① 新华社. 全面加强新时代语言文字工作 [N]. 人民日报, 2020 – 10 – 14 (2).

在思想上提升认识。

三、依据语言及语言学的功能,精心设计课程思政方案

从功能上讲,语言不仅是思维和交际的工具,还是文化的载体。不同民族语言组织能力不同,思维方式也不同,认清语言是思维的工具,对于国际交流、文化传播都有积极的作用。语言又是人际交流最重要的工具,对语言的学习和语言规律的探索,要提高到国家综合软实力提升的高度。充分认识语言的载体功能,对于提升整体文化水平至关重要。由此可见,语言学在课程思政建设上大有可为,可以根据语言及语言学的功能,设计语言学课程思政方案,以达到"立德树人"的育人目的。

(一)结合语言的思维与交际功能,在提升国家综合软实力层面设计课程

语言能力是国家综合实力的一部分。提高语言能力,发挥语言思维与交际的功能,把语言学的个人能力培养与国家利益相结合,设计思政教学方案。从功能上讲,汉语语言学基本课程是培养提高国家语言文字能力最主要的环节之一。"语言文字事业具有基础性、全局性、社会性和全民性特点,是国家综合实力的重要支撑力量,事关国民素质的提高和人的全面发展;事关国家统一和民族团结;事关历史文化传承和经济社会发展,在国家发展战略中具有重要的地位和作用。"[①] 以思维方式和交际作用为依托,引导学生解读汉语独特的思维能力,正确地使用汉语,将语言学通识课和"普通语言学""现代汉语""古代汉语""汉语史"等专业课打通,尤其要培养学生运用语言学理论解释汉语的现状和历史的能力,让学生明白语言的工具性、语言学在学科体系中的作用。将培养学生敢于担当、勇于投身新时期语言文字事业的目标在课程中明确体现出来,要让学生能够从语言文字的基础性功能中体会到家国情怀,热爱汉语通用语、自己的母语。一方面,坚决维护党和国家推广普通话工作,说普通话,写规范字,努力提高语言文字的交际功能;另一方面,做好语言保护工作,把濒临失传的语言很好地保护起来,弘扬母语文化,增强认同感。从全局出发,要将以下内容体现到课程思政教学方案中来:一是强调党对语言文字工作的绝对领导,确保正确的政治方向;二是强调要围绕中心服务大局,提升语言文字工作服务经济社会发展的能力;三是强调语言文字为人民,人民群众是主体的意识;四是遵循规律,立足国情,紧跟时代

---

① 新华社. 全面加强新时代语言文字工作 [N]. 人民日报, 2020-10-14 (2).

步伐等；五是遵守法律，完善语言文字的法律法规。①

语言的思维与交际功能能够直接对接到语言文字能力的提升，是国家综合软实力的具体体现，全面提升整体国民的语言文字能力是一个国家综合实力的有力支撑。因此，需要结合语言的思维与交际功能挖掘、设计合理的思政内容与教学方案。

（二）结合语言的载体功能，在提高文化竞争能力层面设计课程

我们说语言是人类文化的重要组成部分，是人类文化得以建构和传承的形式和手段；同时，也要看到文化无时无刻不对语言有制约作用和决定性影响。② 语言是文化整体的一部分，但它并不是一个工具的体系，而是一套发音的风俗及精神文化的一部分。③ 任何一种语言都是具体文化的载体，提升语言能力，就是提升文化竞争力。20世纪人类社会经历了两次世界大战，经济竞争和军事竞争一度成为国家之间主要的竞争内容。步入21世纪以后，以经济、制度、法制、风俗为核心内容的综合国力的竞争成为新的主要竞争形式。所谓"文化"是指社会意识形态、风俗习惯及与之相适应的社会制度与社会组织。由此可知，综合国力的竞争主要就是文化的竞争。当今世界的主题是和平与发展，合作是寻求发展的唯一途径。因此，不同文化在竞争中融合，文化趋同是未来民族之间主要的交往形式。语言作为文化的承载体，有着特殊的地位和重要性。理解了语言的载体功能，相关的思政内容便可以隐性地融入语言教学中。

汉语文献有着三千多年的历史，助力构建了既有悠久传统，又有连续性的文化体系。通过语言是文化载体的具体显现，引导学生增加民族自豪感，立足本土文化，构建中华民族伟大复兴的蓝图，就现阶段讲，就是吃透中国梦精神；通过不同时期语言文本的教学，教师将优秀的传统文化与语言教学有效结合，将仁爱、民本、诚信、正义等思想精华和时代价值传达出来，培育学生的爱国热情；通过语言比较，教师将不同文化，尤其是语言中词汇构成所体现的文化内涵加以对比，拓宽学生的视野，使学生深刻理解汉语言及其所代表的汉文化的博大精深；通过语言与文化关系的解读，透视新时期，党的文化政策和制度创新，党对"尚和合、求大同"等文化精髓的继承，主张和平、合作地解决问题，加强学生对党的创新理论的思想认同和情感认同，

---

① 新华社. 全面加强新时代语言文字工作［N］. 人民日报，2020-10-14（2）.
② 戴昭铭. 文化语言学导论［M］. 北京：语文出版社，1996：14.
③ 马林诺夫斯基. 文化论［M］. 费孝通，译. 北京：中国民间文艺出版社，1987：7.

培育文化自信。

总之，重视语言的思维功能和交际功能，在语言文字能力提升中，培养学生爱国爱党爱人民的家国情怀。立足语言是文化的载体，文化是国家、民族竞争的主战场，培养学生坚定的社会主义信念和文化自信。

四、区分不同课程，精准实施课程思政改革

语言学科各课程是一个完整的体系，不同的课程在体系中担任着各自不同而又相互联系的角色。语言学科教师不仅要有过硬的专业储备，还要有学理兼通的意识。除了专业教师要具有的一般所谓"传道、授业、解惑"的能力之外，我们还要强调在课程思政的设计和教学中，不同的课程要有所侧重。

就汉语言文学专业而言，语言学基本课程有"语言学通识课""普通语言学""现代汉语""古代汉语""汉语史"等，它们的主要任务是揭示语言学的基本方面、国内语言生活、汉语的当前状况和汉语曾经的面貌等。在课程思政建设中，每个课程要突出各自的特点和重点。"语言学通识课"要培养学生马克思主义辩证观，实事求是地看待语言国情，突出服务意识。"普通语言学"要将语言学纳入学科体系中揭示特点，使学生从一般语言理论中了解汉语的科学性与人文性，了解汉语的工具性和功能性，科学看待汉语，形成正确的世界观、人生观和价值观。"现代汉语"要结合当前国情，突出语言能力提升在国家综合实力中的重要性，培养学生的母语自信。"古代汉语"要结合具体文本，挖掘传统优秀文化中与当代中国相契合的部分，使学生充分认识到"立德"的重要性；将文化继承提升到国家利益维护层面，建立文化自信，涵养家国情怀。"汉语史"通过汉语发展的规律性揭示，使学生树立科学的历史观，引导学生用马克思主义发展观看待汉语的演变，充分认识到汉语发展的过程反映了民族融合、中华民族大团结的过程。

可以说语言学课程思政的实施，具有鲜明的时代性。语言学教师要在"三全育人"的理念下，将语言学课程思政提高到国家战略的高度；要结合各课程的具体内容，将思想政治教育隐性融进专业课程教学之中，做到春风化雨式的教学改革。总之，从语言学科体系出发，突出科学性、服务性、汉语自信、文化传承等，重点构建语言学育人育才体系，培养社会主义国家需要的语言学人才，实现"立德树人"，是语言学科教学及语言学教师当前最重要的任务之一。

中国古代文学课程思政建设的意义、现状与实践

袁 鳞①

2020年,教育部印发的《高等学校课程思政建设指导纲要》(以下简称《纲要》),明确指出落实立德树人的根本任务"要寓价值观引导于知识传授和能力培养之中"②。这就为高等院校各个学科,以及各位教师指明了当下教育的发展方向:构建全员、全程、全方位育人的大格局。这一《纲要》的提出,启发高校教师要从社会主义事业兴旺发达与民族振兴的高度认识到自身课程建设的必要性与紧迫性。其中,古代文学作为高校人文学科中的传统学科,具有其自身的特点,下面围绕中国古代文学课程思政教育具有什么意义,目前开展课程思政存在什么问题,如何在课程内部挖掘思政元素展开论述,以期丰富我们对课程思政与传统学科之间关系的认识。

一、开展中国古代文学课程思政建设的意义

首先,古代文学课程思政教育有助于实现优秀文化的传承。文学作为高校的传统学科,担负了重要的历史使命,正如习近平总书记所指出的:"优秀传统文化是一个国家、一个民族传承和发展的根本,如果丢掉了,就割断了精神命脉。我们要善于把弘扬优秀传统文化和发展现实文化有机统一起来,紧密结合起来,在继承中发展,在发展中继承。"(《在纪念孔子诞辰2 565周年国际学术研讨会暨国际儒学联合会第五届会员大会开幕会上的讲话》),文学学科作为高校学习前人文化遗产、传承中国传统文化的重要平台,同时又深入当下日常生活的方方面面,与当代文化精神实现共通,因而中国古代文学课程的讲授既是对文学知识的传播与整理,又关乎精神文化命脉的传承与

---

① 袁鳞(1992—),男,河南驻马店人,博士,文学院讲师,主要研究方向为明清文学与文献。
② 教育部. 教育部关于印发《高等学校课程思政建设指导纲要》的通知 [EB/OL]. (2020 – 05 – 28) [2020 – 05 – 28]. http://www.moe.gov.cn/srcsite/A08/s7056/202006/t20200603_462437.html.

存续。

其次，通过中国古代文学课程进行思政教育有助于学生思想素质的提高。相较于其他课程而言，文学相关课程的开设具有得天独厚的优势。众所周知，文学即是人学，中国古代文学课程立足于传统文化中的精华，对文学作品中的封建糟粕予以舍弃。我们可以这样认为，优秀经典作品折射的精神内涵与智慧源泉对推进社会主义核心价值观深入人心具有实用价值，即中国古代文学借助课程中包含的显性与隐性思政元素，在有计划、呈系统传授传统知识，培养学生学术能力的同时，结合作家与作品，透过一系列生动案例与具体文本陶冶学生情操，引导学生树立正确的人生观与价值观，将"立德树人"这一教育的根本任务落到实处，彰显中国古代文学这一学科在全面推进课程思政建设中所起到的作用。

最后，中国古代文学课程重视思政教育，对教师本人落实言传身教具有重要价值。教师是思政教育的落实人，高校思政教育的开展对教师自身提出了更高的要求，这是因为思政教育牵一发而动全身，涉及教材选择、教案设计、教育方式等诸多问题，需要中国古代文学的授课教师自身密切参与、积极应对，从根本上说对推动这一传统学科与时俱进，更好地发挥树人的根本使命有积极作用。

二、中国古代文学课程思政建设的现状

改革开放以来，中国与时俱进，主动参与全球化竞争。在不断接受西方文化影响的同时，也愈发认识到中国传统文化的重要价值。就高校中国古代文学课程教学而言，目前存在的问题，大致有以下三个方面：

第一，根据实际教学及考核情况来看，学生对传统文学经典缺乏必要的了解与关注。目前尽管从教学内容到教学方式都在不断改进，教学内容不断扩展，教学方法多元化发展，教学与学术研究的契合度不断提高，例如，新兴的网络教学等线上教育方式的兴起大大改变了传统的教育格局，但整体文化环境对当下中文教育提出了新的挑战，目前社会上的大多数人沉浸在快餐文化之中，缺乏对高雅艺术的追求。在课程教学的过程中，我们不难发现高校大学生对历史上一些重要的作家、作品了解有限，仅仅停留在影视观览的层面，阅读经典的习惯并未养成。

第二，部分教师对中国古代文学课程的政治使命与当代价值认识不清。或是将学术研究变为象牙塔之中自娱自乐的产物，停留在历史现象的分析上

而导致与现实脱节；或是对传统文化之中的精华与糟粕未做到很好的区分，因而不能应对时代发展带来的诸多挑战，不能回应现实生活之中许多优秀文化经典处于边缘、被人遗忘这一问题。尽管在具体作家作品的分析过程中，教师部分涉及了思政教育，但过于零碎孤立、缺乏体系，且部分任课教师在实际教学过程中忽视了对思想政治的发掘和对学生的思想政治教育，在学生综合素质的提升上有较大差距，这也意味着中国古代文学课程教学在加强思政教育方面尚有极大的空间。

第三，中国古代文学课程思政教育仅停留在自己的专业之内，其在校级层面思政教育方面应发挥更大的作用。中国古代文学课程自身得天独厚的优势已见上文，目前思政教育的推进仅仅围绕某个专业内部开展，学科之间的壁垒依旧存在。如果能与不同专业相结合，推出围绕某个思政教育主题的课程，这既可以推进中国古代文学思政课程建设走向深入，又可以打造高校通识课程，从而使中国古代文学这一传统学科在思政教育方面的作用能够全面呈现。

三、深入挖掘中国古代文学课程思政的具体实践

《纲要》指出"落实立德树人根本任务，必须将价值塑造、知识传授和能力培养三者融为一体，不可割裂"。作为授课主体的教师，其引导作用自然不可忽视。正如习近平总书记指出，"办好思想政治理论课关键在教师，关键在发挥教师的积极性、主动性、创造性"。运用思政元素，切实实践好教书育人的价值定位。文学、历史学、哲学类专业课程，要在课程教学中帮助学生掌握马克思主义世界观和方法论，帮助学生从历史与现实、理论与实践等维度深刻理解习近平新时代中国特色社会主义思想。要结合专业知识教育引导学生深刻理解社会主义核心价值观，自觉弘扬中华优秀传统文化、革命文化、社会主义先进文化。基于这一目标，我们认为中国古代文学课程在思政建设的探索与实践上，应认识到以下几点：

首先，深化中国古代文学课程思政教育，加强文化自信。伴随着改革开放，西方文化对中国社会的影响越来越深入。这就需要教师具有充分的自觉，大力加强中国文化的引入工作。如果脱离了文化根基，所谓文化自信自然成了无本之木、无源之水。正如习近平总书记所言："文化自信是一个民族、一个国家以及一个政党对自身文化价值的充分肯定和积极践行，并对其文化的生命力持有的坚定信心。"灿烂悠久的传统文化，既是支撑中华文明持续至今

的不竭源头，也是实现中华民族伟大复兴的基础所在。

在中国传统神话中可以看出，艰苦奋斗的作风已经凝结于中国文化之中，教师通过盘古开天、女娲补天、燧人取火、仓颉造字等神话的讲述，可以使学生从中看到中华民族生生不息、自信自强的创造精神。例如，夸父追日这一简单的故事，具有极强的启示意义："夸父与日逐走，入日；渴，欲得饮，饮于河、渭；河、渭不足，北饮大泽。未至，道渴而死。弃其杖，化为邓林。"这则故事虽然书写了一位失败的英雄形象，但其生前对目标的矢志不渝、死后造福一方的举动，在当今时代仍有价值。学生通过中国古代文学的学习可以了解到模范榜样的事迹，其中蕴含着的不屈不挠、勇于奉献的优秀传统也在后世得到认可与传递，范仲淹"先天下之忧而忧，后天下之乐而乐"感动了无数士子，文天祥"人生自古谁无死，留取丹心照汗青"更是鼓舞着一代代人前赴后继。又如，明清易代之际，数量庞大的明代遗民不仅在政治上积极抗争，在文学上同样留下了浓墨重彩的一笔。面对无端的民族压迫与严苛的政治环境，他们知晓复国无望，转而借助诗歌抒发内心的悲愤之感，显示出高尚的人格特征。

除了在生动感人的作品中表现对崇高精神不懈追求外，中国古代文学在艺术水准方面同样屹立于世界民族之林，誉享全球的李白、杜甫正是唐代诗坛所孕育的奇葩。在戏剧文学方面，汤显祖的独特价值也得到了世界友人的肯定。日本汉学家青木正儿提出："显祖之诞生，先于英国莎士比亚十四年，后莎士比亚之逝世一年而卒。东西曲坛伟人，同出其时，亦一奇也。"而在小说领域更有曹雪芹《红楼梦》这一艺术瑰宝，它得到了古往今来东西方学者的普遍关注。上述例子意在说明，中华民族屹立世界民族之林，与中国古代文学所取得的优异成绩是密不可分的。

其次，中国古代文学在发展中继承传统、勇于创新的精神同样适用于当下。"大力弘扬以爱国主义为核心的民族精神和以改革创新为核心的时代精神"，中国古代文学有着漫长悠久的历史，提供了诸多的经验与教训。例如，李白在继承六朝文学的基础上做到了扬弃，实现了质的飞跃，而明代复古派虽然取法乎上，但往往停留在腔调的模仿上，往往易数字而为己诗，这一创作倾向为后世的诗歌书写提供的教训十分深刻。这里列举正反两个例子说明创新在古代文学发展过程中的重要意义。创新不仅是诗词等古典文学的需要，一些通俗类作品同样体现出鲜明的创新特征。又如，《三国演义》主要依托于《三国志》的相关记载，但不同于历史实录，《三国演义》经过文学家的改编,使得历史人物的性格更加丰满,并通过艺术化的加工,如"张冠李戴"、反复渲染等艺术手法,使得诸多人物形象深入人心,成为中国文学史上的永恒经典。同时,《三国演义》为了更好凸显关羽的神武,增加了温酒斩华雄的情节,这就与孙策斩杀华雄的历史事实有所不同,这也反映了文学源自现实高于现实的创新本质。所谓创新并不意味着另起炉灶,放弃吸收前人的成果,在文学内部,类似的创新需求体现得格外突出。再如,汤显祖在《杜丽娘暮色还魂》话本的基础上,通过改动角色阶层,将门当户对的爱情故事,变为超越贫贱等外在因素的纯正爱恋,并增加了人物形象,塑造了杜宝、陈最良之流,他们的存在加剧了戏剧的矛盾冲突,制造了或紧张或压抑的气氛,而通过上述矛盾的解决凸显出其"生者可以死,死者可以生"的至情追求,因而为历代文人所青睐,而这自然与汤显祖化腐朽为神奇的创新意识有着密切关系。上述案例有助于学生了解创新与因袭之间辩证统一的复杂关系。

再次,文学创作严谨认真、精益求精的"工匠精神"依旧值得重视。党的十九大报告提出"弘扬劳模精神和工匠精神"。中国丰厚的文学遗产亟待梳理,这一过程离不开科学的方法与一丝不苟的态度。古代文学研究离不开科学方法,但归根到底离不开求真质疑的精神。在昔日几乎已成定论的问题上,仍存在不同意见。例如,在《西游记》作者的问题上,教师通过展示学界关于《西游记》作者是丘处机还是吴承恩问题的讨论,进而说明科学研究大胆假设、小心求证的普遍规律,强调对现有的知识加以反思,强调尊重事实、不能迷信古人。又如,在介绍孔尚任创作《桃花扇》这一不朽名著之时,讲述作者身历其地,采访遗老,积极访求历史事件的具体过程,这种求真严肃的创作态度,使得《桃花扇》集中体现了明清易代之际时代的风云变幻。再如,曹雪芹《红楼梦》的写作过程,其"批阅十载,增删五次",投入了大量的时间与精力,而其生活则挣扎于贫困线上,过着"举家食粥酒常赊"的生活,从侧面可见在困境面前,曹雪芹依旧通过创作表现其不朽追求。教师通过上述诸例,意图启发学生认识到踏实细致、勤劳肯干、不能坐享其成,这才是取得成绩、得到社会肯定的不二法门。

最后,中国古代文学思政教育有助于讲好中国故事,展现中国气派。课程思政的一个重要举措就是讲好中国故事。讲好中国故事、传播好中国声音,向世界展现真实、立体、全面的中国,提高国家文化软实力和中华文化影响力。近百年来,中国古代文学的海外译介热情始终不减,一系列经典文本被翻译为外文,教师通过对域外古代文学接受情况的介绍,从而达到拓宽学生视野的目的。例如,玛格丽特·贝利教授的《中国古典小说:英语书目笺注》称赞中国学者杨宪益译《红楼梦》:"根据各地的读者反馈,杨译本和霍译本都具有很高的价值……学生的评价认为,有时他们更喜欢杨译本,因为它是更加感人的、同情的、贴切的。"书中还称赞杨译本"在某些方面略胜一筹,如对诗歌的翻译、私密对话的呈现,以及一些描写悲哀、感人的章节。"又如,汪榕培翻译《牡丹亭》《邯郸记》《紫钗记》《南柯记》,在英语世界积极推广中国古代文学。上述案例让学生看到了中国人民推广自身文化所做出的努力。再如,林语堂先生撰写的《苏东坡传》对苏东坡身陷囹圄处境的真实描摹,暗示出世人面对无奈而不能避免的焦虑时自我超越的可能,这本书在英语世界的影响力极大。《苏东坡传》虽然以英文写作,但始终保持了鲜明的中国特色,是中西文化交融的产物,并在此后被译为多国文字。这一案例充分说明,中国的文学巨匠同样给予世界人民以无尽的精神滋养。通过对学生介绍上述内容,表现出中国古代文学对世界文坛的影响,开拓了学生的学术视野。

高校思政教育的核心是在传授知识的同时,实现价值道德潜移默化的培育,通过课程落实立德树人的根本举措。教师坚定教书育人的立场,明确责任意识,加强对大学生思想品德的教育。课程的学习,大大增强了学生的社会责任感、使命感,培养了学生的创新意识与工匠精神,使学生了解了中国古代文学在参与世界文化竞争中所处的地位。总而言之,在中国古代文学相关课程中,我们要贯彻落实思政教育,努力为国家培育德才兼备的高素质复合型专业人才而不懈努力。

参考文献

[1] 张烁. 习近平在全国高校思想政治工作会议上强调:把思想政治工作贯穿教育教学全过程 开创我国高等教育事业发展新局面 [N]. 人民日报,2016-12-09(1).

[2] 新华社. 习近平在纪念孔子诞辰 2 565 周年国际学术研讨会暨国际儒学联合会第五届会员大会开幕会上的讲话 [EB/OL]. (2014-09-25)[2020-03-03]. http://cpc.people.com.cn/n2014/0925/c64094-25729647.html.

"大学物理B(二)"思政教学的思考和探索[①]

沈娇艳[②] 程新利 赵 润

随着信息化时代的到来,高等教育教学理念、教学模式正发生着重大变革。各大高校围绕专业认证、打造"金课"等重要目标,纷纷致力于专业建设和课程建设。在专业培养水平、课程教学质量的不断提升过程中,我们更应该关注到人才培养的根本所在——立德树人。习近平总书记在2016年12月召开的全国高校思想政治工作会议上提出把立德树人作为中心环节,把思想政治工作贯穿教育教学的全过程,实现全程育人、全方位育人,努力开创我国高等教育事业发展新局面。高等教育是为祖国的社会主义建设培养全面发展的建设者和接班人。除了牢固的基础知识、高水准的实践能力、开拓的创新精神,社会责任感也是高水平专业人才所必须具备的要素。这意味着,在高校教学中应该培养学生树立正确的世界观、人生观和价值观,培养其树立积极向上的生活态度,使其牢固确立社会主义国家的使命感、责任感。

"大学物理B(二)"课程具有较强的理论性和实践性,而且覆盖面大、包容性强,是开展课程思政教学的良好载体和渠道。该课程所教授的基本概念、理论和方法是构成大学生物理科学素养的重要组成部分,课程安排在本校理工科专业的第三学期,这一时期正是培养大学生世界观、科学观和科学素质的关键时间点。在高等教育改革发展"大思政"背景下,教师如何通过展示物理学史、物理规律的产生背景和条件、物理发展与人类社会发展的相互作用等,使学生了解物理与科技进步、社会发展之间的关系,了解物理科学的

[①] 基金项目:本文为江苏高校"大学素质教育与数字化课程建设"专项课题2020年项目——基于通识教育背景的大学生科学素养提升策略研究(2020JDKT121);苏州科技大学天平学院2019年项目——"溶盐于汤"的大学物理课程思政教学模式研究(2019TJGB-05)。

[②] 沈娇艳(1978—),女,浙江兰溪人,博士,苏州科技大学物理科学与技术学院讲师,主要从事光电材料器件结构设计与模拟研究。

思想体系和文化价值,培养与熏陶学生的科学精神、科学态度、科学审美和情操,是摆在每位教师面前的重要使命和挑战。[①] 在"大学物理 B(二)"课程的思政教学中,本文将从教师和学生角度,对双方应尽的职责和作用,进行初步的思考与探索。

一、教师在"大学物理 B(二)"思政教学中的主导作用

教师是课堂教学的实施者,也是教学实践的主导者。教师自身的德育意识和德育水平直接关系到思政教学的质量和效果,这就要求教师在掌握物理教学技能的同时,必须深挖课程中的思政元素,并进一步拓展和升华,满足学生不断成长的发展和需求,把正确的世界观、人生观、价值观和科学的思维方法传授给学生,在潜移默化之中完成思政教育。[②]

(一) 从物理原理的学习中培养思政思维

物理课程中思想政治教育不是将物理课变成政治课,也不是生硬地穿插讲解政治理论和观点,而是要将思政元素与物理知识无缝衔接,在物理概念的建立、物理规律的得出、物理现象的分析过程中,润物细无声地将科学的态度、坚毅的精神及爱国情怀传递给学生,潜移默化地影响学生。

在"大学物理 B(二)"课程的知识结构体系中蕴含了大量的思政元素:例如,第五章讲述弹簧振子的周期公式时,学生会惊讶地发现振幅并不会影响简谐运动的周期,说明理想物理模型的运动和实际生活中的运动是不同的,从而培养学生的科学思维。从弹簧振子在每个周期中运动完全相同这一点,还能穿插案例宣扬工匠精神和社会主义核心价值观。又如,在第十四章介绍光的衍射现象时,强调障碍物的尺寸和波长之间的大小关系,对是否发生衍射现象起决定性作用。当障碍物的尺寸比波长大得多,光是沿直线传播的,"坐井观天""凿壁偷光""小孔成像"都能说明这一点;当障碍物的尺寸和波长差不多或更小的时候,光能绕过障碍物偏离直线传播进入障碍物的几何阴影区,并在屏幕上出现光强分布不均匀的衍射条纹。教师在课堂上还可以通过视频软件,播放"缝宽对单缝夫琅禾费衍射条纹的影响"的实验录像,趁机引入矛盾相互转化的唯物辩证法思想,引导学生知道,转化是矛盾统一

---

① 王祖源,顾牡. 基础物理课程在学生科学素质培养中的作用 [J]. 物理与工程,2014 (6):9 – 12.

② 徐大海,张静,谢丽,等. 课程思政融入大学物理教学的探索 [J]. 科技视界,2019 (7):133 – 134.

性和斗争性共同作用的结果,当转化的条件满足时,转化就成了一种历史趋势,是一个必经的过程。再如,第十六章讲授量子物理的诞生时,教师可引入维恩、瑞利-金斯和普朗克等人对黑体辐射问题的研究和思考,让学生明白物理学及任何一门学科的现有理论都不是终极的真理,不要被权威和旧理论所束缚,而要有勇于探索真理的勇气,大胆提出新的观点和思维,推动科学不断地向前发展,从而培养学生的创造性和创新性思维,使之形成正确的科学观。同时,第十六章介绍汤姆逊电子衍射实验时,学生会发现少量电子透过多晶铝薄片打到摄影底片上,光点位置杂乱无章,但是当大量电子打到底片上时,就出现了清晰的明暗相间的干涉图样。这种从单个电子的不确定性,到大量电子的统计规律性,正是体现了唯物辩证法中量变和质变的关系。任何事物的变化都是量变和质变的统一,量变是质变的准备,质变是量变的必然结果,引导学生在学习和工作中,要重视知识量的积累,只有这样,学生将来才能成为博学多才的社会主义事业的接班人。

(二)从物理学史的发展历程中汲取思政元素

每一门理工类课程,其所讲述的专业知识、涉及的行业和职业都具备从无到有发展变化的历史,既隐藏着人类认识自然、改造自然的艰辛探索与不懈实践,又包含着国家民族盛衰兴亡的奥义和文明传承延续的密码。物理学史可以再现物理学发展历程中各个重要的基本概念、基本定律和基本理论的酝酿、产生及发展的过程,为学生学习时介绍历史背景,使他们明白物理知识的产生并非虚无缥缈。在"大学物理B(二)"授课过程中,教师需要清楚物理知识发展的历史背景,引导学生认识事物的本质。例如,从经典牛顿力学到麦克斯韦的电磁理论,从伽利略的相对运动到爱因斯坦的狭义相对论,帮助学生理清物理知识的基本脉络和整体结构,激发学生内在的学习动力。教师还可以充分挖掘、利用学科发展历史中有担当、有作为的典型人物,通过课堂讲授、音影资料播放、课外阅读等形式,将其有机融入大学物理课程的教学过程。通过对历史的回溯引导学生认识到中国的发展离不开中国共产党的领导,认识到中国特色社会主义制度的优势;通过今昔对比,激发学生强烈的民族自豪感、历史使命感和奋发进取心,教育新时代的青年学生要勇担时代使命,学好专业知识,提升综合素养,努力成为德、智、体、美、劳全面发展的社会主义建设者和接班人。同时,新时代大学生除了要有家国情怀,还要有人文关怀精神,要能拓展国际视野,为推动共建"一带一路"、推动构建人类命运共同体而努力。

(三) 从物理思维训练中培养科学文化素养

为人师表,教师自身的物理文化素养决定了思政教学的质量和水平。为此,首先,教师需要通过各种渠道、方式和方法强化自身的物理学科知识,融合物理学中的科学知识和人文知识,充分挖掘隐含在物理知识中的文化教育因素。其次,教师可采用分析与综合、比较与分类、抽象与概括等多种科学研究方法进行思政教学。例如,在振动方程的基础之上,利用时间延迟法或相位落后法,推导出整个波动质点的方程,由此可训练学生的物理逻辑思维。最后,对于课程中难懂的概念、公式和定理,教师可通过多媒体演示、现场实验或软件模拟等方式,展示出物理学形象、生动的一面,带领学生欣赏"简单、对称和统一"的物理学之美。

二、学生在"大学物理 B(二)"思政教学中的主体作用

学生是课堂教学的主体,高校思政教学的最终目标是培养出具有正确的世界观、人生观和价值观,具有爱国主义精神和为人民服务信念的合格人才。学生在"大学物理 B(二)"这门课程的学习过程中,教师必须激发学生自身学习物理的兴趣和潜能,学生在掌握物理知识、方法和原理的同时,增强自身的社会责任感、创新精神和实践能力。①

(一) 建立以教材为主体的阅读体系

教材是学习的根本,是知识的源泉。本课程采用的教材是马文蔚编著的《物理学教程》,教材的正文知识体系完整,还配有大量的图画和视频资料,对正文内容加以补充和说明,非常形象、生动和直观。教师在引导学生认真阅读教材之余,还可以介绍物理专业网站和物理科普网站,引导学生从图书馆借阅期刊或书籍,让学生弄清楚所学知识的研究背景,了解物理知识的历史性变革,激发自身学习物理的潜力和兴趣。

(二) 明确学习目标,完善和超越自我

学生在学习"大学物理 B(二)"课程中,教师可以通过让学生写小论文、画思维导图等方式,引导学生注重知识积累、总结和升华,使学生逐步具备自主学习、知识迁移、培养分析和解决问题的能力,拓宽思路,通过自己的实践生活,主动去获取物理知识,从而训练技能,形成科学的价值观,强化

---

① 李爱华.《大学物理》课程思政教学的思考 [J]. 青年时代,2020 (7):151 – 152.

自身的思想道德追求、科学精神和爱国情怀，增强对未来职业发展的信心和决心。

（三）创新实践，学以致用

"大学物理 B(二)"和"大学物理实验"并行开课，两门课程教师联动，引导学生利用物理实验室，亲自动手去感悟教材中已有的物理知识，完善物理知识结构，从学会转变成学活。学生还可以利用所学的物理知识参与大学生创新实验项目、大学生创业项目和社会实践活动等，活学活用，培养自己独立思考的能力和解决问题的能力。①②

三、结语

立德树人是高校育人之本，高校所有专业、所有课程都具有育人的功能。"大学物理 B(二)"课程中蕴含的钻研精神、爱国精神、责任担当、技术操守、理想情怀等思政元素，对于学生成长成才具有十分重要的意义。为此，教师要通过自己的言行为学生树立榜样，潜移默化地影响学生的人生观；要挖掘并运用专业历史和人物的教育作用，让科学家、学者和大师的科学人生引领大学生展现青春风采。

---

① 刘宝平．"课程思政"理念下大学物理教学改革的实践与思考［J］．江苏建筑职业技术学院学报，2019，19（2）：63－69．
② 刘丹丹，刘向远，马云．化工专业大学物理课程教学改革探究［J］．山东化工，2020（49）：189－190．

今日物理课程与思政元素有机结合的策略研究

吴淑毅①

进入 21 世纪以来,在党中央的领导下,我国高等教育焕发出新的生机和活力,进入蓬勃发展的新时期。当下,综合国力的竞争更加倚重于科技进步和人才开发,对高校的人才培养任务提出了更高要求,要求培养德、智、体、美、劳全面发展的社会主义建设者和接班人,以及担当民族复兴大任的时代新人。党中央向来高度重视大学生的思想政治教育工作。习近平总书记在 2016 年 12 月召开的全国高校思想政治工作会议上强调:"要坚持把立德树人作为中心环节,把思想政治工作贯穿教育教学的全过程,实现全程育人、全方位育人;要用好课堂教学这个主渠道,思想政治理论课要坚持在改进中加强,提升思想政治教育亲和力和针对性,满足学生成长发展需求和期待,其他各门课都要守好一段渠、种好责任田,使各类课程与思想政治理论课同向同行,形成协同效应。"为进一步贯彻落实该会议精神,教育部在 2017 年 12 月发布了《高校思想政治工作质量提升工程实施纲要》,该纲要对课程思政这个概念进行了专业化的描述,即梳理各门专业课程所蕴含的思想政治教育元素和所承载的思想政治教育功能,将其融入课堂教学各环节,实现思想政治教育与知识体系教育的有机统一。之后,习近平总书记在 2019 年 3 月召开的学校思想政治理论课教师座谈会上再次指出:"挖掘其他课程和教学方式中蕴含的思想政治教育资源,实现全员全程全方位育人。"因此,教师的育人和课程的育人不再是零散的,而是系统的;不再是无意识的,而是自觉的;不再是自发的,而是有组织的。专业课程教师既要传授知识,又要教导做人,将正确的价值追求、理想信念和家国情怀以润物细无声的方式有效地传递给学生,将思想政治之"盐"巧妙地融入课程教育之"汤"。

---

① 吴淑毅(1990—),女,河南洛阳人,博士,苏州科技大学物理科学与技术学院讲师,主要从事纳米材料磁电特性研究。

一、今日物理课程中融入课程思政的必要性

物理学既是科学，也是一种高层次、高品位的文化。物理学的基本观点是人类世界观的重要组成部分，物理学的发展推动了人类文明的进程，物理学家不畏艰险追求真理的过程彰显了人类美好的品格。因此，物理学本身就蕴含着丰富的文化和精神。[①] 正如施大宁老师在《文化物理》中所言："物理学是最基础的关于自然的学问，因此是最具有诗意的。看看你自己，几万亿个原子以一种特有的方式，聚集到一起创造了你。它们几十亿次的密切合作，赋予你生命的意义。""当自己生命结束的时候，原子们悄然离去，但物理学又告诉你，宇宙间总的能量是守恒的，那曾是你的组成部分的原子，一定还存在于宇宙中。'我'和'你'，还有'他'和'她'都是永垂不朽的。"[②]

今日物理课程主要介绍物理学的发展脉络和前沿进展，蕴含丰富的思政元素，若能将这些元素有机地融入课程教学，达到润物细无声的育人效果，则可有效引导学生树立正确的世界观、人生观、价值观，培养学生的家国情怀，增强民族自信心。此外，今日物理课程不是一门孤立的课，与其类似的有"物理学史""物理学进展""物理学前沿和科学技术讲座""近代物理概论""文化物理"等诸多课程。这些课程不仅对理工科专业的学生开设，甚至也对一些经管、文史、艺术类学生开设，具有覆盖面大、科学性强、包容性广等特点，是开展课程思政的良好载体。在该课程中，有从 1 026 m 的类星体到 10～15 m 的微观粒子，有从寿命 1 018 s 的宇宙到 10～25 s 的基本粒子，有从经典物理到相对论和量子力学，蕴含着丰富的思政元素和案例。这些课程的内容源自对自然的探索，其中包含的前沿进展与社会的进步息息相关。因此，在授课过程中将思政元素和这些物理原理、进展等有机结合，赋予课程新的灵魂，提升课程的思想境界，可以达到春风化雨、润物细无声的育人效果。

二、今日物理课程思政教学面临的困难

将思政之"盐"有机地融入今日物理课程大餐，让教师有感觉、有责任，让学生有感悟、有收获，是今日物理课程思政教学需要实现的目标。就今日

[①] 韩佳佳，陶宗明，马书炳，等. 军队院校大学物理"课程思政"的实施策略研究[J]. 创新教育研究，2020，8（2）：164-169.
[②] 施大宁. 文化物理[M]. 北京：高等教育出版社，2011：111.

物理思政课程而言，大部分授课教师对理论不熟悉、对方法不知道、对融入没经验，对课程的思想认识、选择内容和呈现形式方面还有很多困惑，例如，"今日物理课程为什么要讲思政？""我们不是很懂，讲起来不准确怎么办？""会不会让学生听起来觉得枯燥影响学习效果？"，等等。很多教师存在"不会讲""不善讲""不愿讲"等问题，课程思政教学意识不强，思政水平有待提高，教学内容抽象乏味，课程思政元素挖掘不够，为了引入而引入，牵强附会，专业教育和思政内容的选择和呈现形式单一，缺少吸引力，育人效果不明显。如何将今日物理课程与思政元素有机结合和如何巧妙实现二者的同频共振、同向同行是该课程思政教学中面临的主要困难。

三、今日物理专业教学与思政元素有机结合的策略和建议

（一）不断提升教师思政教育的意识

课程思政对教师的思想水平、业务知识和业务能力都提出了新的要求，其顺利有效实施的重点和难点均在于教师。思想政治教育的元素本身就是专业课程的有机组成部分，教师要提高对专业课程所蕴含的思政教育元素和所承载的思政教育功能的认识，拓展自身的能力和水平，把思政元素挖掘出来，再有机融入教学过程中，而不是简单粗暴地生搬硬套和强拉硬拽。

习近平总书记在全国高校思想政治工作会议和北京大学师生座谈会上反复讲到"教育者先受教育"。教师只有自己先被该课程中的思政元素感染和打动，才有可能把这些元素有机融入课堂，拓展课程的广度、深度、温度，变"冷冰冰的说教"为"热腾腾的教学"，使学生在学习科学知识的同时，增强民族自信，升华精神境界。因此，教师要不断加强自身的思政建设，把教书育人和自我修养提升结合起来，做到以德立身、以德立学、以德施教，成为有理想信念、有道德情操、有扎实知识、有仁爱之心的"四有"好老师，促使学生能够真正"亲其师，信其道"，实现教书和育人的统一。

（二）重构教学内容和提炼思政元素

今日物理所包含的内容很丰富，从课程名字来看，不少学生会觉得课程主要介绍一些物理学的前沿，不接地气，用到的也都是一些晦涩难懂的理论，从而缺少对课程的学习兴趣。因此，在教学内容的选择上，教师要介绍相关理论的建立过程，注重从实际出发，使学生切身体会到物理原理和技术给人们衣食住行带来的巨大便利，以及对人类文明进程的推动作用，从而激发学生对物理学的热爱。同时，将科学家捍卫真理、不畏艰险、勇攀科学高峰的

光辉事例融入其中,锤炼学生的品格。此外,找准社会热点,将身边鲜活事例与教学内容有机结合。

今日物理课程中蕴含着丰富的思政元素。例如,在介绍从自然哲学到物理学的发展历程时,可以介绍中国古代四大发明及在天文、航海领域的成就,激发学生的民族自豪感和爱国主义情怀。在介绍经典物理学的发展和科学大厦的建立过程时,可以介绍科学家面对困难百折不挠的精神,如法拉第历经十年的努力才发现电磁感应现象,面对他人的诽谤,依然保持真诚和善良,勤奋好学,风雨无阻到实验室做实验,淡泊名利,对科学始终全心投入,以此来培养学生热爱科学的赤诚之心,升华学生的精神境界。在介绍20世纪初物理学的革命时,让学生认识科学发展的历程,启发学生不畏惧权威,敢于打破常规,提出新观点,从而培养学生的创造性思维和勇于探索的科学精神。在介绍光的波粒二象性时,教师通过向学生展示光电效应实验和光的衍射实验,说明光既是粒子也是波,从而培养学生的辩证唯物主义世界观。在讲解原子核、核能与核技术时,介绍我国老一辈科学家在技术封锁的情况下,独立研制成功原子弹、氢弹和人造地球卫星的壮举,激励学生践行热爱祖国、无私奉献,自力更生、艰苦奋斗,大力协同、勇于攀登的"两弹一星"精神等。

(三) 丰富教学手段和创新教学方法

随着科技的发展,现代化信息技术为教育教学注入了新的生机活力。今日物理课程的教学应该充分利用这些技术和手段,实现课程思政和专业教育的全方位、多角度、深层次融合。例如,可以结合慕课实现线上、线下混合式教学,可以让学生通过B站、蔻享学术等观看物理学前沿讲座、物理原理讲解及物理大师风采等,激发学生的学习兴趣,训练学生的思维方式,培养学生的学习能力,塑造学生的健全人格,保持学生的身心健康。①

此外,通过创新教学方法进一步提高课程的趣味性,寓教于乐,吸引学生注意力。借助视频、动画、图片、实验演示等创设情境,让学生身临其境般体验物理的魅力及蕴含的文化和精神。例如,通过《星际穿越》中父亲从太空回来比女儿还年轻,以及其中的人文关怀,来引入狭义相对论的时间相对性,并培养学生的辩证唯物主义思想和责任感;通过第一张黑洞照片引入

---

① 王珩,徐世锋,杨迪."四位一体"的大学物理课程思政教学研究[J]. 教育进展,2020,10(5):779-783.

广义相对论，并介绍我国在获取第一张黑洞照片中所做的贡献，培养学生的爱国主义情怀；等等。

另外，通过翻转课堂，让学生观看相关视频并做好笔记，大家分组讨论视频中体现的物理原理和人文精神，各小组派代表分享彼此的理解和看法，教师对其进行点评和梳理，并提出一些更深层次的问题，让大家探讨解决，提高学生思维的深度，充分发挥学生的主观能动性，让学生通过实践获得更真实的学习成效，也进一步提升将思政与专业学习相融合的效果，等等。

立德树人是高校的核心任务，今日物理课程中蕴含着丰富的思政元素，要深入挖掘该课程和教学方式中的思政教育资源，着力构建全员全程全方位的一体化"三全育人"格局。将思政课程和今日物理有机融合，在更大范围、更广领域为学生提供多层次、全方位的思政滋养，提升学生的家国情怀和人文素养，将"三全育人"理念落到人才培养实处。

实践类课程思政教育探索与实践
——以"普通物理实验"课程为例①

樊丽娜②　王　军　朱爱敏　王　帆　沙金巧　范君柳

教育部印发的《高等学校课程思政建设指导纲要》中强调,"落实立德树人根本任务,必须将价值塑造、知识传授和能力培养三者融为一体、不可割裂。全面推进课程思政建设,就是要寓价值观引导于知识传授和能力培养之中,帮助学生塑造正确的世界观、人生观、价值观"。可见,课程思政的开展需要将价值引领、知识与能力培养有机结合、融为一体。意味着,开展课程思政的关键在于找准切入点——课程中的思政元素,难点在于如何将思政元素有机融入课程教学过程中。

课程思政的实质不是增开一门课,也不是增设一项活动,而是将高校思想政治教育融入课程教学和改革的各环节、各方面,实现立德树人润物无声。③相较于理论课程而言,实践类课程中学生呈现出更强的参与性和互动性,为课程思政的开展提供了更为广阔的平台。如何利用好这一平台,发挥其在学生德育中的作用?这对教师提出了更高层次的要求。作为教育践行者的教师应树立"教育者先受教育"的理念,提升自身开展课程思政教育的能力和水平,通过言传身教引领学生树立正确的世界观、人生观、价值观,努力实现立德树人的教育目标。

一、结合课程特点,深入挖掘课程思政元素

"普通物理实验"是面向物理学、应用物理学专业开设的一门必修的专业

---

①　基金项目:本文为2020年苏州科技大学课程思政示范课程建设项目"普通物理实验"(2020SZKC-35)。
②　樊丽娜(1980—),女,山西榆次人,博士,苏州科技大学物理科学与技术学院实验师,主要从事实验物理教学研究和微纳光学器件研究。
③　高德毅,宗爱东. 从思政课程到课程思政:从战略高度构建高校思想政治教育课程体系[J]. 中国高等教育,2017(1):43-46.

基础课程,是学生进入大学后接受系统实验方法和实验技能训练的开端,与相关理论课程是紧密联系、相辅相成的。本课程通过基础性、综合性和设计性实验的训练,加深学生对物理概念和规律的理解,培养学生理论联系实际的思维方式,以及实验过程中分析问题、解决问题的能力。同时,也肩负着培养学生创新能力的重任。在教学过程中,尤其是在物理实验具体操作中,可以很自然地渗透入马克思主义哲学思想,进而加强学生哲学思维的培养,尤其是对树立科学的世界观和方法论具有重要意义。①

物理学是对物理现象、物理规律定量的认识,离不开测量。可见,实验在物理学发展过程中发挥着十分重要的作用。"重力加速的测定"实验中介绍物理学家伽利略通过简单的"比萨斜塔"实验推翻了当时人们奉为真理的论断——"重的物体比轻的物体下落得快",通过实例使学生能够深入体会"实践是检验真理的唯一标准",并使学生深刻认识到科学实验的重要性,进而激发学生学习本课程的兴趣并使其积极主动地参与其中,从而实现"教书"与"育人"的相互促进、协调发展。实验项目的授课过程一般包括实验背景知识介绍、实验原理介绍、操作演示、学生实验等环节,这些环节中蕴含着丰富的思政元素,深入挖掘各环节中的思政元素是顺利开展课程思政的前提条件。

(一) 勇于探索的科学精神

实验相关背景知识中往往体现了丰富的人文精神,在授课过程中可适当引入实验相关物理学史的介绍。例如,物理学家密立根精心设计"油滴实验",测量了大量油滴的带电量,发现所有油滴的带电量均是某一电荷量(电子电荷量)的整数倍,从而证实了电荷是不连续分布的。这一实验背景知识的介绍,可以使学生体会到科学家敏锐的观察力、一丝不苟的科学态度、严谨认真的思维方式和勇于探索的科学精神。又如,在"以太假说"的基础上介绍迈克尔逊干涉仪的设计思想、实验原理、实验结果及其逻辑关系,将科学家实事求是、怀疑与批判的科学精神传递给学生。这些实验背景知识的熏陶,可以潜移默化地培养学生的科学素养。

(二) 理论联系实际的思维方式

对于理工科学生而言,科学思维方式的培养是十分重要的。作为一门实践类课程,本课程着重培养学生理论联系实际的思维方式,引导学生在实验

---

① 李丛,宋戈,常英立,等. "大学物理实验"课程思政教学改革探索[J]. 教育教学论坛,2020(23):196-197.

过程中利用相关理论知识指导实验，并分析实验过程中遇到的问题。如"霍尔效应法测量磁场"实验中存在多种副效应，这些副效应会给实验带来很大的系统误差，根据这些副效应产生的电压正负与磁场和霍尔元件工作电流方向之间的关系，实验中我们采用磁场和工作电流换向的方法消除了大部分的系统误差。此外，在本实验原理的讲授过程中，计算公式里有难以测量的微观量"电子的运动速度"，通过理论推导可将其转化为易于测量的宏观量"霍尔元件的工作电流"。

（三）实事求是的科学态度

本课程中大部分的实验项目要求学生独立完成，教师在此过程中对学生提出一个重要要求——实事求是，这就需要学生能够按照实验要求规范操作实验仪器，一丝不苟、严谨认真地完成实验，重点培养学生实事求是、诚实守信的科学态度。此外，实验过程中能够正视错误、认真分析，是科学研究乃至做人、做事所必需的基本素养。①

（四）互助意识和协作精神

本课程中也有部分实验项目需要学生之间互相协作才能完成，如"固体线膨胀系数的测定"实验中需两位学生互相配合来完成尺度望远镜和光杠杆的调节工作，在此类实验过程中可以培养学生的互助意识和协作精神。

（五）创新意识与创新能力

培养大学生的创新意识是高等教育发展的需要，也是国家经济发展、科技进步的必然要求。将近年来我国科学家的最新研究成果引入课程教学中，如薛其坤院士领衔的研究团队在实验中首次观测到量子反常霍尔效应，这一发现被称作诞生在中国本土实验室的诺奖级重大成果。这个案例在增强学生民族自信的同时也可以激发学生的创新意识，教师以此来鼓励学生基于已有的知识进行发明创造，为我国科学技术进步做出贡献。

此外，实践类课程在学生创新能力的培养方面发挥着不可或缺的作用。本课程中包含多个设计性实验项目，学生可以按照设计要求灵活运用所学知识和技能设计实验方案，选取合适的实验仪器，合理分析实验结果，教师通过此逐步培养学生的创新能力。同时，也可以培养学生不畏困难、勇于探索的科学精神。

---

① 陈斯细，李德安. 物理学家犯错的典例对物理教学的启示 [J]. 物理通报，2018（10）：125.

综上所述，不同的实验项目及实验操作过程中蕴涵着丰富、多样的思政元素，将思政育人贯穿课程始终才能实现"全方位育人"。这就要求教师在教学过程中不断深入挖掘，并付诸实践。

二、将思政元素有机融入课程教学过程

开展课程思政的难点在于将课程中的思政元素有机地融入实验教学过程中，潜移默化地实现育人功能。在教学实践中，教师应发挥示范作用，并针对每个实验项目的特点，进一步凝练其中的思政元素，探索适用的教学方法、教学途径，从而有效地实施课程思政教育。

（一）发挥教师的示范作用

正所谓"学高为师，身正为范""身教胜于言教"。教师自身的人格魅力对于学生的影响是直接的、巨大的。教师的言行举止，教学风范都会潜移默化地影响学生。[①] 这就要求教师树立"终身学习"的理念，在不断增进专业素养的同时提高自身的道德修养，做有理想信念、有道德情操、有扎实学识、有仁爱之心的"四有"好老师，切实做到以身作则、为人师表。

（二）引导学生主动思考

学生是学习的主体，教师在授课中应设法引导学生主动思考、积极参与到实验教学过程中。例如，在讲授"碰撞和动量守恒定律的研究"实验时，可以先向学生提出以下问题：动量守恒定律成立的条件是什么？实验过程中如何操作才能近似满足此条件？引导学生思考实验前应对仪器做哪些调节，实验过程中有哪些注意事项，什么原因造成实验误差较大，如何改进等。通过此种授课方式可逐步培养学生分析问题、解决问题的能力，以及不畏困难的科学精神和勤于思考的思维品质。

（三）拓宽学生学习途径

对学生而言，课堂教学只是一种学习途径，会受到时间、地点的限制。如果能够将学生的学习延伸、拓展到课堂之外将会大大增进教学效果。这就要求教师在教学实践中积极探索与课程相适应的多样化教学途径。

1. 学生自主查阅资料

课堂授课时长有限，不能面面俱到地介绍实验相关知识，对于体现思政

---

① 马玉婷，燕振刚，马小军，等. 思政教学在物理实验课程中的应用研究［J］. 甘肃教育，2019（9）：88-92.

元素的相关内容，教师可以用课前预习或课后思考题的形式布置阅读任务。由于本课程所涉及的实验往往是科学史上经典的学科标志性进步的实验，学生们容易对其感兴趣。例如，学生通过自主查阅资料可了解物理实验中的名人轶事、难点突破过程和相关技术在现代科学中的应用，从而拓宽知识面，并提升其对自身价值的认识与肯定。

2. 线上、线下相结合

与线下教育相比，线上教育具有空间优势和时间优势。依托各类线上教学平台，充分利用线上资源与技术可进一步拓展课程思政育人的途径。对于实践类课程而言，线下教学中学生可以亲自操作实验仪器、观察实验现象、记录实验数据并对实验结果进行分析，在此过程中学生可观察到更为直观、生动的实验现象，对实验仪器的结构、操作要求和实验步骤有更为清晰的认识与理解。而利用线上虚拟仿真实验教学平台开展实验的过程中，不受时间和空间的限制，学生能够进行更多的尝试与摸索。在开展课程思政教育的过程中可将线上、线下教育相结合，充分发挥各自的优势，实现既教书又育人的教育目标。

培养能够担当民族复兴大任的时代新人是高等教育所肩负的时代责任和历史使命。本文以"普通物理实验"课程为例，探讨了实践类课程开展课程思政教育的方法。作为教育的践行者，教师应充分认识到课程思政的意义与内涵，增强开展课程思政的意识，锻炼开展课程思政的能力。基于实践类课程的特点，在实验相关背景知识的介绍与预习、实验原理的讲授、学生操作及设计等环节深入挖掘课程中的思政元素，并将这些思政元素有机融入课程教学过程中。在教学过程中，教师应不断探索与实践，抓好实践育人这个重要环节，培养德才兼备的时代新人。

课程思政"聚合"与"化合"的思考实践
——以视觉传达专业广告设计为例

钱 江①

广告设计是一种多边交叉课程，广告离不开广告文化，离不开媒介传播，广告从属于广泛意义上的大众文化。广告作为一种大众消费文化在推动社会发展方面起到了重要的作用，不同民族的价值观接受不同的广告创意，不同的广告创意则孕育出各具特色的广告文化。

认识和把握文化的共通性和差异性，在世界范围的竞争中创建中国特色的广告文化是我们时代的要求。教育部《高等学校课程思政建设指导纲要》指出：专业课程是课程思政建设的基本载体。深入挖掘课程思政元素，有机融入课程教学，达到润物无声的育人效果。艺术学类专业要在课程教学中教育引导学生立足时代、扎根人民、深入生活，树立正确的艺术观和创作观。要坚持以美育人、以美化人，积极弘扬中华美育精神，引导学生自觉传承和弘扬中华优秀传统文化，全面提高学生的审美和人文素养，增强文化自信。文学、历史学、哲学类专业要在课程教学中帮助学生掌握马克思主义世界观和方法论，从历史与现实、理论与实践等维度深刻理解习近平新时代中国特色社会主义思想。广告设计课程中蕴含丰富的课程思政元素，以广告设计课程教学内容和跨学科的边际教学应用为出发点，通过广告策划、案例讲解、设计实训、媒介传播等形式，对课程思政实践方法进行探索和思考。

视觉传达专业广告设计是视觉传达设计专业平面设计方向的专业限选课程，将理论教学和设计实践相结合，培养学生掌握设计流程及设计表现方法。课程涉及的应用领域非常广泛，关联学科众多，如教育、科技、工程、产品等全行业覆盖。学生通过该课程的学习，为日后从事广告、文化创意、传媒互联等相关设计工作打下坚实的基础。教师结合专业知识教育引导学生深刻

---

① 钱江（1969—），男，江苏苏州人，硕士，艺术学院副教授、硕导，主要研究方向为视觉传达、平面设计、广告策划、包装设计等。

理解社会主义核心价值观，自觉弘扬中华优秀传统文化、社会主义先进文化。

一、课程思政在广告设计课程中的教学目标

（一）树立正确的世界观、人生观、价值观

在社会快速发展的今天，从立德树人的角度上，建设课程思政体系，高校正在加紧转变教学观念和教学方法。一方面，促进学生更加深入地学习专业知识，有利于保证广告设计课程教学的实用性，推动学生专业能力的发展；另一方面，依托完善的思政教育体系，充分发挥思想政治的导向性，加强对学生的思想引导，使学生养成良好的学习意识。培养学生崇高的理想，使其践行社会主义核心价值观，激励学生在学习中成长，在成长中学习。

（二）增强学生使命感和社会责任感

将思政教育与视觉传达专业教育课程相融合，能够增强学生的专业素养和使命感。在传统教学理念下，重理论轻实践，学以致用较长时间内没有落实到位，更由于思政引导不足等问题，学生对专业学习缺乏信心，学习动力流失，这已严重威胁学生个人发展和素质培养。在课程教学中融入思政元素，不仅提升了教师的形象，也增强了学生的学习意识。通过接受更加广泛的思想政治教育，学生的主观能动性得到了提升，并能从未来发展的角度，规划自身的学习，制定成长目标。尤其是在教学观、学习观转变的当下，学生有了更多的理论和实践相结合的机会，大大提升了专业综合能力，增强使命感和社会责任感。

（三）强化学生传统文化情感和爱国情怀

21世纪是人才竞争的年代。人才之间的能力较量，不仅体现在专业技能上，也体现在思想品质上。为使学生掌握过硬的专业技能，更好地适应社会发展趋势，需要加强对其专业技能和思想品质的双重教育。不断要求学生在理论中实践，促进学生提高广告创意设计水平。通过对学生的政治方向和社会价值加以指引，帮助学生处理好人、社会、广告之间的关系，推动专业教育向智慧教育模式的变革，促进视觉传达专业广告设计的发展，从而使学生提升思想品质，升华传统文化情感，增强爱国主义情怀。

二、课程思政在广告设计课程中的实践

（一）选择文化广告类型与思政元素的融合

国家把文化、体育、教育等领域划到服务业范畴，我们把这类文化广告单独进行梳理，重点研究其文化属性，有助于拓宽广告设计的思维空间，也有助于打开设计师的创意引擎。文化海报是文化类广告的主要形式，广告信息载体就是其服务领域本身。为一本文学作品、一个艺术活动、一项体育赛事、一场教育讲演等内容所做的广告，这是以文化为载体的广告形式，目的是让受众乐于接受或主动接受。

文化类广告具有非商业属性，基本是以文化建设或文化生活为广告内容，丰富大众的业余生活，提高大众的文化修养。随着社会物质财富的不断积累，大众消费从物质消费向精神消费转移。

在传统教育模式下，视觉传达专业广告设计教学是相对独立的。在思政教育大背景下我们及时转变课程观，走出单一知识体系的限制，不断加强专业教学与思政教学的融合，突出文化类广告的创意特征：以独特的差别利益——社会主义核心价值观为诉求点；追求卓越的文化自信与特有的文化内涵；对受众形成优质三观的文化冲击。

引导学生加强对作品赏析、案例分析、创作方法等方面的学习，传播更多的正能量，使学生掌握优秀的思想方法，不断发展成为社会主义文明建设的开拓者。

（二）营造思政氛围实现校内外教学机制的构建

公益广告一般是针对社会问题和环境问题所做的广告，呼吁社会各界关注公众切身利益，提倡社会新风尚，不以营利为目的。公益广告内容主要有环保、禁烟、义务献血、保护文化遗产、保护动物、禁毒、反战、文明城市、节约用水等；企业借助公益广告可以提高自身形象，宣传企业的价值观，有利于与社会公众更好地沟通。公益广告的内容丰富多样，为广告创意提供了广阔的空间。在课程思政体系建设要求下，利用校园内外，结合社会服务，驱动课程和教学改革，推动师生共同进步，从而使高校实现教育教学目标。首先，高校应当注重营造良好的思政氛围。加强对政治主题的研究，并开展与之相对应的专业技能竞赛，促进学生在竞赛中得到更加全面的教育。其次，在课程教学中，采用双导师制加强"产学研用"的结合，用实践活动训练学生的创造性思维，促进学生在学习中挖掘自身的潜能，提升自身的综合能力。

加强对课上教学与课下学习的管理,提升教师育人能力,确保课程思政建设落地落实,并搭建课程思政建设校外交流平台,组织现场教学观摩、教师教学培训等活动,充分发挥教研室、教学团队、课程组等基层教学组织的作用,建立课程思政集体教研制度。组织思政课教师与专业课教师合作教学教研,并邀请省级教学名师开展课程思政建设。

(三) 思政教育与广告设计课程的时效建设

一个高校教育能力的发展,离不开教师的专业技能和职业精神。为推动视觉传达专业建设,高校需要加大资金投入力度,不断加强教师队伍建设,促进教师发挥效用,将学生快速培养成复合型人才。广告设计与思政的关系也是如此,结合当下,因全球新冠疫情的暴发,各国公益广告活动频繁,作为疫情控制最好的国家,中国理应对"大国担当"进行有效宣传。媒介设计服务者理应在第一时间发出自己的声音、有自己的态度、有社会责任感和使命感,使广告设计有效地和课程思政元素融合,让设计拥抱生活、适应社会,激发学生努力学习、关注国家时事、报效祖国的激情。

三、课程思政在广告设计课程中的方法思考

(一) 发掘课程育人元素形成"聚合"

广告设计是一门多边际、跨学科融合的课程,富有多个思政育人元素,是课程思政的优质切入点。思政不是简单、直接地把部分内容搬到专业课教学中,而是"因势利导、顺势而为"地自然融入。课程里有"思政内容""思政味",无"说教感",学生也不会感到唐突,因情感共鸣自然地接受,起到润物无声、潜移默化的效果。课程思政需要从国际国内形势、社会热点、现实问题、学生所想、专业瓶颈等方面导入思政内容,精雕细琢,做细做实,使趣味性与时效性并重,通过这种方式"渗透"教学,使课程与思政无缝衔接、巧妙融合,做到思政的多元素"聚合"效应。

(二) 促进思想认识深化形成"化合"

广告设计课程是一门综合性强的学科。帮助学生提升创新能力,提高思政素质,是教师在教学中需要掌控的基本点。教师需要在教学中思索二者的结合点。专业课教师只有加强教学内容变革,与思政教师进行多层面的交流,才能使学科交叉、知识迁移更加到位。一方面,视觉传达专业教学内容改革,需要从培养学生的思想素质,提升学生的创新能力入手,通过加强与工作岗

位的联动性,打破传统理论教学的局限性,促进学生在新课程体系中,改善思维方式和提高学习动力,从根本上实现学生的自我提升;另一方面,教师应适当调整专业教学结构,加强对学生进行超前性、前瞻性等设计观念的渗透,不断开拓学生的思维,促进学生在基础课中强化基础,在能力课中提升能力,使学生在学习过程中受到更多的引导和启发,在对学生的教育教学中实现思想、价值引领,促进学生的思想认识不断深化、价值观念逐步提升,形成"化合"。

(三)完善立德树人根本任务

在当今社会的发展形势下,课程思政是立德树人和教师职责的必然要求。古人云"师者,传道授业解惑也"。传道是第一位的,立德树人是教育的根本任务。在专业课教学中不能没有"德"育,即不能没有思想政治的内容。在课程中融入思政,也是高校专业课教师的天职。讲授课程是教书,思想政治教育才体现育人;课程是教人求"真"、求"美",那么思政就是教人求"善";课程中无思政,只教书不育人,就不是一个合格的教师。广大高校专业课教师要提高课程思政意识,积极主动地投入课程思政教育教学改革之中。同样在视觉传达专业教学中,做好文化传承工作至关重要。一方面,弘扬中国文化博大精深、绚丽多彩的一面,帮助学生了解中国的美,加强中华优秀传统文化教育;另一方面,培育学生对社会主义道路的认同,加强学生的文化自信。逐步提升教学的维度性、探究性、实践性,用发展的眼光看问题,注重对学生能力和素质的培养。同时以传承文化为出发点,创新多元化的课程教学体系,不断推进学生深度学习,使学生在课本中理解知识,在实际中应用技能,从根本上塑造学生的个人品格,锤炼学生的综合能力。

总之,高校要想提升视觉传达专业学生的广告设计能力,需要以课程思政为载体,加强对专业课程的建设力度。完善立德树人根本任务,在培养学生专业能力的同时,不忘提升学生的思想政治素养和道德水平,引导学生树立新时代正确的世界观、人生观和价值观,加强培养学生爱党、爱国、爱家的情怀。

参考文献

[1] 张烁. 习近平在全国高校思想政治工作会议上强调:把思想政治工作贯穿教育教

学全过程　开创我国高等教育事业发展新局面［N］．人民日报，2016－12－09（1）．

　　［2］教育部．教育部关于印发《高等学校课程思政建设指导纲要》的通知［EB/OL］．（2020－05－28）［2020－05－28］．http：//www．moe．gov．cn/srcsite/A08/s7056/202006/t20200603_462437．html．

　　［3］刘晓静．"课程思政"在视觉传达设计专业教育教学中的体现［J］．新闻传播，2020（6）：61－62．

课程思政元素融入"信息可视化设计"教学的探索与研究

谢丹丹[①]

当代大学生思想尚未成熟，在快速获取信息的时代极易受到不良影响。高校作为培养国家未来社会主义建设主力军的重要场所，一方面要肩负起培养大学生专业技能的责任，另一方面也要加强对大学生的思想政治教育。因此，在大学课堂进行思政教育具有重要的现实意义。习近平总书记在2016年12月的全国高校思想政治工作会议上强调，要"坚持把立德树人作为中心环节，把思想政治工作贯穿教育教学全过程，实现全程育人、全方位育人"[②]。2020年5月，《高等学校课程思政建设指导纲要》中指出"艺术学类专业课程，要在课程教学中教育引导学生立足时代、扎根人民、深入生活，树立正确的艺术观和创作观。要坚持以美育人、以美化人，积极弘扬中华美育精神，引导学生自觉传承和弘扬中华优秀传统文化，全面提高学生的审美和人文素养，增强文化自信"。这正是对高校艺术类专业的课程思政建设提出的客观具体要求。本文积极挖掘"信息可视化设计"课程中蕴含的课程思政元素，以"信息可视化设计"课程教学内容和教学方法为出发点，通过实地调研、案例讲解、设计实训等形式，对课程思政教学改革进行探索。

"信息可视化设计"是视觉传达设计专业媒体传播方向的专业教育限选课程，以设计实践为主，通过数据调研及案例解析，培养学生掌握信息视觉化的设计流程及设计表现方法。进入21世纪，计算机及网络迅速地普及，大众处于信息爆炸的时代。为了使信息快速准确地传达给受众，信息设计越来越被重视，其涉及的领域也非常广泛，如科技、教育、旅游、工程、医学、软

[①] 谢丹丹（1986— ），女，陕西铜川人，博士，艺术学院讲师，主要研究方向为品牌形象、苏州工艺美术。

[②] 张烁. 习近平在全国高校思想政治工作会议上强调：把思想政治工作贯穿教育教学全过程 开创我国高等教育事业发展新局面 [N]. 人民日报，2016 - 12 - 09：(1)

件、产品等。因此,信息可视化设计在视觉传播领域有着至关重要的作用。学生通过该课程的学习,将为日后从事广告、互联网、AI智能、文化创意等相关设计工作打下坚实的基础。

一、课程思政元素融入教学的思路

课程思政作为高校思想政治工作的新理念,对引领高校思想政治工作,落实高校教师教书育人的主体责任,构建高校思想政治教育立体化新格局有着重要的推动作用。为了高校思想政治工作的顺利展开,明确课程思政过程中应该遵循的原则与方法是必要条件。

首先,明确坚持"四个自信"原则,即道路自信、理论自信、制度自信和文化自信。课程思政的元素来源于"四个自信",而非其他价值观。换言之,就是在专业课教育教学过程中融入"四个自信"的内容,将正确的社会主义核心价值观潜移默化地融入专业教育课程之中。①

其次,以实现"三全育人"为目标,即实现全员育人、全程育人、全方位育人。高校作为意识形态教育的主要阵地,教师应该承担育人职责,通过课程思政在课堂教学中发挥作用,所有课程都应该融入立德树人、铸魂育人的精神思想,形成"教书"和"育人"结合的理念。②

最后,保持专业特性,注重隐性教育。课程思政的建设是以潜移默化的形式进行思想政治教育,注重各类课程与思想政治理论课同向同行,而不是把所有课程变成思想政治理论课,只是在一定范围内把思想政治素材融入教学内容和过程的各个环节当中。③

基于课程思政元素融入教学的思路,以及结合"信息可视化设计"课程的专业特性,教师在课程思政的指引下,以专业理论知识与设计实践为基础,保持专业课程特性的同时融入"四个自信"社会主义核心价值观内容。为了能够更好地实现"三全育人"的目标,需要探索课程思政在专业授课中具体的实施路径。

---

① 鄢显俊. 论高校"课程思政"的"思政元素"、实践误区及教育评估[J]. 思想教育研究, 2020(2):88-92.
② 毛静,李瑞琴. "三全育人"背景下课程思政教学理念与实践方式探索:以《国际贸易学》课程为例[J]. 国家教育行政学院学报, 2020(7):78-84.
③ 齐砚奎. 全课程育人背景下高校课程思政建设的理论思考[J]. 黑龙江高教研究, 2020, 38(1):124-127.

二、"信息可视化设计"课程思政实施路径

（一）优化课程目标，深挖课程思政元素

根据专业人才培养方案，结合课程思政这一根本任务，将"信息可视化设计"课程的教学目标调整为：其一，课程学习使学生掌握信息可视化设计的思路与方法，学生根据不同的信息属性，把复杂、抽象的信息，通过多样的符号表现形式及多元化的信息结构框架进行设计后，可以直观、有效地传达给受众。其二，教师在专业知识讲授和学生能力培养中，传播正能量，向学生灌输爱国情怀，弘扬社会主义核心价值观，使学生增强民族文化认同感，培养学生的设计思维、学习习惯、团队合作精神等，使学生成为又红又专的社会主义人才。基于以上教学目标，专业课程内容变得有广度、有深度，课堂气氛变得有温度，润物无声地让学生产生共情，潜移默化地让学生接受思政教育，从而更好地推进课程思政的建设。

结合上述教学目标，为了合理搭建课程思政教学内容体系，还需要积极探索课程中蕴含的思政元素，力求使专业课程内容与课程思政紧密联系起来。在课程思政元素挖掘中，根据课程四个不同的教学章节，我们总结归纳了相应的思政元素与实施路径。具体如表1所示：

表1　"信息可视化设计"课程思政元素与实施路径

序号	教学章节	课程思政元素	实施路径
1	信息可视化基础知识 ● 概念与功能 ● 历史与发展 ● 设计原则	● 培养学生中国传统优秀文化认同 ● 提高专业技能，深化职业理想 ● 增强学生的爱国情怀	知识讲授 案例分析 实地调研 汇报演讲
2	信息可视化设计步骤 ● 确定主题、搜集数据 ● 信息整合、建立框架 ● 形式探索与设计	● 培养社会主义核心价值观的认同感 ● 树立正确的职业道德观念、遵循职业规范 ● 提升学生的集体意识和团队精神	知识讲授 案例分析 课堂讨论 设计实践
3	信息可视化设计分类 ● 信息图形设计分类 ● 信息结构框架分类	● 强化职业责任感 ● 增强文化自信、道路自信 ● 树立正确的三观，传播正能量，弘扬民族文化精神	知识讲授 案例分析 观看视频 课堂讨论 设计实践

续表

序号	教学章节	课程思政元素	实施路径
4	信息可视化表现形式 ● 二维信息可视化 ● 交互界面信息可视化 ● 动态媒体信息可视化	● 树立正确的艺术创作观 ● 树立正确的职业道德，深化社会责任感 ● 培养学生的家国情怀与人文关怀	知识讲授 案例分析 实地调研 设计实践

在本课程的教授中，教师主要通过知识讲授、案例分析、视频观看、课堂讨论、设计实践等多途径相结合的形式将思政目标和课堂授课紧密联系起来，并根据不同的授课内容和思政目标选择适用的思政元素与授课方法与之匹配：选择象形文字、结绳记事、华表等体现中国传统历史文化的案例，选择《中华老字号》《了不起的匠人》《指尖上的传承》等纪录片作为思政案例，一方面弘扬中国文化的博大精深、绚丽多彩，帮助学生理解中国美，加强中华优秀传统文化教育，另一方面培育学生对社会主义道路的认同，加强学生的文化自信；分析信息可视化专业发展趋势、应用领域及国家政策支持，分享新冠病毒信息可视化优秀案例，宣传勇于担当、民族团结的精神，引导学生对社会主义核心价值观的认可，增强学生的道路自信和理论自信；分享和学习与人民生活息息相关的厕所文化、垃圾分类、小康社会等优秀设计案例的成功经验，分享华为、小米等优秀民族品牌产品信息可视化成功案例，弘扬中华民族品牌文化精神，宣扬社会主义精神文明建设，培养学生的爱国情怀；分享中国传统女子服饰发展演变的电子交互读物，引导学生了解行业动态，关注国家发展，鼓励学生加强专业技能训练，深化职业理想和职业道德教育。同时在案例教学之外，带领学生去红色文化博物馆实地调研，让学生亲身体验到中华传统文化的博大和精深，加强学生爱国主义教育；还可以通过布置相应作业，鼓励学生进行团队合作，提升学生的集体意识，弘扬团队精神。

（二）完善教学内容体系，全方位进行思政教育

1. 培养学生的爱国情怀与集体主义精神

在课堂上先让学生了解调研目标、内容及方法，然后了解信息再次梳理的原则，最终理解线框图设计的路径及方法。基于理论基础知识，在训练学生信息收集、归纳、整理和提取的能力过程中，引入红色教育基地实地调研的形式，将班级学生分组，以团队合作模式，对馆内陈列的历史照片、历史文件、历史人物、展示实物、艺术作品等进行大量素材搜集工作，如果想更深一步地进行资料搜集，可以先使用网络检索、文献调研等方式丰富调研结

果，然后通过实施头脑风暴让学生进行线框图设计，最终以课堂汇报形式，让学生探讨调研过程中的所得所想。实地考察能够更加直接地触动学生的内心，提升学生爱党、爱国情怀。

2. 增强文化自信与社会主义核心价值观的认同感

在图表综合设计训练中，教师向学生提供中国经济发展相关数据，如GDP、产业发展数据、CPI、失业率等训练学生用宏观整体视角分析数据，并深度挖掘数据背后的故事，通过有趣、美观、直观生动的设计表现形式对这些数据进行再创意。在指导学生的过程中，先针对柱状类图表、折线类图表、饼状类图表、散点类图表、雷达类图表等的概念、分类、图表特点、创意形式进行讲解，在此基础上，学生尝试根据不同的数据属性，灵活运用适合的图表表现形式。在实训中重点融入国富民强的思政元素，使学生在进行作业训练时，潜移默化地将中国特色社会主义发展道路内化为精神信仰。

在信息结构框架设计训练章节，主要让学生了解结构框架的类型，如关系流程类、叙事插图类、树状结构类、时间表述类、空间结构类，以及每种类型的特征及设计手法。以此为基础，在设计训练中引入中国非物质文化遗产（以下简称"非遗"）的案例，如传统艺术、传统技艺、节庆民俗等，让非遗项目通过信息可视化的设计得到全新的呈现，达到遗产保护、文化传播目的的同时，引导学生深刻了解非遗文化内涵与工匠精神，提高创新意识，增强文化自信。

3. 立德树人、深化理想与职业道德

教师结合当下时事，通过新冠肺炎疫情相关信息可视化设计案例的讲解，引出相关英雄事迹，通过课程案例的引导，增强了学生的社会责任感和使命感，又向学生传递了专业知识在各种平台与媒介中的应用，使信息可视化设计有效地和课程思政元素融合，激发学生努力学习、关注国家时事、报效祖国的情感。

结合上述内容，针对教学章节、教学目标、作业实训，全面系统地进行教学内容构建，具体如图1所示：

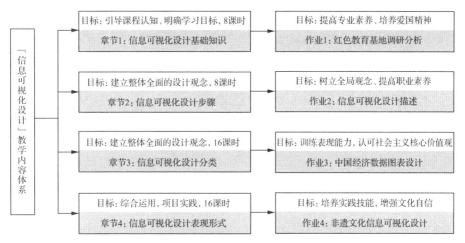

图1 "信息可视化设计"教学内容体系

（三）优化教学方式，将课程思政融入教学全过程

为了使思政元素在"信息可视化设计"课程中更好地呈现，用合理的教学方法有助于学生主动参与和体验，从而深化学生对社会主义核心价值观的认知。为了实现课程思政内容潜移默化地融入学生全方位教育中，教学方式也需要进行优化提升。

首先，专题片导入教学，将典型的具有启发性的专题片融入教学过程中，专题片不仅可以让学生很好地理解主题内容，还可以通过具体内容将课程思政元素渗透在教学过程中，让学生自然而然地接受。

其次，采用多元化教学平台，如学习通、慕课、微博、公众号等，建立线上、线下教学模式，引导学生利用碎片化时间进行课外拓展学习，培养学生形成良好的学习习惯。

最后，采用多元化互动式教学，丰富课堂模式，通过团队实地调研和内容汇报，可以提升学生团队合作精神和沟通表达能力。同时，教师通过汇报点评可以掌握学生学习状态及思想动态，方便进行及时辅导与帮助。

高等学校施行课程思政建设是高等教育发展的必然趋势，作为专业课教师，将"增强文化自信、培养爱国情怀、强化社会主义核心价值观、提升职业道德"等课程思政元素融入教学当中，在培养学生专业能力的基础上，不忘提升学生的思想政治素养和道德水平，结合新时期中国经济社会发展的特点，帮助学生树立新时代正确的世界观、人生观，引导学生树立社会主义核心价值观，加强培养学生的爱党、爱国、爱家的情怀。因此，在"信息可视化设计"课程设计的过程中,积极将中国特色社会主义建设的道路自信、制度自信、理论自信、文化自信,弘扬中华优秀传统文化,培育学生爱国情怀,深化职业理想和职业道德,加强学生自主能力、团队意识和合作精神等思政元素融入教学改革中去,采用融合案例教学、实践教学等线下教学方式与慕课、视频教学等线上教学方式的多元化教学模式,从根本上改变传统课堂中单纯传授专业知识的模式,以润物细无声的形式,加强学生德育培养,最终达成培育德才兼备、全面发展的高层次人才的目的。

参考文献

[1] 张烁. 习近平在全国高校思想政治工作会议上强调:把思想政治工作贯穿教育教学全过程 开创我国高等教育事业发展新局面 [N]. 人民日报,2016-12-09:(1)

[2] 鄢显俊. 论高校"课程思政"的"思政元素"、实践误区及教育评估 [J]. 思想教育研究,2020(2):88-92.

[3] 毛静,李瑞琴. "三全育人"背景下课程思政教学理念与实践方式探索:以《国际贸易学》课程为例 [J]. 国家教育行政学院学报,2020(7):78-84.

[4] 齐砚奎. 全课程育人背景下高校课程思政建设的理论思考 [J]. 黑龙江高教研究,2020,38(1):124-127.

"多声部视唱与练耳"课程中运用民族音乐实现课程思政的探索

张梦娇①

一、多声部视唱与练耳课程开展课程思政的背景

2018年9月10日全国教育大会上,习近平总书记指出"要把立德树人融入思想道德教育、文化知识教育、社会实践教育各环节,贯穿基础教育、职业教育、高等教育各领域,学科体系、教学体系、教材体系、管理体系要围绕这个目标来设计,教师要围绕这个目标来教,学生要围绕这个目标来学"②。由此可见,立德树人是高校立身之本,是大学教学的根本任务。立德树人不仅应在各层级教育系统中的思想道德与社会文化实践中紧抓,也应落实到各学科各专业课程的建设与教学当中。

多声部视唱与练耳(以下简称"多声视练")作为音乐专业教学的核心课程,是音乐专业学生必须修习的课程。因此,在多声视练课中强调与关注立德树人根本任务,并将以根本任务为核心的思政教育落实、贯穿到实际教学当中,则是多声视练课作为基础课与必修课在当下急需思考与探讨的重要课程命题。

多声视练是音乐专业的基础课程,该课程源自欧洲,是欧洲专业音乐院校中专业音乐人士学习的重点课程,并在欧洲的专业音乐教学系统中,成为不可缺失的组成部分。该课程于19世纪末进入中国,并广泛应用于各院校音乐专业教学系统中。但是,中国的专业音乐教育前辈们也关注到,源于欧洲系统的视练课程,其教学内容在一定程度上与中国音乐的实际存在错位。因

---

① 张梦娇(1990—),女,黑龙江哈尔滨人,硕士,音乐学院讲师,主要研究方向为倍大提琴演奏。

② 张烁. 习近平在全国高校思想政治工作会议上强调:把思想政治工作贯穿教育教学全过程 开创我国高等教育事业发展新局面[N]. 人民日报,2016-12-09(1).

此在百余年中,对于多声视练课的"中国化"探索也从未停止。如何将欧洲音乐中具有典型性和文化特征性的多声部音乐规律,适用于中国自古以单声、支声为传统的音乐现实当中,并通过课程的"中国化"探索,使立德树人根本任务得以更大程度地实现,加强中国的音乐学生对优秀民族音乐的文化自觉、文化自信和文化自强,则是本文主要论述的问题。

二、多声视练课程的思政目标

当下的多声视练课程的主要教学对象,是刚进入大学进行专业音乐学习的大学生。这部分大学生大多正处于形成世界观、人生观、价值观的关键时期。大学生群体中可能存在偏激甚至错误的价值理念,这又会和个人的专业学习产生交叉影响。例如,因对中国文化认识不足,产生文化自信缺失,从而对所学专业存在态度问题,甚至产生"崇洋媚外""食洋不化"的错误观念和行为。大学生还有可能受到被精心包装的错误思想的诱导,在面对各类社会、文化领域的实时事件与问题时,无法迅速准确地做出坚定判断,这些都不利于大学生专业与道德品质的培养。

因此,对大学生开展思想政治教育,是高校各类课程教学义不容辞的使命。这是每一位大学教育工作者都应意识到的重要问题。与此同时,所有大学教育工作者也必须认识到,思政教育如果仅是思想政治课程之任,而其他课程不参与、不同步协调,那么将无法达到育人目标的最大实现。因此,思想政治教育应当具有更广泛的应用,并融入大学生专业课程当中,从而实现专业与思政协同发展、同向同行,这也将更加有利于实现全程育人、全方位育人的教育目标。作为多声视练课的专业教师,应当认识到,"育人"存在于所有课堂之中,这也是为国家培养品学兼优的优秀大学生的必由之路。

在多声视练课的教学过程中,授课教师应当首先针对德育问题,提升自己的意识和能力。做到从己做起、以身示范,将自身师德师风建设放在首位,这样才能更好地把自身修养提升和教书育人结合起来。教师在专业知识讲授的同时,要结合育人角度,挖掘课程中所蕴含的思政元素,并将其融入课堂。这样的课程教学,才能够一方面激发学生专业学习的兴趣,提高课堂效率;另一方面将科学的教育教学思维同广泛的社会责任问题相结合,有效推动课程思政与专业知识有机结合。

三、民族音乐用于多声视练课程中的实践价值

多声视练课程是同单声视练课程相结合的一门配套课程。这两门课程的共同指向与目标,是培养和训练学生的识谱能力,使之加快识谱的速度与准确性,并培养学生的音高感知、节奏感知和音乐美感。但是,多声视练课相较于单声视练课而言,更加侧重于培养学生对于多声部的唱听感知,培养他们对于对位、和声的感觉,并与和声、复调等专业技术课程相融通。民族音乐进入多声视练课程的重要意义在于,反思了该课程在过往以西方音乐作为样例主体的教学传统,并着重关注了民族音乐在多声视练课程中的实践意义与价值,从而让学生建立起具有民族特色的音乐感觉,增强民族自觉与自信。民族音乐素材进入多声视练课程的理论依据主要体现在三个方面。

(一)民族音乐的形式纷繁多样,有广泛的样例选择空间

民族音乐包罗广泛,主要包括各民族的民歌、曲艺、戏曲,以及民族器乐。这些音乐都蕴含着深厚的民族文化,体现着中国音乐特有的民族风情。在音乐性上,这些音乐中的旋律、调式、节奏、织体等方面均有其特点,教师在多声视练课程中可以较适当地选择应用,以此提升学生的民族音乐感觉,培养他们的民族文化情感。并在专业性层面,更加直接地接触到民族音乐,具有针对性地强化学生对民族音乐及其文化的理性认识。

(二)调动民族音乐中的积极素材,激发学生由本民族音乐传统中生发的爱国情怀

在我国广阔的民族音乐世界中,不同题材、不同体裁的音乐分布于我国各地,经过各地人们的锤炼与打磨,这些音乐均已形成一种经典性范式,具有较强的感染力和艺术完整性。而在这之中,爱国题材是具有典型性与代表性的我国传统音乐题材之一,也是我国民族音乐中优秀传统文化的传承实例。如《苏武牧羊》《满红红》,以及近现代运用传统音乐素材创作的具有民族音乐特性的《太行山上》《黄河大合唱》等作品,均歌颂了英雄及革命先辈们爱国奋战的英勇事迹,具有很强的爱国主义教育功能。在多声视练课程中,教师应当善用、活用这类民族音乐资源,先要将其引入多声视练课程当中,然后在自身充分认识到这些音乐作品爱国内涵与意义的基础上,将这些音乐带入多声视练课堂,让多声视练的曲目不再是枯燥的技术素材,而是一种以音乐为主体的深厚文化与内涵。

(三)与历史文化相结合,增强学生全面的民族音乐文化认识,提升民族文化认同感、自豪感

中华文化之于世界而言,不论是历史悠久程度,还是体系的完整性,都

不可谓不光彩夺目。我们更应该认识到，中华文明之于世界各古老文明而言，是唯一存续至今、不曾中断的优秀文明。我国的民族音乐同样也是如此，它伴随着中华文明的长河演进，发展、承递至今。先秦的重要典籍《诗经》是我国第一部诗歌总集，由此可见至少在先秦上古时期，中华文明的文化掌有者们，便已十分关注"音乐"，并将音乐视作文化中的重点，加以收集、整理、研究。民族音乐历经千年发展，在不同的历史时期，都被当时上至庙堂的统治者、下至市井的平民百姓所关注，这也是我国民族音乐富饶、繁荣的重要基础。因此，在掌握民族音乐形态特征与主题内涵的基础上，多声视练教师应关注民族音乐的历史积淀，并将之结合到多声视练的教学当中，从而丰富课堂内容。这将极大程度提升学生的民族文化自信心和自豪感，也使思政育人进入专业课程体系成为现实。

从上可见中国传统音乐内容进入多声视练教学中具有的专业意义与思政意义。在实践层面，应着重关注到中国传统音乐普遍存在的主题与韵味问题。在挑选案例与作业时，应选择具有较突出历史文化意义的段落素材，使学生在完成作业的同时，能够在作业背景检索和学习中积淀民族文化，增强民族文化自豪感。为学生挑选的练习选段，也应有着中国音乐独特的韵味，即"腔音"，以区别于西方的多声部音乐。在具有中国传统音乐特色的"腔音"段落的聆听、模唱、记写过程中，不仅可以培养学生较强的传统音乐听辨力与感知力，还可以在听觉层面，纠正过往"以洋为准"的偏差认知，使其能在更深层次学习中了解到中国传统音乐与文化的美，从而达到以音乐美来育人的课堂教学目的。

本文通过对立德树人与专业教学体系的关系的回溯，认识到多声视练课程作为音乐专业的基础课程，在其中贯彻立德树人根本任务的重要性。随后探讨了在多声视练这一专业课程中，加强思政教育意识、融入思政教学方法的可行性与必要性。最后就民族音乐进入多声视练课程的课程计划，分别从音乐特性、爱国题材与音乐历史文化自豪感三个方面，论述了该课程计划的理论依据。

正如前文习近平总书记所言，立德树人应与学科、教学、教材等多方面结合，而在音乐基础课程多声视练中，贯彻立德树人这一根本任务，也应是目前课程建设的重要使命，更是值得参考的发展方向。

参考文献

[1] 习近平全国教育大会重要讲话金句速览［EB/OL］.（2018－09－10）[2019－09－10］. http://politics.people.com.cn/n1/2018/0910/c1001－30284629.html.

[2] 熊克炎. 视唱练耳教程（多声部视唱与听写）[M]. 上海：上海音乐出版社，2001.

[3] 红文宣，张好音. 中国少数民族多声部视唱教程［M］. 北京：中央民族大学出版社，2016.

"舞蹈排练"课的课程思政的基本实践与思路

向本涛①

2020年5月28日,教育部印发《全面推进高校课程思政建设指导纲要》,其中指出:全面推进高校课程思政建设是深入贯彻习近平总书记关于教育的重要论述和全国教育大会精神、落实立德树人根本任务的战略举措,高校要深化教育教学改革,充分挖掘各类课程思想政治资源,发挥好每门课程的育人作用,全面提高人才培养质量。从该指导纲要的表述中,我们可以分析得出:学科的课程思政理念的核心,就是把思政教育的核心部分,有机融入每一门学科的具体教学实践中去。育人工作要从本质出发,站在国家意识形态的战略高度,充分发挥课堂教学育人的主要功能,力求把思政建设贯穿于整个教书育人活动中。

文化艺术一直是党在思想意识形态领域建设的重要抓手,也是促进立德树人的国家教育战略中的重要一环。从《延安文艺座谈会上的讲话》到习近平总书记在北京的文艺工作座谈会的重要讲话,都清晰地表明了文化艺术作为"党和人民的重要事业"在教育领域的重要作用。音乐、舞蹈艺术以其"求真、至善、释美"的艺术品格,本身就具有了塑造精神美和提升人格力量的作用,它因感性思维的表达方式和鲜明艺术形象的塑造方法,非常适合在课程教学中进行思政渗透。在艺术学科音乐舞蹈方向的课程中,教师就应该发挥自身专业优势,围绕政治认同、家国情怀、文化素养、宪法法治意识、道德修养等重点内容,进行课程思政的实践。在提升教师专业素质的同时,提高开展课程思政建设的意识和能力,积极响应教育部和习近平总书记的嘱托,围绕全面提高人才培养能力这一核心点,将中国特色社会主义和中国梦教育、社会主义核心价值观教育、法治教育、劳动教育、心理健康教育、中

---

① 向本涛(1978—),男,硕士,苏州科技大学音乐学院舞蹈讲师,研究方向为舞蹈教育。

"舞蹈排练"课的课程思政的基本实践与思路

华优秀传统文化教育等思想政治元素渗透在学生日常的学习生活中,切实提升立德树人的成效。

苏州科技大学音乐学院的音乐学专业开设了多年,在日常对音乐艺术生舞蹈的教学与排练实践活动中,形成了一套完整的方式方法和教学评价体系。但是在新形势下,国家提出的思政课程到课程思政的转变,对课堂教学提出了新的课程思政的教学改革要求。在音乐舞蹈艺术教育的过程中,应当从培养方向、教学目标、教学内容、教学形式与方法、教学评价五个体系上进行新形势、新要求下的更新与升级。以教学为指导,以育人为主轴,在课程设置、教学设计、教学评价,优化课程思政内容供给上,我们的教学改革仍然有巨大的价值潜力有待探索和深入挖掘。因此,在这里,笔者以音乐学院的"舞蹈排练"课程为例,通过梳理近年来在舞蹈实践上的教学活动,就如何开展思政能力建设,如何引导学生形成正确的世界观、人生观,如何进行与爱国主义教育相结合的课程思政建设,进行初步的归纳。

一、结合本专业特点选择内容,挖掘课程思政潜力

音乐舞蹈艺术类思政工作,主要是解决思政为谁(即思政目标),如何思政(思政内容与形式)的问题。因此,根据音乐学舞蹈专业特点和育人目标,在课程设置上必须明确课程思政建设的接受主体、主要教学目标和主要思政内容,力求将课程思政元素有机融入课程教学中。在教学设计上,确立学生是我们教学工作面对的主体,所有选择的教学内容必须针对网络时代大学生接受新生事物快、理解能力强的特点。

"艺术作品是思想政治理论教学的重要载体,挖掘和发挥其育人功能,是提高教学效果的重要手段。"[①] 因此,笔者在课堂内容的选择上,以弘扬"革命文化"和"民族文化"为出发点,以极富时代特征的艺术创造手法和当代艺术表现力为作品内容的选择标准。择取大量当代的、讲好中国故事的、反映中国老百姓心声的舞蹈艺术作品,带领学生进行鉴赏和作品学习。

(一)弘扬"革命文化"

"革命文化"是党和人民在历次革命斗争的特殊历史时期形成的精神追求、精神品格、精神力量,是中华民族独一无二的"红色基因"。因此,精心

---

① 周国琴,徐平华. 艺术院校思想政治课"一体两翼"教学模式探析[J]. 学校党建与思想教育,2012,8(429):46-47.

选择进入21世纪后,在中国各项舞蹈节荣获大奖的红色题材的经典革命剧目,作为教学内容,引导音乐学院学生进行欣赏与学习,让学生了解革命道路艰辛而又漫长的发展历程,深入理解老一辈革命者为救国图存所做出的伟大奉献。同时,又避免了简单枯燥的说教和传统艺术表现形式给学生理解上带来的隔阂。

例如,2019年最新文华大奖红色舞剧《永不消逝的电波》;描绘身陷狱中而坚贞不屈的革命者的舞剧《红梅赞》;从中能感受到中华人民共和国创建和发展期的澎湃动力的《中国革命者之歌》;表现藏族同胞与解放军之间的深情厚谊,讴歌川藏铁路英勇无私的建设者的舞剧《天路》;2009年上演的音乐舞蹈史诗巨作《复兴之路》;等等。(表1)这些作品无一不是在21世纪新形势下因国家大力扶持而创作的舞蹈类的经典艺术作品,从作品内容、表现手法、艺术品格、思想立意上都有着显著的时代特征和深刻的思想内涵。在解析这些舞剧结构、形象、主题、动作等要素的同时,带领学生理解领悟英雄为国、为人民无私付出、英勇不屈的革命情怀,同时激发他们为实现民族复兴和国家富强而努力学习的朴素的爱国主义情怀。

(二)传播优秀民族文化

优秀民族文化是中华民族的文化血脉,是中华民族的精神传承,蕴含着伟大的民族精神,始终是中华民族赖以生存和发展的独特标识。教师带领学生学习具有优秀民族文化特色的舞蹈作品,能够以艺术作品的情感为引导,以舞蹈作品的理性辨析为工具,以作品的排练学习为切入点,促进学生身体力行地领略本民族文化特色,体会民族文化内涵,增强民族情感和国家意识,树立民族自信。充分发挥文化育人、实践育人的舞蹈艺术教育的特长与优势,使思政内容在专业课程上的渗透达到"润物无声"的效果。为此从少数民族特色文化,中华民族悠久历史文化,顽强拼搏、热爱故土的民族精神等方面出发,教师带领学生创作排练了多部民间舞蹈作品,如《又唱山丹花开》(图1和图2)、《相和歌》《翻身农奴得解放》《金色的汤瓶》《沂蒙山随想》《阿嬷惹牛》《丰收时节》(图3)等。(表1)这些民族民间舞蹈作品,着力于对中国古典传统文化艺术的传承,对改革开放以来的民族风貌、人民生活巨大变迁的讴歌,其中渗透了对学生的爱国主义教育。

"舞蹈排练"课的课程思政的基本实践与思路

图 1 《又唱山丹花开》表演

图 2 《又唱山丹花开》表演

"对经典舞蹈艺术作品的诠释将提高学生的思想政治素质,培养他们追求理想的精神和社会使命感。"① 在当代艺术精品的熏陶下,教师引导学生理解、传承和弘扬中华民族的优秀品质和美学精神。选择中华人民共和国成立以来,能突出反映时代面貌的优秀剧目,充分发挥音乐舞蹈学的传播和表现优势,在树立民族自信、文化自信上坚决贯彻和践行习近平总书记提出的方针。

表 1 近年舞蹈排练课程创作、学习作品一览

赏析舞剧作品	思政主题提炼	排练作品	思政主题提炼
《中国革命者之歌》	歌颂为建立和建设中华人民共和国而英勇拼搏的革命者	《十里山塘》	对苏州、家乡美丽生活的赞美与热爱

---

① 王含光. 论红色经典剧目在艺术院校思想政治课教学中的运用 [J]. 湖南人文科技学院学报,2014,2(1):94-96.

续表

赏析舞剧作品	思政主题提炼	排练作品	思政主题提炼
《复兴之路》	回顾百年兴衰历史，了解中国革命道路与自强不息的民族精神	《翻身农奴得解放》	描绘农奴的坚韧顽强的品质，表达对党和国家的感激之情
《红梅赞》	讴歌为革命英勇不屈献身的革命英雄	《丰收时节》	描绘新疆少数民族人民的劳作风貌，表达对美好生活的赞美与热爱
《天路》	表现为建设西藏，解放军前赴后继的顽强不息的精神和军民鱼水深情	《又唱山丹花开》	描绘当代青年对红色革命时代的理解与畅想，表现他们对革命理想与光荣传统的传承
《永不消逝的电波》	讴歌在秘密战线上为国献身的革命者和他们对于党的事业无限忠诚和革命浪漫主义情怀	《沂蒙山随想》	表达对美好生活的赞美与热爱，以及对革命先烈的感激之情
《大梦敦煌》	对中国敦煌艺术文化的弘扬，表现中国人对待善恶、美丑的判断及对真挚感情的向往	《相和歌》	深入挖掘中国汉代舞蹈文化内涵，表现古代舞蹈风貌，弘扬汉民族优秀文化艺术
《草原英雄小姐妹》	热情讴歌劳动人民的集体主义精神和勤劳勇敢的品德，对当代青少年提出更高的期待	《第一交响曲序曲——激情燃烧的岁月》	赞扬中国共产党为人民解放事业前赴后继、无畏牺牲的革命精神，讴歌伟大的时代精神

二、在授课的过程中，坚持知识传授和价值引领相统一

（一）第一课堂与第二课堂相结合

多年艺术实践中，教师着力健全课堂教学体系，推进现代信息技术在课程思政教学中的应用，努力拓展课程思政建设方法和途径。同时综合运用第一课堂和第二课堂，使用多种教学方法把第一课堂的内容与第二课堂的内容相结合，促进课程思政的价值导向与知识传授、能力培养一体化推进。要使

专业教育与思想政治教育紧密融合,达成协同效应。与第一课堂相比,"第二课堂具有灵活性、广泛性、自主性的特点,必须重视学生全体的主导意识、以学生为本"①。在授课过程中,不但要以身教的形式,传授专业舞蹈知识,提高学生舞蹈表演的能力,而且要通过第二课堂的形式,以言传的方式,把对舞蹈作品的由来、表现方式、表现内容、内在含义的分析和对深层次的价值观、人生观、国家民族观的引领和解悟贯穿于教学的始终。例如,分析《红梅赞》这部舞剧作品,教师就把其中的小萝卜头的舞蹈动作与江姐的舞蹈动作相对比,阐述动作表现与人物身份之间的关系、与舞剧结构推动力的关系。从而让学生更好地理解舞剧的叙事方法、舞蹈的表现特征,以及舞蹈动作对于人物形象的描绘方式。教师通过分析,让学生体会到老一辈无产阶级革命家身上那种顽强的意志、坚定的信念,以及对党和民族事业的忠诚。教师又通过对人物的理解和对动作的解析、模仿,使学生达到对整部舞剧创作主题的深入理解。

在赏析文化部文华大奖作品《永不消逝的电波》这部舞剧时,教师带领学生研磨舞剧的表现内容、故事情节,在表现方式、情绪表达与处理上,从革命者无限忠诚和智勇双绝的形象特点来剖析,将爱国主义思政元素融入其中。在编舞技术技巧的分析传授的同时,也让学生从全新的视角去看待为解放事业奉献青春的革命者形象,加深了他们对国家意识和党的事业的深刻理解。课后教师则以第二课堂的形式,通过网络上的交流和信息共享,指导学生观摩舞剧创作成员的专访,了解该舞剧的创作背景,创作人员对角色的理解和看法,以及创作组成员对于舞剧结构的安排和红色主题的理解。深入挖掘主创人员想表达的思想境界,探索该舞剧成功背后的原因并体会其创作时的艰辛。从第三人称的视角再次审视这部红色经典舞剧,从而让学生获得全新的思想体会。

(二)技艺教学与思想引领并行

学生的技术能力是衡量舞蹈教师教学质量高低的重要参考指标。对艺术作品和表现手段熟练掌握,是学生专业能力的基本要求。但是对于艺术作品的理解和学习,不能仅仅停留在技艺这一层面。好的艺术作品,一定具有思想内容、精神境界、情感意蕴上独树一帜的艺术品格。牢牢把握这些特征,

---

① 袁小坤,韩红梅. 浅析高校第二课堂素质拓展 [J]. 中国集体经济与培训教育,2011 (4):211-212.

才是真正理解和掌握艺术作品。在舞蹈《又唱山丹花开》的排练中，在学习延安陕北秧歌的动律特点，充分发挥技术课重要作用的同时，教师通过带领学生上网搜索老红军和老边区艺人的故事，解析他们的革命人生，帮助学生理解剧中人物心理，帮助他们认识艺术作品所表达的真正意味，使他们认识到对革命传统的继承和发扬的时代责任。启发学生对于老一辈无产阶级革命家的思考，达到使学生更加深入地把握动作特点，准确表演这一人物形象，抒发人物情感的目的。引导学生深刻理解老一辈无产阶级革命家与人民群众的鱼水深情，从而使学生达到技艺与思想的双重提升。"高校开展舞蹈教学是通过大学生自己参与、自己感受、自己体验的形式来实现的，真正做到了寓教于乐和自我教育的教育原则，有着书本知识及其他形式不可替代的作用。"①

综上所述，通过第一课堂教学和第二课堂技能拓展的紧密结合，改变单一的传统授课模式，把思政课堂放在排练场、舞台上，把第二课堂作为加深理解和促进技艺进步的重要手段；精心选择作品内容、把握时代主旋律，使学生通过艺术的表现形式理解和体会中国人文精神和红色情感在时代脉搏下的续进，以柔性教育方式，最终让学生在学习舞蹈作品的过程中，对作品表达的真挚情感产生共鸣，教师提炼作品蕴含的精神品质，挖掘本课程内容中蕴含的思政教育元素，对学生的思想教育产生润物无声的效果。

三、提高教师自身思政水平，推动课程思政教学建设

（一）努力提高自身教学水平与思政水平

在多年的艺术排练课程教学中，笔者深刻理解到：课程思政的过程，就是教学创新、思维创新、实践创新的过程。在教学的环节中，作为课程思政的主要参与者，不仅必须具备深切的情怀、广泛的视野、精益求精的业务水平，教育者自己还必须具有较高的思政水平。所谓"正人先正己"，作为教师，必须本着对学生负责的态度，对国家发展、对民族富强抱有坚定的信念，坚持以德育人、以德立身，积极创新课堂教学。认真研习习近平总书记的讲话精神，通过网络共享的思政课程资源，不断开展提升自我思政水平的培训，提升自我思政建设的主动性，并且针对本专业不同课程的特点，强化业务能力，不断提高课程思政的教学水平。从以前的将专业技术传授作为唯一的教

---

① 何静. 浅议高校公共舞蹈教学与大学生艺术素质教育［J］湖南工业职业技术学院学报，2008（2）：127-130.

学内容，转变到通过现代化的技术手段，以专业技术为主轴、课程思政为渗透的教学模式中来。利用信息化多媒体教学，引导和激励自己和学生运用辩证唯物主义，形成正确的思维方式和正确的理想信念。

（二）深化音乐类艺术专业的课程思政建设

作为音乐学院音乐学专业的"舞蹈排练"课程思政教学活动，要根据本学科各类别课程的专业知识特点和蕴含的思政内容，重新架构和规划各门课程的教学目标、教学形式、教材内容和课程标准。达到促进学生知识技能掌握、研究方法合理运用、思想情感与价值观确立这三个方面要素的有机统一，并呈现于舞台之上。在课堂教学中，教学方法上顺应新时代的趋势、迎合学生的特点，除了传统的言传身教示范法外，还应广泛使用网络信息化手段丰富课堂教学；使用情感代入法、启发法、翻转课堂教学法，加强学生对作品的理解，提高艺术表现力，激发学生主动探索知识点的兴趣，补充课堂教学的不足，并在学习探索中深度理解艺术作品的思想内涵，促进学生自我品格的完善和爱国情操的养成。

图3 《丰收时节》排练现场

当然，音乐舞蹈艺术专业的课程思政实践，还有若干值得深挖和优化的方面：一是应该从本专业课程教学大纲的制定、课程设计等多方面协调推进，建立包括内容体系、教学体系、评估体系在内的一整套课程思政建设体系。二是将该课程思政建设成效纳入学生的教学反馈、成效评价、教师的教学考核等评价考核中。三是鼓励教师在日常的教学活动中坚持知识传授和价值引领相互统一，在课程思政中实现知识传授、能力培养与价值塑造一体化推进。四是打破学科之间的知识壁垒，加强与思政课程教师在专业知识上的讨论与

交流，跨学科拓展教师的知识体系，推动教师专业素养和综合素质协调发展。

时代发展不会停止，国家进步又会面临新的问题。作为教书育人，以传道授业解惑为本职的高校教师，要适应新时代发展的需要，关注党和国家在思想政治教育工作上的重大部署，不断提升自我教学水平，优化知识结构，更新观念和坚定信仰，运用广博的知识、宽阔的视野、真挚的情感、生动的教学，将传统教学与高科技信息化手段相结合，增强课堂艺术的感染力、思政的说服力，引导和培养学生成为合格的新时代建设者。